大学赤本シリーズ

544

桃山学院大学

教学社

は し が き

おかげさまで，大学入試の「赤本」は，今年で創刊 70 周年を迎えました。

これまで，入試問題や資料をご提供いただいた大学関係者各位，掲載許可をいただいた著作権者の皆様，各科目の解答や対策の執筆にあたられた先生方，そして，赤本を使用してくださったすべての読者の皆様に，厚く御礼を申し上げます。

以下に，創刊初期の「赤本」のはしがきを引用します。これからも引き続き，受験生の目標の達成や，夢の実現を応援してまいります。

本書を活用して，入試本番では持てる力を存分に発揮されることを心より願っています。

編者しるす

＊　＊　＊

学問の塔にあこがれのまなざしをもって，それぞれの志望する大学の門をたたかんとしている受験生諸君！ 人間として生まれてきた私たちは，自己の欲するままに，美しく，強く，そして何よりも人間らしく生きることをねがっている。しかし，一朝一夕にして，この純粋なのぞみが達せられることはない。私たちの行く手には，絶えずさまざまな試練がまちかまえている。この試練を克服していくところに，私たちのねがう真に人間的な世界がはじめて開かれてくるのである。

人生最初の最大の試練として，諸君の眼前に大学入試がある。この大学入試は，精神的にも身体的にも，大きな苦痛を感ぜしめるであろう。あるスポーツに熟達するには，たゆみなき，はげしい練習を積み重ねることが必要であるように，私たちは，計画的・持続的な努力を払うことによって，この試練を克服し，次の一歩を踏みだすことができる。厳しい試練を経たのちに，はじめて満足すべき成果を獲得できるのである。

本書は最近の入学試験の問題に，それぞれ解答を付し，さらに問題をふかく分析することによって，その大学独特の傾向や対策をさぐろうとした。本書を一般の参考書とあわせて使用し，まとはずれのない，効果的な受験勉強をされるよう期待したい。

（昭和 35 年版「赤本」はしがきより）

挑む人の、いちばんの味方

赤本創刊70周年

1954 年に大学入試の過去問題集を刊行してから 70 年。赤本は大学に入りたいと思う受験生を応援しつづけてきました。これからも，苦しいとき落ち込むときにそばで支える存在でいたいと思います。

そして，勉強をすること，自分で道を決めること，努力が実ること，これらの喜びを読者の皆さんが感じることができるよう，伴走をつづけます。

そもそも赤本とは…

受験生のための大学入試の過去問題集！

70年の歴史を誇る赤本は，500点を超える刊行点数で全都道府県の370大学以上を網羅しており，過去問の代名詞として受験生の必須アイテムとなっています。

なぜ受験に過去問が必要なのか？

大学入試は大学によって問題形式や頻出分野が大きく異なるからです。

赤本の掲載内容

傾向と対策

これまでの出題内容から，問題の「**傾向**」を分析し，来年度の入試に向けて具体的な「**対策**」の方法を紹介しています。

問題編・解答編

- 年度ごとに問題とその解答を掲載しています。
- 「**問題編**」ではその年度の試験概要を確認したうえで，実際に出題された過去問に取り組むことができます。
- 「**解答編**」には高校・予備校の先生方による解答が載っています。

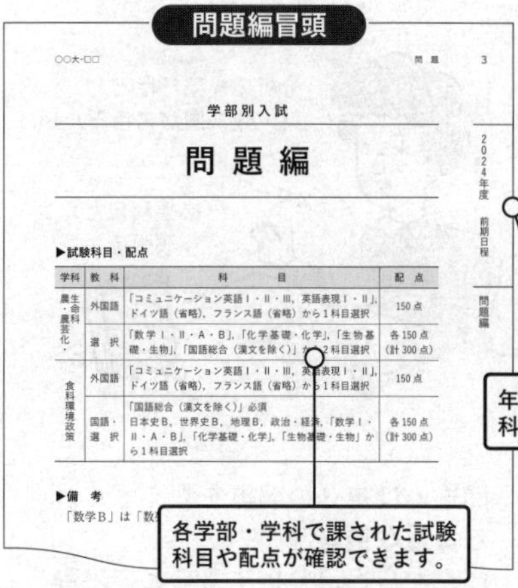

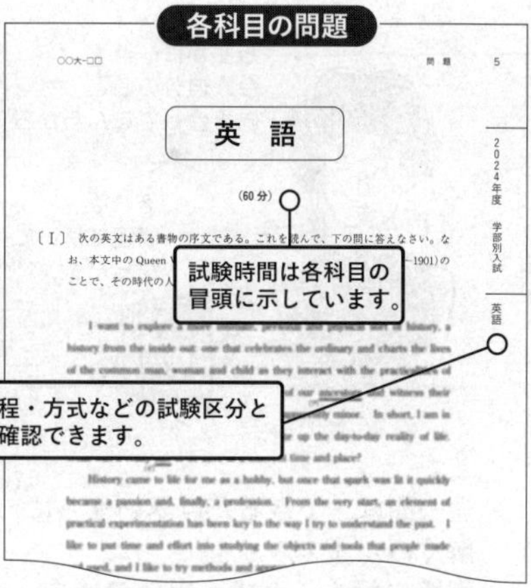

他にも，大学の基本情報や，先輩受験生の合格体験記，在学生からのメッセージなどが載っていることがあります。

● 掲載内容について ●

著作権上の理由やその他編集上の都合により問題や解答の一部を割愛している場合があります。
なお，指定校推薦入試，社会人入試，編入学試験，帰国生入試などの特別入試，英語以外の外国語科目，商業・工業科目は，原則として掲載しておりません。また試験科目は変更される場合がありますので，あらかじめご了承ください。

受験勉強は

過去問に始まり，

STEP 1

なにはともあれ

まずは解いてみる

しずかに…
今，自分の心と
向き合ってるんだから
ムーン
それは
問題を解いて
からだホン!

過去問は，**できるだけ早いうちに解く**のがオススメ！
実際に解くことで，**出題の傾向，問題のレベル，今の自分の実力**がつかめます。

STEP 2

じっくり具体的に

弱点を分析する

分析の結果だけど
英・数・国が苦手みたい
スリー
必須科目だホン
頑張るホン

間違いは自分の弱点を教えてくれる**貴重な情報源。**
弱点から自己分析することで，**今の自分に足りない力や苦手な分野**が見えてくるはず！

合格者があかす赤本の使い方

傾向と対策を熟読

（Fさん／国立大合格）

大学の出題傾向を調べるために，赤本に載っている「傾向と対策」を熟読しました。

繰り返し解く

（Tさん／国立大合格）

１周目は問題のレベル確認，２周目は苦手や頻出分野の確認に，３周目は合格点を目指して，と過去問は繰り返し解くことが大切です。

過去問に終わる。

STEP 3

志望校にあわせて

苦手分野の重点対策

明日からはみんなで頑張るよ！
参考書も！ 問題集も！
よろしくね！
呼んだ？
なにを!?
どこから!?
グッ
グッ

参考書や問題集を活用して，苦手分野の**重点対策**をしていきます。**過去問を指針**に，合格へ向けた具体的な学習計画を立てましょう！

STEP 1▶2▶3

サイクルが大事!

実践を繰り返す

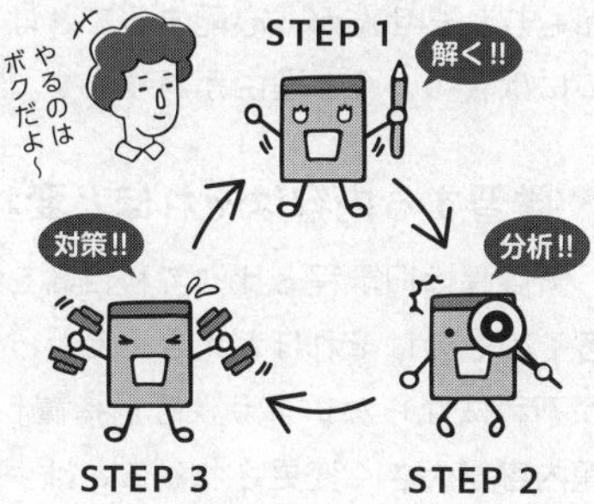

STEP 1～3を繰り返し，実力アップにつなげましょう！
出題形式に慣れることや，**時間配分を考えること**も大切です。

目標点を決める
(Yさん／私立大合格)
赤本によっては合格者最低点が載っているので，それを見て目標点を決めるのもよいです。

時間配分を確認
(Kさん／私立大学合格)
赤本は時間配分や解く順番を決めるために使いました。

添削してもらう
(Sさん／私立大学合格)
記述式の問題は先生に添削してもらうことで自分の弱点に気づけると思います。

新課程入試 Q&A

2022 年度から新しい学習指導要領（新課程）での授業が始まり，2025 年度の入試は，新課程に基づいて行われる最初の入試となります。ここでは，赤本での新課程入試の対策について，よくある疑問にお答えします。

Q1. 赤本は新課程入試の対策に使えますか？

A. もちろん使えます！

旧課程入試の過去問が新課程入試の対策に役に立つのか疑問に思う人もいるかもしれませんが，心配することはありません。旧課程入試の過去問が役立つのには次のような理由があります。

● 学習する内容はそれほど変わらない

新課程は旧課程と比べて科目名を中心とした変更はありますが，学習する内容そのものはそれほど大きく変わっていません。また，多くの大学で，既卒生が不利にならないよう「経過措置」がとられます（Q３参照）。したがって，出題内容が大きく変更されることは少ないとみられます。

● 大学ごとに出題の特徴がある

これまでに課程が変わったときも，各大学の出題の特徴は大きく変わらないことがほとんどでした。入試問題は各大学のアドミッション・ポリシーに沿って出題されており，過去問にはその特徴がよく表れています。過去問を研究してその大学に特有の傾向をつかめば，最適な対策をとることができます。

出題の特徴の例	・英作文問題の出題の有無 ・論述問題の出題（字数制限の有無や長さ） ・計算過程の記述の有無

新課程入試の対策も，赤本で過去問に取り組むところから始めましょう。

Q2. 赤本を使う上での注意点はありますか？

A. 志望大学の入試科目を確認しましょう。

過去問を解く前に，過去の出題科目（問題編冒頭の表）と 2025 年度の募集要項とを比べて，課される内容に変更がないかを確認しましょう。ポイントは以下のとおりです。科目名が変わっていても，実際は旧課程の内容とほとんど同様のものもあります。

英語・国語	科目名は変更されているが，実質的には変更なし。 ▶▶ **ただし，リスニングや古文・漢文の有無は要確認。**
地歴	科目名が変更され，「歴史総合」「地理総合」が新設。 ▶▶ **新設科目の有無に注意。ただし，「経過措置」(Q3参照)により内容は大きく変わらないことも多い。**
公民	「現代社会」が廃止され，「公共」が新設。 ▶▶ **「公共」は実質的には「現代社会」と大きく変わらない。**
数学	科目が再編され，「数学 C」が新設。 ▶▶ **「数学」全体としての内容は大きく変わらないが，出題科目と単元の変更に注意。**
理科	科目名も学習内容も大きな変更なし。

数学については，科目名だけでなく，どの単元が含まれているかも確認が必要です。例えば，出題科目が次のように変わったとします。

旧課程	「数学Ⅰ・数学Ⅱ・数学 A・数学 B（数列・ベクトル）」
新課程	「数学Ⅰ・数学Ⅱ・数学 A・**数学 B（数列）・数学 C（ベクトル）**」

この場合，新課程では「数学C」が増えていますが，単元は「ベクトル」のみのため，実質的には旧課程とほぼ同じであり，過去問をそのまま役立てることができます。

Q3. 「経過措置」とは何ですか？

A. 既卒の旧課程履修者への対応です。

多くの大学では，既卒の旧課程履修者が不利にならないように，出題において「経過措置」が実施されます。措置の有無や内容は大学によって異なるので，募集要項や大学のウェブサイトなどで確認しておきましょう。

◯旧課程履修者への経過措置の例

- 旧課程履修者にも配慮した出題を行う。
- 新・旧課程の共通の範囲から出題する。
- 新課程と旧課程の共通の内容を出題し，共通範囲のみでの出題が困難な場合は，旧課程の範囲からの問題を用意し，選択解答とする。

例えば，地歴の出題科目が次のように変わったとします。

旧課程	「日本史 B」「世界史 B」から１科目選択
新課程	「**歴史総合**，日本史探究」「**歴史総合**，世界史探究」から１科目選択※ ※旧課程履修者に不利益が生じることのないように配慮する。

「歴史総合」は新課程で新設された科目で，旧課程履修者には見慣れないものですが，上記のような経過措置がとられた場合，新課程入試でも旧課程と同様の学習内容で受験することができます。

要チェックだホン

新課程の情報は WEB もチェック！
より詳しい解説が赤本ウェブサイトで見られます。
https://akahon.net/shinkatei/

科目名が変更される教科・科目

	旧課程	新課程
国語	国語総合	現代の国語
	国語表現	言語文化
	現代文A	論理国語
	現代文B	文学国語
	古典A	国語表現
	古典B	古典探究
地歴	日本史A	歴史総合
	日本史B	日本史探究
	世界史A	世界史探究
	世界史B	地理総合
	地理A	地理探究
	地理B	
公民	現代社会	公共
	倫理	倫理
	政治・経済	政治・経済
数学	数学Ⅰ	数学Ⅰ
	数学Ⅱ	数学Ⅱ
	数学Ⅲ	数学Ⅲ
	数学A	数学A
	数学B	数学B
	数学活用	数学C
外国語	コミュニケーション英語基礎	英語コミュニケーションⅠ
	コミュニケーション英語Ⅰ	英語コミュニケーションⅡ
	コミュニケーション英語Ⅱ	英語コミュニケーションⅢ
	コミュニケーション英語Ⅲ	論理・表現Ⅰ
	英語表現Ⅰ	論理・表現Ⅱ
	英語表現Ⅱ	論理・表現Ⅲ
	英語会話	
情報	社会と情報	情報Ⅰ
	情報の科学	情報Ⅱ

目　次

掲載内容についてのお断り

学校推薦型選抜（公募制推薦入試）の2日程分（2022・2023年度は1日程分）および一般選抜一般入試（前期）の2日程分を掲載しています。

UNIVERSITY GUIDE

大学情報

基本情報

2025 年 4 月，桃山学院大学と桃山学院教育大学が統合され「桃山学院大学」となる。なお，現在の桃山学院教育大学人間教育学部は，桃山学院大学の新たな学部として設置される※。

学部・学科の構成

大　学

●経済学部

経済学科（生活経済コース，地域経済コース，グローバル経済コース，現代経済分析コース）

●経営学部

経営学科（マネジメント & アカウンティング，デジタル & マーケティング，グローバル & ローカル）

●ビジネスデザイン学部

ビジネスデザイン学科（ビジネス創造コース，情報テクノロジーコース）

●社会学部

社会学科（生活デザインモデル，文化デザインモデル，社会デザインモデル，メディアデザインモデル）

ソーシャルデザイン学科（福祉）（「地域・組織」フィールド，「生活・ケア」フィールド，「政策・国際協力」フィールド）

●法学部

法律学科（公務員コースモデル，ビジネス法実務コースモデル，法律専門職コースモデル）

●国際教養学部

英語・国際文化学科（英語プロフェッショナルコース，グローバル共生コース，日本・東アジアコミュニケーションコース）

●人間教育学部※

人間教育学科

幼児教育課程

小学校教育課程（小学校教育コース，国語教育コース，英語教育コース）

健康・スポーツ教育課程（スポーツ科学コース，学校保健コース）

※2025 年 4 月設置予定（設置認可申請中）。学部・学科の概要等は予定であり，今後変更になる場合がある。

（備考）コースに分属される年次はそれぞれで異なる。

大学院

文学研究科 / 社会学研究科 / 経済学研究科 / 経営学研究科

募集要項の入手方法

「総合型選抜（併願制11月※・12月・1月・3月※）」「学校推薦型選抜」「一般選抜（一般入試）」「一般選抜（大学入学共通テスト利用入試）」については，インターネット出願が導入されています。上記以外の入試制度の募集要項（出願書類），大学案内，入試ガイド等の資料請求については，下記までお問い合わせください。なお，「大学案内」「入試ガイド」は大学Webサイトから請求できるほか，テレメールからも請求できます。

※ビジネスデザイン学部のみ

資料請求先・問い合わせ先

桃山学院大学　入試課
〒594-1198　大阪府和泉市まなび野1-1
TEL　0725-54-3245（入試課直通）
（資料請求受付時間：月～金 9:00～17:00）
FAX　0725-54-3204
大学Webサイト　https://www.andrew.ac.jp/
E-mail　nyushi@andrew.ac.jp

TREND & STEPS

傾向と対策

科目ごとに問題の「傾向」を分析し，具体的にどのような「対策」をすればよいか紹介しています。まずは出題内容をまとめた分析表を見て，試験の概要を把握しましょう。

注意

「傾向と対策」で示している，出題科目・出題範囲・試験時間等については，2024 年度までに実施された入試の内容に基づいています。2025 年度入試の選抜方法については，各大学が発表する学生募集要項を必ずご確認ください。

掲載日程・方式・学部

- 学校推薦型選抜（公募制推薦入試）の後期は 2024 年度より掲載。
- 一般選抜一般入試は，2022・2023 年度は一般選抜学科試験型として実施された。

英　語

▶学校推薦型選抜

年　度		番号	項　目	内　容
2024 ●	前期	〔1〕	会　話　文	空所補充
		〔2〕	文法・語彙	空所補充
		〔3〕	文法・語彙	語句整序
		〔4〕	読　　　解	内容真偽，内容説明
		〔5〕	読　　　解	主題，欠文挿入箇所，同意表現，空所補充，内容真偽
	後期	〔1〕	会　話　文	空所補充
		〔2〕	文法・語彙	空所補充
		〔3〕	文法・語彙	語句整序
		〔4〕	読　　　解	内容真偽，内容説明
		〔5〕	読　　　解	主題，欠文挿入箇所，同意表現，空所補充，内容説明，内容真偽
2023 ●	前期	〔1〕	会　話　文	空所補充
		〔2〕	文法・語彙	空所補充
		〔3〕	文法・語彙	語句整序
		〔4〕	読　　　解	内容真偽，内容説明
		〔5〕	読　　　解	主題，空所補充，内容説明，同意表現，内容真偽
2022 ●	前期	〔1〕	会　話　文	空所補充
		〔2〕	文法・語彙	空所補充
		〔3〕	文法・語彙	語句整序
		〔4〕	読　　　解	内容説明
		〔5〕	読　　　解	主題，欠文挿入箇所，空所補充，同意表現，内容真偽

（注）●印は全問，◑印は一部マークシート方式採用であることを表す。

▶一般選抜 一般入試（前期）

年　度		番号	項　目	内　容
2024 ●	2月6日	〔1〕	会　話　文	空所補充
		〔2〕	文法・語彙	空所補充
		〔3〕	文法・語彙	語句整序
		〔4〕	読　　　解	内容真偽，内容説明
		〔5〕	読　　　解	主題，空所補充，内容説明，同意表現，内容真偽
	2月7日	〔1〕	会　話　文	空所補充
		〔2〕	文法・語彙	空所補充
		〔3〕	文法・語彙	語句整序
		〔4〕	読　　　解	内容説明，内容真偽
		〔5〕	読　　　解	主題，欠文挿入箇所，空所補充，同意表現，内容真偽
2023 ●	2月2日	〔1〕	会　話　文	空所補充
		〔2〕	文法・語彙	空所補充
		〔3〕	文法・語彙	語句整序
		〔4〕	読　　　解	内容真偽，内容説明
		〔5〕	読　　　解	主題，欠文挿入箇所，空所補充，同意表現，内容説明，内容真偽
	2月3日	〔1〕	会　話　文	空所補充
		〔2〕	文法・語彙	空所補充
		〔3〕	文法・語彙	語句整序
		〔4〕	読　　　解	内容真偽，内容説明
		〔5〕	読　　　解	主題，欠文挿入箇所，空所補充，同意表現，内容説明，内容真偽
2022 ●	2月2日	〔1〕	会　話　文	空所補充
		〔2〕	文法・語彙	空所補充
		〔3〕	文法・語彙	語句整序
		〔4〕	読　　　解	内容真偽，内容説明
		〔5〕	読　　　解	主題，欠文挿入箇所，空所補充，同意表現，内容説明，内容真偽
	2月3日	〔1〕	会　話　文	空所補充
		〔2〕	文法・語彙	空所補充
		〔3〕	文法・語彙	語句整序
		〔4〕	読　　　解	内容説明
		〔5〕	読　　　解	主題，欠文挿入箇所，空所補充，内容説明，同意表現，内容真偽

（注）　●印は全問，◑印は一部マークシート方式採用であることを表す。

傾向　会話文，文法・語彙，読解とバランスのよい出題 基礎知識の徹底を

01 出題形式は？

学校推薦型選抜・一般選抜とも，会話文 1 題，文法・語彙 2 題，読解 2 題という出題形式である。すべてマークシート方式で，解答個数は 30 個。試験時間は 60 分。

02 出題内容はどうか？

会話文問題は，対話文の空所補充の出題で，日常的な会話場面が設定されている。会話に特有の表現はあまり出ていないが，大部分は話者がそれぞれ 3， 4 回発言するやや長めの問題なので，会話の流れをしっかり把握しなければならない。また，会話における応答のパターンにも慣れておくこと。

文法・語彙問題は，空所補充と和文対照の語句整序の出題となっている。ごく基本的な熟語や構文の知識が問われている。

〔4〕の読解問題は，資料，図・表，チラシ，ツアーや美術展などの案内を提示しての出題となっている。〔5〕は長文読解問題で，設問は主題，欠文挿入箇所，空所補充，内容説明，同意表現，内容真偽などである。

03 難易度は？

文法・語彙問題，会話文問題や読解問題〔4〕は標準レベルで，〔5〕の長文読解問題は教科書レベルの出題と言える。

対策

01 読解問題対策

長文読解問題は400語程度の英文をしっかりと読む練習をしよう。指示語が指すものや，文章が入る位置を選ばせるものなども出題されており，英文の内容を正確に把握する練習が必要になる。また，長文読解の重要な道具である語彙力をつけるためには，単語・熟語の学習も怠れない。市販の単語集や熟語集で，積極的に語彙を増やすことが重要である。

02 文法・語彙問題対策

語句整序問題対策としてはまず，基本構文の復習と語彙力増強を意識して，問題練習をこなすことが大切である。また，空所に入れるのに適した語を選択する問題の対策としても，語彙力と文法力を養っておくことが不可欠である。時制，準動詞，関係詞，比較，仮定法といった文法重要項目に重点を置いて学習し，『システム英単語』（駿台文庫）や『大学入試 すぐわかる英文法』（教学社）などを利用しながら，さらに実力を高めていくとよい。

03 会話文問題対策

難しい会話表現が出題されているわけではないが，応答表現などを中心に基本的な会話表現に慣れておくとよい。テレビやラジオの英会話番組を視聴することや，英語検定準２級程度の会話問題を解くことが効果的である。

日本史

▶一般選抜 一般入試（前期）

年度		番号	内容	形式
2024 ●	2月6日	〔1〕	「後漢書」「魏志」―原始時代と歴史の始まり ⊘史料	選択・正誤
		〔2〕	織豊政権と江戸幕府の成立	選択・正誤・配列
		〔3〕	立憲国家体制への動き ⊘地図	選択・配列・正誤
		〔4〕	高度経済成長	選択・配列・正誤
	2月7日	〔1〕	律令国家の成立過程	選択・正誤・配列
		〔2〕	「善隣国宝記」―中世東アジアの国際情勢 ⊘史料・地図	選択・正誤・配列
		〔3〕	元禄時代の文化―文学・学問・美術	選択・正誤
		〔4〕	国際協調外交から太平洋戦争	選択・正誤・配列
2023 ●	2月2日	〔1〕	「隋書倭国伝」「憲法十七条」―遣隋使・遣唐使と政治・文化 ⊘史料	選択・正誤
		〔2〕	中世の仏教文化と政治・経済	選択・正誤
		〔3〕	江戸時代の外交と文治主義 ⊘地図	選択・配列・正誤
		〔4〕	近・現代の土地制度と労働問題	選択・正誤
	2月3日	〔1〕	大和王権と古墳文化 ⊘地図	選択・正誤・配列
		〔2〕	元寇と鎌倉幕府の滅亡	選択・配列・正誤
		〔3〕	安土・桃山時代の政治・文化	選択・正誤・配列
		〔4〕	「下関条約」―近・現代の日中関係史 ⊘史料	選択・正誤・配列

2022 ●	2月2日	〔1〕	「往生要集」―国風・院政期の文化 ⊘史料	選択・正誤
		〔2〕	中世の大陸との交流 ⊘地図	選択・正誤
		〔3〕	幕政の改革と文化	選択・正誤・配列
		〔4〕	憲法の制定過程	選択・正誤
	2月3日	〔1〕	「国分寺建立の詔」「大仏造立の詔」―奈良時代の政権 ⊘史料	選択・正誤・配列
		〔2〕	執権政治の最盛期 ⊘地図	選択・正誤
		〔3〕	日本の産業革命と社会運動	選択・正誤・配列
		〔4〕	北海道の歴史	選択・配列・正誤

（注）●印は全問，◑印は一部マークシート方式採用であることを表す。

傾向　基本事項中心の出題　文化史・テーマ史に注意

01　出題形式は？

両日程とも大問数は4題で解答個数は40個，全問マークシート方式となっている。試験時間は60分。歴史的事項を論述するリード文や史料などが与えられ，文章中の空欄に入る語句や，下線部に関連する内容を問う設問が中心である。人物名・歴史用語や正文・誤文を選択させる設問，文章の正誤の組み合わせを問う設問，歴史的事項を年代順に並べる設問，歴史遺産や事件に関係する地図上の位置を問う設問もある。

なお，2025年度は出題科目が「日本史探究」となる予定である（本書編集時点）。

02　出題内容はどうか？

時代別では，2024年度は2月6日実施分は原始・近世・近代・現代，2月7日実施分は古代・中世・近世・近現代の構成であった。例年，原始・現代からの出題はあまりみられなかったので，傾向の変化には注意が必要である。また，以前には時代をまたぐ北海道のテーマ史，旧石器文化や日米貿易摩擦からの出題もあり，時代や大問構成については柔軟な姿勢で準備しておきたい。

分野別では，各時代の政治・外交史の占める割合が大きいが，2024 年度は元禄文化の文学・学問・美術，高度経済成長期に特化した大問が出題された。また，北海道・沖縄を扱った地方史や戦後の経済史，宗教および学問や文学というテーマ別に構成された出題もあるので注意しておきたい。

史料問題は，両日程ともに大問のリード文として必ず出題されているので，十分な準備をしておくことが必要である。2024 年度は『後漢書』東夷伝，「魏志」倭人伝の記述，『善隣国宝記』にある足利義満の対明国書の史料が出題され，いずれも外交史に関わるものであった。これまでには古代の仏教，中世・近世の法令の史料も出題されている。史料のほとんどは教科書や史料集に掲載されている標準的なものである。

03 難易度は？

出題内容は，教科書をベースとした基本的な歴史事項に関するものがほとんどである。ただし，歴史事項を年代順に並べる配列問題，正文・誤文を選択する問題，文章の正誤の組み合わせを答える問題には詳細な知識を必要とするものもあるので，過去問を利用した十分な対策が望まれる。また，視覚資料を用いた問題は標準レベルとなっているので，確実に正解できるようにしたい。

対策

01 教科書が基本

教科書をベースとした基本問題が中心なので，教科書の精読と理解が最も重要で効果的である。リード文や正文・誤文を判断する設問には教科書からの引用がみられ，人物名や歴史用語を選択する問題の大部分は教科書の太字部分である。それらを単に記憶するのではなく，歴史的な背景や流れのなかでとらえておきたい。2024 年度は律令体制，立憲国家体制，太平洋戦争への政治的な流れが出題されている。教科書の知識を整理し歴史の流れを理解するためには，『日本史探究 書きこみ教科書 詳説日本史』（山川出版社）が適している。また，元禄文化が単独で出題されていることを考慮して，テーマ別の学習も必要である。その他にも地図のなかから国・都・歴史遺産や事件等の起こった場所を選択させる問題が例年出題されているので，学習時には教科書の本文だけでなく解説・図版・系図・地図などにも意識を向けて理解を深めておきたい。

正文・誤文を判別する設問では，歴史的事項や用語および人物名の正確な分析が必要となる。歴史用語を正確かつ系統的に理解するには，『日本史用語集』（山川出版社）などを活用するとよい。

02 史料学習は徹底的に

史料をリード文とした大問が例年出題され，なかには難度のやや高いものも含まれている。教科書に記載されている基本史料だけでなく，史料集を利用して史料の本文・出典・大意などを把握し，解説をよく読んで学習を深め，それぞれの史料の歴史的な位置づけをしっかり押さえておきたい。また，史料の内容理解に関する正誤問題も出題されているので，重要史料は史料集の解説を熟読して対応できるようにしておくとよい。

03 演習は問題集や過去問で

出題されているのは，いずれも歴史学習の基本となる部分である。歴史の内容がひととおり理解できたら，標準的な時代別・テーマ別の問題集を何冊かこなしておきたい。史料や図版の対策には『日本史図版・史料読みとり問題集』（山川出版社），文章の正誤判断や正文・誤文の組み合わせ問題，歴史的事項を年代順に並べる配列問題には『共通テスト 過去問研究 歴史総合，日本史探究』（教学社）などを活用して，どのようなポイントから出題されているか意識しておいてほしい。また，本書を活用して過去問演習を行うことで出題傾向を確実に把握し，頻出分野を整理することで効率的な対策を進めていくことができる。

世界史

▶一般選抜 一般入試（前期）

年　度		番号	内　容		形　式
2024 ●	2月6日	〔1〕	インダス文明～グプタ朝のインド	⊘地図	選択・配列・正誤
		〔2〕	ステュアート朝～ハノーヴァー朝のイギリス		選択・配列・正誤
		〔3〕	古代エジプト，中国の長城，スエズ運河		選択・正誤・配列
	2月7日	〔1〕	ギリシア文化，イスラーム文化，中世西ヨーロッパ文化		選択・正誤・配列
		〔2〕	1930 年代～70 年代の中国	⊘地図	選択・配列・正誤
		〔3〕	古代ギリシア，イスラーム世界の軍事力，清朝の軍事力		選択・配列・正誤
2023 ●	2月2日	〔1〕	ヘレニズム時代～古代ローマ		選択・正誤・配列
		〔2〕	オスマン帝国	⊘地図	選択・正誤・配列
		〔3〕	中世西ヨーロッパ文化・ルネサンス・中国の新文化運動		選択・正誤・配列
	2月3日	〔1〕	中世西ヨーロッパの都市・商業	⊘地図	選択・配列・正誤
		〔2〕	東アジア・東南アジア・南アジアにおける近代民族運動		選択・配列・正誤
		〔3〕	世界史上における東西交流		選択・正誤・配列
2022 ●	2月2日	〔1〕	春秋・戦国時代～明代の思想	⊘地図	選択・正誤・配列
		〔2〕	十字軍の影響		選択・正誤・配列
		〔3〕	17 世紀以降の覇権国家		選択・配列
	2月3日	〔1〕	宗教改革	⊘地図	選択・配列・正誤
		〔2〕	ムガル帝国		選択・正誤・配列
		〔3〕	世界史上における交易路・商業		選択・配列・正誤

（注）●印は全問，◐印は一部マークシート方式採用であることを表す。

傾向 正文・誤文選択問題に慣れておこう 地図問題が必出

01 出題形式は？

全問マークシート方式による出題である。大問3題，解答個数40個，試験時間は60分。

各大問は，複数のリード文を読んで設問に解答するという形式が多い。選択法では，空所補充問題と下線部について問う問題が出題されており，後者では正文（誤文）を選択させる問題が多い。正誤法では，2つの文章の正誤の組み合わせを判断させる問題が2～6問ある。2024年度は5～6問出題された。このほか，時系列を問う配列法や地図問題も毎年出題されている。

なお，2025年度は出題科目が「世界史探究」となる予定である（本書編集時点）。

02 出題内容はどうか？

地域別では，欧米地域は西ヨーロッパ史からの出題が中心である。アジア地域では，中国史のほかにインド史や東南アジア史，内陸アジアの遊牧民族の歴史など，広い範囲からの出題がみられる。イスラーム史もよく出題されているので，注意が必要である。

時代別では，古代～近代中心の出題で，一部で現代史からも出題されている。第二次世界大戦後の現代史は，2024年度2月7日実施分で小問5問とまとまった数が出題されたので，十分注意を払っておきたい。

分野別では，政治史や社会制度史・経済史に関するオーソドックスな出題が中心である。文化史も両日程において出題されている。

03 難易度は？

教科書レベルの知識をきちんと身につけていれば十分に対応が可能な，基本的な出題が中心である。時間的余裕もあるので，落ち着いて取り組みたい。

対策

01 教科書中心の学習を大切にしよう

教科書レベルの知識で十分に対応可能な問題がほとんどであるため，繰り返し教科書を読み，その内容をしっかりと身につけることが重要である。なかには，やや細かい知識を問う出題もあるので，教科書の本文だけではなく，脚注にも目を通しておくべきである。

また，世界史の教科書には複数の種類があり，その記述内容の詳しさにもかなり差があるので，『世界史用語集』（山川出版社）などを利用して，歴史上の事項や人名をチェックする習慣をつけておくことが望ましい。

02 正文・誤文選択問題への対策

正文・誤文選択問題は，難度の高い内容となることもあるので，正文・誤文選択問題が多く掲載されている問題集を活用して，このような出題形式に慣れておくことが望ましい。なお，難度の高い選択肢が入っていても，消去法を使って正解できるように，演習を積んでおきたい。

03 文化史に注意

文化史は学校の授業では手薄になりがちな分野なので，サブノートを作って自分なりにまとめ，さらに文化史に関する問題集を使って出題に慣れておくなど，しっかりと対策することが必要である。また，文化史と関連づけて，政治史・経済史などに関する問題が出題されることもあるため，単に作品名と人物名の組み合わせを暗記するのではなく，作品の歴史的意義や背景を理解するよう心がけたい。

04 地図問題に注意

歴史上重要な都市の位置や国家の領域は，歴史地図で確認しておきたい。また，『ビジュアル世界史問題集』（駿台文庫）のような，地図を中心とした問題集を用いて，問題形式に慣れておくべきである。

05 過去問を解いておこう

過去問を解くことは，出題レベルを知り，出題形式に慣れておくために欠かせない。時間を計り，本番と同じように解いてみよう。

数　学

▶学校推薦型選抜

年　度		番号	項　目	内　容
2024 ●	前期	〔1〕	小 問 8 問	⑴式の展開 ⑵正弦定理 ⑶方べきの定理 ⑷因数分解 ⑸２次関数の決定 ⑹同じものを含む順列 ⑺連立不等式 ⑻四分位数
		〔2〕	確　率	さいころの目についての確率
		〔3〕	図形と計量	余弦定理，方べきの定理，三角形の辺の比
		〔4〕	２次関数	２次関数の最大値・最小値
	後期	〔1〕	小 問 8 問	⑴三角比 ⑵組合せ ⑶接弦定理 ⑷因数分解 ⑸２次関数の平行移動 ⑹要素の個数 ⑺連立不等式 ⑻絶対値を含む方程式
		〔2〕	図形と計量	余弦定理，正弦定理，三角形の面積比
		〔3〕	場合の数	最短経路の場合の数
		〔4〕	２次関数	２次関数の最大値・最小値
2023 ●	前期	〔1〕	小 問 8 問	⑴三角比の相互関係 ⑵集合の要素 ⑶接弦定理 ⑷確率 ⑸因数分解 ⑹放物線の平行移動 ⑺式の値 ⑻連立不等式
		〔2〕	場合の数	同じ文字を含む順列
		〔3〕	図形と計量	余弦定理，三角形の面積と角の二等分線の長さ
		〔4〕	２次関数	２次関数の最大値・最小値
2022 ●	前期	〔1〕	小 問 8 問	⑴式の展開 ⑵余弦定理 ⑶連立不等式 ⑷三平方の定理 ⑸式の値 ⑹放物線の平行移動 ⑺場合の数 ⑻四分位数
		〔2〕	２次関数	２次関数の頂点の座標，２次関数の最大値・最小値
		〔3〕	確　率	さいころを投げる試行に関する確率
		〔4〕	図形と計量	三角形とその外接円に関する計量

（注）●印は全問，◑印は一部マークシート方式採用であることを表す。

▶一般選抜 一般入試（前期）

年度		番号	項目	内容
2024 ●	2月6日	〔1〕	小問8問	(1)式の展開 (2)組合せ (3)三角比 (4)方べきの定理 (5)2次関数の平行移動 (6)四分位数 (7)絶対値を含む方程式 (8)倍数の判定
		〔2〕	2次関数	2次関数の最大値・最小値
		〔3〕	図形と計量	三角比，三角形の面積比
		〔4〕	場合の数	同じものを含む順列
	2月7日	〔1〕	小問8問	(1)三角比 (2)2次関数の決定 (3)箱ひげ図 (4)絶対値を含む方程式 (5)1次不等式 (6)平行線と辺の比 (7)条件付き確率 (8)2次関数と x 軸の交点
		〔2〕	2次関数	2次関数の最大値・最小値
		〔3〕	確率	くじを引く確率，条件付き確率
		〔4〕	図形と計量	直方体と三角比，三角形の面積
2023 ●	2月2日	〔1〕	小問8問	(1)余弦定理 (2)確率 (3)式の値 (4)2次関数の決定 (5)箱ひげ図 (6)因数分解 (7)直角三角形と重心 (8)確率
		〔2〕	2次関数	2次関数の最大値・最小値
		〔3〕	図形と計量	余弦定理，正弦定理の利用，メネラウスの定理
		〔4〕	確率	条件付き確率
	2月3日	〔1〕	小問8問	(1)式の展開 (2)直角三角形の正弦 (3)方べきの定理 (4)四分位数 (5)同じ文字を含む順列 (6)2次関数の決定 (7)絶対値を含む方程式 (8)最小公倍数と最大公約数
		〔2〕	2次関数	2次関数の最大値・最小値
		〔3〕	図形の性質	円に内接する四角形
		〔4〕	確率	数直線上を動く点と確率
2022 ●	2月2日	〔1〕	小問8問	(1)2円の位置関係 (2)三角形の面積 (3)式の展開 (4)図形の性質 (5)式の値 (6)放物線の平行移動 (7)場合の数 (8)最小公倍数
		〔2〕	図形と計量	三角形と三角形の1辺に接する円に関する計量
		〔3〕	場合の数	7文字の並べ方に関する場合の数
		〔4〕	2次関数	2次関数の最大値
	2月3日	〔1〕	小問8問	(1)式の値 (2)三角形の面積 (3)2円の位置関係 (4)三角比の値 (5)場合の数 (6)2次不等式 (7)命題の真偽 (8)約数の個数
		〔2〕	2次関数	判別式，2次方程式の解の配置，2次関数が x 軸から切り取る線分の長さ，2次関数の最大値・最小値
		〔3〕	図形と計量	三角形とその外接円に関する計量
		〔4〕	場合の数	7人の男女の分け方に関する場合の数

（注） ●印は全問，◐印は一部マークシート方式採用であることを表す。

出題範囲の変更

2025 年度入試より，数学は新教育課程での実施となります。詳細については，大学から発表される募集要項等で必ずご確認ください（以下は本書編集時点の情報）。

2024 年度（旧教育課程）	2025 年度（新教育課程）
数学Ⅰ・A	数学Ⅰ・A

旧教育課程履修者への経過措置

旧教育課程履修者に不利にならないように配慮した出題を行う。ただし，2025（令和7）年度入学選抜者のみの措置とする。

傾向　全問マークシート方式の空所補充問題

01　出題形式は？

全問マークシート方式で，空所にあてはまる数字を 0 〜 9 の中から選ぶ形式である。大問 4 題の出題で，〔1〕は小問集合となっている。試験時間は 60 分。

02　出題内容はどうか？

〔1〕の小問集合は，8 問の出題である。各小問の問題文はほとんどが 1，2 行で，基本的な内容が問われている。小問集合の出題項目は出題範囲全体から幅広く取り上げられている。

〔2〕〜〔4〕は，学校推薦型選抜・一般選抜とも場合の数・確率，図形と計量，2 次関数からの出題が多い。前半の小問が後半の解法への誘導になっている場合が多いが，後半の問題には少し複雑な問題も含まれる。

03　難易度は？

全問，教科書の例題程度の難易度で，計算量もそれほど多くない。また，題意が読み取りやすいよう配慮されている。試験時間には比較的余裕があるので，じっくりと取り組める。

対策

01 教科書の徹底理解

教科書の例題にあるような基本事項を問う出題となっている。教科書傍用問題集の基本から標準レベルの問題に絞って演習を繰り返し，基本事項の徹底的な理解を図っておくとよい。

02 過去問の研究

いずれの試験でも〔2〕〜〔4〕では2次関数，場合の数・確率，図形と計量が出題されており，これらは出題されやすい分野と考えられる。解答にはマークシート方式が利用されているので，本書を利用して過去の問題に取り組み，解答形式に慣れておきたい。

国語

▶学校推薦型選抜

年度		番号	種類	類別	内容	出典
2024 ●	前期	〔1〕	国語常識		書き取り，読み，語意	
		〔2〕	現代文	評論	語意，内容説明，空所補充，主旨，内容真偽	「ピジン・クレオル諸語の世界」　西江雅之
		〔3〕	現代文	評論	語意，内容説明，空所補充，内容真偽	「自分を美しく見せることの意味」　筒井晴香
	後期	〔1〕	国語常識		書き取り，読み，語意	
		〔2〕	現代文	評論	内容説明，語意，空所補充，内容真偽	「公衆衛生の倫理学」　玉手慎太郎
		〔3〕	現代文	評論	空所補充，内容説明，語意，欠文挿入箇所，内容真偽	「帰属でなく移動を」　瀧川裕英
2023 ●	前期	〔1〕	現代文	評論	語意，書き取り，内容説明，空所補充，欠文挿入箇所，内容真偽	「国力とは何か」　中野剛志
		〔2〕	現代文	評論	内容説明，空所補充，書き取り，語意，内容真偽	「人間の欲望のリデザイン」　ドミニク・チェン
2022 ●	前期	〔1〕	現代文	評論	内容説明，空所補充，語意，書き取り，内容真偽	「反歴史論」　宇野邦一
		〔2〕	現代文	評論	空所補充，書き取り，内容説明，四字熟語，指示内容，語意，内容真偽	「新しい自然学」　蔵本由紀

（注）●印は全問，◐印は一部マークシート方式採用であることを表す。

▶一般選抜 一般入試（前期）

年度		番号	種類	類別	内容	出典
2024 ●	2月6日	〔1〕	国語常識		書き取り，読み，語意	
		〔2〕	現代文	評論	内容説明，語意，空所補充，欠文挿入箇所，内容真偽	「表現の自由」 毛利透
		〔3〕	現代文	評論	内容説明，空所補充，語意，欠文挿入箇所，内容真偽	「愛」 苫野一徳
	2月7日	〔1〕	国語常識		書き取り，読み，語意	
		〔2〕	現代文	評論	空所補充，内容説明，語意，慣用句，内容真偽	「失われた近代を求めて」 橋本治
		〔3〕	現代文	評論	内容説明，語意，空所補充，欠文挿入箇所，内容真偽	「音楽と AI と創造」 森本恭正
2023 ●	2月2日	〔1〕	現代文	評論	書き取り，内容説明，空所補充，語意，欠文挿入箇所，内容真偽	「『食べること』の進化史」 石川伸一
		〔2〕	現代文	評論	内容説明，空所補充，語意，欠文挿入箇所，四字熟語，書き取り，内容真偽	「多様性との対話」 岩渕功一
	2月3日	〔1〕	現代文	評論	空所補充，書き取り，内容説明，語意，欠文挿入箇所，内容真偽	「ファッションの哲学」 井上雅人
		〔2〕	現代文	評論	語意，内容説明，空所補充，書き取り，欠文挿入箇所，内容真偽	「哲学とは何か」 竹田青嗣
2022 ●	2月2日	〔1〕	現代文	評論	内容説明，語意，書き取り，空所補充，内容真偽	「『人はなぜ花を愛でるのか』をめぐって」 白幡洋三郎
		〔2〕	現代文	評論	内容説明，語意，空所補充，書き取り，内容真偽	「名前の哲学」 村岡晋一
	2月3日	〔1〕	現代文	評論	書き取り，空所補充，内容説明，語意，内容真偽	「世界は美しくて不思議に満ちている」 長谷川眞理子
		〔2〕	現代文	評論	語意，書き取り，内容説明，空所補充，慣用句，内容真偽	「〈文化〉を捉え直す」 渡辺靖

（注） ●印は全問，◐印は一部マークシート方式採用であることを表す。

傾向　評論を読み慣れよう 漢字は確実に身につけること

01 出題形式は？

全問マークシート方式である。学校推薦型選抜・一般選抜とも現代文2題の出題が続いていたが，2024年度は国語常識1題，現代文2題の出題となった。試験時間は60分。

02 出題内容はどうか？

国語常識は書き取りや読み，語意の基本知識を問うもの。現代文は評論2題の出題で，内容説明と空所補充を中心に，欠文挿入箇所や内容真偽などが出題されている。選択肢の設定も含めて設問は比較的オーソドックスなものが多いが，なかには丁寧な検討を要するものも見受けられる。

03 難易度は？

長文の出題が多いが，標準的なレベルである。時間配分は国語常識を5分で解き，残りを評論2題に回す。知識問題は手早く終わらせて内容説明や内容真偽問題に時間をかけるようにしたい。

対策

01 現代文

文化論・文明論など，現代社会のかかえる課題につながる評論を，新書などの入門書で幅広く読み，さまざまな発想・文体に触れ，用語に慣れておきたい。新聞や雑誌に目を通し，新しい傾向の評論やエッセーを定期的に読むことを心がけてほしい。術語集を読んでおくのも有効である。また，『マーク式基礎問題集 現代文』（河合出版）などの問題集で評論を中心に学習し，論理のパターンや選択肢判別の着眼点を学んでほしい。あわせて，問題文全体や段落の要旨を書く練習をして，一読して全体の構成・文脈を押さえられるようにしよう。

02 漢字・語意

漢字の設問は，選択式ではあるが，間違えやすい漢字も出題されているので，練習帳で繰り返し練習して知識を確実なものにしておきたい。練習の際，漢字一字一字の意味，熟語の意味も確認してほしい。語意も必出であるから，自分に合うテキストを選び，用例も含めてしっかり読み込んでおこう。語意の設問対策として，同義や対義の表現に注意したい。また，文脈を捉えるうえで重要な役割を果たす助詞や形式名詞，接続詞などについても，用例などをひととおり押さえておくとよい。

03 過去問演習

現代文のみの出題とはいえ，試験時間の60分にわたって集中して問題を読み解くには，慣れが必要である。また，検討に時間がかかる設問も含まれているので，時間配分の対策をしておく必要がある。過去問を利用して，じっくり読み込んで時間をかけて吟味する解き方と，試験時間内に素早く解き進める解き方の両方を練習しておきたい。

2024年度

問題と解答

学校推薦型選抜 公募制推薦入試（前期）：11 月 11 日実施分

問題編

▶試験科目・配点〔スタンダード方式〕

大学	学部	教科	科目	配点
桃山学院大学	全学部（ビジネスデザイン〈情報テクノロジーコース〉を除く）	外国語	コミュニケーション英語Ⅰ・Ⅱ・Ⅲ，英語表現Ⅰ・Ⅱ	100 点
		選　択	「数学Ⅰ・A」，「国語総合（古文・漢文除く）・現代文B」から1科目選択※1	100 点
	ビジネスデザイン〈情報テクノロジーコース〉	数　学	「数学Ⅰ・A」	100 点
		選　択	「コミュニケーション英語Ⅰ・Ⅱ・Ⅲ，英語表現Ⅰ・Ⅱ」，「国語総合（古文・漢文除く）・現代文B」から1科目選択※1	100 点
桃山学院教育大学		選　択	「コミュニケーション英語Ⅰ・Ⅱ・Ⅲ，英語表現Ⅰ・Ⅱ」，「数学Ⅰ・A」，「国語総合（古文・漢文除く）・現代文B」から2科目選択※2	200 点（各 100 点）

▶備　考

※1　2教科（科目）とも受験した場合，高得点教科を採用。

※2　3教科（科目）とも受験した場合，高得点の2教科を採用。

- 〔調査書重視方式〕〔高得点重視方式〕〔ベストスコア方式〕は〔スタンダード方式〕受験のうえで併願可。
- 〔調査書重視方式〕は，上記の得点，全体の学習成績の状況（評定平均値）を15倍した得点（75点満点）の合計点で判定する。
- 〔高得点重視方式〕は，高得点教科（科目）の得点を2倍し，合計点で判定する。
- 〔ベストスコア方式〕は，2日間受験した場合の各教科の最高得点で判定する。
- 外国語の外部試験利用制度（みなし得点制度）が利用できる。

英語の外部試験の得点・資格のレベルに応じて，入試の「英語」の得点を 100 点，80 点，70 点の 3 段階に換算し合否判定を行う。試験科目「英語」を受験をする必要はないが，受験した場合は試験科目「英語」の得点とみなし得点のどちらか高い方を採用する。

英語

(60分)

〔I〕 次の（a）～（g）の空所に入れるのに最も適切なものをア～エの中から一つずつ選びなさい。

(a) A: Are you ready for our camping trip next week? 1

B: Not yet, I'm still wondering what to take.

A: Do you have a tent and sleeping bag?

B: Yes, but I need to check their condition.

A: When was the last time you used them?

B: ____________________

A: That's a long time.

B: I hope they're still usable.

ア I didn't use them last time.

イ It was about three years ago.

ウ I used them last week.

エ I can't remember now.

(b) A: My gym is offering free trial lessons to friends of members. 2

B: Going to the gym is so boring.

A: They have a lot of different classes. You might find something you like.

B: Like what?

A: I was thinking of trying out the boxing class. Do you want to come with me?

B: ____________________

A: No, everything is provided at the gym. Just wear comfortable clothes.

B: OK, I'll give it a try.

ア Do we have to pay?

イ Do we need any experience?

ウ Do we need to go to the gym?

エ Do we need to bring any equipment?

(c) A: I can't wait to play that new video game. 3

B: I didn't know you were into gaming.

A: Really? I thought everyone knew.

B: What kinds of games do you like to play?

A: I mainly play sports games and strategy games.

B: Do you play online?

A: Yeah, my friends and I play together most Friday nights.

B: ______________________

A: It is. I've met a lot of people through gaming.

ア Is it a competition for you?

イ Was it difficult at first?

ウ Is strategy important, too?

エ It's a social activity, then?

(d) A: Do you like to cook? **4**

B: Yeah, I love cooking. What about you?

A: I enjoy it, too, but I don't do it as often as I'd like to.

B: What kinds of dishes do you like to make?

A: I usually stick to simple things like pasta.

B: ______________________

A: Not really, but I've been wanting to try making apple pie.

B: Let me know if you need a taste-tester. I love apple pie!

ア Do you really think pasta is easy to make?

イ Do you cook with your family?

ウ Do you make desserts, too?

エ Don't you like apple pie?

(e) A: Have you ever tried rock climbing? **5**

B: No, I haven't. Why do you ask?

A: My friend took me last weekend.

B: How was it?

A: Amazing! You should come with us next time!

B: ______________________

A: That's OK! There are beginner routes, too.

ア I don't know. I've never done it before.

イ My friend is a good climber. Can she come, too?

ウ Was your friend OK last weekend?

エ I don't feel like doing outdoor activities.

(f) A: Do you like horror movies? **6**

B: Not really. They scare me too much, and I hate seeing blood.

A: I understand. They're not for everybody.

B: Last time I watched one, I couldn't sleep for a week!

A: So what kind of movies do you like?

B: I enjoy comedies or action movies. They're more fun and less scary.

A: ＿＿＿＿＿＿＿＿＿＿

B: I know. I try to avoid those ones.

ア Some horror movies are really funny.

イ Some action movies are very violent, too.

ウ I like comedy, too, actually.

エ Just avoid watching them at night.

(g) A: Did you get the book I recommended? **7**

B: Yes, I've never read anything like it before.

A: Who is your favorite character?

B: I really like Miyu. She is so strong and independent.

A: I agree, she's a great character. What did you think of the ending?

B: ＿＿＿＿＿＿＿＿＿＿

A: The ending will really surprise you!

B: Don't tell me anything else!

ア Actually, I haven't finished it yet.

イ The ending was amazing!

ウ The ending didn't surprise me much.

エ I haven't started reading the book yet.

〔Ⅱ〕 次の（a）〜（f）の空所に入れるのに最も適切なものをア〜エの中から一つずつ選びなさい。

（a） What time does the train ______ Osaka? **8**

ア reach　イ reach in　ウ reach to　エ reach at

（b） All things ______, I think they did a good job. **9**

ア consider　イ considering　ウ considered　エ to consider

（c） Would you lend me a hand ______ this desk? **10**

ア to　イ for　ウ of　エ with

（d） I apologize for any confusion ______. **11**

ア causing　イ caused　ウ to cause　エ to be caused

（e） Did your parents ______ you go out with him? **12**

ア permit　イ enable　ウ let　エ allow

（f） I hope I will get used to ______ in Japan soon. **13**

ア drive　イ driving　ウ be driving　エ be driven

〔Ⅲ〕 （1）〜（5）の日本文の意味に合うように［　　］内の語（句）を並べ替えると、与えられた5つの選択肢のうちで3番目にくる語（句）はどれか。ア〜オの中から最も適切なものを一つずつ選びなさい。（なお、文頭に来る語の頭文字も小文字になっている。）

（1） それはやってみる価値があると思う。 **14**

I consider［doing / try / worthwhile / to / it］it.

ア doing　イ try　ウ worthwhile　エ to　オ it

（2） そんな服装で出掛けるつもりじゃないでしょうね！ **15**

［go out / you're going to / tell me / dressed like that / don't］!

ア go out　イ you're going to　ウ tell me

エ dressed like that　オ don't

（3） 彼らがしまいには入院するはめになるなんて誰が考えただろう。 **16**

Who'd［thought / in hospital / have / end up / they'd］?

ア thought　イ in hospital　ウ have　エ end up　オ they'd

（4） その鳥は絶滅の危機に瀕している。 **17**

The bird is [of / in / becoming / danger / extinct].

ア of　イ in　ウ becoming　エ danger　オ extinct

(5) チームのメンバーは命じられた行動をしなければならない。 **18**

The team members [they / to act / are told / are expected / the way] to.

ア they　イ to act　ウ are told

エ are expected　オ the way

〔Ⅳ〕 次の GUIDED WAILUA RIVER KAYAK TOUR の案内を読んで、後の問いに答えなさい。いずれも、最も適切なものをア～エの中から一つずつ選びなさい。

GUIDED WAILUA RIVER KAYAK TOUR

- Discover the wonder and beauty of the Wailua River!
- Enjoy swimming and picnicking at Secret Falls!
- No prior kayaking experience is needed to enjoy this adventure. Many of our kayakers are first-timers!

Tour Times:
(Monday to Friday only)
We have six tours per day, leaving at: 8:00, 9:00, 10:00, 11:00, 12:00, and 13:00.
Check in at our office 20 minutes prior to your tour time.
Each tour lasts for a minimum of 4.5 hours and a maximum of 5 hours.

Tour Description:
You will be greeted by our friendly staff, who will give you waterproof bags to pack your belongings, and coolers to bring your food and drink in. Then, your guide will conduct an orientation with safety tips and advice for paddling a kayak.

After that, we will transport you in our van to the Wailua River Marina, about a 20-minute drive. Attach your waterproof bag and cooler to your kayak, and off you go with your guide!

Couples are usually given a double kayak. You can also choose single or triple kayaks. We even have special single kayaks for children over 5 years old. We provide life jackets for all ages and sizes. Wearing them is only required for children aged 12 years and younger.

At the start of the tour, we will first paddle upstream for about 45 minutes. After that, we will leave our kayaks by the river, and walk for about 35 minutes to Secret Falls. The King's Pool at the base of the falls is a great place to swim and cool off. It is also the perfect place for your picnic. We will then return to the river on foot, and paddle downstream back to the Wailua River Marina and our waiting van.

We are the only company that provides a changing room and shower (equipped with soap) to rinse off after the tour before going on to your other activities or dinner reservations.

What to Bring and Wear:
- Wear a swimsuit under light clothing that you won't mind getting wet, and footwear that straps securely to your feet with toe protection. Sandals and bare feet are not allowed!
- Food and beverages

- Towels
- Camera (optional)
- Sun protection (hats, sunglasses, sunscreen)
- Mosquito repellent (optional but strongly recommended)

Adapted from: https://kayakwailua.com/kayak-tours/

1. What is **not** provided on the tour? 19

ア instructions about how to use the kayak

イ a bag to carry your belongings

ウ food and drink

エ transport between the office and the Marina

2. Which of the following is **not** possible? 20

ア sharing a kayak with another person

イ taking a shower after the tour

ウ swimming

エ taking the tour on a weekend

3. By what time will the final tour of the day finish? 21

ア 18:00

イ 17:00

ウ 16:30

エ 16:00

4. A seven-year-old child is joining the tour with their parents. Which of the following does the child have to do? 22

ア share a kayak with an adult

イ wear a life jacket

ウ use insect repellent

エ join a special tour for children

5. What must all tour participants do? 23

ア wear appropriate shoes

イ bring a camera

ウ show proof of kayaking experience

エ arrive at least half an hour before the tour starts

〔V〕 次の英文を読んで、後の問いに答えなさい。

While some people are born with certain natural abilities or attributes that enable them to perform well in certain activities, in most cases, talent alone is not enough. The majority of people who learn to do something really well almost always do so because they have developed good routines and habits to complement(a) their natural ability.

（ア）Take the Olympic swimming champion Michael Phelps, for example. Before he retired in 2016, he trained 365 days a year, and his days followed a strict rhythm. He got up at 6:30 a.m. every day, and had breakfast soon after. Throughout each day, he【 1 】exactly 6,000 calories, and swam for six hours. Before a race, he always listened to very loud hip-hop music. Phelps has won 18 Olympic gold medals and 22 Olympic medals in total, more than any other person in history. His habits played a big part in making that achievement possible.

（イ）They can be useful for all of us. We brush our teeth every day without thinking about it. Most people travel to school or work the same way every day and don't get lost. And when we want to learn something new, like a musical instrument, it's important to have a daily routine — practicing for thirty minutes before breakfast, for example. In this way, our habits can both help us in our daily lives and allow us to achieve our goals.

（ウ）【 2 】, habits can also become bad ones that are difficult to change. For example, imagine someone who works in an office. They go to a café after lunch, and buy coffee and cake. They enjoy the atmosphere of the café, the taste of the cake and coffee. Feeling refreshed, they go back to work. So, they do it again the next day — and the next. Soon it's a habit, and they're spending more money, absorbing more caffeine, and taking in too many calories.

（エ）According to researchers at University College London, most people can make something into a habit after an average of 66 days' repetition. Breaking a bad habit (e.g., giving up smoking), however, can take much longer — up to 254 days. One conclusion they came to was that the "situation" is important for a habit. For example, if you want to change your habit of having coffee and cake every day, don't go to the café — go for a walk instead.【 3 】, changing the situation will make it easier for you to start a new routine.

Adapted from: Hughes, J., Stephenson, H., and Dummett, P. (2019).
Life 2, Second Edition. National Geographic Learning, p. 123.

問1 本文のテーマとして最も適切なものを**ア**～**エ**の中から一つ選びなさい。 **24**

ア the importance of natural abilities in achieving success

イ the role of routines and habits in daily life

ウ the life and achievements of Michael Phelps

エ the difficulty of breaking a bad habit

問2　次の文は本文のどこに入りますか。最も適切な箇所を本文中の（ア）～（エ）の中から一つ選びなさい。 25

Habits are not just helpful for elite athletes.

問3　下線部(a)の "complement" と最も意味が**異なる**ものはどれですか。最も適切なものをア～エの中から一つ選びなさい。 26

ア support　イ improve　ウ complete　エ contradict

問4　空所【 1 】～【 3 】に入る最も適切な語（句）をア～エの中から一つずつ選びなさい。

【1】ア consumed　イ reduced　ウ maintained　エ exercised 27

【2】ア Similarly　イ On the other hand　ウ Accordingly　エ Due to this 28

【3】ア For example　イ For a while　ウ In other words　エ By all means 29

問5　本文の内容と一致するものをア～エの中から一つ選びなさい。 30

ア 特定の分野で活躍するには、その分野の才能があれば十分である。

イ 悪い習慣であっても、続けているうちに良い習慣になることがある。

ウ 悪い習慣よりも、良い習慣のほうが身につきやすい。

エ 習慣を変えるためには、状況を変えるとよい。

数　学

（60 分）

解答にあたっての注意事項

① 分数形で解答する場合，それ以上約分できない形で答えなさい。

② 根号を含む形で解答する場合，根号の中に現れる自然数が最小となる形で答えなさい。

〔Ⅰ〕 以下の空欄の 1 ～ 18 に入る数字を選択肢から１つずつ選びなさい。

(1) $(x+2y-3)(x+2y+3)$ を展開すると，x^2+ 1 y^2+ 2 $xy-$ 3 である。

1 · 2 · 3

(2) $\angle B=50°$，$\angle C=70°$，$BC=3\sqrt{2}$ の△ABC があるとき，△ABC の外接円の半径は $\sqrt{\boxed{4}}$ である。

4

(3) 円の２つの弦 AB，CD が点 P で交わっており，BP＝2，CP＝1，PD＝3 である。このとき，

$AB=\dfrac{\boxed{5}}{\boxed{6}}$ である。

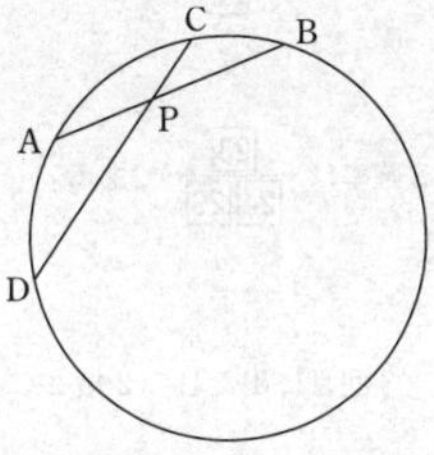

5 · 6

(4) $5x^2-4x+4+(x+6)(x-1)$ を因数分解すると，$(\boxed{7}\,x-1)(\boxed{8}\,x+\boxed{9})$ である。

7 · 8 · 9

(5) a，b を定数とする。$y=2x^2+ax-b$ のグラフと x 軸の共有点の x 座標が -2，1 のとき，$a=$ 10，$b=$ 11 である。

10 · 11

(6) ６個の整数１，１，１，２，３，３をすべて並べてできる６桁の整数は全部で 12 13 個ある。

12 · 13

(7) 不等式 $4+\dfrac{x-1}{2}<\dfrac{3x+7}{4}<4-\dfrac{2(2-x)}{3}$ の解は，$\boxed{14}<x<\boxed{15}\boxed{16}$ である。

$\boxed{14}\cdot\boxed{15}\cdot\boxed{16}$

(8) x を定数として，9個の値からなるデータ 22, 16, 10, 30, 11, 24, 15, 17, x がある。このデータの中央値が16であるとき，第3四分位数は $\boxed{17}\boxed{18}$ である。

$\boxed{17}\cdot\boxed{18}$

選択肢

ア 0	**イ** 1	**ウ** 2	**エ** 3	**オ** 4
カ 5	**キ** 6	**ク** 7	**ケ** 8	**コ** 9

〔Ⅱ〕 以下の文章を読み，空欄の $\boxed{19}$ ～ $\boxed{31}$ に入る数字を選択肢から1つずつ選びなさい。

1個のさいころを3回続けて投げる。

(1) 3回とも奇数の目が出る確率は $\dfrac{\boxed{19}}{\boxed{20}}$ である。

$\boxed{19}\cdot\boxed{20}$

(2) 3回投げて出た目の積が偶数となる確率は $\dfrac{\boxed{21}}{\boxed{22}}$ である。

$\boxed{21}\cdot\boxed{22}$

(3) 3回投げて出た目の和が5となる確率は $\dfrac{\boxed{23}}{\boxed{24}\boxed{25}}$ である。

$\boxed{23}\cdot\boxed{24}\cdot\boxed{25}$

(4) 1回目と2回目で出た目の和が，3回目に出た目の2倍となる確率は $\dfrac{\boxed{26}}{\boxed{27}\boxed{28}}$ である。

$\boxed{26}\cdot\boxed{27}\cdot\boxed{28}$

(5) 3回投げて2の目と3の目の両方が出る確率は $\dfrac{\boxed{29}}{\boxed{30}\boxed{31}}$ である。

$\boxed{29}\cdot\boxed{30}\cdot\boxed{31}$

選択肢

ア 0	**イ** 1	**ウ** 2	**エ** 3	**オ** 4
カ 5	**キ** 6	**ク** 7	**ケ** 8	**コ** 9

〔Ⅲ〕 以下の文章を読み，空欄の 32 ～ 41 に入る数字を選択肢から１つずつ選びなさい。

OA＝2，AB＝3，∠OAB＝60° の△OAB がある。辺 OA，OB の中点をそれぞれ C，D とし，線分 CD を折り目として，△OCD を折り返したとき，点 O が辺 AB 上の点 O’に重なったとする。

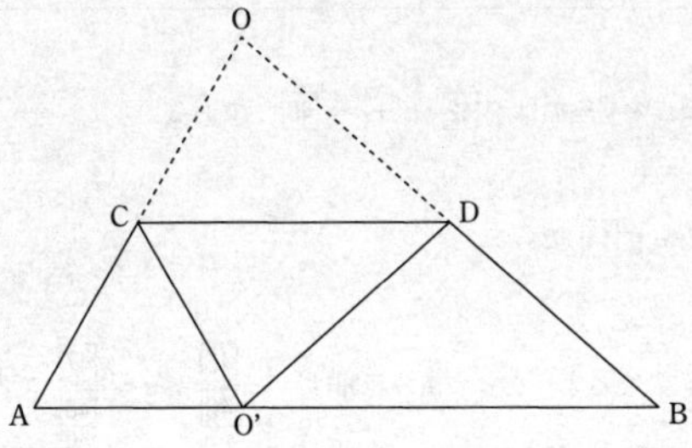

(1) OB＝$\sqrt{\boxed{32}}$ であり，△OAB の面積は $\dfrac{\boxed{33}\sqrt{\boxed{34}}}{\boxed{35}}$ である。

32
33 · 34 · 35

(2) BC＝$\sqrt{\boxed{36}}$ である。

36

(3) △AO’C の外接円と線分 BC の交点で，C でない方を E とするとき，BE＝$\dfrac{\boxed{37}\sqrt{\boxed{38}}}{\boxed{39}}$ である。

37 · 38 · 39

(4) 2 直線 AC，O’D の交点を G とすると，$\dfrac{AC}{AG}=\dfrac{\boxed{40}}{\boxed{41}}$ である。

40 · 41

選択肢

ア	0	イ	1	ウ	2	エ	3	オ	4
カ	5	キ	6	ク	7	ケ	8	コ	9

〔Ⅳ〕 以下の文章を読み，空欄の 42 ～ 52 に入る数字を選択肢から1つずつ選びなさい。

> a を定数として，2次関数 $f(x)=x^2-6ax+11a^2+2a-12$ があり，$-1\leqq x\leqq 3$ における $f(x)$ の最大値を M，最小値を m とする。

(1) $y=f(x)$ のグラフの頂点の y 座標は，42 (a^2+a- 43) である。　42 · 43

(2) $a=-1$ のとき，$M+2m=$ 44 である。　44

(3) $M=f(3)$，$m=f(3a)$ となるような a の値の範囲は，$-\dfrac{45}{46}\leqq a\leqq\dfrac{47}{48}$ である。

45 · 46 · 47 · 48

(4) a が $9a^2-1\geqq 0$ を満たすとき，$M+m=0$ となるような a の値は小さい順に $-\dfrac{49}{50\,51}$，52 である。

49 · 50 · 51 · 52

選択肢

ア　0	イ　1	ウ　2	エ　3	オ　4
カ　5	キ　6	ク　7	ケ　8	コ　9

エ　所作の美
オ　芸術の美

問十二　次の各文のうち、本文の内容に合致するものを一つ選びなさい。32

ア　ルッキズム批判は社会的にも広がっているが、一方でルッキズムを肯定する人がおしゃれな雰囲気を醸し出しているという問題がある。
イ　自らをおしゃれに装うこと自体は他者に否定されるべきものではなく、人間が芸術性を保つ上で重要な役割を担っていると考えられる。
ウ　ロードは容姿差別批判の論拠として、機会均等や個人の尊厳との矛盾、および不平等の助長や自己表現の権利を損ねることを挙げている。
エ　個人の身体的特徴や服装、身だしなみはその人の価値観やアイデンティティを表現するものであり、社会規範を表現する要素でもある。
オ　他人への印象をよくすることや、自分にとっての美しさを追求することをやめれば、容姿をめぐる差別の助長につながると考えられる。

オ　ファッション業界が提示するおしゃれに対する人々の消費行動によって、現代の経済構造が規定されている。

問九　傍線⑦の「骨抜きにされた」の意味として最も適切なものを、次のうちから一つ選びなさい。　29

ア　変化しやすくなった
イ　中心内容が欠けた
ウ　大幅に軽量になった
エ　全て取り除かれた
オ　柔軟さを獲得した

問十　傍線⑧に「第三」とあるが、そこで述べられているのはどのような主張か。その説明として最も適切なものを、次のうちから一つ選びなさい。　30

ア　人間の身体を美的鑑賞の対象にすることをやめて、それ以外のものの美を楽しむことを通しても自分らしい生き方は可能だという主張
イ　美の対象を人間でないものに設定することで、美を通した自己実現が損なわれ、人々の幸福度が低下してしまうのではないかという主張
ウ　人間が美しく感じる人間以外の何かを自分に紐づけることは、結局自らの身体を美しく見せることにつながるのではないかという主張
エ　特定の髪形や服装を楽しむということまで肯定すれば、身体的な美しさを楽しもうとする従来の形と変わらないのではないかという主張
オ　自分の身体を美しく見せるという自己実現の在り方から脱却し、もっぱら服装を美の対象の中心とすればよいのではないかという主張

問十一　空所【　C　】に入る最も適切なものを、次のうちから一つ選びなさい。　31

ア　容姿の美
イ　自然の美
ウ　内面の美

問六　傍線⑤の「その発想自体が現在のメディア環境に依存しているのではないか」とあるが、なぜこのように言えるのか。その説明として最も適切なものを、次のうちから一つ選びなさい。 26

ア　ルッキズムを否定しセルフプレゼンテーションを推進する言説がマスメディアから流布されて、ルッキズム批判の風潮が高まったから

イ　インターネットにおいて商業化したセルフプレゼンテーションの利用が広がったことで、本来の目的とはずれが生じてしまっているから

ウ　インターネットで多くのセルフプレゼンテーションとそれらへの反応を見る機会が増え、その成功の価値を高く見積りがちになったから

エ　他人のセルフプレゼンテーションをインターネットで目にする機会が増えたことで、多様であるはずの美の価値基準が共通化されるから

オ　セルフプレゼンテーションはあくまでもインターネットでのやりとりの中で価値をもつものであり、現実世界との乖離（かいり）が見られるから

問七　空所【　Ｂ　】に入る最も適切なものを、次のうちから一つ選びなさい。 27

ア　間接的

イ　論理的

ウ　画一的

エ　即時的

オ　排他的

問八　傍線⑥の「おしゃれすることやおしゃれなものに惹かれること」とあるが、これについて筆者はどのような見方がありうるとしているか。その説明として最も適切なものを、次のうちから一つ選びなさい。 28

ア　ファッションに関連するアイテムや装いを大量消費することで、相対的に美的価値が下がってしまっている。

イ　ファッション産業がおしゃれなものを定義することによって、個人のアイデンティティが希薄になっている。

ウ　おしゃれに価値があるとする風潮が蔓延（まんえん）することによって、人々がおしゃれへの強迫観念に捕らわれている。

エ　生活の中で美の追求を楽しもうとすれば、実際にはなにかものを買うなど消費を促される状況になっている。

ウ　人間が自らを美しく装うことをやめてしまえば、美容や服飾産業を中心とした社会の消費行動が抑制され、経済的な停滞が起こるから

エ　人間とは、おしゃれなものに囲まれて暮らすことによりかえって自らの意見や思想を表明しづらくなる傾向をもっているものだから

オ　人間が自分らしさや自尊心を育んでいくには人間関係を良好にすることが重要であり、おしゃれという視覚的な判断基準は不適切だから

問四　空所【　A　】に入る最も適切なものを、次のうちから一つ選びなさい。 24

ア　逆に言うなら

イ　言い換えれば

ウ　ややもすると

エ　しかしながら

オ　煎じ詰めると

問五　傍線④の「第二の道」を説明したものとして最も適切なものを、次のうちから一つ選びなさい。 25

ア　自己実現をするために自らを装うことが人間として一定の意義をもつことから、その個々人の振る舞いを肯定しつつ、ルッキズムについてはそれを否定していく倫理を教育現場に提言していく道

イ　現状の極端なルッキズムを脱却するために、特定の身体的特徴や服装・身だしなみを根拠に個人を攻撃するというルッキズムの問題点をあぶり出し、容姿に関する国際的基準を模索していく道

ウ　社会の中にはそれぞれが考える多様な美の基準が存在することから、セルフプレゼンテーションを行うことで、ばらつきのある美の基準をとりまとめて定義し直すための活動を推進していく道

エ　ルッキズムに支配されている現代社会において、おしゃれをしづらくなっている人々が存在することを理解し、自分を美しく見せるための行動を社会全体でエンパワーする方策を検討する道

オ　個人の容姿を根拠にした差別を非としながら、社会に存在する多様な美の基準に則り、美しく魅力的に見えるようセルフプレゼンテーションする能力を自己実現の手段のひとつとして尊重する道

イ　劣ったものとして見下すこと
ウ　過剰に自らを卑下すること
エ　人をだまして失敗させること
オ　失敗を非難して罰すること

問二　傍線②の「ボディポジティブ」の問題点は何か。その説明として最も適切なものを、次のうちから一つ選びなさい。 22

ア　ボディポジティブを標榜（ひょうぼう）し表現する人々がおしゃれな装いをすることで、ある身体的特徴における美しさの基準を操作できることから、本来国によって異なっていてしかるべき美的感覚が画一化されてしまう点
イ　ボディポジティブを標榜し表現する人々におしゃれでセンスのいい飲食店などで容姿への自らの意見を語らせることで、おしゃれに関する思想の様式を決定づけ、そこから外れている人々を低く見てしまう点
ウ　ボディポジティブを標榜し表現する人々がルッキズムを批判することで、容姿に対する誹謗（ひぼう）中傷などを抑制することから、さまざまな差別的言説が議論の場に現れずに根本的な解決が先送りにされてしまう点
エ　ボディポジティブを標榜し表現する人々がおしゃれな装いをすることで、一定水準以上の美しさを実現していることから、結局美の基準を別の新たな美の基準に置き換えただけで問題の解決にはなっていない点
オ　ボディポジティブを標榜し表現する人々が美の基準の押し付けを批判することで、ルッキズムへの反対を表明することから、人々の美の基準がばらついてどのような装いをすればよいのか人々が混乱してしまう点

問三　傍線③の「だが一方で、これを実践するのは困難だと感じる人も少なくないのではないか」とあるが、これはなぜか。その説明として最も適切なものを、次のうちから一つ選びなさい。 23

ア　人間には、自分を美しく見せて他者からその美しさを認めてもらうことによって心地よさを感じ、自己実現を果たすという面もあるから
イ　人間には、視覚的に他者を評価することでもって相手の個性を認識し、個々人の相違点を受け入れることができるという面もあるから

この点に関しては、ものや環境の美についても第二点と同様の消費主義の問題が生じうることを指摘しておく。さらにより根本的なこととして、この論点は、容姿の美が――より正確に言えば、人に帰属される外見上の（より厳密には視覚的・聴覚的な）美が、人間にとってどのような意味や価値を持つのかという問いを導く。自分を美しく見せることや、自分で自分を美しいと思えることは、自尊心の基礎に関わるのだろうか。また、他人を美しいと感じ、（性的であれそうでなかれ）惹かれるということは、他者関係の基礎に関わるのだろうか。マーサ・C・ヌスバウム[*6]が人間の中心的なケイパビリティ[*7]として挙げる事柄の中には、美的な感覚・能力や、人やものへの愛情や、自尊心を持てることも含まれている。では「【　C　】」に関する感覚や能力はどうなのだろうか。

我々が、他人に与えるよい印象や、自分が自分に対して持つよい印象をある程度通して自己実現する存在であるということは、容姿をめぐる差別を考える上で関わってくる事柄である。それらは、一方を取れば他方がただちに損なわれるといった緊密な関係にあるものではおそらくない。とはいえ、容姿をめぐる差別を考える際の微妙な割り切りがたさにはこの点が関わっているのであろう。

（筒井晴香「自分を美しく見せることの意味」より。出題の都合上、一部省略・変更した箇所がある。）

＊1　ルッキズム――外見の美醜などで人を判断すること。
＊2　ボディポジティブ――従来の理想的とされる体型にとらわれず、ありのままの体型を前向きに受け入れようという考え方。
＊3　藤嶋――藤嶋陽子。文化社会学者・ファッション研究者。
＊4　デボラ・L・ロード――アメリカの法倫理学者。
＊5　エンパワー――エンパワーメント（empowerment）の略。力（権限）を与えたり高めたりすること。
＊6　マーサ・C・ヌスバウム――アメリカの哲学者、倫理学者。
＊7　ケイパビリティ――才能、能力あるいは素質。

問一　傍線①の「貶める」の意味として最も適切なものを、次のうちから一つ選びなさい。　21

ア　他人のもつ欠点を慰めること

ションの能力を磨くことは、個人の自己実現において重要な事柄でありうるため尊重すべきである。

上記の路線は、極端なルッキズムには反対だがおしゃれする実践に心癒されエンパワー*5される気持ちはあるという人々の感覚にも即するはずである。だが、疑う余地のない考え方ではないだろう。以下でありうる批判を三点挙げておく。

第一に、ここまでの話では、セルフプレゼンテーションを行うことに価値や意義が認められているが、⑤その発想自体が現在のメディア環境に依存しているのではないか。今日、多くの人々がインターネットを通して、日常的に他人に対してセルフプレゼンテーションを行うことを求められ、かつそれに対する反応が【　Ｂ　】に返ってくるという状況がある。その中に置かれているからこそ、他人に対するセルフプレゼンテーションが成功することの価値をいささか高く感じすぎてしまうところもあるのではないか。ひとたびその環境を離れれば、自分の見え方をよくすることには、一定の価値はあるにしろ、人生の中でさほど優先順位の高い価値でもないことに気づくかもしれない。

第二に、上記の点とも関連して、⑥おしゃれすることやおしゃれなものに惹かれること自体が、藤嶋によって指摘されていたように、ファッション産業により欲望を刺激され、消費を促されているがゆえの結果に過ぎないという見方もありうる。あえて極論するならば、我々は結局のところ消費主義に絡めとられ、産業を回すために道具的に利用されているだけの、⑦美的価値を骨抜きにされたアイテムや装いに惹かれているに過ぎないのではないか。但し、この点は、生活の中の美を楽しむことが必然的に消費主義に絡めとられることを帰結するというよりは、実践上絡めとられずにいることが困難な社会状況がある、という問題であろう。

⑧第三に、上では自己実現における審美的な要素の位置づけに注目した。だが、容姿に基づく差別の問題を重く見るならば、単純に人間の身体を美的な鑑賞の対象とすることをやめ、美を楽しむ対象は専らものや風景・環境など、人間でないものだけに限ればいいのではないか。そうすると自分に美しさを帰属させることができなくなり、従って美を通した自己実現が損なわれるように思われるかもしれない。だが、自分が美しいと感じたものを自分に紐づけ、それに自分らしさを見いだすことは、身体自体を美しく見せることをやめても可能なように思える。具体的には、美しいと感じる絵画や写真を部屋に飾ったり、小物を持ち歩いたり、ＳＮＳアカウントのアイコン画像をおしゃれな色や柄のものにしたりすればよい。また、価値観やアイデンティティに関わる特定の髪形や服装をしたいという場合でも、身体とのバランスを踏まえた見た目の美しさといったことは考慮に入れず、ただ特定の髪形をし、服装をまとうことを楽しめばよい。このような形で、人間の身体ではないものの美だけを楽しむことを通しても、自分らしい生き方を実現することは十分に可能なのではないか。

う。例えば、反ルッキズムを主張する記事の紙面や画面の色や画像、字体などをおしゃれにすることもやめるのである。このように、感覚に訴える美しさを伴うことを一切拒否したうえで、人はあらゆる意味において美しくなくてよい、と主張する人がいたとすれば、この人は非常に一貫した態度を取っていると言える。

③だが一方で、これを実践するのは困難だと感じる人も少なくないのではないか。単純に言って、おしゃれな他者は魅力的だし、自分もおしゃれをしておしゃれなものに囲まれれば、やはり気持ちがいい。生活の中のあらゆる場がおしゃれな人やものだらけになってしまったとすれば、それはそれで息が詰まるだろうが、他方で、自分が美しいと感じたものを自分に紐(ひも)づけて提示すること――服や化粧品であれ、持ち物であれ、SNSアカウントのアイコン画像であれ――を全般的に禁欲してしまうとすれば、それは人によっては個人の望む生き方や、その人らしい生き方を損なうことにもなりうるのではないか。自分を美しく見せようと試み、その結果、自分で自分を美しいと思え、実際に他人にも美しいと思ってもらうことは、心地よいことである。人によっては、そのことにさしたる意義を感じないかもしれないが、そのことを通して自分らしさや自尊心を育めると感じる人もいるだろう。そのような感覚は、単に社会における偏った美の基準の影響の所産に過ぎないのだろうか。【　A　】、ここでは自己実現において、自己の見え方に関する審美的な要素に訴えること一般をすべきでないといえるのか、ということが問題になっている。

この点に関連することとして、デボラ・L・ロード[*4]は容姿差別を非とする論拠を三点にまとめている。第一に、機会均等や個人の尊厳の原理に背くこと、第二に、他の形の不平等（人種・民族・社会階級・年齢・性別等に基づくもの）を助長すること、そして第三に、自己表現の権利を侵害することである。ここでは第三点に注目したい。ロードは自己表現の方法が、本人の基本的な政治的価値観や文化的アイデンティティ、宗教的信条を含むものとし、髪形やムスリムのヘッドスカーフ等と雇用をめぐる訴訟の例を挙げている。ここでは、特定の服装や身だしなみを禁じることが自己表現の権利の侵害に相当すると述べられているが、この点は翻って、個人の価値観やアイデンティティの表現として重要となるような服装や身だしなみがあることを意味する。装いは差別の根拠とされうると同時に、その人らしい生き方を形作る要素でもあるのだ。

もし、自己実現において自分を美しく見せることが一定の意義を持つと認めるとすれば、④第二の道が想定できる。つまり、美しく魅力的に見えるようセルフプレゼンテーションをする能力を、人間にとって価値を有するものと考えるのである。この路線で考えるならば、現状のルッキズムを脱却した上で目指すべき価値観とは次のようなものになろう。すなわち、大前提として、特定の身体的特徴や服装・身だしなみを根拠に人を不平等に扱ってはいけない。他方、社会の中に多様な美の基準が併存しており、それに則(のっと)って各人が他人から見て美しく魅力的な人に映るよう、セルフプレゼンテー

ウ 「もっと美味しい食べ物はないのかしら」という発話を単語に分解して再編成すると、元の発話とは異なった意味領域が生じる。

エ 「顔」という単語が指し示す具体的な人体の部位の範囲は日常的な感覚においては明確ではないが、法的には明確なようである。

オ ともに「その上で仕事をするための台である」と定義しうる「机」と「木箱」とは、完全に一致した意味領域をもつ語といえる。

〔Ⅲ〕

次の文章をよく読んで、後の問いに答えなさい。

今日、ルッキズム*1を批判する言説は必ずしも希少ではないものになってきている。容姿が美しくないことを①貶（おとし）める風潮に違和感を抱く人々が、その感覚を受け止めてくれるようなインターネット上の記事等に出会うことも、決して困難ではなくなってきているだろう。だが、そういった記事や書籍の紙面を見てみると、概（おおむ）ね垢（あか）抜けた雰囲気がある。つまり、そのような言説の提示のされ方は、たいがいダサくはなく、おしゃれなのである。②ボディポジティブ*2がまさにそうであるように、いくらかの身体的特徴において従来の容姿の美の基準からは外れているものの、おしゃれな装いによって一定水準の容姿の美を実現している人々がいる。センスのいい雰囲気の場において、美の基準の押し付けへの抵抗が高らかに謳（うた）われている。あたかも、おしゃれな人でなければ大手を振ってルッキズム反対とは言えないかのようである。ここに果たして欺瞞（ぎまん）はないのか、と考えたことのある人もいるのではないのだろうか。

実際のところ、藤嶋*3はボディポジティブというアイディアの根本的問題を、画一化された美の基準を批判しつつ、美しさという指標自体は維持している点に見いだしている。従来の美の基準を、太った身体が美しいといった別の美の基準に単純に置き換えるだけになってしまっているというわけである。

容姿の美の基準の画一化は問題だが、それを単に別の容姿の美の基準に置き換えたとしても、新たな容姿の美の基準が実質的な強制や排除を生み出してしまっては根本的な解決にはならない。この点を考慮すると、容姿の美の基準の画一化を批判するにあたり、他の容姿の美の基準を持ち込まない方が、より一貫性があって説得力ある議論になるだろう。すると、ルッキズムを批判するにあたり、おしゃれすることを通して容姿の美を実現することもやめたほうがよさそうに思える。さらに、もし視覚的性質を通して美的な快さを生むことからも距離を取れば、いっそう一貫した態度となるだろ

ウ わざわざロシア語の単語で表現する必要はない
エ 言語表現以外の手段で説明しなければならない
オ 既存の言語で表現することを諦めねばならない

問十 傍線⑦に「学問は尻拭いである」とあるが、どういうことか。その説明として最も適切なものを、次のうちから一つ選びなさい。 18

ア 学問の大部分は、過去と現状を十分に肯定することを使命としているということ
イ 学問の大部分は、過去と現状よりも未来に目を向けて営まれているということ
ウ 学問の大部分は、過去の過ちを反省して改善策を示すことが課題だということ
エ 学問の大部分は、過去を分析し未来を予測することを目的としているということ
オ 学問の大部分は、過去と現状を追いかけることに関心を向けているということ

問十一 筆者の主張として最も適切なものを、次のうちから一つ選びなさい。 19

ア 日常生活において起こる共通基盤としての言語の意味の破壊は、学問の力により未然に防ぐことができる。
イ 話者や聞き手の意図などによって起こる日常会話における言語の意味の改変は、創造的なものだとも言える。
ウ 通常の会話で話者と聞き手の間に起こる恣意的な意味の改変は、人間存在の進化に強い影響を与えている。
エ 意思疎通を目的として起こる共通言語への欲求は、人間が芸術的な感覚や欲求をもつことの証明だといえる。
オ 人間社会で起こる共通基盤としての言語と日常会話での「ことば」の乖離(かいり)は、年々大きくなり続けている。

問十二 次の各文のうち、本文の内容に合致するものを一つ選びなさい。 20

ア 「男はオオカミだ」という表現の中の「オオカミ」という単語は、動物の一種であるオオカミを表す語の意味領域と重複しない。
イ 山の「裾野」と「中腹」という単語は、人の「首」と「肩」という単語との関係と違い、それぞれ明確な意味領域をもっている。

エ 研究者が村人の言語における「顔」という単語の意味領域を実際よりも広く捉えて、「顔」に当たらない部分も「顔」と表現したため
オ 研究者が村人の言語で「顔」を表す複数の単語の微妙な意味の違いに気づかず、状況に合っていない単語を選択してしまっていたため

問七 空所【 X 】〜【 Z 】に入る組み合わせとして最も適切なものを、次のうちから一つ選びなさい。 15

ア X ところが Y 一方 Z たとえば
イ X あるいは Y このように Z もし
ウ X あるいは Y このように Z しかし
エ X たとえば Y あるいは Z ところが
オ X たとえば Y しかし Z もし

問八 傍線⑥に「その場合は、日本語の例では、当然のことながら大きな意味をもつ（水の）温度、透明度、それに対しての情動などは失われてしまう」とあるが、なぜ失われるのか。その理由として最も適切なものを、次のうちから一つ選びなさい。 16

ア 意味領域の違いなどはもともと存在していないため
イ 意味領域の互いに重複した部分が省略されるため
ウ 意味領域の本来なら不必要な部分が重視されるため
エ 意味領域の差異に当たる部分が切り捨てられるため
オ 意味領域の相互に類似した部分が強調されるため

問九 空所【 B 】に入る最も適切なものを、次のうちから一つ選びなさい。 17

ア 多くの単語を補足して表現しなければならない
イ 一単語で簡潔に言い切らなければ伝えられない

問四　空所【　A　】に入る最も適切なものを、次のうちから一つ選びなさい。　12

ア　本来無一物
イ　輪郭不鮮明
ウ　言行不一致
エ　五十歩百歩
オ　手持無沙汰

問五　傍線④に「異なる言語を母語とするような人びとが共存する状況においては、『ことば』が持つ曖昧さはできる限り排除して、その共通基盤である『言語』としての意味を明確にすることが求められる」とあるが、それはなぜか。その理由として最も適切なものを、次のうちから一つ選びなさい。　13

ア　多言語社会においては、共通語よりもそれぞれの母語を正確に用いたほうが多くの相手と意思疎通しやすくなるため
イ　状況次第で意味が変化する不明確な「ことば」を使用すると、母語が異なる相手と十分な意思疎通が困難になるため
ウ　さまざまな言語が飛び交う社会では、特に抽象的な言葉はそれが実際に使用されるたびに意味が変化してしまうため
エ　常に母語以外の言語にさらされた状況にあると、「ことば」の曖昧さを楽しむような余裕をもつことができないため
オ　言語学的に意味が限定された「ことば」の使用を諦めることによって、身振りなどによる意思疎通が可能になるため

問六　傍線⑤に「村人たちは声をあげて笑ったという」とあるが、なぜ笑ったのか。その理由として最も適切なものを、次のうちから一つ選びなさい。　14

ア　研究者が村人の言語に「顔」という単語がないことを知らず、人体の部位を表さない単語を「顔」という意味だと誤解して使ったため
イ　研究者が村人の言語における「顔」という単語の代わりに、「頭部で毛が生えていない部分」という非常に不自然な表現を使ったため
ウ　研究者が村人の言語の「顔」という単語がわからず、日本語の「表情」という単語で代用したけれどもその意味は伝わらなかったため

問一　傍線①の「とりとめがない」の意味として最も適切なものを、次のうちから一つ選びなさい。　9

ア　まとまりがない
イ　面白味がない
ウ　役立つ点がない
エ　説得力がない
オ　全く関心がない

問二　傍線②の「比喩」の意味として最も適切なものを、次のうちから一つ選びなさい。　10

ア　正反対のものを用いて表現や説明をすること
イ　類似したものを借りて表現や説明をすること
ウ　比べられないものをあえて例にもち出すこと
エ　実在しないものを創作して表現すること
オ　別々のものを同一の言葉で表現すること

問三　傍線③に「自然科学で言う『サンゴ』とされるようなものこそ、『サンゴ』という語の意味領域の一部を占めるものに過ぎないのではないか」とあるが、筆者がこのように考えるのはなぜか。その理由として最も適切なものを、次のうちから一つ選びなさい。　11

ア　「サンゴ」という語が、本来植物全体を指す「ことば」として日常的に用いられてきたため
イ　「サンゴ」という語が、あくまで俗称であり社会科学の分野における正式名称ではないため
ウ　「サンゴ」という語が、石・植物・動物のいずれを意味するのかがまだはっきりしないため
エ　「サンゴ」という語が、偽サンゴやサンゴ状の形をしたものを指さないのは自明であるため
オ　「サンゴ」という語が、自然科学における「サンゴ」の定義に先立って用いられてきたため

「水」と英語の"water"とは意味領域が異なる。「湯」という単語は、英語には一語では見出せない。【 Y 】「湯」を表現することが必要であれば、"hot water(熱い水)"のように、"hot"という説明語を一語足せばよいのである。【 Z 】、「水」、"water"、"maji"(スワヒリ語)、"shui"(中国語)といった具合に、言語ごとにその意味領域が異なり混乱を生じる場合には、自然科学の分野が創り出した"H_2O"のような、意味領域を確定した用語(メタランゲージ)を作り出せばよい。ただし、⑥その場合は、日本語の例では、当然のことながら大きな意味をもつ(水の)温度、透明度、それに対しての情動などは失われてしまう。それのみか、同じH_2Oである「水」と「湯気」と「氷」の区別も失われることになる。

「八丈島の〝くさや〟を肴に晩酌を」という日本語の文章を、ロシア語しか分からないロシア人に対して表現することになれば、ロシア語の単語を当てはめるだけでは無理である。そもそも当てはめるべき単語もない。そこで、「八丈」というのは島の名前であること、また、「くさや」とはいかなる食べ物なのか、「晩酌」とは何なのかを、【 B 】。場合によっては、日本語一語に対して数十のロシア語の単語を使わねばならないかもしれない。しかし、それでもこの日本語の文章は、ロシア語でも表現可能であることは確かである。

学問の大部分は、基本的には未来を創ることよりは、過去や現状を追いかけることに関心を向けている。わたしは、それを常々、⑦「学問は尻拭いである」と表現してきた。こうしたことは、研究対象の意味領域を確定する、いわば「定義」する試み一つにも言えることである。たとえば、「机」の定義として、まず「その上で仕事をするための台である」としたとしよう。木箱でも同じことができるが、だからと言って、「木箱は机ですか?」と問われれば、普通は否と答えるだろう。そこで、「机」というものをより十分に定義するためには、さらに的確な説明を加えて、木箱と机の違いを明らかにする必要が出てくる。このような作業を重ねることで、言い換えれば、その「机」という語の共通基盤(code)を確定するのである。こうした試みが通常対象とするのは、過去および現状に見られる共通基盤としての意味であり、未来に向けて改変されつつある創造的な意味ではない。

これに対して、通常の会話の中の「ことば」に話者が持たせる意味は、必ずしも共通基盤そのままの意味ではない。共通基盤としての意味に、何らかの個人的な気持ちが伴うことが普通である。一方、聞き手の側は、相手の発話の中で自分に知識や関心がある部分は十分に把握するが、自分にとって知識や関心がない部分の把握はごく限られている。少々大げさに言えば、人間は共通基盤としての意味を共有するとともに、日常生活の中でその意味を創造的に破壊し改変し続けているのである。

(西江雅之『ピジン・クレオル諸語の世界 ことばとことばが出合うとき』より。出題の都合上、一部変更した箇所がある。)

現在の世界のように、異なる言語を母語とするような人びとが共存する状況においては、「ことば」が持つ曖昧さはできる限り排除して、その共通基盤である「言語」としての意味を明確にすることが求められる。多言語社会においては、他の言語の話者とできるだけ十分な意思疎通を図るうえで、共通語として用いる言語と自らの母語との間の対応を確認せねばならないという必要に日常的に迫られているからである。

他方、ある集団が一つの「言語」を共有し、かつ、その土地では他の社会からの影響が薄い場合は、日常生活で用いられる「ことば」は、その場の状況や当人にとっての対応を抜きにしては語られないのが普通である。たとえば、食事中に、「もっと美味しい食べ物はないのかしら」という発話が見られたとしよう。そこに見られる「もっと」から「美味しい」や「食べ物」という語にいたるまで、すべてがその状況や当人との対応があって初めて意味を成すものばかりである。そこには共通基盤としての「言語」が共有されていることは確かだが、意味の大半はその場の状況や当人との対応によって理解されている。

「単語」のような意味単位を見ると、言語によっては思わぬ事物の区切り方をしている場合も多く見られる。

わたしの知人に、西アフリカのある小規模の集団の言語を研究している研究者がいた。とにかく語彙集を作ろうと頑張っていた。そこで、人体各所の名称を調べ、自分の「顔」を指差しながら、その単語を尋ねた。村人は「それは〝〇〇〟と言う」と、教えてくれた。翌朝、その研究者が家の外で「顔」を洗っていると、そばを村人が通ったので、早速、昨日の調査で教えてもらった「〇〇」という単語を試してみようと、自分の「顔」を指差しながら「今、わたしは〝〇〇〟を洗っています」と言った。すると、なぜか村人たちは声をあげて笑ったという。彼はすぐにはその理由が摑めなかった。しかし後になって、その言語には「顔」という単語がなかったということを知った。その「〇〇」という単語はいわば「表情」という意味で、「わたしは、今、〝表情〟を洗っているところです」では、確かに可笑しい。余談だが、わたしがこの話を日本でして、「ところで、日本語では〝顔〟はどこをさすのか」と問うと、意外に多くの人びとが「頭部で毛が生えていない部分」と答えるので、わたしはそのことにも驚いた。それならば、禿げ頭の人は、頭部全部が顔になってしまう。法的な考え方では、左右両方の目じりと、耳の上部の付け根とを結んだ線の下が顔だと教えてくれた人がいた。その上の部分は額である。そうだとすれば、確かに顔の領域は確定できるが、日常の感覚からはかなり遠いものとなるのも事実だろう。

言語による単語の意味領域の違いがある一方で、いかなる言語でも同じ内容を表現できることにも注意が必要だ。現在の世界には、七〇〇〇を超えると言われる大小様々な言語が存在するが、そのうちのいかなる言語でも、表現に違いこそあれ、同じ内容を表すことができる。【　X　】、日本語の

ア　法則 ― 理論
イ　保障 ― 分配
ウ　正統 ― 異端
エ　虚構 ― 実現
オ　中枢 ― 外界

〔Ⅱ〕　次の文章をよく読んで、後の問いに答えなさい。

「ことば」や「言語」がもつ「意味」とは何か。その「意味」の問題は重要であるが、そのことに深入りすると、行き詰まるかとりとめがないものになってしまう。そのため、ここで必要な基本的な話題を整理しておくに留めたい。

まず、「ことば」について考えるとき、一般的に、一つのまとまりのある発話全体を対象とするより、まず、「単語」と呼ばれる要素について考える傾向が見られる。そのような場合、たとえば「男はオオカミだ」というような発話に見られる「オオカミ」という単語は、動物の一種であるオオカミの比喩だとされる。それに対して、わたしは、「オオカミ」とは本来はある種の性質を意味する語であって、その意味領域の中に動物のオオカミが含まれているのではないか、という見方を持っている。たとえば、「サンゴ」は石なのか、植物なのか、動物なのか。「サンゴ」が動物であるということは、「サンゴ」という語が使われ始めてから長い年月を経て、自然科学の分野で決められたことである。現在、偽サンゴやサンゴ状の形をしたものは、本物の「サンゴ」ではないとされる。しかし、本当は、自然科学で言う「サンゴ」とされるようなものこそ、「サンゴ」という語の意味領域の一部を占めるものに過ぎないのではないか、とわたしは考えるのである。

人の「首」と「肩」、山の「裾野」と「中腹」、壁の「右」と「左」。一般には、それらの単語は明確な意味領域を持つものと見なされがちである。しかし、現実にこうした単語を「ことば」として口にする際には、その声も、単語の形も、意味する領域も、すべてが【　A　】なものである。たとえば人体を前にして、首と肩の境界を明確に示すことはできない。その区別は、個々の状況の中で、当人が適度に見出（みいだ）しているものなのである。

E　組織のチュウカクを担う。 5

ア　異なる文化をヒカクする。
イ　言葉遣いにヒンカクがある。
ウ　カンカクをあけて座る。
エ　問題のカクシンを突く。
オ　情報がカクサンされていく。

問二　次の漢字の読みのうちで誤りを含んでいないものを、次のうちから一つ選びなさい。 6

ア　因業（いんごう）　如才（じょさい）　相克（そうこく）　賃借（ちんしゃく）
イ　覚醒（かくせい）　静脈（せいみゃく）　必至（ひっし）　語弊（ごへい）
ウ　狂奔（きょうほん）　遵守（そんしゅ）　落款（らっかん）　供物（くもつ）
エ　代替（だいたい）　提携（ていけい）　越境（えっきょう）　閉塞（へいさい）
オ　流浪（りゅうろう）　盟友（めいゆう）　天幕（てんまく）　疾病（しっぺい）

問三　同義語の組み合わせとして最も適切なものを、次のうちから一つ選びなさい。 7

ア　個物 ― 普遍
イ　膨大 ― 深刻
ウ　傍流 ― 流風
エ　工面 ― 捻出
オ　時流 ― 世間

問四　対義語の組み合わせとして最も適切なものを、次のうちから一つ選びなさい。 8

国語

（六〇分）

〔I〕　次の各問いに答えなさい。

問一　次の各文の傍線部のカタカナを漢字に直したとき、それと同じ漢字を含むものを、各群からそれぞれ一つずつ選びなさい。

A　合唱のバンソウをする。　1

ア　規約のソウアンを作成する。
イ　ソウホウの意見を聞く。
ウ　作戦がソウコウして勝利する。
エ　逸話をソウニュウする。
オ　店の在庫をイッソウする。

B　船で海をユウランする。　2

ア　犯罪をユウハツする。
イ　ほこりが空中にフユウする。
ウ　一刻のユウヨもない。
エ　銀行からユウシを受ける。
オ　ユウレイの話を聞く。

C　新年のホウフを語る。　3

ア　会社の再建にフシンする。
イ　大自然にイフの念をいだく。
ウ　働いて家族をフヨウする。
エ　地方の支店にフニンする。
オ　巨額のフサイを抱えている。

D　大声で敵をイアツする。　4

ア　部下の辞表をイリュウする。
イ　イゲンのある態度で話す。
ウ　不正なコウイを防止する。
エ　ヘイイな文章で表現する。
オ　イダイな人物の伝記を読む。

解答編

英語

I 解答

1―イ　2―エ　3―エ　4―ウ　5―ア　6―イ
7―ア

解説

1. 空所直前のＡの発言に「最後にそれらを使ったのはいつですか？」とあり，空所直後のＡの発言で「それはかなり前だね」と述べていることから，イの「3年ほど前です」が適切。

2. 空所直前のＡの発言に「ボクシングのクラスを試してみようと思っていたんだ。一緒に来る？」とあり，空所直後のＡの発言に「いや，ジムにはすべてが揃っているんだ。動きやすい服を着るだけだよ」とあるので，エの「道具は必要なの？」が適切。

3. 空所直前のＡの発言に「そう，私の友達と私はほとんどの金曜日の夜は一緒にゲームをしているよ」とあり，空所直後のＡの発言に「そうだよ。私はゲームを通じてたくさんの人々との出会いがあったよ」とあるので，エの「それじゃあ，人付き合いの活動なんだね」が適切。

4. 空所直後のＡの発言に「そうではないけど，アップルパイを作ってみたいとはずっと思っているよ」とあるので，ウの「デザートも作るの？」が適切。

5. 空所直前のＡの発言に「素晴らしかったよ！　今度一緒に行こうよ！」とあり，空所直後のＡの発言に「大丈夫だよ！　初心者のルートもあるよ」とあるので，アの「わからない。一度もそれ（ロック・クライミング）をしたことがないんだ」が適切。

6. 空所直前のＢの発言に「私はコメディー映画とアクション映画が好きだよ。それらの方が楽しいし，怖くない」とあり，直後のＢの発言に

「知ってる。そういうものは避けるよ」とあるので，イの「アクション映画の中にはとても暴力的なものもあるね」が適切。

7． 空所直前の A の発言に「エンディングについてどう思った？」とあり，B の最後の発言に「私に何も言わないで！」とあるので，アの「実は，まだ読み終わってないんだ」が適切。

Ⅱ 解答　8－ア　9－ウ　10－エ　11－イ　12－ウ　13－イ

解説

8． reach「～に到着する」は他動詞。

9． all things considered「すべてのことを考慮に入れると」

10． lend *A* a hand with *B*「*B* に関して *A*（人）を手伝う」

11． 分詞 caused が名詞 confusion を後置修飾し，any confusion caused で「引き起こされたあらゆる混乱」となるのでイが適切。エの不定詞の形容詞的用法では「引き起こされるべき，引き起こされるための」となり文脈に合わない。

12． let *A* *do*「（したいように）*A* に～させる」

13． get used to～「～に慣れる」get used to～の to は前置詞であり，～には名詞か動名詞を置く。

Ⅲ 解答　14－エ　15－イ　16－オ　17－ア　18－オ

解説

14．（I consider）it worthwhile to try doing（it.）

consider O C「O を C と考える」 1つ目の it は形式目的語で to 以下を指す。

15． Don't tell me you're going to go out dressed like that(!)

Don't tell me～「まさか～ではないでしょうね」 dressed like that は分詞構文。

16．（Who'd）have thought they'd end up in hospital（?）

end up *doing*「最後は～することになる」の end up の後には場所を表す副詞句が置かれることがある。

17. (The bird is) in danger of becoming extinct (.)

be in danger of ～「～の恐れがある」

18. (The team members) are expected to act the way they are told (to.)

the way they are told to の to の後には act が省略されている。

Ⅳ 解答　19―ウ　20―エ　21―ア　22―イ　23―ア

解説

《ガイド付きワイルア川カヤックツアー》

19. What to Bring and Wear 欄に，自分で持参すべきもの，身に着けるべきものが記載されており，その２つ目に Food and beverages とあるので，ウが適切。

20. Tour Times 欄に，「月曜日から金曜日のみ」とあるので，エが適切。

21. Tour Times 欄に，最後のツアーは 13:00 からと記載されており，第３文（Each tour lasts …）に「各ツアーの所要時間は最低 4.5 時間で，最長５時間かかる」とあるので，アが適切。

22. Tour Description 欄の第３段最終文（Wearing them is …）に，「それら（ライフジャケット）の着用が義務付けられているのは，12 歳以下の子供のみである」とあるので，イが適切。

23. What to Bring and Wear 欄の第１文（Wear a swimsuit …）に，「つま先を保護し，足にしっかりと固定できる靴を履かなければならない」とあるので，アが適切。

Ⅴ 解答　24―イ　25―イ　26―エ　27―ア　28―イ　29―ウ　30―エ

解説

《日常生活における日課と習慣の役割》

24. 第１段では，本当にうまく何かをできるようになる人は，才能だけではなく，日課や習慣を身につけていると述べられており，第２段以降では，その具体例としてマイケル＝フェルプスについて述べるなど，習慣を持つことの大切さに言及していることから，イが適切。

25. （イ）の直後 They can be… には，「それらは，私たち全員にとって有益なものだ」とあり，欠文「習慣はエリートアスリートだけに役立つものではない」を（イ）に置くことで意味的な流れも自然となり，They が指すものが Habits であることが明確になるので，（イ）が適切。

26. complement は「～を補完する」という意味である。contradict は「～に反駁する，～に矛盾する」の意味であるので，エが適切。ア．support「～を支える」 イ．improve「～を改善する」 ウ．complete「(欠けたものを補って) ～を完全なものにする」

27. consume「～を消費する，摂取する」

28. 第3段最終文（In this way, …）には，「私たちの習慣は，日常生活において私たちを助けると同時に，目標達成を可能にする」とあり，空所の直後 habits can also… には，「習慣は，変えるのが難しい悪いものにもなりうる」とある。肯定的な内容と否定的な内容をつなぐには，イの「他方では」が適切。

29. 空所の直前の文 For example, if… には，「毎日コーヒーを飲み，ケーキを食べる習慣を変えたいのなら，カフェには行かず，代わりに散歩に行こう」とあり，直後には，「状況を変えることで，あなたは新しい日課を始めやすくなる」とある。これら2つの内容は同じことを意味しているので，ウの「つまり」が適切。

30. ア．第1段第1文（While some people…）に，「才能だけでは十分ではない」とあるので不一致。イ・ウ．本文に言及がないので不一致。エ．第5段第4文（For example, if…）「毎日コーヒーを飲み，ケーキを食べる習慣を変えたいのなら，カフェには行かず，代わりに散歩に行こう」は，「習慣を変えるためには，状況を変えるとよい」の具体例であるので，エが適切。

数　学

Ⅰ　解答　《小問8問》

1—オ　2—オ　3—コ　4—キ　5—ク　6—ウ　7—ウ　8—エ
9—ウ　10—ウ　11—オ　12—キ　13—ア　14—ク　15—イ　16—イ
17—ウ　18—エ

Ⅱ　解答　《さいころの目についての確率》

19—イ　20—ケ　21—ク　22—ケ　23—イ　24—エ　25—キ　26—イ
27—イ　28—ウ　29—カ　30—エ　31—キ

Ⅲ　解答　《余弦定理，方べきの定理，三角形の辺の比》

32—ク　33—エ　34—エ　35—ウ　36—ク　37—キ　38—ク　39—ク
40—イ　41—ウ

Ⅳ　解答　《2次関数の最大値・最小値》

42—ウ　43—キ　44—ケ　45—イ　46—エ　47—イ　48—エ　49—ク
50—イ　51—イ　52—イ

問五　「第二の道」については第六段落にまとめられている。すなわち「特定の身体的特徴や服装・身だしなみを根拠に人を不平等に扱ってはいけない」ことを前提に、「社会の中に多様な美の基準が併存」し、各人がそれに則って「セルフプレゼンテーションの能力を磨くことは、個人の自己実現において重要」だとして尊重することである。

問六　傍線⑤のように考えられる理由については、インターネットを介して日常的にセルフプレゼンテーションが求められる状況下において、セルフプレゼンテーションの成功の価値が必要以上に高くなっている可能性があると説明されている（第八段落）。

問七　文脈に照らし合わせながら、インターネットを介するやりとりの特徴を考え、消去法で検討する。反応がすぐに返ってくるのがインターネット上での発信の特徴の一つ。

問八　第九段落の、「生活の中の美を楽しむことが必然的に消費主義に絡めとられることを帰結するというよりは、実践上絡めとられずにいることが困難な社会状況がある」という箇所に注目。美を楽しむこと＝産業を回す道具になること、というよりも、美を楽しもうと思ったら消費活動をせねばならない社会なのだと筆者は述べているのである。

問十　「第三」の主張とは「単純に人間の身体を美的な鑑賞の対象とすることをやめ、美を楽しむ対象は専らものや風景・環境など、人間でないものだけに限ればいい」とし、「人間の身体ではないものの美だけを楽しむことを通しても、自分らしい生き方を実現することは十分に可能」という考え方（第十段落）。

問十一　空所Cを含む第十一段落の論点は「容姿の美」が「人間にとってどのような意味や価値を持つのか」という点である。またその後に続く最終段落においては「容姿をめぐる差別」がキーワードとなっている点に着目する。

問十二　ア、「ルッキズムを肯定する人」ではなく「否定する人」。イ、選択肢後半については本文に言及なし。ウ、第五段落の内容に合致。エ、「社会規範を表現する要素」については本文に言及なし。オ、選択肢の前半と後半の因果関係がおかしい。容姿の印象の追求と容姿をめぐる差別は、緊密な関係にあるものではないと最終段落にある。

問六　ウ
問七　エ
問八　エ
問九　イ
問十　ア
問十一　ア
問十二　ウ

解説

問二　「ボディポジティブ」の問題点は、「おしゃれな装いによって一定水準の容姿の美を実現している人々」による美の画一化への批判が、「美しさという指標自体は維持」して「別の美の基準に単純に置き換えるだけ」であり、「新たな容姿の美の基準が実質的な強制や排除を生み出してしまっては根本的な解決にはならない」という点にある（第一～三段落）。

問三　傍線③の「これ」は、「感覚に訴える美しさを伴うことを一切拒否」して反ルッキズムを主張することを指す（第三段落）。「自分を美しく見せようと試み、その結果、自分で自分を美しいと思え、実際に他人にも美しいと思ってもらうことは、心地よいこと」であり、それによって「自分らしさや自尊心を育めると感じる人もいる」のである（第四段落）。

問四　空所Aの前は、自分を美しく装うことで自分らしさや自尊心を育む感覚は、偏った美の基準の影響を受けたものに過ぎないのか、という問題提起。それに対し空所Aの後には、自己実現に際し自己の見え方に美的価値の観点を持ち込むこと一般をすべきでないといえるか、という内容。どちらも、容姿に価値を置くことは非なのか、ということを問うている点から考える。

されているため、言語間における意味領域の差はなくなるが、各言語における細かい意味領域は捨象される。

問九　空所Bを含む第九段落は、最後の一文の「この日本語の文章（＝「八丈島の〝くさや〟を肴に晩酌を」という日本語の文章）は、ロシア語でも表現可能であることは確かである」ということを説明した段落である。「八丈」や「くさや」などの語は対応するロシア語がないために、複数のロシア語で説明することが必要となる。

問十　傍線⑦の前にある一文に「学問の大部分は、基本的には未来を創ることよりは、過去や現状を追いかけることに関心を向けている」とある。学問は「これから」でなく「これまで」を追究するのである。やや紛らわしいのは選択肢アだが、「十分に肯定することを使命としている」が誤り。「追いかける」と「肯定する」は異なる。

問十一　イは、最終段落の内容に合致する。

問十二　ア、選択肢内の前者の「オオカミ」の中に動物の「オオカミ」が含まれる（第二段落）。イ、「裾野」と「中腹」は「首」と「肩」同様、明確な意味領域を持っていない（第三段落）。ウ、「元の発話とは異なった意味領域が生じる」とは書かれていない（第五段落）。エ、第七段落の内容に合致。オ、「完全に一致した意味領域」ではない（第十段落）。

Ⅲ

出典　筒井晴香「自分を美しく見せることの意味――ルッキズム、おしゃれ、容姿の美」（『現代思想』二〇二一年十一月号　青土社）

解答

問一　イ

問二　エ

問三　ア

問四　イ

問五　オ

問十　オ
問十一　イ
問十二　エ

解説

問三　動物の「オオカミ」は、ある種の性質を意味する「オオカミ」という語に含まれるものではないかと筆者は述べている（第二段落）。サンゴも同様で、「サンゴ」は動物であるとする自然科学の分野的な定義は、それ以前から用いられてきた「サンゴ」という語の意味領域の広さからすると、その一部に過ぎないのである。

問四　空所Aを含む一文が「しかし」という逆接の接続詞から始まっているので、その前に述べられている「単語は明確な意味領域を持つものと見なされがち」とは逆の意味を表す語が空所Aにはあてはまる。「人体を前にして、首と肩の境界を明確に示すことはできない」という具体例にも注目。意味領域の境界が不明確だということを、空所Aを含む一文で表現できるとよい。

問五　傍線④に続く一文にあるように、他の言語の話者と意思疎通を図るには、共通語として用いる言語と母語の対応を常に確認する必要に迫られる。「ことば」の曖昧さを残していては、共通語への翻訳が困難になり、十分な意思疎通がかなわないのである。

問六　現地の言語には「顔」に該当する単語がなく、研究者が「顔」を意味して発した語は「表情」を意味しており、不自然な文脈となったために笑われたのである。

問七　空所Xは、その前にある「いかなる言語でも、表現に違いこそあれ、同じ内容を表すことができる」の具体例が、空所Xの後に続くことに注目。空所Yは、〈湯という単語は英語一語では表せない〉と、〈語を追加すれば表すことができる〉をつなぐ接続詞を考える。空所Zは、その後に「〜場合には」と、仮定を表す語がある点に着目する。

問八　傍線⑥「その場合」とは、H_2O のような意味領域を確定した用語を作り出した場合、という意。意味領域が確定

国語

Ⅰ

解答

問一 A―ウ B―イ C―オ D―イ E―エ
問二 ア
問三 エ
問四 ウ

Ⅱ

出典 西江雅之『ピジン・クレオル諸語の世界――ことばとことばが出合うとき』〈第二部 「ことば」を追って〉(白水社)

解答

問一 ア
問二 イ
問三 オ
問四 イ
問五 イ
問六 ア
問七 オ
問八 エ
問九 ア

学校推薦型選抜 公募制推薦入試（後期）

問題編

▶試験科目・配点〔スタンダード方式〕

大学	学部	教科	科目	配点
桃山学院大学	全学部（ビジネスデザイン〈情報テクノロジーコース〉を除く）	外国語	コミュニケーション英語Ⅰ・Ⅱ・Ⅲ，英語表現Ⅰ・Ⅱ	100点
		選　択	「数学Ⅰ・A」，「国語総合（古文・漢文除く）・現代文B」から1科目選択※1	100点
	ビジネスデザイン〈情報テクノロジーコース〉	数　学	「数学Ⅰ・A」	100点
		選　択	「コミュニケーション英語Ⅰ・Ⅱ・Ⅲ，英語表現Ⅰ・Ⅱ」，「国語総合（古文・漢文除く）・現代文B」から1科目選択※1	100点
桃山学院教育大学		選　択	「コミュニケーション英語Ⅰ・Ⅱ・Ⅲ，英語表現Ⅰ・Ⅱ」，「数学Ⅰ・A」，「国語総合（古文・漢文除く）・現代文B」から2科目選択※2	200点（各100点）

▶備　考

※1　2教科（科目）とも受験した場合，高得点教科を採用。

※2　3教科（科目）とも受験した場合，高得点の2教科を採用。

- 〔調査書重視方式〕〔高得点重視方式〕は〔スタンダード方式〕受験のうえで併願可。
- 〔調査書重視方式〕は，上記の得点，全体の学習成績の状況（評定平均値）を15倍した得点（75点満点）の合計点で判定する。
- 〔高得点重視方式〕は，高得点教科（科目）の得点を2倍し，合計点で判定する。
- 外国語の外部試験利用制度（みなし得点制度）が利用できる。
  英語の外部試験の得点・資格のレベルに応じて，入試の「英語」の得点を100点，80点，70点の3段階に換算し合否判定を行う。試験科目

「英語」を受験をする必要はないが，受験した場合は試験科目「英語」の得点とみなし得点のどちらか高い方を採用する。

英 語

（60 分）

〔I〕 次の（a）～（g）の空所に入れるのに最も適切なものをア～エの中から一つずつ選びなさい。

（a） A: I'm thinking about taking up a new hobby. 1

B: Oh, really? Like what?

A: Something artistic, I think, like painting.

B: Have you ever painted before?

A: Not since I was in elementary school.

B: When do you want to start?

A: ＿＿＿＿＿＿＿＿

B: In that case, I know a place with a good selection of them.

ア I don't plan on starting soon.

イ I don't know. When do you recommend?

ウ I'm not sure yet. I need to buy paint and brushes first.

エ I'll probably start when my friends do.

（b） A: I just got another complaint from my neighbor. 2

B: What's the problem?

A: It's about my dog. They say he makes a lot of noise while I'm away at work.

B: I guess he must be lonely.

A: What do you think I should do about it?

B: ＿＿＿＿＿＿＿＿

A: I'm worried that he'll make a mess of the house.

B: You'll have to give him some training.

ア You should just ignore your neighbor.

イ How about keeping him inside?

ウ You should get some more dogs.

エ How about staying home instead?

（c） A: So, have you made any plans for the weekend yet? 3

B: Not really. I was thinking about catching up on some reading.

A: Do you want to check out that new modern art exhibit with me?

B: My friend from work was telling me about that. She loves art.

A: Has she been already?

B: ______________

A: Well, why don't you invite her along?

ア Yes. She already invited me.

イ Yes, but she was a little disappointed.

ウ No, she won't be interested.

エ Not yet. But she seemed excited about it.

(d) A: I'm having trouble sleeping at night. **4**

B: That's too bad. What do you think is causing it?

A: I'm not sure. I just can't seem to fall asleep easily.

B: Have you tried any techniques to help you sleep?

A: I've tried relaxing music, but it doesn't seem to work.

B: ______________

A: Actually, I'm allergic to that.

B: I don't know what else to suggest.

ア I don't think you need to sleep that much.

イ Drinking some herbal tea works for me.

ウ Your room might not be dark enough.

エ Music helps me relax, too.

(e) A: I'm really nervous about my job interview. **5**

B: Why are you so nervous?

A: I really want this job, but I'm afraid I'll mess it up.

B: Have you prepared for the interview?

A: ______________

B: That's a good start. Just remember to stay calm and be confident.

A: That's easier said than done.

ア Yes, and that's why I don't feel confident.

イ No, but I'll start as soon as possible.

ウ Yes, I've practiced my answers to common questions.

エ No, I don't think it's necessary.

(f) A: Hey, check out this video. **6**

B: What's it about?

A: It's a funny clip of a dog doing yoga with its owner.

B: It's cute, but I think it's kind of stupid.

A: What's wrong with it?

B: I think people waste too much time on social media.

A: ＿＿＿＿＿＿＿＿＿＿

B: But those issues don't get as much attention.

ア But it's a great way to get attention.

イ But I don't waste much time on it.

ウ But I don't think it's an important issue.

エ But there are serious things there, too.

（g） A: I'm thinking about taking a year off before starting college. 7

B: That's a big decision. Why do you want to do that?

A: I want to travel and have some time to think about what I want to study.

B: Do you know anyone who has done it before?

A: Yes, some of my friends have, and they said it was a great experience.

B: Have you talked it over with your parents?

A: ＿＿＿＿＿＿＿＿＿＿

B: Well, maybe you should make a solid plan first.

ア Not yet. I'm worried about what they'll say.

イ No, and I don't plan to tell them.

ウ Yes, and they're helping me plan.

エ Yes, and they're worried about my friends.

〔Ⅱ〕 次の（a）〜（f）の空所に入れるのに最も適切なものをア〜エの中から一つずつ選びなさい。

（a） Be sure ______ the terms and conditions before agreeing. **8**

ア read　イ to read　ウ reading　エ of reading

（b） ______ percentage of your students go on to university? **9**

ア How　イ What　ウ How many　エ How much

（c） You can rent a room by ______. **10**

ア week　イ a week　ウ the week　エ weeks

（d） I wonder what ______ you to change your mind so suddenly. **11**

ア made　イ had　ウ turned　エ caused

（e） I cut the grass once ______ three or four weeks. **12**

ア every　イ each　ウ either　エ even

（f） When it ______ to computer programming, Joan is a genius. **13**

ア turns　イ takes　ウ comes　エ goes

〔Ⅲ〕 （1）〜（5）の日本文の意味に合うように［　　］内の語（句）を並べ替えると、与えられた5つの選択肢のうちで3番目にくる語（句）はどれか。ア〜オの中から最も適切なものを一つずつ選びなさい。（なお、文頭に来る語の頭文字も小文字になっている。）

（1） その車は、うちの家族にはあまりに小さすぎるようだ。 **14**

The car［much / for our family / small / looks / too］.

ア much　イ for our family　ウ small

エ looks　オ too

（2） そんなことを彼らが知っていたはずがないじゃないか。 **15**

［were / how / they / to / supposed］know such a thing?

ア were　イ how　ウ they　エ to　オ supposed

（3） 彼は、彼女が去っていった時ほど孤独を感じたことはなかった。 **16**

He had never felt［when / as / alone / he did / so］she left him.

ア when　イ as　ウ alone　エ he did　オ so

（4） 両親は、昨日カナダから帰宅予定でした。 **17**

My parents [to / were / home / due / arrive] from Canada yesterday.

ア to　イ were　ウ home　エ due　オ arrive

（5） 彼は、自らの不注意な行動のせいで職を失った。 18

His [led / losing his job / his / careless actions / to].

ア led　イ losing his job　ウ his

エ careless actions　オ to

〔Ⅳ〕 次の Inspire Tennis Holiday Programs Sydney の案内を読んで、後の問いに答えなさい。いずれも、最も適切なものをア～エの中から一つずつ選びなさい。

Inspire Tennis Holiday Programs Sydney! (Ages 5-15 years)

Our School Holiday Tennis Programs are held in a variety of convenient locations all over Sydney. Children can spend over 20 hours per week improving their tennis skills in a Full Week Camp. Or they can join for a shorter time as a casual participant. Programs are held every week during both winter and summer school holiday periods.

Bookings in advance are essential. We accept enquiries by telephone, but reservations can only be made via our website. Click here to reserve and confirm your place now.

Click here to see our locations, camp dates, and prices.

Camp Features:

- Player assessment and training from qualified coaches
- Expert advice about training and tactics
- Free tennis racquet rental available
- All tennis equipment is available for purchase from our Inspire Tennis Shops at discounted rates (not all locations have a shop).
- Before-camp childcare from 7:30 and after-camp childcare from 15:00 to 18:00 are available at a small cost.
- Wet-weather program — indoor facilities for rainy days
- Nutritious and delicious lunch provided every day
- Selected participants will be invited to compete in our annual Inspire Kids Tournament for a chance to win big prizes!

Conditions:

*Full Week Camp reservations must be made at least one month in advance of the start date.

*Payment for Full Week Camps must be made two weeks before the start date.

*Casual reservations (2-6 days) can be made up to two weeks in advance of the start date.

*Payment for casual reservations must be made one week before the start date.

*All participants must submit a health certificate in our designated format, completed by a doctor, to show eligibility to participate. (This includes allergy information, medical history, etc.)
*Participants under the age of 8 must be accompanied by a parent on their first day of camp.

Adapted from : https://www.inspiretennis.com.au/tennis-coaching-sydney/school-holiday-programs-sydney/

1. Which of the following is true? **19**

ア Children must bring their own tennis racquet.
イ Children must participate for 20 hours per week.
ウ The camps will also be held on rainy days.
エ The camps are held only once in each holiday period.

2. Which of the following is **not** true? **20**

ア The tennis camps are held at numerous locations.
イ It is possible for children to stay at the camps until 18:00.
ウ Participants can buy equipment at all camp locations.
エ Some camp participants can compete in the tournament.

3. Which of the following is **not** provided for participants? **21**

ア instruction about tennis tactics
イ meal service
ウ childcare service in the morning
エ advice about sports nutrition

4. What is it necessary for all camp participants to do? **22**

ア prove they are healthy enough to participate
イ attend the first day with a parent
ウ buy necessary equipment from the Inspire Tennis Shops
エ participate in a Full Week Camp

5. Which of the following is true about reservations? **23**

ア Reservations can be made by telephone or Internet.
イ All reservations must be made two weeks before the start date.
ウ Reservations and payments must be completed on the same day.
エ The shortest possible reservation is for two days.

〔V〕 次の英文を読んで、後の問いに答えなさい。

Since ancient times, humans have asked the question: "Why do we sleep?" and modern scientists are still trying to find the answer. But one thing we do know is that sleep is absolutely (a) imperative for our physical and mental health. Physically, sleep helps prevent sickness, helps injuries to heal, and allows us to maintain energy throughout the day. Mentally, we are better able to concentrate on tasks such as study and work when we have slept adequately the previous night. Sleep might also help to prevent dementia*[1] as we get older.

（ア）In this century, irregular sleeping patterns and lack of sleep has become a serious issue in our society. The average American sleeps less than seven hours a night — that's two hours less than a century ago. Our modern 24-hour-day lifestyle means that more and more of us are working at different times of the day — and night. We often stay up late into the night, and some of us even work all night and sleep during the day.

（イ）Until very recently in the history of humanity, we were obligated to work in the daytime and sleep at night, because a lack of natural light made it simply impossible for most people to work at night. Changes in society and technology have made it not only possible but necessary for some people to change this traditional pattern. It seems technology solved (b) one problem while creating another.

（ウ）Our body's natural clock is connected with the movement of the sun.【 1 】, if we don't sleep at night for long periods, it can be bad for our health. Perhaps the biggest threat to quality sleep, however, comes from electric lights and computer screens. Modern cities remain lighted throughout the night, which affects our brains, changing the way we sleep. In addition, the screens of our computers, tablets, and smartphones all send out a particular kind of light called blue light. The bluer and brighter the light we are exposed to, the more difficult it is to get tired and go to sleep. Nevertheless, a growing number of people are in the habit of looking at some kind of screen just before going to sleep, and this is likely to be the reason why so many people fail to sleep well these days.

（エ）【 2 】, some medical experts now suggest that we shouldn't watch more than two hours of television per day, and that we should stop looking at any screens (including phones) at least one hour before going to bed. But since electric light and screens are so important in our modern lives, how many of us will actually take this advice?

Adapted from: Hughes, J. and Milner, M. (2020).
World English 1, Third Edition. National Geographic Learning, p. 137.

*[1] dementia: 認知症

問1 本文のテーマとして最も適切なものを**ア**～**エ**の中から一つ選びなさい。 **24**

ア the importance of maintaining a regular sleep schedule
イ the history of sleep patterns in human society
ウ the benefits of sleeping during the day

エ　the importance of limiting use of electric lights before sleep

問2　次の文は本文のどこに入りますか。最も適切な箇所を本文中の（ア）～（エ）の中から一つ選びなさい。 25

These kinds of lifestyles and sleep routines might seem normal to us, but they are unnatural.

問3　下線部(a)の "imperative" と最も意味が**異なる**ものはどれですか。最も適切なものをア～エの中から一つ選びなさい。 26

ア　essential　イ　necessary　ウ　required　エ　insignificant

問4　空所【 1 】～【 2 】に入る最も適切な句をア～エの中から一つずつ選びなさい。

【1】ア　On the contrary　イ　In other words　ウ　At one time　エ　On the other hand 27

【2】ア　For example　イ　In summary　ウ　In addition　エ　As a result 28

問5　下線部(b)の "one problem" は何を指しますか。最も適切なものをア～エの中から一つ選びなさい。 29

ア　being unable to sleep during the day

イ　not being able to sleep at night

ウ　having to work at night

エ　not being able to work at night

問6　本文の内容と一致するものをア～エの中から一つ選びなさい。 30

ア　睡眠時間が足りないことよりも、不規則な睡眠パターンのほうが問題である。

イ　社会とテクノロジーの変化により、睡眠時間に関する問題はほぼ解決された。

ウ　身心の健康のためには、夜間に十分寝ることが重要である。

エ　寝る前にスクリーンを見る時間が2時間以内であれば、睡眠にそれほど問題はない。

数　学

（60 分）

解答にあたっての注意事項

① 分数形で解答する場合，それ以上約分できない形で答えなさい。

② 根号を含む形で解答する場合，根号の中に現れる自然数が最小となる形で答えなさい。

〔Ⅰ〕 以下の空欄の 1 ～ 19 に入る数字を選択肢から１つずつ選びなさい。

(1) θ が鋭角で $\sin\theta=\dfrac{3}{5}$ のとき，$\tan\theta=\dfrac{\boxed{1}}{\boxed{2}}$ である。　1 · 2

(2) A，B を含む 12 人の生徒の中から 4 人の代表を選ぶとき，A，B が 2 人とも選ばれる選び方は全部で 3 4 通りある。　3 · 4

(3) △ABC の外接円に点 A で直線 AD が接している。ただし，直線 AB に関して 2 点 C，D は同じ側にある。

∠DAC＝46°，∠ACB＝77° のとき，

∠BAC＝ 5 6 ° である。

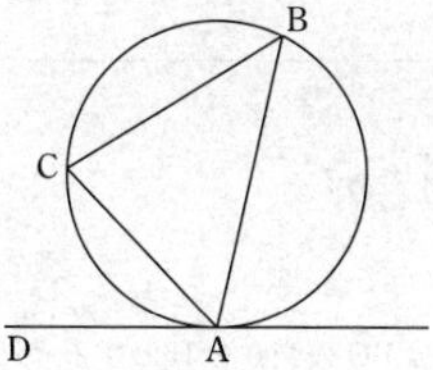

5 · 6

(4) $5x(x-1)+(x+2)(x-2)$ を因数分解すると，$(\boxed{7}x+\boxed{8})(\boxed{9}x-\boxed{10})$ である。　7 · 8 · 9 · 10

(5) 2 次関数 $y=3x^2-6x-1$ のグラフを x 軸方向に -2，y 軸方向に 3 だけ平行移動して得られるグラフの方程式は，$y=\boxed{11}x^2+\boxed{12}x+\boxed{13}$ である。　11 · 12 · 13

(6) 全体集合を $U=\{n\,|\,1\leqq n\leqq 200,\ n \text{ は整数}\}$ とし，その部分集合 A，B を $A=\{n\,|\,n \text{ は } 4 \text{ の倍数}\}$，$B=\{n\,|\,n \text{ は } 6 \text{ の倍数}\}$ とする。集合 $A\cup B$ の要素は全部で 14 15 個ある。　14 · 15

(7) 不等式 $2x+3<x^2<4$ の解は，$-\boxed{16}<x<-\boxed{17}$ である。　16 · 17

(8) 方程式 $|x-1|=3x$ の解は，$x=\dfrac{\boxed{18}}{\boxed{19}}$ である。　$\boxed{18}$ · $\boxed{19}$

選択肢

ア 0	**イ** 1	**ウ** 2	**エ** 3	**オ** 4
カ 5	**キ** 6	**ク** 7	**ケ** 8	**コ** 9

〔Ⅱ〕 以下の文章を読み，空欄の $\boxed{20}$ ～ $\boxed{31}$ に入る数字を選択肢から1つずつ選びなさい。

五角形ABCDEがあり，AB＝AE＝2，∠ABE＝30°，BC＝2，四角形BCDEは長方形である。また，点Aから辺CDに垂線を引き，辺BEとの交点をF，辺CDとの交点をGとする。

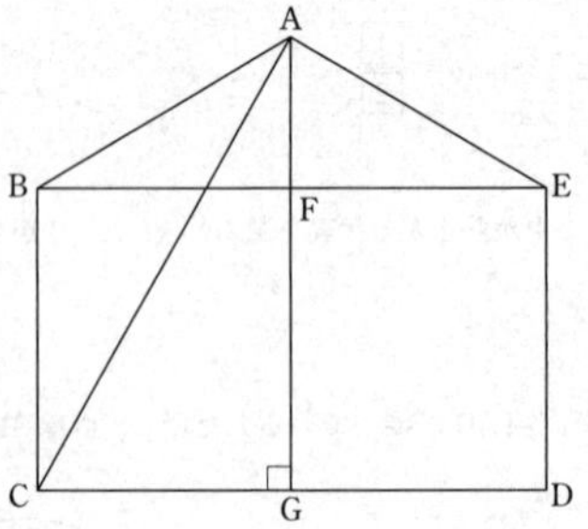

(1) AC＝$\boxed{20}\sqrt{\boxed{21}}$ である。　$\boxed{20}$ · $\boxed{21}$

(2) 線分ACと線分BGの交点をHとすると，BH＝$\dfrac{\boxed{22}\sqrt{\boxed{23}}}{\boxed{24}}$ である。また，△BCHの外接円と直線CDの交点で，Cでない方をIとすると，GI＝$\dfrac{\boxed{25}\sqrt{\boxed{26}}}{\boxed{27}}$ である。　$\boxed{22}$ · $\boxed{23}$ · $\boxed{24}$　$\boxed{25}$ · $\boxed{26}$ · $\boxed{27}$

(3) 線分ACと線分BEの交点をJとし，線分DJと線分AGの交点をKとするとき，GK＝$\dfrac{\boxed{28}}{\boxed{29}}$ である。

また，△AJKと△KGDの面積の比をもっとも簡単な整数の比で表すと，△AJK：△KGD＝$\boxed{30}$：$\boxed{31}$ である。　$\boxed{28}$ · $\boxed{29}$　$\boxed{30}$ · $\boxed{31}$

選択肢

ア 0	**イ** 1	**ウ** 2	**エ** 3	**オ** 4
カ 5	**キ** 6	**ク** 7	**ケ** 8	**コ** 9

〔Ⅲ〕 以下の文章を読み，空欄の 32 ～ 43 に入る数字を選択肢から1つずつ選びなさい。

下の図のような，格子状の道がある。

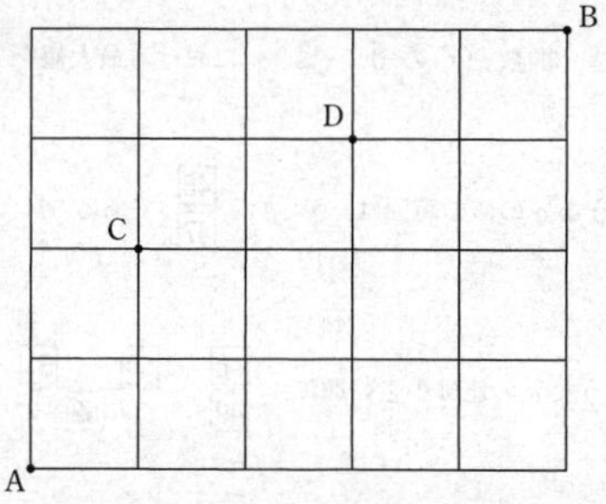

(1) A地点からB地点まで行く最短経路は，全部で 32 33 34 通りある。　32 · 33 · 34

(2) 最短経路のうち，C地点を通る最短経路は全部で 35 36 通りあり，C地点，D地点のどちらも通る最短経路は全部で 37 38 通りある。よって，A地点からB地点まで行く最短経路のうち，C地点，D地点のどちらも通らないものは全部で 39 40 通りある。

35 · 36
37 · 38
39 · 40

(3) D地点では右折が禁止されているとき，A地点からB地点まで行く最短経路は，全部で 41 42 43 通りある。　41 · 42 · 43

選択肢

ア 0	**イ** 1	**ウ** 2	**エ** 3	**オ** 4
カ 5	**キ** 6	**ク** 7	**ケ** 8	**コ** 9

〔Ⅳ〕 以下の文章を読み，空欄の 44 ～ 52 に入る数字を選択肢から１つずつ選びなさい。

２次関数 $f(x)=x^2-4x+2$ がある。

(1) $y=f(x)$ のグラフは，$y=x^2$ のグラフを x 軸方向に 44 ，y 軸方向に $-$ 45 だけ平行移動したものである。

44
45

(2) a を正の定数とするとき，関数 $f(x)$ の $0 \leqq x \leqq 3a$ における最大値を M，最小値を m とする。

(i) $M=f(0)$ となるような a の値の範囲は，$0<a \leqq \dfrac{\boxed{46}}{\boxed{47}}$ である。

46 · 47

(ii) $M=-2m$ となるような a の値は小さい順に，$\dfrac{\boxed{48}}{\boxed{49}}$，$\dfrac{\boxed{50}+\sqrt{\boxed{51}}}{\boxed{52}}$ である。

48 · 49
50 · 51 · 52

選択肢

ア 0	**イ** 1	**ウ** 2	**エ** 3	**オ** 4
カ 5	**キ** 6	**ク** 7	**ケ** 8	**コ** 9

イ　財の移動不可能性は、新天地では持続しえない現在地の人間関係の脆弱さについて発想の転換を生み、肯定的なものとしうるということ
ウ　財の移動不可能性は、移動それ自体、消極的移動、積極的移動という移動の概念の全てに経済的な価値があることを保証するということ
エ　財の移動不可能性は、現在地の財のために移動しない意義と同時に、目的地にしかない財のために移動する意義をも創出するということ
オ　財の移動不可能性は、移動しないという選択が、移動するという選択以上に重要な意味をもつということを客観的に証明するということ

問十一　傍線⑧の「邂逅」の意味として最も適切なものを、次のうちから一つ選びなさい。　31
ア　巡りあうこと
イ　溶けあうこと
ウ　向きあうこと
エ　許しあうこと
オ　触れあうこと

問十二　次の各文のうち、本文の内容に合致するものを一つ選びなさい。　32
ア　ワープ（瞬間移動）をしたいと考える人は、移動という体験そのものを楽しもうという目的を持っているといえる。
イ　積極的移動の重要性は広く認められており、その自由は、日本国憲法や国際人権法において法的に承認されている。
ウ　消極的移動が厳密に保障されるべきなのは、紛争や戦争などによって国外へ移動せざるを得なかった人のみである。
エ　サグラダ・ファミリアは、人がバルセロナへ移動すれば体感できるという点で移動不可能な財であるとはいえない。
オ　移動不可能財の存在が積極的移動の意義を生み出すのは、人間が身体としての物理的実体を持っているからである。

エ　社会全体で移動が制限された状況において、物理的移動を必要としない環境が驚くべき速さで整ったということ

オ　身体的な移動を伴わずに日常生活を享受できる環境において、物理的移動の意義を見直す必要はないということ

問八　傍線⑤の「人間集団の行動様式も移動不可能財である」とはどういうことか。最も適切なものを、次のうちから一つ選びなさい。28

ア　社会が醸し出す雰囲気は、人間集団の行動様式とは異なり常に変化するものだということ

イ　勤勉さや慎み深さといった社会ごとのコードは、外部の人間には理解できないということ

ウ　情報技術は、社会の雰囲気は再現できてもコードまでは疑似体験させられないということ

エ　ある社会がもつ雰囲気や空気感は、そこで生を受けた人間にしか感じ取れないということ

オ　特定の社会における文化や風習、法制度はその場に行かなければ体感できないということ

問九　傍線⑥に「人間も広い意味で移動不可能財となることがある」とあるが、どういうことか。最も適切なものを、次のうちから一つ選びなさい。29

ア　特別な知識や技術をもち、社会的に認められた人は、その人と会ったり教えを請うたりしたい人にとって移動不可能財となるということ

イ　移動が困難な人や希望する組織で勤務する人は、その人とともに暮らしたりすることを望む者にとっては移動不可能財となるということ

ウ　人間同士の物理的距離が非常に遠く、移動による利益よりも損失のほうが大きい場合、その双方の人間が移動不可能財となるということ

エ　移動することを希望しておらず、現在地に留まることで充足感を得ている場合、その人間にとって自身が移動不可能財となるということ

オ　特定の企業に勤務する人は、本人がどう感じていようと、その企業の文化に惹かれている人間にとっては移動不可能財となるということ

問十　傍線⑦に「移動不可能財という観念を導入することで、移動しない自由を含む『移動する自由』を総体として説明することが可能になる」とあるが、どういうことか。最も適切なものを、次のうちから一つ選びなさい。30

ア　財の移動不可能性は、人間の身体性という前提のもと、消極的移動を内包した積極的移動という新しい移動の概念を生み出すということ

問五　次のカギカッコのなかの一文を本文に挿入する場合、空所【　a　】～【　e　】のどこが最も適切か。次のうちから一つ選びなさい。　25

「消極的価値を免れた目的地の限定リストが与えられれば、さらにいえば消極的価値を免れた目的地が一つでもあれば十分である。」

ア　【　a　】
イ　【　b　】
ウ　【　c　】
エ　【　d　】
オ　【　e　】

問六　傍線③に「出発地の消極的価値に着目する議論からは、先進国から先進国への移動の自由を保障すべきだという結論も導かれない」とあるが、なぜこのようにいえるのか。その説明として最も適切なものを、次のうちから一つ選びなさい。　26

ア　出発地と目的地の双方に利益が生じるのならば、その移動は消極的移動の重要性の議論には含まれないから
イ　出発地と目的地の状況が大きく異なるのならば、その移動は消極的移動の重要性の議論には含まれないから
ウ　出発地と目的地を自由に行き来できるのならば、その移動は消極的移動の重要性の議論には含まれないから
エ　出発地と目的地の条件がほぼ同等であるならば、その移動は消極的移動の重要性の議論には含まれないから
オ　出発地と目的地とが比較的近距離であるならば、その移動は消極的移動の重要性の議論には含まれないから

問七　傍線④に「コロナ禍での経験が示唆している」とあるが、どのようなことを示唆しているというのか。最も適切なものを、次のうちから一つ選びなさい。　27

ア　一か所に留まったままで情報の入手や生活が可能な社会において、物理的移動の多くが必要なかったということ
イ　人が同じ場所に集まる労力やリスクを考慮すれば、物理的移動はむしろ否定されるべき行為であったということ
ウ　あらゆる疑似体験を可能にする技術が進化した今、物理的移動を重要視する考え方は時代遅れであるということ

問二　空所【Ｘ】～【Ｚ】に入る組み合わせとして最も適切なものを、次のうちから一つ選びなさい。 22

ア　Ｘ　つまり　Ｙ　一方　Ｚ　ところが
イ　Ｘ　つまり　Ｙ　このように　Ｚ　なぜなら
ウ　Ｘ　例えば　Ｙ　このように　Ｚ　ところが
エ　Ｘ　例えば　Ｙ　したがって　Ｚ　また
オ　Ｘ　あるいは　Ｙ　したがって　Ｚ　また

問三　傍線①の「選別的移民政策」について筆者はどのような考えを述べているか。その説明として最も適切なものを、次のうちから一つ選びなさい。 23

ア　消極的移動の自由を保障するうえで、選別的移民政策における学歴・職歴・収入などによる合理的なポイント制は推進されるべきである。
イ　消極的移動の緊急性を把握するために、選別的移民政策による移民審査の前段階として、地域別の審査機関を設けることが求められる。
ウ　消極的移動の目的をより一般化すれば、選別的移民政策における移民候補者の選別基準の理不尽さが周知され、改善が進むはずである。
エ　消極的移動の不確実性を踏まえると、選別的移民政策で緊急性の低い人が高ポイントとなり優先されるのもやむをえないのが実情である。
オ　消極的移動の重要性を前提にして考えると、選別的移民政策の審査で厳格化の対象となる人々の移動の自由こそ保障されるべきである。

問四　傍線②の「依拠する」の意味として最も適切なものを、次のうちから一つ選びなさい。 24

ア　大きな影響を与える
イ　頼み込んで任せる
ウ　条件を設けて縛る
エ　一部として含まれる
オ　基づくところとする

以上をまとめれば、積極的移動が重要であるのは、この世界に移動できないものが存在するからである。仮にすべての財が移動可能であったならば、積極的移動の自由は重要ではなかっただろう。逆説的にいえば、移動不可能性が移動の意義を創出するのである。もちろん、その前提にあるのは人間の身体性である。人間が身体を持たず心だけを持つ存在であれば、物理的な移動は必要なかっただろう。物理的な移動が必要となるのは、物理的実体である身体を持つ人間が、物理的に移動不可能な財と⑧邂逅（かいこう）するためである。

（瀧川裕英「帰属でなく移動を――移動と帰属の規範理論」より。出題の都合上、一部省略した箇所がある。）

＊1　積極的移動――ここでは、仕事・観光・勉学などのため、特定の目的地を目指す移動をいう。
＊2　難民レジーム――難民への対応に影響を与える原理・規範・ルール・意思決定・過程の総体。
＊3　ミラー――イギリスの政治学者。
＊4　UberEATS――オンラインで注文を受けて食事を配達するサービス。
＊5　テレワーク――「tele＝離れた所」と「work＝働く」を合わせた言葉。情報通信技術を活用した、場所や時間にとらわれない働き方のこと。
＊6　電子ジャーナル――主に学術雑誌を電子化したもの。
＊7　Googleストリートビュー――マップ上の道を実際に歩いているかのように、周囲を見渡すことができるウェブ上のサービス。
＊8　サグラダ・ファミリア――スペインのバルセロナにある教会で、世界遺産に登録されている。

問一　空所【　A　】に入る最も適切なものを、次のうちから一つ選びなさい。　21

ア　芸術的
イ　道具的
ウ　消極的
エ　普遍的
オ　例外的

かかる財のことである。移動不可能財の典型は、土地や建物といった不動産である。不動産は文字通り動かない。そのため、不動産にアクセスするためには、人が移動する必要がある。サグラダ・ファミリア[*8]を体感するためには、サグラダ・ファミリアが移動不可能である以上、人がバルセロナへと移動する必要がある。

移動不可能財は不動産に限らない。⑤人間集団の行動様式も移動不可能財である。社会が醸し出す雰囲気（例えば、清潔感や活力）や、社会で通用しているコード（例えば、勤勉さや慎み深さ）は移動不可能である。文化や慣習、法制度の移植が困難なのは、それらが移動不可能財であることを示している。また、一部の資格も移動不可能財である。資格が社会のコードによって付与されるからである。より身近なことでいえば、それぞれの企業や大学の雰囲気、地域の空気感なども移動不可能財である。ある場所の雰囲気を体感するためには、その場所に行くしかない。Google ストリートビューは疑似体験を可能にしてくれるが、それによって得られる経験は限定的である。このような「空気」やコードは移動不可能財であるため、それにアクセスするためには、人が移動する必要がある。

さらに、⑥人間も広い意味で移動不可能財となることがある。例えば、高齢・病気・障害といった要因で移動が不可能だったり著しく困難だったりする人は移動不可能財となる。そのため、その人に会うためには、会おうとする人が移動することが必要となる。また、ある企業に特有の企業文化に惹（ひ）かれて勤務する人は、その人自身が移動不可能財となる。そのため、その人と共に暮らすことを望む家族は、その人のいるところへ移動することが必要となる。

このように、土地や建築物、文化や慣習といった人々の行動様式とそれが創り出す社会環境、さらにそれと結合した人やその人がもたらすサービスは移動不可能財である。こうした移動不可能財を目的地として、人は移動する。このことをよく示すものとして、来日する中国人留学生に関するあるアンケート調査では、日本に滞在する理由として、①日本の環境がきれい、②勤務経験を積みたい、③日本文化・社会が好き、が上位となっている。日本逆に、中国に帰国する理由として、④故郷・故郷付近に就職できる、⑤親孝行、⑥就職先の都市に親戚・友人がいる、などが上位となっている。日本に滞在する理由の②を除いて、他のすべては移動不可能財に密接に関わっている。

移動不可能財という観念は、移動することの重要性だけではなく、移動しないことの重要性も説明する。なじみの土地や長年の人付き合いは移動不可能財である。こうした移動不可能財へのアクセスを確保するために、新天地が新鮮で快適に見えたとしても、現在地に留まることを選択することがある。⑦移動不可能財という観念を導入することで、移動しない自由を含む「移動する自由」を総体として説明することが可能になる。

【 a 】国境政策を二極化し、高ポイントの移民の受け入れを促進する一方で、低ポイントの移民審査を厳格化するのが、選別的移民政策である。しかしながら、消極的移動の重要性は、現在地の消極的価値と緊急性に②依拠するため、低所得・低技能で国外移動の自由が実質的に制約されている人の移動の自由こそが本来保障されるべきである。【 b 】

こうした消極的移動の重要性は積極的移動の重要性を含意しない。消極的移動の目的は消極的価値を帯びた現在地を離れることにあり、消極的価値（例えば、迫害のおそれや極度の貧困）のない場所であれば、目的地はどこでもよい。【 c 】

国際移民の主要因である就労を例にして考えてみよう。第一に、就労のために途上国から先進国へ移動することがある。途上国にはない魅力的な雇用が、先進国にはあるからである。【 d 】だがこのことから、途上国から先進国への移動の自由を保障すべきだという結論が導かれるわけではない。先進国が提供できる選択肢には、途上国からの移民労働者を受け入れることだけでなく、途上国に投資をして同様に魅力的な雇用を創出することも含まれるからである。【 e 】第二に、就労のために先進国から先進国へ移動することもある。出発地と目的地で生活水準や権利保障の程度がさほど変わらないのであれば、その移動は消極的移動ではない。そのため、③出発地の消極的価値に着目する議論からは、先進国から先進国への移動の自由を保障すべきだという結論も導かれない。

以上の検討からすると、消極的移動は重要であるとしても、積極的移動は重大な利益ではなく個人の選好に過ぎないというミラー[*3]の主張が説得力を持ちそうである。日常的な移動のほとんどは積極的移動である。仮に積極的移動は重要でなく、消極的移動のみが例外的に重要であるという結論になるならば、移動は総体として重要でないことになるだろう。

翻ってみれば、④コロナ禍での経験が示唆しているのは、人はこれまで日常的に行ってきた移動の多くが、実は必要不可欠ではなかったということである。オンライン会議は、情報の共有と意見の調整のために、同じ場所に集まることが必要であったのかを問いかけている。UberEATS[*4]は、飲食店へ人が移動できないならば、料理を移動させればよいと教えてくれる。テレワーク[*5]は、オフィスへの移動に時間とエネルギーを使う必要があったのかを疑問に付している。情報に着目すれば、物理的な移動の不要さはより明確になる。電子ジャーナル[*6]は図書館に行かずに論文にアクセスすることを可能にする。Google ストリートビュー[*7]は現地を旅行しなくても疑似体験を与えてくれる。情報社会は、物理的な移動を抜きにした情報の入手を容易にする。それでもなお、人が特定の目的地へ移動すること、すなわち積極的移動は重要なのか。

重要である。移動不可能財が存在するからである。移動不可能財とは、それを移動させることが不可能であるか、移動させることに多すぎる費用の

〔Ⅲ〕 筆者は「移動」を「移動それ自体」「消極的移動」「積極的移動」に区分して論じている。次の文章をよく読んで、後の問いに答えなさい。

大多数の人にとって、移動それ自体に価値があるわけではない。このことは、ワープ（瞬間移動）に対する選好を考えれば明らかである。可能ならばワープをしたいと考える人が、おそらくは圧倒的多数だろう。ワープを望む人にとって、移動それ自体は価値を持たない。したがって、移動の自由の価値を、移動それ自体の価値に定位して論じることは困難である。

これに対して、消極的移動も積極的移動[*1]も、移動を手段として位置づける。消極的移動では移動は出発地を離れるための手段であり、積極的移動では移動は目的地に着くための手段である。このように、移動の内在的価値ではなく移動の【 A 】価値に訴えることは、移動の自由の重要性をどのように理解することになるだろうか。

消極的移動の重要性は広く認められている。そのため、消極的移動の自由は、法的権利としても承認されている。日本国憲法には「外国に移住」する自由が規定されているし、国際人権法に目を移せば、自由権規約第一二条第二項には「すべての者は、いずれの国（自国を含む。）からも自由に離れることができる」とある。

消極的移動とは「からの移動」であり、その目的は消極的価値を帯びる現在地を離れることにある。現在いる場所の消極的価値が重大である場合には、【 X 】、迫害のおそれがあったり極度の貧困に陥っていたりする場合には、その現在地を離れるべき緊急性が高い。人による支配を受けないこと、人による支配を生じさせかねないような脆弱（ぜいじゃく）な状態を逃れることは、極めて重要である。【 Y 】、消極的移動の自由を保障すべき理由は、容易には覆しえない重みを持つ。

現在の難民レジーム[*2]は、消極的移動の自由が重要であることを前提にしている。難民が特別に保護されるのは、国籍国において迫害を受けるおそれがあるからである。このことからすれば、定義上すでに国籍国の外にいる狭義の難民だけでなく、庇護（ひご）希望者に対しても、消極的移動の自由を認めるべき重い理由がある。【 Z 】、紛争などを理由として住み慣れた土地を追われたが、国境を越えず国内に留まっている国内避難民についても、消極的移動の自由を保障すべき重い理由がある。

このように、消極的移動は現在地の消極的価値と緊急性に応じて、その自由を保障すべき重い理由がある。このことは、多くの先進国が採用している①選別的移民政策に疑問を投げかけることになる。選別的移民政策では、学歴・職歴・収入・年収などをポイント化して移民候補者を選別する。

問十一　空所【 C 】に入る最も適切なものを、次のうちから一つ選びなさい。 19

ア　人間の弱さを認めることと互いに助け合うこと

イ　互いに助け合うことと人間の弱さを認めること

ウ　人間の弱さを乗り越えることと互いに助け合うこと

エ　互いに助け合うことと人間の弱さを乗り越えること

オ　互いの弱さを指摘することと互いに助け合うこと

問十二　次の各文のうち、本文の内容に合致するものを一つ選びなさい。 20

ア　ヌスバウムは、マイノリティに対するスティグマの付与についての分析を通して、健康の自己責任論の広がりの心理学的要因を解き明かしている。

イ　ルソーの言葉は、人々の弱さを肯定し、助け合いの可能性を説くものであり、当時広がっていた自己責任論への反論として述べられたものである。

ウ　人間の本来的な脆弱さや不完全さが社会性や人間愛の源泉であるので、自己責任論者に対しても深い人間愛をもとに寛大に接するべきである。

エ　健康をめぐる自己責任論を主張し他者を攻撃する人が増えたことは、新自由主義政策における自助努力の強調と軌を一にすると考えることもできる。

オ　自己責任論の問題を考える上で重要なのは、健康のコントロール可能性を上げることであり、依存関係を拒否する人々を憂慮する必要はない。

問九　傍線⑦の「自己責任論への対処に関する一つの重要な含意」とは、どういうことか。その説明として最も適切なものを、次のうちから一つ選びなさい。 17

ア　健康のコントロール不可能性を指摘しても逆効果なので、健康管理に対する規範を緩めることが現実的で有効だということ

イ　事実と規範の緊張状態を高めるのではなく、事実を的確に認識できるように支援する体制を作ることが大事だということ

ウ　健康のコントロール不可能性を指摘するよりも、健康のコントロール不可能性から目を背けさせることが重要だということ

エ　自己責任論を擁護するふりをして、自身の健康をコントロールできるようにサポートしていくことが大切だということ

オ　健康のコントロール不可能性を指摘するのではなく、健康のコントロール可能性を促進するアプローチが必要だということ

問十　傍線⑧の「目下の文脈においてコントロールの不可能性は問題の解決策ではなくむしろその原因であり、事態を解消するものではなくそれを引き起こしているものである」とは、どういうことか。その説明として最も適切なものを、次のうちから一つ選びなさい。 18

ア　健康のコントロール不可能性の認識を促すことは、自己責任論の抑制にはならず、自己責任論の広がりという問題の深刻化につながるということ

イ　健康のコントロール不可能性を広めることは、自己責任論を正しく修正することにはならず、不正確な自己責任論を普及させることになるということ

ウ　健康のコントロール不可能性を啓蒙（けいもう）することには、自己責任論を広める効果はなく、自己責任論の問題点をあぶり出す効果があるということ

エ　健康のコントロール不可能性を指摘することは、自己責任論の問題を解消するものではなく、健康の自己管理への規範を緩めるだけであるということ

オ　健康のコントロール不可能性を否定することは、自己責任論を復権させることにはならず、自己責任論がいずれなくなるのは必然だということ

問六　空所【　Ａ　】に入る最も適切なものを、次のうちから一つ選びなさい。 14

ア　行政による完璧なサポート
イ　外部からの申し分ない管理
ウ　理想を合法化すること
エ　完全な自己コントロール
オ　他者との良好な依存関係

問七　傍線⑥に「貧困や不健康に陥った人々を自己責任だと非難する」とあるが、それはなぜか。その理由として最も適切なものを、次のうちから一つ選びなさい。 15

ア　認識と規範のはざまで、健康管理に失敗したように見える他者を排除することで、健康を崩すかもしれない現状を忘れようとするから
イ　認識と規範の隔たりに耐えられず、健康管理に失敗したように見える他者を攻撃することで、健康である自分を肯定しようとするから
ウ　認識と規範から目を背け、同情すべき状況にいる他者を責め立てることで、自分のほうが悲惨であることを再認識しようとするから
エ　認識と規範を堅持し、低賃金の長時間労働に従事している他者を叱責することで、理想を追求する自分のことを鼓舞しようとするから
オ　認識と規範のギャップを無視して、孤独の中で健康を損なった他者を非難することで、自分の現時点での優位性を示そうとするから

問八　空所【　Ｂ　】に入る最も適切なものを、次のうちから一つ選びなさい。 16

ア　換言すると
イ　付言すれば
ウ　断言すると
エ　放言すれば
オ　提言すると

ウ　自己の健康を適切に管理できなかった他者から目を背けて、自分が健康を損なう可能性に対する緊張を紛らわすようになるのではないかということ

エ　自己の不注意によって大きな怪我を負った他者を目にして、健康は自己責任で管理しなければならないという思いを強めるのではないかということ

オ　自己の健康のコントロールを失敗したように見える他者にスティグマを付与して、自分自身の弱さから目をそらすようになるのではないかということ

問四　傍線④の「不慮」の意味として最も適切なものを、次のうちから一つ選びなさい。　12

ア　思いがけず意外なこと
イ　必然で避けられないこと
ウ　不思議で不可解なこと
エ　非常に深刻で重大なこと
オ　危険で痛々しいこと

問五　傍線⑤の「不摂生」の意味として最も適切なものを、次のうちから一つ選びなさい。　13

ア　健康への注意を怠ること
イ　適切な範囲を定めないこと
ウ　食事の分量が多過ぎること
エ　横柄な態度をとること
オ　奔放な生き方をすること

問一　傍線①に「その心理学的な原因」とあるが、ヌスバウムはスティグマの付与の「原因」を何だと分析しているか。その説明として最も適切なものを、次のうちから一つ選びなさい。 9

ア　一時的であれ、大きな欲求や理想をかなえるためには他者と助け合うしかない事実を受け入れられない人間の心理

イ　自分の欲求がかなわないという苦痛は、他者との依存関係の中で慰め合うしかない事実を受け入れられない人間の心理

ウ　自分の脆弱性と不完全性ゆえに、他者と尊重し合い依存し合って生きざるを得ない事実を受け入れられない人間の心理

エ　他者の人間性を否定してみたところで、複雑な依存関係からは逃れられない事実を受け入れられない人間の心理

オ　依存すべき他者もないのに、自分の弱さや不完全性に耐えなければならない事実を受け入れられない人間の心理

問二　傍線②の「幼稚なナルシシズム」とはどういうことか。その説明として最も適切なものを、次のうちから一つ選びなさい。 10

ア　自分は脆弱さを克服し、誰かに依存せずに他者を一方的に助けられる存在になるとする考え

イ　自分は脆弱でも不完全でもなく、他者に依存せずに完全な個人として生きていけるとする考え

ウ　自分は脆弱ではないため、自分よりも不完全な他者の人間性を否定してもかまわないとする考え

エ　自分は脆弱ながらも理想を追求していて、自分の弱さに妥協する人よりも優れているとする考え

オ　自分は脆弱であると自覚しながらも、完全な個人として独立して生きる気概があるとする考え

問三　傍線③に「健康をめぐる自己責任論」とあるが、それについて筆者はどのようなことを推測しているか。その説明として最も適切なものを、次のうちから一つ選びなさい。 11

ア　自己の健康の理性的なコントロールに失敗した他者の人間性を否定して、誰にも依存できない孤独な現状から目をそらすようになるのではないかということ

イ　自己の不注意によって健康を損なったように見える他者を攻撃して、自分が健康を保っていることについて周囲の人に感謝するようになるのではないかということ

のような心理学的要因によって引き起こされている、と主張することはできない。しかしながら、以上の類推は一つの可能性として説得力があるし、そこから導かれる含意には大きな意義があると筆者は考える。

ここで言及した『感情と法』においてヌスバウムは、ジャン＝ジャック・ルソーの『エミール』の一節をエピグラフ[*6]に置いている。その中でも特に印象的な部分を引こう。「私たちを社会的にするのは、人間の弱さである。私たちの心を人間愛に向かわせているものは、私たちに共通のみじめさである。〔…〕私たちの各々が、もし他の人間をまったく必要としないとしたなら、自分が他の人と一体になろうなどとは、だれも考えなかっただろう。このようにして、私たちの弱さから、私たちのはかない幸福が生じる」。人々の弱さをやさしく肯定するこの文章は、率直に胸を打つ。とはいえ、ここで重要なのは（おそらくヌスバウムも同意すると筆者は考えるが）【　C　】、これら二つの結びつきである。もし前者だけが強調されてしまえば、孤立した自己否定とその苦痛への敵意が生じてしまうかもしれない。上に見たように、自己責任論において人々は、自らの人生をほとんど自分ではコントロールできないという「弱さ」に反発し、それによって互いに助け合うことを拒否してしまうのだと考えられる。そのような反発を防ぐには、相互の助け合いという、ルソーの議論のもう一つのポイントも強調されなければならない。私たちは互いに不完全でしかありえないと認めつつ、それゆえにこそ力を合わせていくことができるとするルソーの視点は、自己責任論について考える上で重要なのはコントロール可能性だけではないということを、教えてくれているのではないだろうか。

（玉手慎太郎『公衆衛生の倫理学』より。出題の都合上、一部省略した箇所がある。）

＊1　ヌスバウム —— アメリカの哲学者。
＊2　スティグマ —— 人々が他の集団や個人に押し付ける否定的な評価や汚名。
＊3　新自由主義 —— 国家による市場への介入をなるべく排し、市場の自由な競争を重視する立場。
＊4　セルフガバナンス —— 外部に影響されずに、自己を律すること。
＊5　エンパワメント —— ここでは、自分の人生に対するコントロールを拡大すること。また、そうできるようにサポートすること。
＊6　エピグラフ —— 本の巻頭や章の初めに置かれる引用句。

しば指摘されるように、自助努力による対処には限界がある。そのような限界を無視して自助努力を強調することは、実現し得ない目標を追求することに伴う緊張をいっそう強め、ひいては自己責任論をますます広めるものでありうる。

この点に関連して、社会学者の伊藤昌亮（いとうまさあき）が近年の日本社会の炎上現象について展開している議論が興味深い。伊藤は、日本における新自由主義政策の結果としての個々人のセルフガバナンス[*4]への圧力の増大と相互監視の深化が、コロナ下での過剰な自警運動としての自粛警察や、ＳＮＳをはじめとするネット上での「炎上」の原因にあるのではないか、と指摘する。新自由主義の下での自助努力の強調と他者への攻撃性の増大の連関は、健康をめぐる自己責任論についても見出（みいだ）しうるものであるだろう。

ヌスバウムの議論に基づく心理学的説明は、自己責任論の動機の説明として一定の説得力を有するだけでなく、そこから⑦自己責任論への対処に関する一つの重要な含意を取り出しうるものでもある。もしこの説明が適切であった場合、健康の自己責任論を否定するにあたって、そもそも健康について完全な自己コントロールなど不可能なのだ、という事実を指摘してもさほど有効ではなく、むしろ逆効果でさえあるかもしれない。というのも、この事実を指摘することは、健康をめぐる自己責任論を声高に主張する人々が目を背けようとしている事実を強調することで、ますますその事実から目を背けるよう彼らを促すことになってしまうかもしれないからである。

⑧目下の文脈においてコントロールの不可能性は問題の解決策ではなくむしろその原因であり、事態を解消するものではなくそれを引き起こしているものである。必要なのは健康についてのコントロール不可能性を指摘することによって事実と規範の間の緊張状態をいっそう高めることではなく、むしろこの緊張状態を緩和することであろう。それにはひとまず二つの方法がありうる。

一つは、自己の健康を理性的にコントロールする、という規範を緩めていくという方法である。これは可能性としてはありえないわけではないが、しかし現実にはこのような根本的な価値観の変更は非常に難しいように思われるし、個々人の主体的な努力を否定してしまう点で公衆衛生という観点からは受け入れがたい。ではもう一つの方法は何か。それは自己の健康についてのコントロール可能性を拡大していくという方法であり、具体的には健康についての「エンパワメント[*5]」を推進していく、というものになるだろう。自己責任論への反論として有効なのは、健康のコントロール可能性の否定ではなく促進である、ということが、この論から導かれる一つの含意である。

以上の説明は、もちろん、あくまで類推にすぎない。すなわち、別の事例（正常と異常の区別に基づくスティグマの付与）をうまく説明する心理学的説明を、その事例とかなり似た構造を持つとみなしうる自己責任論の事例に当てはめたものである。ここでの議論のみから、現実の自己責任論がこ

けようとする。以上がヌスバウムの分析である。

上に要約したヌスバウムの議論は、③健康をめぐる自己責任論が広がっている目下の状況にもとてもよく当てはまるように思われる。人々は自己の健康について、実際には十分なコントロールを有していない。いくら健康に気をつけていてもそれによって病気を完全に防ぐことができるわけではないし、一切の疾患あるいは④不慮の事故から逃れるなどということは、人間のもてる力の限界を超えている。しかし他方で、私たちは「自己の健康を理性的にコントロールすべきだ」という規範を受け入れて生きている。これは実現し得ない理想である。であれば、実現できない理想のもとで緊張状態に置かれた個人は、まさにヌスバウムの指摘した通りに、その理想の実現に失敗しているように見える他者の人間性を否定することで、自分自身の弱さから目を背けようとするのではないだろうか。ここで理想の実現に失敗しているように見える他者とは、自己の生活を理性的にコントロールすることに失敗したように見える他者、すなわち、不注意によって大きな怪我を負ったり⑤不摂生によって病気になったりしたように見える人々である。

以上の類推が適切だとすれば、健康をめぐる自己責任論を声高に主張する人々は、健康について【　A　】が可能だと考えているからそう主張しているのではないことになるだろう。むしろ実態は逆である。そのような人々は、健康について【　A　】など不可能である、という事実を認識しているが、その認識と規範とのギャップに耐えることができないがゆえに、自己責任論を主張しているのだと理解すべきである（本人がそのことを明確に自覚しているかどうかはともかくとしても）。彼らはそのギャップから目を背けるためにこそ、自己のコントロールの失敗によって健康を損なったように見える人々を攻撃している。なぜ攻撃するかといえば、そういった人々を非難することで、少なくとも今のところは自己コントロールに成功している自己を肯定することができるからである。

このような理解は、⑥貧困や不健康に陥った人々を自己責任だと非難する人々が、しばしば同様の苦境に陥る可能性の高い人々である、という奇妙な事実もうまく説明してくれる。素直に考えれば、健康によい行動を取ることが難しい（たとえば低賃金の長時間労働に従事せざるを得ないといったような）人々は、同様の状況から不運にも健康を損なった人々に同情的になるだろうと予想されるところ、現実には必ずしもそうなってはいない。ヌスバウムの分析を敷衍（ふえん）して考えれば、そういった人々は自らもいつ不健康に陥るかわからないという切実な不安を抱え、それでもなお自ら努力しなければならないという規範を内面化しているがゆえに、その規範を遂行できなかった人々に対して攻撃的になってしまうのかもしれない。

さらに【　B　】、自己の健康を理性的にコントロールすべきだという規範は、近年の日本においていっそう強まっていると考えられる。というのも、いわゆる新自由主義[*3]的な社会保障制度改革の中で、個々人の「自助努力」がいっそう強調されるようになってきているからである。しかし、しば

ア　侵害 ― 抱擁
イ　火急 ― 水勢
ウ　分析 ― 総合
エ　没頭 ― 浮上
オ　却下 ― 進呈

〔Ⅱ〕　次の文章をよく読んで、後の問いに答えなさい。

ヌスバウム[*1]はその著作『感情と法』において、特定のマイノリティに対するスティグマ[*2]の付与について分析し、①その心理学的な原因について検討している。人間社会はしばしば「正常」とみなされない人々（たとえば性的マイノリティや犯罪者）にスティグマを付与してきたが、そこにはいかなる心理があるのか、という問いがこの著作におけるヌスバウムの課題の一つであり、彼女はこの課題を検討するにあたって、人間が本来的に脆弱（ぜいじゃく）で不完全な存在であるという点に注目する。その議論は以下のようなものである。

人間は傷つきやすい肉体を持ち、いずれ死に至る存在である。また、自分の欲求がつねに満たされるとは限らず、理想的な状態に達し得ない存在でもあり、このことは誰にとっても苦痛の経験となる。しかし人間は成長していくにつれて、そのような脆弱性と不完全性を受け入れ、自らと同じく脆弱性を持つ他者を尊重し、互いに依存し合いながら生きていくことを受け入れていく。ここで他者を尊重するとは、自分と同じように正当な要求と目的を有している存在として認めていくことを意味する。こうして人は互いの人間性の尊重に至る。

しかしながら、現実にはしばしばこの依存関係を受け入れることができず、②幼稚なナルシシズムに囚（とら）われたままとなる個人が存在する。そのような人は、自分は他者に依存しない完全な個人である（そうでなければならない）という理想を追い求めることになるが、そのような理想に到達することは不可能である。それゆえ、自分自身の脆弱性および不完全性という事実を受け入れられない。そうして緊張状態が解消されず、苦痛の経験の下に置かれ続けることになる。その結果、緊張と苦痛から逃れるために、よりもいっそう不完全に見える他者の人間性を否定し、自分自身の弱さから目を背

E　コウリョウとした土地を歩く。　**5**

ア　職場のドウリョウと食事をする。
イ　ノウリョウのために風鈴をつるす。
ウ　大きな声でメイリョウに説明する。
エ　彼女の演奏は人々をミリョウする。
オ　運転手がシャリョウを点検する。

問二　次の漢字の読みのうちで誤りを含んでいないものを、次のうちから一つ選びなさい。　**6**

ア　網羅（もうら）　建立（こんりゅう）　長蛇（ちょうじゃ）　割愛（かつあい）
イ　行脚（あんぎゃ）　洗浄（せんじょう）　官吏（かんり）　猶予（ゆうよ）
ウ　更迭（こうてつ）　猛者（もさ）　安泰（あんたい）　墜落（たいらく）
エ　野暮（やぼ）　門扉（もんこ）　滋養（じよう）　釣果（ちょうか）
オ　侮辱（ぶじょく）　雪崩（なだれ）　詰問（つめもん）　奨励（しょうれい）

問三　同義語の組み合わせとして最も適切なものを、次のうちから一つ選びなさい。　**7**

ア　譲歩 ― 妥協
イ　奔走 ― 逃亡
ウ　精妙 ― 清掃
エ　教唆 ― 説諭
オ　罷免 ― 恩赦

問四　対義語の組み合わせとして最も適切なものを、次のうちから一つ選びなさい。　**8**

国語

（六〇分）

〔Ⅰ〕次の各問いに答えなさい。

問一　次の各文の傍線部のカタカナを漢字に直したとき、それと同じ漢字を含むものを、各群からそれぞれ一つずつ選びなさい。

A　絵がカサクに選ばれる。 1

ア　ハンカ街に出かける。
イ　責任をテンカする。
ウ　物語がカキョウに入る。
エ　カクウの話をする。
オ　ボッカ的な風景を眺める。

B　有名なガハクの絵を見る。 2

ア　ハクライの食器を買う。
イ　ハクラン会が開催される。
ウ　名演奏にハクシュをする。
エ　実力がハクチュウする。
オ　熊のハクセイを見る。

C　投票するセイトウを選ぶ。 3

ア　アクトウを懲らしめる。
イ　雨水が地面にシントウする。
ウ　恩師からクントウを受ける。
エ　車に荷物をトウサイする。
オ　トウロウに明かりをともす。

D　高所でキョウフを覚える。 4

ア　災害のキョウイから身を守る。
イ　キョウジュンの意を表する。
ウ　キョウシュクして言葉に窮する。
エ　サッカーを観てネッキョウする。
オ　歯並びをキョウセイする。

解答編

英語

I **解答** **1**－ウ **2**－イ **3**－エ **4**－イ **5**－ウ **6**－エ **7**－ア

解説

1. 空所直前のBの発言に「いつ始めたいの？」とあり，直後のBの発言で「それなら，品揃えのいい店を知っているよ」と述べていることから，ウの「まだわからないよ。まずは絵の具と筆を買う必要があるね」が適切。

2. 空所直前のAの発言に「それについて何をすべきだと思う？」とあり，直後のAの発言に「彼が家を散らかさないか心配だ」とあるので，イの「家の中に彼（犬）を入れてはどう？」が適切。

3. 空所直前のAの発言に「彼女はすでに（現代美術展に）行ったの？」とあり，直後のAの発言に「じゃあ，彼女を誘ってみたら？」とあるので，エの「まだだよ。でも，彼女はわくわくしているようだった」が適切。

4. 空所直前のAの発言に「リラックスできる音楽も試したけど，効果がないんだ」とあり，直後のAの発言に「実は，それのアレルギーなんだ」とあるので，イの「ハーブティーを飲むのが私には効果があるよ」が適切。

5. 空所直前のBの発言に「面接の準備はしましたか？」とあり，直後のBの発言に「いいスタートです。落ち着いて，自信を持つことを忘れないで」とあるので，ウの「はい，よくある質問に対する答えを練習してきました」が適切。

6. 空所直前のBの発言に「人々はソーシャルメディアに時間を費やしすぎていると思う」とあり，直後のBの発言に「しかし，そうしたことはそれほど注目されないよ」とあるので，エの「でもそこには重要な物事もあがっているよ」が適切。直後のBの発言にある those issues はエの serious things を指す。

7． 空所直前のBの発言に「それについて両親と話し合った？」とあり，直後のBの発言に「まずはしっかりとした計画を立てるべきだろうね」とあるので，アの「まだだよ。何を言われるか心配なんだ」が適切。

Ⅱ　解答　8－イ　9－イ　10－ウ　11－エ　12－ア　13－ウ

解説

8． be sure to *do*「必ず～する」

9． What percentage of ～「～のうち何パーセント，何パーセントの～」

10． by the＋単位「～単位で」

11． cause *A* to *do*「*A* に～させる」

12． every＋*A*（数）＋*B*（複数名詞）「*A* ごとの *B*」 普通，every の後ろは単数名詞がくるが，この用法では複数名詞がくる。

13． when it comes to ～「～ということになると」 ～には動名詞がくることもある。

Ⅲ　解答　14－オ　15－ウ　16－イ　17－ア　18－オ

解説

14．（The car）looks much too small for our family（.）

look C「C のように見える」 副詞 much が too small「小さすぎる」を強調している。形容詞の原級には much ではなく very を用いるため，too much small とするのは不適。

15． How were they supposed to（know such a thing?）

be supposed to *do*「～するはずになっている」

16．（He had never felt）so alone as he did when（she left him.）

not so＋形容詞／副詞＋as ～「～ほど…ではない」 he did の did は felt の代わりに使われている代動詞。

17．（My parents）were due to arrive home（from Canada yesterday.）

be due to *do*「～する予定である」

18. (His) careless actions led to his losing his job(.)

lead to～「～を引き起こす，～の原因となる」 losing は動名詞で，その直前にある his は動名詞の意味上の主語。

Ⅳ 解答 **19**―ウ　**20**―ウ　**21**―エ　**22**―ア　**23**―エ

解説

《インスパイア・テニス・ホリディ・プログラム・シドニー》

19. Camp Features 欄の6つ目（Wet-weather program …）に，「雨天用の屋内施設」とあるので，ウが適切。

20. Camp Features 欄の4つ目（All tennis equipment …）に，「すべての場所に売店があるとは限らない」とあるので，ウが適切。

21. Camp Features 欄の2つ目（Expert advice about …）に，「トレーニングや戦術に関する専門家の助言」とあり，スポーツ栄養食についての助言は含まれていないので，エが適切。

22. Conditions 欄の第5文（All participants must …）に，「すべての参加者は，参加資格を示すために，医師が記入した当社指定の健康診断書を提出しなければならない」とあるので，アが適切。

23. Conditions 欄の第3文（Casual reservations …）に，「(2～6日の)カジュアル予約」とあるので，エが適切。

Ⅴ 解答 **24**―ア　**25**―イ　**26**―エ　**27**―イ　**28**―エ　**29**―エ　**30**―ウ

解説

《規則正しい睡眠スケジュールを維持する重要性》

24. 第1～3段では，睡眠の重要性，不規則な睡眠パターンや睡眠不足が現代社会において深刻な問題となっていること，テクノロジーがもたらす変化が述べられており，第4段以降，その変化の最たるものの例として，電光やコンピュータの画面を挙げ，眠る前にそれらを浴びる人が増えていることが睡眠に悪影響を及ぼすことにつながると述べられている。本文のテーマとしては，アの「規則正しい睡眠スケジュールを維持する重要性」が適切である。エの「眠る前に電光を利用することを制限する重要性」は単にそのためになすべきことの具体例であるため不適。

25.（イ）の直前 We often stay … に，「夜遅くまで起きていることも多いし，徹夜で仕事をして昼間は寝ている人さえいる」とあり，欠文「このようなライフスタイルや睡眠習慣は，私たちにとっては普通に思えるかもしれないが，不自然なことである」を（イ）に置くことで意味的な流れも自然となり，These kinds of lifestyles and sleep routines が指すものも明確になるので，（イ）が適切。

26. imperative「絶対必要な」 ア．essential「不可欠な」，イ．necessary「必要な」，ウ．required「必要とされた」は似た意味を持つのに対して，エの insignificant は「重要でない」という意味なので，エが適切。

27. 空所の直前の文 Our body's natural … に，「私たちの体内時計は太陽の動きと関連がある」と述べられている。第４段第４文（Modern cities remain …）以降には，現代の都市は一晩中明るく，それが睡眠に影響していることや，ブルーライトを浴びれば浴びるほど，眠りにくくなることが述べられており，これらは「私たちの体内時計は太陽の動きと関連がある」の補足的な説明であると考えられるので，イの「つまり」が適切。

28. 空所の直前の文 Nevertheless, a growing … に，「眠る直前に何かしらの画面を見る習慣のある人が増えており，これが最近多くの人が熟睡できない原因の可能性が高い」とある。また，空所の直後には「現在，一部の医学の専門家は，１日２時間以上テレビを見ないようにし，少なくとも寝る１時間前には（スマホを含む）画面を見るのをやめるべきだと提言している」とあるので，エの「その結果」が適切。

29. 下線部直前の文 Changes in society … に，「社会とテクノロジーの変化によって，一部の人々はこの伝統的なパターンを変えることが可能になっただけでなく，必要にもなった」とある。この「伝統的なパターン」とは，（イ）直後の文 Until very recently … にある「私たちは昼間に働き，夜に眠ることを義務づけられていた」のことである。よって，下線部 one problem が指すものは，エが適切。

30. 第１段第４文（Mentally, we are …）に，「精神的には，前日の夜に十分に睡眠をとった方が，勉強や仕事のような作業により集中できる」とあり，第４段第２文（【　1　】, if we …）に，「もし長期間夜に眠らないと，健康に悪いことがある」とあるので，ウが適切。

数　学

Ⅰ 解答 《小問8問》

1―エ　2―オ　3―オ　4―カ　5―カ　6―ク　7―ウ　8―イ
9―エ　10―オ　11―エ　12―キ　13―ウ　14―キ　15―ク　16―ウ
17―イ　18―イ　19―オ

Ⅱ 解答 《余弦定理，正弦定理，三角形の面積比》

20―ウ　21―エ　22―ウ　23―ク　24―カ　25―ク　26―エ　27―カ
28―エ　29―ウ　30―イ　31―エ

Ⅲ 解答 《最短経路の場合の数》

32―イ　33―ウ　34―キ　35―オ　36―カ　37―ウ　38―ク　39―オ
40―ケ　41―イ　42―ア　43―キ

Ⅳ 解答 《2次関数の最大値・最小値》

44―ウ　45―ウ　46―オ　47―エ　48―イ　49―エ　50―ウ　51―キ
52―エ

いるのは消極的移動である。ウ、選択肢は第五段落の「狭義の難民」を指しているが、本文ではさらに庇護希望者、国内避難民も消極的移動が保障されるべきとしている。エ、サグラダ・ファミリアは移動不可能財。オ、最終段落の内容に合致。

注目。

問三　「選別的移民政策」とは、いくつかの観点から移民候補者をポイント化し、高ポイントの移民の受け入れを促進する一方で、低ポイントの移民への審査は厳格化するという政策。消極的移動は、現在地の消極的価値がより重大であると予想される低ポイントの人こそ保障されなければならないというのが筆者の主張である（第六段落）。

問五　欠文は「消極的価値を免れた目的地」に関して言及している。「消極的価値」と「目的地」に注目して、関連する記述がある本文箇所を選ぶとよい。

問六　傍線③の前に「出発地と目的地で生活水準や権利保障の程度がさほど変わらないのであれば、その移動は消極的移動ではない」とある。消極的移動ではないため、その観点から先進国間の移動の自由を保障すべきとは言えないということである。

問七　傍線④の直後に「これまで日常的に行ってきた移動の多くが、実は必要不可欠ではなかったということ」とある。また同段落に、その理由が「情報社会は、物理的な移動を抜きにした情報の入手を容易にする」と述べられている。ウは、「あらゆる疑似体験を可能に」と「物理的移動を重要視する考え方は時代遅れ」が誤り。

問八　第十二段落に「文化や慣習、法制度の移植が困難なのは、それらが移動不可能財であることを示している」とあり、さらに移動不可能財について「ある場所の雰囲気を体感するためには、その場所に行くしかない」と説明されている。

問九　人が移動不可能財となる例として挙げられているのは、高齢や病気、障害といった身体的理由で移動に大きな制約がある人、また特定の企業に自分の意志で勤務しているためその地を離れられない人である（第十三段落）。

問十　積極的移動には、移動不可能財のためにそこに留まり移動しない自由も含め、そこにアクセスするために移動をする自由があることを述べているのが傍線⑦。オは、移動しない自由と移動する自由のどちらが重要かという視点で説明している点が誤り。

問十二　ア、「ワープを望む人にとって、移動それ自体は価値を持たない」と第一段落にある。イ、重要性が認められて

Ⅲ

出典　瀧川裕英「帰属でなく移動を――移動と帰属の規範理論」（広渡清吾・大西楠テア編『移動と帰属の法理論――変容するアイデンティティ』岩波書店）

解答

問一　イ
問二　エ
問三　オ
問四　オ
問五　ウ
問六　エ
問七　ア
問八　オ
問九　イ
問十　エ
問十一　ア
問十二　オ

解説

問一　「移動は目的地に着くための手段である」ことを説明した後に続く部分。「【　A　】価値」とは、「手段」の言い換えである。

問二　X、空所Xの後の「迫害のおそれがあったり極度の貧困に陥っていたりする場合」は、空所前の「現在いる場所の消極的価値が重大である場合」の具体例。Y、空所Yの前の内容が、後に述べられている消極的移動の自由を保障すべきという内容の理由である点に注目。Z、消極的移動の自由を認める対象が、空所Zの前後で並列されている点に

は第四・五段落で述べている。つまり、自己責任を主張する人々は、健康の完全な自己コントロールはできないとわかっているのである。

問八　空所Bの前後で共通する話題は、健康を自身でコントロールすべきだという規範である。空所Bの前には、その規範を内面化した人々が、規範を遂行できない人々を攻撃するという内容が述べられ、空所Bの後に、その規範が近年の日本でより強まっているということが付け加えられている。

問九　「含意」とは〝表面には現われない意味を含み持つこと〟。自己コントロールの不可能性を指摘しても効果はなく（第九段落）、指摘して事実と規範の緊張状態を高めるよりは、緊張状態を緩和することが必要であり（第十段落）、そのために有効なのは「健康のコントロール可能性」の促進である（第十一段落）、と筆者は論を展開している。「含意」という語が第十二段落の最後に登場するので、そこに着目するとよい。

問十　傍線⑧の前の一文に注目。健康の完全な自己コントロールなど不可能だという事実を指摘することは、自己責任論を主張する人々が目を背けたい事実を強調することであり、ますますその事実から目を背けるよう彼らを促すことになりかねないと筆者は指摘している。イは、「自己責任論を正しく修正」が誤り。自己責任の正しい形を論じているわけではない。

問十一　最終段落におけるルソーの『エミール』の引用意図に注目。ポイントは「人間の弱さ」の肯定と、終わりから二文目にある「相互の助け合い」の二点である。アかイに絞り込んだ後、強調された場合に「孤立した自己否定とその苦痛への敵意が生じてしまうかもしれない」事態を引き起こすものを前者に置く。

問十二　ア、ヌスバウムは「特定のマイノリティに対するスティグマの付与」（第一段落）について分析しているのであり、「健康の自己責任論の広がりの心理学的要因」を解き明かしたわけではない。イ、ルソーが、当時の自己責任論に対して反論したわけではない。ウ、本文に記述なし。エ、第四～七段落の内容に合致。オ、選択肢の後半が誤り。

問六　エ
問七　イ
問八　イ
問九　オ
問十　ア
問十一　ア
問十二　エ

解説

問一 ヌスバウムは「人間が本来的に脆弱で不完全な存在であるという点に注目」（第一段落）し、本来はその脆弱性と不完全性を受け入れて互いの人間性の尊重に至るべきところを、他者との依存関係を受け入れられないところからスティグマの付与は生じると分析している（第二・三段落）。

問二 「ナルシシズム」とは〝自己愛〟のこと。傍線②の前にある「この依存関係」とは、「脆弱性と不完全性を受け入れ、自らと同じく脆弱性を持つ他者を尊重し、互いに依存し合いながら生きていく」（第二段落）ことである。それができずに完全な個人という実現不可能な理想を追求することを、「幼稚なナルシシズム」と表現しているのである（問一の〔解説〕を参照）。

問三 「自己の健康を理性的にコントロールすべきだ」という実現し得ない理想のもとで緊張状態に置かれた個人は、その理想の実現に失敗した他者の人間性を否定することで、自身の弱さから目を背けようとするのではないか、と筆者は推測している（第四段落）。

問六・問七 「健康を理性的にコントロールすべきだ」とする規範は実現し得ない理想であり、実現できない自身の弱さから目を背けて自分は成功しているという自己肯定に浸るため、失敗していると思われる他者を攻撃するのだと筆者

国語

Ⅰ

解答

問一　A―ウ　B―エ　C―ア　D―ウ　E―イ

問二　※ア・イ

問三　ア

問四　ウ

※問二については、正答となる選択肢が2つあることが判明したため、正答となる選択肢2つについて、いずれを選択しても正解とする措置が取られたことが大学から公表されている。

解説

問二　選択肢アにある「長蛇」は「ちょうだ」とも読む。

Ⅱ

出典　玉手慎太郎『公衆衛生の倫理学――国家は健康にどこまで介入すべきか』〈第4章　健康をめぐる自己責任論の倫理〉（筑摩選書）

解答

問一　ウ

問二　イ

問三　オ

問四　ア

問五　ア

一般選抜　一般入試（前期）：2月6日・2月7日実施分

問題編

▶試験科目・配点〔スタンダード方式〕

大学	区分	学部	教科	科目		配点
桃山学院大学	2教科型	全学部（ビジネスデザイン〈情報テクノロジーコース〉除く）	外国語	コミュニケーション英語Ⅰ・Ⅱ・Ⅲ，英語表現Ⅰ・Ⅱ		100点
			地歴，数学	「日本史Ｂ」，「世界史Ｂ※1」，「数学Ⅰ・Ａ」から１科目選択	１科目※2選択	100点
			国語	国語総合（古文・漢文除く）・現代文Ｂ		
		ビジネスデザイン〈情報テクノロジーコース〉	数学	「数学Ⅰ・Ａ」		100点
			外国語，国語	「コミュニケーション英語Ⅰ・Ⅱ・Ⅲ，英語表現Ⅰ・Ⅱ」，「国語総合（古文・漢文除く）・現代文Ｂ」から１科目選択※2		100点
	3教科型	全学部（ビジネスデザイン〈情報テクノロジーコース〉除く）	外国語	コミュニケーション英語Ⅰ・Ⅱ・Ⅲ，英語表現Ⅰ・Ⅱ		100点
			地歴，数学	「日本史Ｂ」，「世界史Ｂ※1」，「数学Ⅰ・Ａ」から１科目選択		100点
			国語	国語総合（古文・漢文除く）・現代文Ｂ		100点
		ビジネスデザイン〈情報テクノロジーコース〉	外国語	コミュニケーション英語Ⅰ・Ⅱ・Ⅲ，英語表現Ⅰ・Ⅱ		100点
			数学	「数学Ⅰ・Ａ」		100点
			国語	国語総合（古文・漢文除く）・現代文Ｂ		100点

桃山学院教育大学	2教科型	外国語	コミュニケーション英語Ⅰ・Ⅱ・Ⅲ，英語表現Ⅰ・Ⅱ	2科目※3選択	200点（各100点）
		地歴，数学	「日本史B」，「世界史B※1」，「数学Ⅰ・A」から1科目選択		
		国　語	国語総合（古文・漢文除く）・現代文B		
	3教科型	外国語	コミュニケーション英語Ⅰ・Ⅱ・Ⅲ，英語表現Ⅰ・Ⅱ		100点
		地歴，数学	「日本史B」，「世界史B※1」，「数学Ⅰ・A」から1科目選択		100点
		国　語	国語総合（古文・漢文除く）・現代文B		100点

▶**備　考**

※1　「世界史B」は一般選抜（前期）のうち2月6日・2月7日のみ選択できる。

※2　2教科（科目）とも受験した場合，高得点教科を採用。

※3　3教科（科目）とも受験した場合，高得点の2教科を採用。

- 〔高得点重視方式〕〔ベストスコア方式〕は〔スタンダード方式〕受験のうえで併願可。
- 〔高得点重視方式〕は，高得点教科（科目）の得点を2倍し，合計点で判定する。
- 〔ベストスコア方式〕は，2日間以上受験した場合の各教科の最高得点で判定する。
- 外国語の外部試験利用制度（みなし得点制度）が利用できる。
  英語の外部試験の得点・資格のレベルに応じて，入試の「英語」の得点を100点，80点，70点の3段階に換算し合否判定を行う。試験科目「英語」を受験をする必要はないが，受験した場合は試験科目「英語」の得点とみなし得点のどちらか高い方を採用する。

英語

◀2月6日実施分▶

（60分）

〔I〕 次の（a）～（g）の空所に入れるのに最も適切なものをア～エの中から一つずつ選びなさい。

（a） A: Could you give me some advice? 1

B: I'd be glad to. What about?

A: I can't decide whether to buy a bicycle or a new computer.

B: Well, riding a bicycle would be good for your health.

A: I know, but my old computer is getting slow.

B: ____________

A: Yes, and then maybe I could buy a bicycle, too!

B: Exactly. Why don't you look around for something suitable?

ア Computers are terribly expensive these days.

イ Do you need a new computer urgently?

ウ You can buy older-model computers quite cheaply.

エ But you also need to get plenty of outside exercise.

（b） A: Those are nice shoes that you're wearing. Are they new? 2

B: Well, kind of. They were my brother's. He said they were too small for him.

A: Personally, though, I prefer lighter, sporty shoes.

B: I do, too. They're much more comfortable, aren't they?

A: ____________

B: My brother really wanted to give them to me, and I couldn't say "No".

A: I know what you mean.

ア What do you think of these shoes I'm wearing today?

イ In that case, why are you wearing those shoes now?

ウ What size shoes do you wear?

エ Don't you usually wear sneakers?

(c) A: Have you been watching that new TV series that everyone's talking about? **3**

B: Which one do you mean? The one about London?

A: No, that was last year! I mean the one about the royal family.

B: I didn't feel like watching it.

A: What sort of programs do you watch?

B: ____________________

A: Then how do you spend your evenings?

B: I usually just doze off in a chair.

ア I mostly watch old movies.

イ I'm always busy putting my kids to bed.

ウ Actually, I hardly watch TV at all.

エ I go to bed immediately after supper.

(d) A: Do you have a moment to spare? **4**

B: What can I do for you?

A: Would you mind answering a few simple questions?

B: Well, that depends. Are you a newspaper reporter?

A: No, I'm doing research on what kinds of people live on this street.

B: ____________________

A: Thank you. First of all, how long have you lived here?

ア Sorry, I'd rather not talk to you.

イ Do you live here, too, then?

ウ Actually, I was born right here on this street.

エ I think I can help you, then.

(e) A: Excuse me, do you live in this area? **5**

B: Yes, I've lived here for quite a while. Why?

A: I wanted to ask about local hotels.

B: There's an Information Office around the corner. You could ask there.

A: I wonder if they're open now.

B: ____________________

A: Then I'll have to wait until Monday, I suppose.

B: Well, you could try their home page. It has lots of information.

ア Why not go and take a look to make sure?

イ They're open from 10 a.m. till 6 p.m. every day.

ウ　They are, and I'm sure they'll be able to help you.

エ　I just remembered that they're closed on weekends.

(f)　A: I'm taking my girlfriend to the theatre tonight. **6**

B: That sounds like fun. What are you going to see?

A: That new musical that was such a hit on Broadway last year.

B: On Broadway? Then it should be an exciting show!

A: Yes, we're both really looking forward to it.

B: ＿＿＿＿＿＿＿＿＿＿

A: Definitely! I try to see every new show that comes to town.

B: I hope you have a great time.

ア　Are you a big fan of musicals?

イ　Will it be the first musical she's seen?

ウ　Have you ever seen a show on Broadway?

エ　Do you perform in musicals, too?

(g)　A: That's an unusual-looking dog. What breed is it? **7**

B: It's called an Afghan hound. It is striking, isn't it?

A: It certainly is. Are they difficult to raise?

B: A little bit, yes. You have to be very careful about what you feed them.

A: Oh, why is that?

B: They need to eat fresh food, not ordinary dog food.

A: ＿＿＿＿＿＿＿＿＿＿

B: Yes, I spend more on my dog than on myself!

ア　That sounds more economical.

イ　That must cost a lot of money.

ウ　Do you have any other dogs?

エ　Is that why you chose an Afghan hound?

〔Ⅱ〕 次の（a）～（f）の空所に入れるのに最も適切なものをア～エの中から一つずつ選びなさい。

（a） Thanks to her efforts, the athletic meeting was ______ to a successful conclusion. 8

ア done　イ brought　ウ held　エ finished

（b） Our company will carry ______ interviews with three candidates for the new position. 9

ア out　イ around　ウ over　エ through

（c） The woman argued ______ building a nuclear power plant in the town. 10

ア along　イ to　ウ for　エ through

（d） September 20th is the date ______ our new project will be launched. 11

ア which　イ what　ウ when　エ at which

（e） The light bulb has burned out, so I'll ______ it with a new one. 12

ア change　イ add　ウ take　エ replace

（f） Fill in your student ID number in the space ______. 13

ア provider　イ provided　ウ providing　エ to provide

〔Ⅲ〕 （1）～（5）の日本文の意味に合うように［　　］内の語（句）を並べ替えると、与えられた5つの選択肢のうちで3番目にくる語（句）はどれか。ア～オの中から最も適切なものを一つずつ選びなさい。（なお、文頭に来る語の頭文字も小文字になっている。）

（1） 彼は情報通でいようと新聞の記事を一つ残らず読んでいる。 14

He reads every［to / single / informed / stay / newspaper article］.

ア to　イ single　ウ informed

エ stay　オ newspaper article

（2） 彼女は医学部卒業まで、まだ1年ある。 15

She has［year of / go / one / medical school / to］before she graduates.

ア year of　イ go　ウ one

エ medical school　オ to

（3） 急な会議のせいで、社員らはオフィスを出るのが遅くなった。 16

［from / kept / an unexpected meeting / leaving the office earlier / the staff］.

ア from　イ kept

ウ　an unexpected meeting　　エ　leaving the office earlier　　オ　the staff

（4）　留守中、ペットの世話をちゃんとしてもらえるように手配しておきなさい。　17

［well / that / see / your pets are / to it］ taken care of while you're away.

ア　well　　イ　that　　ウ　see

エ　your pets are　　オ　to it

（5）　報告書にざっと目を通しておいていただけますと誠に幸いです。　18

A quick ［be / very much appreciated / would / the report / look at］.

ア　be　　イ　very much appreciated　　ウ　would

エ　the report　　オ　look at

〔IV〕　次のWorld of Modern Art 2024の案内を読んで、後の問いに答えなさい。4は、空所に入れるのに最も適切なものをア～エの中から一つ選びなさい。それ以外は、最も適切なものをア～エの中から一つずつ選びなさい。

Exhibition Announcement: World of Modern Art 2024

Are you curious about what's happening in modern art these days? You can find out by visiting a new show opening soon right here in this city. Featuring original new paintings and sculptures by up-and-coming young artists, World of Modern Art 2024 is designed particularly for young people and non-experts. Join us to discover how young artists are expressing the spirit of today's generation.

Dates: Monday, January 15th — Friday, January 26th, 2024

Exhibition Hours:

- Monday to Friday: 10:00 a.m. to 6:00 p.m. (Last admission is at 5:30 p.m.)
- Saturday and Sunday, public holidays: 10:00 a.m. to 8:00 p.m. (Last admission is at 7:30 p.m.)

Ticket Prices:

- General Admission: Just 1300 yen, priced to make the show affordable for everyone
- Students (with valid ID): Special discounted price of 700 yen!
- Children (up to 12 years old): Free admission (must be accompanied by an adult)
- Repeater tickets: 1500 yen — we're hoping that many of you will want to come back for a second (if not third!) look.

Tours: Experienced guides will be on hand to show you around (prior reservation required). An audio guide (English, Japanese) will also be available for rental (300 yen).

Location: Gallery 25, located on the topmost floor of City Hall, with wrap-around windows looking out over the whole city — an express elevator will whisk you up to the top floor in a matter of seconds.

Access: Getting there is simple! You can hop on a bus or take the subway — it's just a short walk from the station. If you prefer to drive, there's also plenty of parking space available nearby at reasonable prices. Gallery 25 is fully wheelchair-accessible.

<u>**Refreshments:**</u> A variety of meals, light snacks, and cold and hot drinks will be on sale at the City Hall Cafeteria, situated one floor below the exhibition site. (We ask you to refrain from bringing your refreshments to the exhibition site.)

*While admiring the art works, we ask you to kindly avoid using flash photography, and to refrain from touching the art pieces. Our friendly gallery staff will be available to guide you and answer any questions you may have.
For more details and updates, or to order tickets, visit our website at www.galleryx.com, or call us at 0900-1234-1234.

1. Which of the following statements is true? **19**

ア You can park your car for free near the exhibition site.

イ Gallery 25 is on the 1st floor.

ウ Gallery 25 is a short drive from City Hall.

エ City Hall is located very close to a subway station.

2. Keiko and her two daughters Junko, who's in the 4th grade of elementary school, and Asami, who's a high school student, want to attend the exhibition on a Saturday. Keiko plans to attend again alone the following day. How much will it cost altogether? **20**

ア 1500 yen

イ 2200 yen

ウ 2900 yen

エ 3300 yen

3. Which of the following is <u>**not**</u> correct? **21**

ア If you make a reservation, you can have a guide show you around.

イ If you pay a little more, you can attend the exhibition twice.

ウ World of Modern Art 2024 will be open for less than one month.

エ Visitors may handle the artworks on display freely.

4. Gallery 25 ____________________. **22**

ア was designed especially for this exhibition

イ has a cafeteria where visitors can buy food and drinks

ウ is fully accessible to people who use wheelchairs

エ offers free audio guides

5. Which of the following would be possible? **23**

ア enjoying a cup of coffee while admiring the paintings

イ attending the exhibition three times for 1500 yen

ウ arriving at 6.00 p.m. on the first day and seeing the exhibition

エ sending your two children, aged 8 and 12, to the exhibition alone

〔V〕 次の英文を読んで、後の問いに答えなさい。

In the past few decades, the number of overweight*1 or obese*2 people has become a global problem. In the past, obesity mostly affected richer countries, but nowadays, thanks to cheap processed foods, obesity is growing fastest in poorer countries. Obesity not only makes you look fat, but can also lead to numerous medical problems including heart disease, high blood pressure, and especially diabetes*3.

Over the past thirty years, every country has seen an increase in the number of its overweight or obese people, mainly the result of an unhealthy diet. About thirty percent of the world's population is now overweight, and about one person in ten is obese. In Europe, about half of all people are overweight or obese, with British people being the fattest of all, 【 1 】 in the Middle East and North Africa the figure is now over sixty percent. In the United States, the most obese of the world's major countries, more than one in three children or teenagers and more than two in three adults are overweight, many of them obese. However, the clearest example is the island of Nauru.

Nauru is a tiny, beautiful island nation in the South Pacific Ocean, with lots of beaches, and year-round sunshine. Nauru has only a little over 10,000 people, and is just 21 square kilometers in size — you can drive around it in less than 20 minutes. But Nauru is also the fattest country in the world: more than 95 percent of Nauru's adults are overweight, 85 percent of them obese.

Once the people of Nauru were slim and healthy. They lived by farming and fishing, and their diet consisted of fruit, vegetables, coconuts, and fish. Since the 1980s, however, the amount of land available for growing food has decreased because of mining. Although Nauru's people have become wealthier, their diet has changed: nowadays they 【 2 】 cook for themselves, and instead of fresh foods they mostly eat processed foods. They also consume various kinds of junk food like French fries and hamburgers, which contain too much salt, sugar, and fat, and offer little nutritional value. However 【 3 】 those may be, consuming too much of them causes all kinds of health problems.

Not only are the majority of Nauru's people overweight; about a third of them also suffer from diabetes, including almost half of the population aged between 55 and 64, and the island now has one of the lowest life-expectancy rates in the world. (a)<u>These problems</u> could have been avoided with a healthier diet. In recent years, Nauru's health authorities have begun a campaign to encourage people to lead a healthier lifestyle, such as by (b)<u>urging</u> them to walk the five kilometers around the island's international airport regularly, and by organizing exercise sessions and sports meetings. Unfortunately, the campaign is a case of too little, too late.

*1 overweight: 太りすぎの　*2 obese: (病的に) 肥満の　*3 diabetes: 糖尿病

Adapted from: Takashi Shimaoka and Jonathan Berman (2016).
Life Topics: Deeper Connections, pp. 10-11. Nan'un-do.

問1 本文全体のテーマとして最も適切なものをア～エの中から一つ選びなさい。 **24**

ア a brief history of the island of Nauru

イ Nauru as an illustration of the global obesity problem

ウ how the people of Nauru became healthy

エ the culture of the people of Nauru

問2 空所【 1 】～【 3 】に入る最も適切な語をア～エの中から一つずつ選びなさい。

【1】 ア so　イ as　ウ while　エ for **25**

【2】 ア willingly　イ regularly　ウ skilfully　エ rarely **26**

【3】 ア healthy　イ tasty　ウ valuable　エ expensive **27**

問3 下線部(a)の "These problems" に当てはまらないものはどれですか。最も適切なものをア～エの中から一つ選びなさい。 **28**

ア Most of the residents in Nauru are too fat.

イ Around 30% of the people in Nauru have diabetes.

ウ Nauru's people tend to die younger than people in most other countries.

エ Many residents of Nauru are engaged in mining.

問4 下線部(b)の "urging" に最も意味が近いものをア～エの中から一つ選びなさい。 **29**

ア forcing　イ ordering　ウ persuading　エ demanding

問5 本文の内容と一致するものをア～エの中から一つ選びなさい。 **30**

ア アメリカでは、3分の1以上の大人と3分の2以上の子どもが太りすぎである。

イ ナウルは、今やアメリカに次いで世界で2番目に肥満の割合が高い国である。

ウ ナウルの人口は約1万人だが、大人のほとんどが太りすぎである。

エ 近年ナウルでは、健康的な生活が取り戻され、肥満対策の効果が上がり始めている。

◀2月7日実施分▶

(60分)

〔Ⅰ〕 次の（a）～（g）の空所に入れるのに最も適切なものをア～エの中から一つずつ選びなさい。

（a） A: Your garden looks amazing. Did you do everything yourself? 　1

B: Thanks, yes, I've spent a lot of time working on it.

A: I'd like to start a garden, too, but I have no idea where to begin.

B: It really isn't that complicated, but it depends on what you want to grow.

A: What do you recommend for a beginner like me?

B: Well, you might want to start with herbs or small flowering plants.

A: ＿＿＿＿＿＿＿＿

B: Well, those take a lot more time and effort.

ア Are herbs so easy to grow?

イ I don't have much time to spend on it.

ウ Some small flowering plants would be perfect.

エ I'd love to grow some apples or oranges.

（b） A: Are you much of a sports fan? 　2

B: I'm really into basketball recently. Our local team is doing really well this season.

A: Do you watch a lot of games on TV?

B: Yes, but I try to go to as many home games as possible, too.

A: I find it easier to follow a game when I watch it on TV.

B: ＿＿＿＿＿＿＿＿

A: I'll have to come to see a game with you one day.

ア Watching sports on TV is much better.

イ But the atmosphere in the arena is exciting.

ウ And watching them on TV is free.

エ The tickets are really expensive, too.

（c） A: I haven't seen you around the station before work recently. 　3

B: Actually, I've started getting off one stop earlier and walking.

A: Is it to get more exercise?

B: That's part of it, but it also saves me money.

A: How is that?

B: I get off in a different zone, so it costs me 80 yen less each time.

A: ＿＿＿＿＿＿＿＿＿＿

B: Maybe not, but it adds up over time.

ア　That doesn't sound like much.

イ　It must take a long time.

ウ　I don't think I could do that.

エ　That's a lot of money to spend.

(d)　A: How are you enjoying being retired?　**4**

B: To be honest, I have too much time on my hands.

A: What about trying something new, like golf?

B: I'd prefer to do something more productive.

A: ＿＿＿＿＿＿＿＿＿＿

B: That's something I hadn't thought of.

A: You could help the community, and meet some new people.

ア　I think it's time for you to stop working.

イ　Sports like golf are great to make friends.

ウ　How about some kind of volunteer activity?

エ　Do you think you might want to work again?

(e)　A: Do you want to come to see the fireworks on Saturday night?　**5**

B: I don't think so. Thanks anyway.

A: Why not? Do you already have plans?

B: No, but those events are always so crowded.

A: I think that's part of the fun. It won't be so bad.

B: ＿＿＿＿＿＿＿＿＿＿

A: Well, let me know if you change your mind.

ア　You're probably right. I'll come.

イ　Even so, I'd prefer to relax at home.

ウ　I might invite Mary and Sam, too.

エ　I hope it doesn't rain.

(f)　A: Have you seen my favorite necklace?　**6**

B: Your necklace? No, I haven't. When did you last wear it?

A: I wore it to the party last Saturday, but I can't find it now.

B: Have you checked your room thoroughly?

A: Yes, and I can't find it anywhere.

B: ________________

A: I guess I took a shower.

B: Then you should probably check in the bathroom.

ア Where else did you look for it?

イ Haven't you worn it since the day of the party?

ウ Why didn't you take it off?

エ What did you do after coming home from the party?

(g) A: What are you doing? There are boxes and bags everywhere! 7

B: We have so much stuff in our house that we don't use anymore.

A: You mean you're going to throw it all away?

B: That's the plan. We really need more space.

A: But perhaps we can sell some of it, or just donate it.

B: ________________

A: There could be some things that people might want.

B: OK then, but you have to help me decide which things to throw away.

ア But most of this stuff is so old.

イ But I already threw it all away.

ウ Do you want any of the stuff?

エ I hadn't decided what to do with it.

〔Ⅱ〕 次の（a）～（f）の空所に入れるのに最も適切なものをア～エの中から一つずつ選びなさい。

（a） There is an excellent restaurant in Nara ______ most people don't know about. 8

ア that　イ what　ウ where　エ in which

（b） I don't know why she hasn't been ______ my emails lately. 9

ア replying　イ reacting　ウ answering　エ responding

（c） This is where the ice cream shop I loved ______ be when I was a child. 10

ア used to　イ was used to　ウ was used　エ has used to

（d） She managed to ______ her boss to agree to her proposal. 11

ア believe　イ discuss　ウ make　エ get

（e） I'm afraid the pages in the report are not in ______. 12

ア number　イ order　ウ total　エ case

（f） The meeting might be called ______ because one of the presenters fell ill. 13

ア off　イ out　ウ on　エ in

〔Ⅲ〕（1）～（5）の日本文の意味に合うように［　　］内の語（句）を並べ変えると、与えられた5つの選択肢のうちで3番目にくる語（句）はどれか。ア～オの中から一つずつ選びなさい。（なお、文頭にくる語の頭文字も小文字になっている。）

（1） 女の子は、タブレットのスクリーンに触れた2本の指を広げて写真を拡大した。 14

The girl touched the [apart / two fingers / and dragged them / tablet's screen / with] to enlarge the picture.

ア apart　イ two fingers

ウ and dragged them　エ tablet's screen　オ with

（2） パットは彼に夕食の代金を支払わせた。 15

Pat arranged [pay for / him / to / the dinner / for].

ア pay for　イ him　ウ to　エ the dinner　オ for

（3） ジョンが到着した時、ケイトはちょうどろうそくを消すところだった。 16

Kate [to / just / put the candle / about / was] out when John arrived.

ア to　イ just　ウ put the candle

エ about　　オ was

(4) なにもやらないより、やってみて失敗する方がいい。 **17**

It's better [than / fail / not / and / to try] try at all.

ア than　　イ fail　　ウ not　　エ and　　オ to try

(5) ウェイターは客にコーンスープと一緒にパンを出した。 **18**

The waiter served [with / and / the customer / a piece / corn soup] of bread.

ア with　　イ and　　ウ the customer　　エ a piece　　オ corn soup

〔Ⅳ〕 次の FOODIES' BIKE TOUR の案内を読んで、後の問いに答えなさい。いずれも、最も適切なものをア～エの中から一つずつ選びなさい。

FOODIES' BIKE TOUR in Copenhagen

Foods of Copenhagen invites you to explore the city's fantastic food scene by bicycle. We will tour three unique and beautiful districts of the city, cross over many fascinating bridges, and sample the best dishes at 5 wonderful and unique food spots. Along the way, your guide will show you the highlights of the city, tell you all about our food history, and reveal some of the secrets only a local could know.

How much does it cost and what's included?
The price is 1400 Danish krone per person, and includes all food and beverages (beer, cider, water, coffee).

Added value: All participants have access to our Eating Concierge Service, which includes our staff-written guide to the Copenhagen food scene and email access to our team, who will answer your questions about visiting our city, both before and after the tour.

Meeting place: We meet in the district called Vesterbro. The specific address of the meeting point will be included in the confirmation email following your booking.

Your bike: Bicycles are not provided, as most hotels in Copenhagen offer bicycle rental as part of your stay. In case your hotel does not offer this service, we will be happy to help you organize it when you book your tour.

Biking distance: Approximately 14 km, at a casual pace, with 5 stops along the way. Copenhagen is quite flat — there are no hills (except the beautiful bike bridges).

Time and Date: All tours begin at 11:00 a.m. Dates are announced on our website and Facebook page. You are always welcome to send us a request with a preferred date, and we will try to accommodate you.

Bookings and Cancellations: Please book through our website. We can answer any enquiries either by email or through our Facebook page.
This tour only runs with a minimum number of 4 participants and on limited days. Should a tour be cancelled, we will let you know at least 24 hours in advance and provide a full refund. Cancellations are free up to 72 hours before your tour time. (Cancellations made later than that will

incur a penalty.) When a tour has to be cancelled due to stormy or snowy weather, we will inform you by email, and your full payment will be refunded.

Safety and Weather: You must be able to ride a bicycle safely on city streets. Foods of Copenhagen can at any time reject a participant, without refund, if we decide that they are not safe riding their bicycle.
The tour will take place whether it is rainy or sunny, so remember to choose your clothes according to the weather forecast.

Adapted from: https://foodsofcopenhagen.com/culinary-bike-tour/

1. For what kind of people is this tour most suitable? 19

ア people who are competitive bicycle riders

イ people who are interested in the history of Copenhagen

ウ people who enjoy eating

エ people who want to learn to ride a bicycle

2. Which of the following is true about the tour? 20

ア Only four people can join each tour.

イ Participants will ride over some bridges.

ウ Your tour guide will come to meet you at your hotel.

エ The tour starting time changes depending on the day.

3. What is **not** included in the price of the tour? 21

ア food and drink

イ written information about food in Copenhagen

ウ guidance through three areas of the city

エ the bicycle rental fee

4. In which situation will a participant **not** receive a refund? 22

ア The participant cancels four days before the tour date.

イ There is a lot of snow, making it impossible to ride.

ウ The participant rides their bicycle dangerously.

エ Fewer than 4 people have made a booking for the tour.

5. Which of the following is true about the tour? 23

ア Participants can receive answers to questions by email after the tour.

イ Participants must ride up and down a lot of hills on the tour.

ウ Bookings can be made through Facebook.

エ The tour will be cancelled on rainy days.

〔V〕 次の英文を読んで、後の問いに答えなさい。

In the beginning, people didn't have last names or family names; they just had a single name. We do not know when the【　1　】of using last names started. Different areas and cultures started to use them at different times. But even today, there are still places where people do not usually use last names. (ア)

In England, most last names were connected to people's occupations, personal characteristics, or where they lived. Many last names are occupations. For example, John the *smith*, which means "one who works with metal," became John Smith. (Smith, by the way, is the most common last name in the English-speaking world.) Many other occupations, such as cook, baker, carpenter, and miller also became last names. German names are similar. The name Müller, for example, is German for *miller*, meaning "a person who crushes grain for bread." Other people took the name of a place or a landmark near their homes. For example, Roger, who lived near a river, might become Roger Rivers. Other names that come from landmarks include Wood, Hill, Stone, Field, and Lane. People's personal appearance or character also sometimes came to be used as their names. (イ)

Many English last names end【　2　】*son*. A long time ago, if a person's name was John and his father's name was Albert, people might call him John, Albert's son. As time passed, the name became shortened to John Albertson. Last names of this type include Johnson, Peterson, Robertson, and Davidson. In Scotland and Ireland, *Mac* or *Mc* signifies a son. For example, the last name MacDonald would have meant "son of Donald." (ウ)

In the West, it is the convention to put your family name last, as in John Smith, but in some Asian countries, including China, Japan, Korea, and Vietnam, the family name comes first, as in Yamada Taro. In Spain and Spanish-speaking countries, most people have two family names,【　3　】sometimes they use only the first one. The first one is the father's family name, and the second is the mother's family name. For example, in the name Marco Perez Martinez, Perez is the father's family name, and Martinez is the mother's family name. (エ)

People can change their names, but they have to complete a lot of paperwork to do so. There are some rules for this. For example, you can't change your name to a famous person's name, or to a trademark. One man, however — who was named Winfred Holley and had a white beard — changed his name to Santa Claus. Another man, from Hawaii, had one of the longest last names ever known, Kikahiolanikonoikaouiaulani, and (a)complained that he spent half his life spelling his name. He did not change it, however.

Adapted from: Milada Broukal (2016). *Weaving It Together 2*, 4th ed., pp.171-172. Cengage Learning.

問1　本文全体のテーマとして最も適切なものをア～エの中から一つ選びなさい。　24

ア　which names are derived from landmarks

イ　where family names come from

ウ how to change your name

エ why family names come first in Asian countries

問2 次の文は本文のどこに入りますか。最も適切な箇所を本文中の(ア)~(エ)の中から一つ選びなさい。 25

Last names like Small, Long, Strong, and Wild are examples.

問3 空所【 1 】~【 3 】に入る最も適切な語をア~エの中から一つずつ選びなさい。

【1】	ア secret	イ luck	ウ penalty	エ custom	26
【2】	ア on	イ of	ウ with	エ by	27
【3】	ア if	イ although	ウ because	エ when	28

問4 下線部(a)の "complained" と置き換えられ<u>ない</u>ものはどれですか。最も適切なものをア~エの中から一つ選びなさい。 29

ア denied　イ protested　ウ stated　エ claimed

問5 本文の内容と一致するものをア~エの中から一つ選びなさい。 30

ア どんな職に就いているかということだけで、姓が決められていた時代があった。

イ どの地域や文化でも姓を名乗るようになったのは、同じ頃だと言われている。

ウ Davidson と MacDonald は、どちらも同じ意味を持つ要素が含まれた姓である。

エ ハワイでは、最も長い姓をもつ男性が自分の名前を書くことに誇りをもっていた。

日本史

◀2月6日実施分▶

（60分）

〔Ⅰ〕 次の【文章A】～【文章C】を読んで、後の問いに答えなさい。

【文章A】

日本列島においてかつては旧石器時代の遺跡は発見されていなかったが、【　1　】が群馬県の岩宿から当時の石器を発見したことで、旧石器時代の存在が確認された。この時代は狩猟や採取をして人々は生活していたが、地球の気候など環境の変化(a)が起き、その後縄文文化が成立した。

日本列島に大陸・半島から水稲農耕が伝来すると、日本列島の人々は食料生産を行うようになった。他にも文化や技術が伝来し、人々の生活はさらに大きく変化していった。集落には生産された食料を保管する【　2　】がつくられ、鉄製の工具なども使われるようになった。住居数も多くなり、大規模な集落も成立していった。外敵からの防御機能がある環濠集落も登場し、なかでも奈良県の唐古・鍵遺跡や、佐賀県の【　3　】が有名である。この時代は日本列島に集落を統合したクニが複数誕生したが、この時代に日本でつくられた歴史書は存在せず、中国の歴史書にその記述が残る(b)。

古墳時代(c)には、日本列島に各地の有力者が造営したとされる古墳がつくられるようになり、巨大なものもつくられた。そのなかでも仁徳天皇陵とされる【　4　】は、最大の規模をもつ古墳である。

問1　空欄【　1　】～【　4　】にあてはまる語句として最も適切なものはどれか。次のア～エのうちから一つずつ選びなさい。

【1】 ア　ナウマン　イ　モッセ　ウ　牧野富太郎　エ　相沢忠洋　1

【2】 ア　貝塚　イ　高床倉庫　ウ　横穴式石室　エ　竪穴式石室　2

【3】 ア　吉野ヶ里遺跡　イ　弥生町遺跡
ウ　紫雲出山遺跡　エ　荒神谷遺跡　3

【4】 ア　大仙陵古墳　イ　誉田御廟山古墳
ウ　箸墓古墳　エ　造山古墳　4

問2　下線部aに関連して、更新世から完新世になって起きた地球の変化と日本列島の状況などについて述べた次の文(ⅰ)・(ⅱ)の正誤の組み合わせとして最も適切なものはどれか。下のア～エのうちから一つ選びなさい。　5

(ⅰ)　地球の温度が上昇したことで海面が下降し、現在の日本列島が誕生した。

（ⅱ）　大型動物が姿を消したことで、中・小型動物が人々の狩猟の対象となった。

ア　（ⅰ）正　（ⅱ）正　　イ　（ⅰ）正　（ⅱ）誤
ウ　（ⅰ）誤　（ⅱ）正　　エ　（ⅰ）誤　（ⅱ）誤

問3　下線部bに関連して、中国の歴史書『漢書』の記述について述べた次の文（ⅰ）・（ⅱ）の正誤の組み合わせとして最も適切なものはどれか。下のア〜エのうちから一つ選びなさい。　**6**

（ⅰ）　倭人は定期的に楽浪郡に使者を送っていた。
（ⅱ）　当時の倭国は、壱与（壹与）が統治していた。

ア　（ⅰ）正　（ⅱ）正　　イ　（ⅰ）正　（ⅱ）誤
ウ　（ⅰ）誤　（ⅱ）正　　エ　（ⅰ）誤　（ⅱ）誤

問4　下線部cに関連して、古墳時代の人々の習俗について述べた文として誤っているものはどれか。次のア〜エのうちから一つ選びなさい。　**7**

ア　成人への通過儀礼として抜歯の風習が始まった。
イ　豊作を祈る春の祈年の祭や、秋の収穫を感謝する新嘗の祭が行われた。
ウ　動物の骨を焼いて吉凶を占う、太占の法が行われた。
エ　熱湯に手を入れて手がただれるかどうかで真偽の判断をする、盟神探湯が行われた。

【文章B】

下記の史料は、中国の後漢の史料である。（史料は、一部省略したり、書き改めたりしたところもある。）

建武中元二年、倭の奴国、貢を奉じて朝賀す。使人自ら大夫と称す。……光武、賜ふに印綬を以てす。

安帝の永初元年、倭の国王……【　5　】百六十人を献じ、請見を願ふ。

桓霊の間、倭国大いに乱れ、更相攻伐して歴年主なし。

（『後漢書』東夷伝）

問5　空欄【　5　】にあてはまる語句として最も適切なものはどれか。次のア〜エのうちから一つ選びなさい。　**8**

ア　名代・子代　　イ　一大率　　ウ　生口　　エ　渡来人

【文章C】

下記の史料は、邪馬台国に関する魏の史料(d)である。（史料は、一部省略したり、書き改めたりしたところもある。）

其の国、本亦男子を以て王となす。住まること七、八十年。倭国乱れ、相攻伐して年を歴たり。乃ち共に一女子を立てて王と為す。名を【　6　】と曰ふ。鬼道を事とし、能く衆を惑はす。年已に長大なるも、夫壻なし。男弟あり、佐けて国を治む。……

（「魏志」倭人伝）

問6　空欄【　6　】にあてはまる語句として最も適切なものはどれか。次のア～エのうちから一つ選びなさい。　**9**

ア　阿弖流為　　イ　卑弥呼　　ウ　讃　　エ　珍

問7　下線部ｄに関連して、邪馬台国や当時の中国に関連することについて述べた文として正しいものはどれか。次のア～エのうちから一つ選びなさい。　**10**

ア　邪馬台国の王は、「漢委奴国王」としるされた金印を授与された。

イ　統一王朝の魏が滅亡すると晋・呉・蜀の三国に分裂し、邪馬台国は晋に朝貢した。

ウ　邪馬台国は大陸の帯方郡の支配を認めてもらうため朝貢した。

エ　邪馬台国では、大人や下戸などの身分の差があった。

〔Ⅱ〕　次の【文章Ａ】・【文章Ｂ】を読んで、後の問いに答えなさい。

【文章Ａ】

全国統一を成し遂げつつあった織田信長が家臣の【　1　】によって倒されると、同じく信長の家臣であった豊臣（羽柴）秀吉が台頭した。秀吉は、天皇の権威を利用しながら他の大名を従えるようになり、全国統一を成し遂げた。

政権の運営は秀吉の晩年には五大老（a）が重要政務を合議するようになったが、基本的に秀吉の独裁体制であった。秀吉は検地（b）と刀狩に力を入れ、兵農分離を推進した。また貿易を重視し、キリスト教の布教も容認する姿勢であったが、のちにキリスト教への姿勢を改めた（c）。

秀吉の外交政策は中国の明の衰退を視野にいれたものだった。朝鮮に明への出兵の先導などを求めたが拒否され、朝鮮に大軍を派遣することになった。この文禄の役で日本軍は朝鮮の首都の漢城を占領するなどしたが、【　2　】の率いる朝鮮水軍や、明の援軍もあって、戦局は不利になった。戦いは休戦したが明との講和が成立せず、秀吉は大軍を再度派遣した。この慶長の役の最中に秀吉は死去し、日本軍は撤退することになった。

問1　空欄【　1　】・【　2　】にあてはまる語句として最も適切なものはどれか。次のア～エのうちから一つずつ選びなさい。

【1】　ア　明智光秀　　イ　松永久秀　　ウ　柴田勝家　　エ　浅井長政　　**11**

【2】　ア　李参平　　イ　李如松　　ウ　李舜臣　　エ　李成桂　　**12**

問2　下線部ａに関連して、五大老に該当する人物として正しいものはどれか。次のア～エのうちから一

つ選びなさい。 13

ア　伊達政宗　**イ**　前田利家　**ウ**　加藤清正　**エ**　足利義昭

問3　下線部bに関連して、太閤検地について述べた文として誤っているものはどれか。次の**ア**〜**エ**のうちから一つ選びなさい。 14

ア　太閤検地以降も、荘園制の重層的な土地の権利関係はそのまま残った。

イ　太閤検地で使用される枡が、京枡に統一された。

ウ　土地の面積の表示が、町・段・畝・歩の単位に統一された。

エ　太閤検地などで定まった石高は、大名には軍役の、農民には年貢の基準となった。

問4　下線部cに関連して、秀吉のキリスト教への態度に関して述べた次の文(ⅰ)・(ⅱ)の正誤の組み合わせとして最も適切なものはどれか。下の**ア**〜**エ**のうちから一つ選びなさい。 15

(ⅰ)　バテレン追放令を出し、民衆のキリスト教信仰を全面禁止としたが、大名の信仰は禁止しなかった。

(ⅱ)　フランス船のサン=フェリペ号の乗組員の証言をきっかけに、宣教師等を処刑する26聖人殉教に発展した。

ア　(ⅰ)正　(ⅱ)正　**イ**　(ⅰ)正　(ⅱ)誤

ウ　(ⅰ)誤　(ⅱ)正　**エ**　(ⅰ)誤　(ⅱ)誤

【文章B】

徳川家康は桶狭間の戦い以後に今川氏から独立すると、織田信長と同盟を結んで勢力を伸ばした(d)。台頭した豊臣秀吉へ臣従することになったが、豊臣政権下での家康の地位は高く、五大老の筆頭として秀吉の死後にその地位をさらに高めた。

豊臣政権内での内部抗争が激化し、東軍の家康と西軍の五奉行の【　3　】が激突する関ヶ原の戦い(e)が勃発した。これに勝利した家康は、のちに征夷大将軍に就任して幕府を開いた。家康は対外的には国の代表者として外交を行い、国内では大名には国絵図と郷帳を提出させるなど全国の統治者として君臨するようになった。そして家康は、将軍職を【　4　】に譲り、徳川氏の支配の世襲を世の大名に示し、のちに大名や朝廷・公家らを統制する法規(f)を制定するなど、徳川氏による支配の礎を築いた。

問5　空欄【　3　】・【　4　】にあてはまる語句として最も適切なものはどれか。次の**ア**〜**エ**のうちから一つずつ選びなさい。

【3】 **ア**　上杉景勝　**イ**　石田三成　**ウ**　宇喜多秀家　**エ**　黒田長政 16

【4】 **ア**　徳川秀忠　**イ**　徳川家光　**ウ**　徳川家綱　**エ**　徳川綱吉 17

問6　下線部dに関連して、徳川家康の事績に関して述べた次の文(ⅰ)〜(ⅲ)について、古いものから年代順に正しく配列したものを、下の**ア**〜**カ**のうちから一つ選びなさい。 18

(ⅰ)　自身の領国の本拠地を関東の江戸に移した。

（ⅱ）　長篠合戦で武田勝頼と戦い、勝利した。

（ⅲ）　小牧・長久手の戦いで局地的に勝利したが、和睦した。

ア　（ⅰ）－（ⅱ）－（ⅲ）

イ　（ⅰ）－（ⅲ）－（ⅱ）

ウ　（ⅱ）－（ⅰ）－（ⅲ）

エ　（ⅱ）－（ⅲ）－（ⅰ）

オ　（ⅲ）－（ⅰ）－（ⅱ）

カ　（ⅲ）－（ⅱ）－（ⅰ）

問７　下線部ｅに関連して、関ヶ原の戦い以後の徳川氏や豊臣氏に関して述べた文として正しいものはどれか。次の**ア**～**エ**のうちから一つ選びなさい。　**19**

ア　徳川家康は、西軍の盟主であった五大老の毛利輝元を改易処分とした。

イ　徳川家康は、後水尾天皇の退位後、後陽成天皇を擁立した。

ウ　豊臣秀吉の地位を受け継いだ豊臣秀次が、大坂城で勢力を維持した。

エ　豊臣氏は、方広寺の鐘銘を口実にして起きた大坂の役で徳川氏に滅ぼされた。

問８　下線部ｆに関連して、武家諸法度（元和令）に関して述べた次の文（ⅰ）・（ⅱ）の正誤の組み合わせとして最も適切なものはどれか。下の**ア**～**エ**のうちから一つ選びなさい。　**20**

（ⅰ）　福島正則は武家諸法度に違反したが、関ヶ原の戦いの勲功もあり処罰されなかった。

（ⅱ）　武家諸法度（元和令）は、金地院崇伝が起草した。

ア　（ⅰ）正　（ⅱ）正　　**イ**　（ⅰ）正　（ⅱ）誤

ウ　（ⅰ）誤　（ⅱ）正　　**エ**　（ⅰ）誤　（ⅱ）誤

〔Ⅲ〕 次の文章を読んで、後の問いに答えなさい。

明治六年の政変後、下野した参議の一部は不平士族の反乱(a)にかつがれて加わり敗北したが、その一方で板垣退助らが民撰議院設立の建白書を【 21 】に提出するなどして、自由民権運動が活発化していった。1874年、板垣退助は片岡健吉らと立志社(b)を設立し、翌年にはその全国組織化をはかって愛国社を設立した。そして1875年、大久保利通が板垣退助・【 22 】と会談した大阪会議の結果、政府はのちに立憲制へ移行する方針を決めた。しかし、民権派が国会開設の請願書を政府に提出するなどしたが、政府はそれを受理しなかった。

状況が変化したのは1881年だった。明治十四年の政変が起こると、政府は開拓使官有物払下げ事件で沸騰した世論への対策として、憲法制定の方針と1890年の国会開設の決定を公表し、立憲君主制の成立を目指すようになった(c)。この前後には政党結成の動きがあり、板垣退助により自由党、【 23 】により立憲改進党などが結成された。

1880年代には松方正義が大蔵卿(大蔵大臣)として財政を担当(d)し、この松方財政が自由民権運動にも影響を与え、急進的な騒擾事件が多発した。1885年には大井憲太郎らが朝鮮で政変を起こそうとしたが事前に検挙される【 24 】も起こった。

騒擾事件により民権運動は下火になったが、国会開設が近づくと大同団結運動や三大事件建白運動(e)により運動はまた活発になった。政府は1887年に【 25 】を公布して民権派を東京から追放したが、のちに旧民権派が再結集し、1890年の衆議院議員総選挙では旧民権派が過半数の議席を獲得した。

問1 空欄【 21 】～【 25 】にあてはまる語句として最も適切なものはどれか。次のア～コのうちから一つずつ選びなさい。 21 22 23 24 25

ア 左院	イ 元老院	ウ 加波山事件
エ 集会条例	オ 保安条例	カ 大阪事件
キ 岩倉具視	ク 福地源一郎	ケ 大隈重信
コ 木戸孝允		

問2 下線部aに関して述べた次の文(ⅰ)・(ⅱ)の正誤の組み合わせとして最も適切なものはどれか。下のア～エのうちから一つ選びなさい。 26

(ⅰ) 江藤新平は郷里の不平士族らとともに、佐賀の乱を起こした。

(ⅱ) 西郷隆盛を首領として、私学校の生徒らが西南戦争を起こした。

ア (ⅰ)正 (ⅱ)正　　イ (ⅰ)正 (ⅱ)誤

ウ (ⅰ)誤 (ⅱ)正　　エ (ⅰ)誤 (ⅱ)誤

問3 下線部bについて、立志社が設立された場所として最も適当なものを、次の地図上のア～エのうちから一つ選びなさい。 27

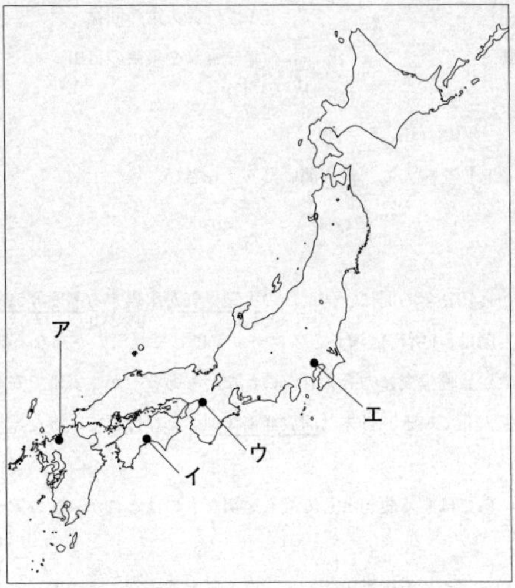

問4　下線部ｃに関連して、政府の動きに関して述べた次の文(ⅰ)～(ⅲ)について、古いものから年代順に正しく配列したものを、下のア～カのうちから一つ選びなさい。 **28**

（ⅰ）　憲法の草案を審議する枢密院を設置した。

（ⅱ）　太政官制にかわる政府制度として、内閣制度を発足させた。

（ⅲ）　皇位の継承などについて定めた皇室典範を制定した。

ア　(ⅰ)－(ⅱ)－(ⅲ)

イ　(ⅰ)－(ⅲ)－(ⅱ)

ウ　(ⅱ)－(ⅰ)－(ⅲ)

エ　(ⅱ)－(ⅲ)－(ⅰ)

オ　(ⅲ)－(ⅰ)－(ⅱ)

カ　(ⅲ)－(ⅱ)－(ⅰ)

問5　下線部ｄに関連して、松方正義の政策やそれに関連することについて述べた文として誤っているものはどれか。次のア～エのうちから一つ選びなさい。 **29**

ア　増税により歳入を増やし、軍事費を除いた歳出を減らした。

イ　国立銀行条例を改正し、国立銀行を普通銀行に転換させることにした。

ウ　中央銀行の日本銀行に銀兌換の銀行券を発行させた。

エ　松方財政での地主の負担は重く、寄生地主制が解体していった。

問6　下線部ｅに関連して、三大事件として誤っているものはどれか。次のア～エのうちから一つ選びなさい。 **30**

2024年度　一般（前期）　日本史

ア　地租の軽減　　**イ**　外交失策の回復

ウ　徴兵制の撤廃　　**エ**　言論や集会の自由

〔Ⅳ〕 次の【文章A】・【文章B】を読んで、後の問いに答えなさい。

【文章A】

戦後の日本は1955年から1973年の間に、何度かの大型景気(a)が出現する高度経済成長期(b)を迎えた。1960年に成立した【　1　】内閣は、「所得倍増」をスローガンにして経済のさらなる成長を促進した。経済が発展した背景には、企業が設備投資に力を入れたことなどもあったが、安価で安定的なエネルギー供給(c)の貢献もあった。輸出も拡大していき、日本は開放経済体制(d)へと移行していった。

問1　空欄【　1　】にあてはまる語句として最も適切なものはどれか。次の**ア**～**エ**のうちから一つ選びなさい。　**31**

ア　池田勇人　　**イ**　石橋湛山　　**ウ**　三木武夫　　**エ**　鈴木善幸

問2　下線部ａに関連して、1966～1970年に出現した好景気として正しいものはどれか。次の**ア**～**エ**のうちから一つ選びなさい。　**32**

ア　岩戸景気　　**イ**　大戦景気　　**ウ**　いざなぎ景気　　**エ**　神武景気

問3　下線部ｂに関連して、高度経済成長期の出来事に関して述べた次の文(ｉ)～(ⅲ)について、古いものから年代順に正しく配列したものを、下の**ア**～**カ**のうちから一つ選びなさい。　**33**

(ｉ)　アジアで初めてとなるオリンピック東京大会が開催された。

(ⅱ)『経済白書』では「もはや戦後ではない」という言葉が使われた。

(ⅲ)　大阪で日本万国博覧会が開催された。

ア　(ｉ)－(ⅱ)－(ⅲ)

イ　(ｉ)－(ⅲ)－(ⅱ)

ウ　(ⅱ)－(ｉ)－(ⅲ)

エ　(ⅱ)－(ⅲ)－(ｉ)

オ　(ⅲ)－(ｉ)－(ⅱ)

カ　(ⅲ)－(ⅱ)－(ｉ)

問4　下線部ｃに関連して、高度経済成長期のエネルギーに関して述べた次の文(ｉ)・(ⅱ)の正誤の組み合わせとして最も適切なものはどれか。下の**ア**～**エ**のうちから一つ選びなさい。　**34**

(ｉ)　石炭の重要度が下がり、三井鉱山三池炭鉱で労働者の大量解雇をめぐる労働争議が起こった。

(ⅱ)　単一の電力国策会社が、原子力発電を主流としたエネルギー供給を行った。

ア (i)正　(ii)正　　イ (i)正　(ii)誤
ウ (i)誤　(ii)正　　エ (i)誤　(ii)誤

問5　下線部dに関連して、高度経済成長期の開放経済体制への移行に関して述べた文として誤っているものはどれか。次のア〜エのうちから一つ選びなさい。　35

ア　GATT11条国となり、国際収支を理由とした輸入制限ができなくなった。
イ　IMF8条国となり、国際収支を理由とした為替管理ができなくなった。
ウ　OECDに加盟して資本が自由化し、日本へ外国企業が進出するようになった。
エ　戦前の財閥同様の持株会社を核とした企業集団が誕生した。

【文章B】

高度経済成長期に、日本人の生活は変化していった。食文化が変化し、「三種の神器」などの生活を豊かにする家庭電化製品が普及した。またモータリゼーションの進展で交通網の整備(e)がなされ、レジャー産業も発達した。文化面では、テレビ放送などマス=メディアが発達した。人気小説家もあらわれ、漫画週刊誌(f)なども部数を大きく伸ばした。科学の分野ではノーベル賞(g)の受賞者が出るなど、大きな成果をあげた。

一方、社会問題も発生し、大都市への人口の集中と農村などの過疎化、交通渋滞、騒音などが問題となった。特に企業が汚染物質を排出する産業公害(h)が問題となった。このような都市問題や公害問題などを争点として革新自治体が登場した。東京都では、1967年に革新系の【　2　】が知事となった。

問6　空欄【　2　】にあてはまる語句として最も適切なものはどれか。次のア〜エのうちから一つ選びなさい。　36

ア　尾崎行雄　　イ　石原慎太郎　　ウ　美濃部亮吉　　エ　由利公正

問7　下線部eに関連して、高度経済成長期に開催されたオリンピック東京大会と同時期につくられた交通網として正しいものはどれか。次のア〜エのうちから一つ選びなさい。　37

ア　東海道新幹線　　イ　瀬戸大橋　　ウ　関西国際空港　　エ　新東京国際空港

問8　下線部fに関連して、『鉄腕アトム』を発表するなどストーリー漫画を創作した人物として正しいものはどれか。次のア〜エのうちから一つ選びなさい。　38

ア　横光利一　　イ　円谷英二　　ウ　黒澤明　　エ　手塚治虫

問9　下線部gに関連して、ノーベル物理学賞を受賞した人物として誤っているものはどれか。次のア〜エのうちから一つ選びなさい。　39

ア　湯川秀樹　　イ　大江健三郎　　ウ　朝永振一郎　　エ　江崎玲於奈

問10　下線部hに関連して、高度経済成長期の公害やその対策について述べた文として誤っているものはどれか。次のア〜エのうちから一つ選びなさい。　40

ア　水俣病や新潟水俣病は、有機水銀が発症の原因であった。

イ　四日市ぜんそくは大気汚染、イタイイタイ病は工場廃液の有害物質が発症の原因であった。

ウ　公害を規制するため、公害対策基本法が制定された。

エ　公害対策機関として、佐藤栄作内閣により環境省が設置された。

◀2月7日実施分▶

（60分）

〔Ⅰ〕 次の文章を読んで、後の問いに答えなさい。

7世紀のヤマトでは蘇我馬子a の死後、蘇我蝦夷・入鹿の親子が権力を握った。蘇我入鹿は厩戸王の子である【　1　】を滅ぼすなどして、その権力の増大をはかった。しかし中大兄皇子は中臣鎌足らとはかり、蘇我蝦夷・入鹿を滅ぼす政変を起こした。これにより皇極天皇は【　2　】に譲位し、中大兄皇子が皇太子となり、中臣鎌足が【　3　】となるなど、新しい体制が構築された。政変の翌年には改新の詔b が出され、新政権の政策方針が示された。

ヤマトの政府は日本列島の東北地方の支配領域の拡大c を推進した。また、当時のヤマトを取り巻く国際情勢は緊張しており、朝鮮半島における情勢の変化に対応を迫られて白村江の戦いd が起きた。この戦いの後には中大兄皇子が即位して天智天皇となった。天智天皇は、律令国家の形成を前進させた。

天智天皇の死後に、大友皇子と大海人皇子による皇位継承争いの【　4　】が起こった。その結果、天智天皇の弟の大海人皇子が即位して強大な権力を握ることになった。天武天皇のあとを継いだ持統天皇e は遷都f を行い、律令国家の基礎となる諸政策を推進した。

問1　空欄【　1　】～【　4　】にあてはまる語句として最も適切なものはどれか。次のア～エのうちから一つずつ選びなさい。

【1】　ア　古人大兄皇子　　イ　山背大兄王　　ウ　有間皇子　　エ　刑部親王　　1

【2】　ア　孝徳天皇　　イ　推古天皇　　ウ　崇峻天皇　　エ　敏達天皇　　2

【3】　ア　左京職　　イ　右京職　　ウ　国博士　　エ　内臣　　3

【4】　ア　乙巳の変　　イ　薬子の変　　ウ　壬申の乱　　エ　磐井の乱　　4

問2　下線部aに関連して、蘇我馬子が創建した寺として正しいものはどれか。次のア～エのうちから一つ選びなさい。　　5

ア　唐招提寺　　イ　西大寺　　ウ　飛鳥寺　　エ　山田寺

問3　下線部bに関連して、改新の詔やその関連事項について述べた文として誤っているものはどれか。次のア～エのうちから一つ選びなさい。　　6

ア　政権に参画する豪族らの田荘や部曲を公認する方針が示された。

イ　民衆を管理する戸籍や計帳をつくる方針が示された。

ウ　田地の政策として班田収授法を行う方針が示された。

エ　改新の詔の内容は、のちの歴史書『日本書紀』に記されて伝わった。

問４　下線部ｃに関連して、７世紀のヤマトの支配領域の拡大について述べた次の文(ｉ)・(ii)の正誤の組み合わせとして最も適切なものはどれか。下の**ア〜エ**のうちから一つ選びなさい。　**7**

(ｉ)　日本海側に多賀城が築かれ、東北経営の拠点となった。

(ii)　斉明天皇の時代に隼人が派遣され、蝦夷が征討された。

ア　(ｉ)正　(ii)正　　**イ**　(ｉ)正　(ii)誤

ウ　(ｉ)誤　(ii)正　　**エ**　(ｉ)誤　(ii)誤

問５　下線部ｄに関連して、白村江の戦いやその後の対応について述べた次の文(ｉ)・(ii)の正誤の組み合わせとして最も適切なものはどれか。下の**ア〜エ**のうちから一つ選びなさい。　**8**

(ｉ)　白村江の戦いで、ヤマトは唐と新羅の連合軍に敗れた。

(ii)　この戦いの後には、防衛を固めるため、畿内に駅家や大野城が築かれた。

ア　(ｉ)正　(ii)正　　**イ**　(ｉ)正　(ii)誤

ウ　(ｉ)誤　(ii)正　　**エ**　(ｉ)誤　(ii)誤

問６　下線部ｅに関連して、天武天皇や持統天皇の事績について述べた文として正しいものはどれか。次の**ア〜エ**のうちから一つ選びなさい。　**9**

ア　天武天皇は、八色の姓により良民や賤民の身分秩序を編成した。

イ　天武天皇は唐の貨幣にならって、和同開珎を鋳造した。

ウ　天武天皇は薬師寺などの建立に着手し、仏教の発展をめざした。

エ　持統天皇は律令国家の基礎となる養老律令を完成させて、施行した。

問７　下線部ｆに関連して、飛鳥時代の都に関して述べた次の文(ｉ)〜(iii)について、古いものから年代順に正しく配列したものを、下の**ア〜カ**のうちから一つ選びなさい。　**10**

(ｉ)　都が藤原京に移された。

(ii)　都が飛鳥浄御原宮に移された。

(iii)　都が近江大津宮に移された。

ア　(ｉ)－(ii)－(iii)

イ　(ｉ)－(iii)－(ii)

ウ　(ii)－(ｉ)－(iii)

エ　(ii)－(iii)－(ｉ)

オ　(iii)－(ｉ)－(ii)

カ　(iii)－(ii)－(ｉ)

〔Ⅱ〕 次の【文章A】・【文章B】を読んで、後の問いに答えなさい。

【文章A】

下記の史料は、日本から明へ送られた国書の一節である。（史料は、一部省略したり、書き改めたりしたところもある。）

日本准三后(じゅさんごう)某(a)、書を大明皇帝陛下に上(たてまつ)る。日本国開闢(かいびゃく)以来、聘問(へいもん)を上邦(じょうほう)に通ぜざること無し(b)。某(それがし)、幸にも国鈞(こっきん)を秉(と)り、海内(かいだい)に虞(おそ)れ無し。特に往古の規法に遵(したが)ひて、肥富(こいつみ)をして【　1　】に相副(あいそ)へしめ、好(よしみ)を通じて方物(ほうぶつ)を献ず。……

（『善隣国宝記』）

14世紀に明が朱元璋により建国された。明は近隣の諸国に通交を求め、それをきっかけに室町時代(c)に日明間で国交が結ばれ、日明貿易(d)が開始された。明が日本と国交を結んだのは、倭寇(e)の対策を日本に求めたことも理由の一つであった。のちに室町幕府の4代将軍【　2　】の時代に国交が一時断絶することがあったが、そののちにはまた国交が回復し、貿易が再開された。

問1　空欄【　1　】・【　2　】にあてはまる語句として最も適切なものはどれか。次のア～エのうちから一つずつ選びなさい。

【1】 ア　祖阿　　イ　宋希璟　　ウ　春屋妙葩　　エ　周文　　11

【2】 ア　足利義詮　　イ　足利義政　　ウ　足利義持　　エ　足利義教　　12

問2　下線部aの某に該当する人物として正しいものはどれか。次のア～エのうちから一つ選びなさい。　13

ア　足利尊氏　　イ　足利義満　　ウ　後亀山天皇　　エ　後小松天皇

問3　下線部bに関連して、中世の日本と中国との外交について述べた次の文(ⅰ)・(ⅱ)の正誤の組み合わせとして最も適切なものはどれか。下のア～エのうちから一つ選びなさい。　14

(ⅰ)　五代十国時代ののちに建国された宋と、日本は正式な国交を結んで貿易を行った。

(ⅱ)　蒙古襲来後に、日本は建長寺船を派遣して元と正式に国交を結んだ。

ア　(ⅰ)正　(ⅱ)正　　イ　(ⅰ)正　(ⅱ)誤

ウ　(ⅰ)誤　(ⅱ)正　　エ　(ⅰ)誤　(ⅱ)誤

問4　下線部cに関連して、室町時代の出来事に関して述べた次の文(ⅰ)～(ⅲ)について、古いものから年代順に正しく配列したものを、下のア～カのうちから一つ選びなさい。　15

(ⅰ)　天龍寺を建立する資金調達のため、天龍寺船が派遣された。

(ⅱ)　足利持氏が、幕府に討伐される永享の乱が起こった。

（iii）　足利義勝の代始めに、嘉吉の徳政一揆が発生した。

ア　（ｉ）－（ii）－（iii）
イ　（ｉ）－（iii）－（ii）
ウ　（ii）－（ｉ）－（iii）
エ　（ii）－（iii）－（ｉ）
オ　（iii）－（ｉ）－（ii）
カ　（iii）－（ii）－（ｉ）

問５　下線部ｄについて述べた文として誤っているものはどれか。次のア～エのうちから一つ選びなさい。 **16**

ア　遣明船は明から与えられた証票の勘合を必ず持参する必要があった。
イ　日明貿易は朝貢を前提とし、その返礼として品物が明から与えられた。
ウ　明への渡航時の滞在費や運搬費が膨大で利益が出ず、幕府は日明貿易に消極的だった。
エ　日本は武器や鉱産物などを輸出し、生糸や銅銭などを輸入した。

問６　下線部ｅに関連して、後期倭寇の活動は日本で海賊取締令が出されておさまっていった。この法令を出した人物として正しいものはどれか。次のア～エのうちから一つ選びなさい。 **17**

ア　足利義輝　　イ　豊臣秀吉　　ウ　大内義隆　　エ　今川義元

【文章Ｂ】

14世紀の東アジアには明以外にも新しい国が誕生した。朝鮮が李成桂により建国され、朝鮮は日本との国交を求めた。それに日本側が応じて国交が結ばれた。日朝貿易が開始されると、日本は朝鮮から【　３　】や大蔵経を輸入した。朝鮮は倭寇の禁圧を日本に求めていたが、倭寇の活動が活発になった時期には応永の外寇（ｆ）が起こった。日朝貿易はのちに三浦の乱が起こると、次第に衰えた。また、琉球では、山北、中山、山南のいわゆる三山が争っていたが、15世紀になって統一され、琉球王国（ｇ）が誕生した。

問７　空欄【　３　】にあてはまる語句として最も適切なものはどれか。次のア～エのうちから一つ選びなさい。 **18**

ア　銅　　イ　硫黄　　ウ　木綿　　エ　香木

問８　下線部ｆの応永の外寇が起こった場所として最も適当なものを、次の地図上のア～エのうちから一つ選びなさい。 **19**

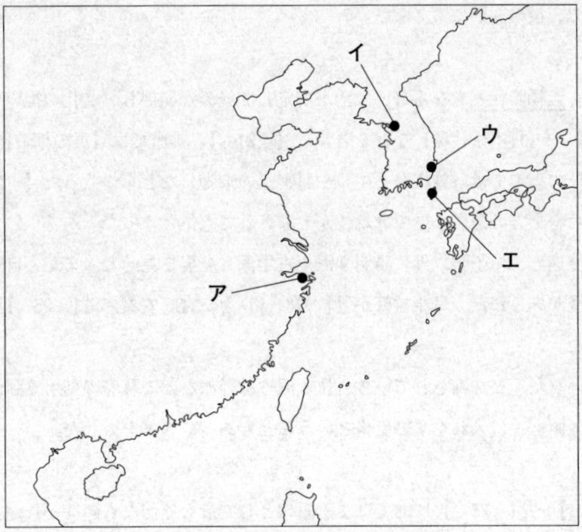

問9　下線部ｇに関連して、琉球王国やその関連事項に関して述べた次の文(ⅰ)・(ⅱ)の正誤の組み合わせとして最も適切なものはどれか。下の**ア**～**エ**のうちから一つ選びなさい。 **20**

(ⅰ)　三山を統一して琉球王国を成立させたのは中山王のコシャマインであった。

(ⅱ)　他国との交流を制限しており、明以外との国交はなく、貿易も行われていなかった。

ア　(ⅰ)正　(ⅱ)正　　**イ**　(ⅰ)正　(ⅱ)誤

ウ　(ⅰ)誤　(ⅱ)正　　**エ**　(ⅰ)誤　(ⅱ)誤

〔Ⅲ〕 次の文章を読んで、後の問いに答えなさい。

徳川幕藩体制期、元禄時代(a)ともなると、政治が安定して経済が発展し、文化の担い手が拡大した。文学では『好色一代男』や『日本永代蔵』などを著した【 21 】、俳諧では『奥の細道』を著した【 22 】、人形浄瑠璃や歌舞伎(b)の脚本では『曽根崎心中』や『冥途の飛脚』などをつくった【 23 】が有名である。演劇も発達し、江戸や上方の芝居小屋で歌舞伎が上演されて人気となった。

学問では儒学(c)が発達し、朱子学以外に陽明学派や古学派も発展を見せた。また、自然科学や和算(d)、国学などの分野でも発展がみられた。貝原益軒が『【 24 】』を、宮崎安貞が『【 25 】』を著すなど、実用的な学問が発達した。

美術(e)においてもいちだんと洗練されていき、住吉派や狩野派などの幕府の御用絵師が活躍した。さらに、江戸では浮世絵の版画も手に入れやすい価格ということもあって人気を博した。

問1　空欄【 21 】〜【 25 】にあてはまる語句として最も適切なものはどれか。次の**ア**〜**コ**のうちから一つずつ選びなさい。　21　22　23　24　25

ア　大和本草　　**イ**　北村季吟　　**ウ**　与謝蕪村
エ　竹本義太夫　　**オ**　井原西鶴　　**カ**　松尾芭蕉
キ　経済録　　**ク**　西洋紀聞　　**ケ**　農業全書
コ　近松門左衛門

問2　下線部aに関連して、徳川綱吉の時代の内容について述べた次の文(ⅰ)・(ⅱ)の正誤の組み合わせとして最も適切なものはどれか。下の**ア**〜**エ**のうちから一つ選びなさい。　26

(ⅰ)　生類憐みの令や服忌令が出されるなど、死を忌み嫌う風潮が形成された。
(ⅱ)　荻原重秀により、金の含有率を減らして質を低下させた小判が発行された。

ア　(ⅰ)正　(ⅱ)正　　**イ**　(ⅰ)正　(ⅱ)誤
ウ　(ⅰ)誤　(ⅱ)正　　**エ**　(ⅰ)誤　(ⅱ)誤

問3　下線部bについて述べた次の文(ⅰ)・(ⅱ)の正誤の組み合わせとして最も適切なものはどれか。下の**ア**〜**エ**のうちから一つ選びなさい。　27

(ⅰ)　坂田藤十郎は江戸において、荒事の演技で人気を博した。
(ⅱ)　芳沢あやめは上方において、女形として人気を博した。

ア　(ⅰ)正　(ⅱ)正　　**イ**　(ⅰ)正　(ⅱ)誤
ウ　(ⅰ)誤　(ⅱ)正　　**エ**　(ⅰ)誤　(ⅱ)誤

問4　下線部cに関連して、江戸時代の儒学者について述べた文として誤っているものはどれか。次の**ア**〜**エ**のうちから一つ選びなさい。　28

ア　陽明学派の熊沢蕃山は、『大学或問』を著して幕府を批判した。

イ　陽明学派の山崎闇斎は、儒教流の解釈による垂加神道を説いた。

ウ　古学派の山鹿素行は、『聖教要録』を著すなどして幕府により配流された。

エ　古学派の荻生徂徠は『政談』を著し、徳川吉宗の諮問にこたえた。

問５　下線部ｄに関連して、『発微算法』を著すなど、和算を発展させた人物として正しいものはどれか。次の**ア**～**エ**のうちから一つ選びなさい。　**29**

ア　渋川春海　　**イ**　吉田光由　　**ウ**　戸田茂睡　　**エ**　関孝和

問６　下線部ｅに関連して、『紅白梅図屛風』や八橋蒔絵螺鈿硯箱などを創作した人物として正しいものはどれか。次の**ア**～**エ**のうちから一つ選びなさい。　**30**

ア　土佐光起　　**イ**　菱川師宣　　**ウ**　尾形光琳　　**エ**　宮崎友禅

〔Ⅳ〕 次の文章を読んで、後の問いに答えなさい。

第一次世界大戦の終結後、平和のために国際連盟が設立され、日本も加盟した。さらにアジアや太平洋地域の問題の解決をはかろうとしたアメリカは、ワシントン会議を開催した。この会議では太平洋問題に関する四カ国条約がアメリカ、イギリス、日本、フランスにより締結され、これにより【　1　】が終了することになった。そして次にアメリカ、イギリス、日本、フランスや【　2　】などにより、中国問題に関する九カ国条約が締結された。また軍縮についても話され、ワシントン海軍軍縮条約が結ばれた。この条約では、主力艦の保有比率をアメリカ５・イギリス５・フランス1.67・イタリア1.67とし、対して日本の比率は【　3　】とされた。この条約は全権の海軍大臣【　4　】により調印がなされた。

ワシントン体制下、中国で北伐が起こると日本は中国に山東出兵(a)を行う一方、欧米とはロンドン海軍軍縮条約(b)を結ぶなどし、協調外交の姿勢を続けていた。本格的にワシントン体制がゆらいだのは、満州事変(c)の勃発だった。満州事変に加えて昭和恐慌などもあり、日本では国家改造運動が活発になり、犬養毅(d)首相が暗殺されるなど、テロ活動も起こった。満州事変後に、日本は国際連盟からの脱退やワシントン海軍軍縮条約の廃棄などをし、その後は日中戦争や太平洋戦争(e)に突入していったが、終戦後、日本は1956年、国際連合(f)に加盟し、その一員となった。

問１　空欄【　1　】～【　4　】にあてはまる語句として最も適切なものはどれか。次の**ア**～**エ**のうちから一つずつ選びなさい。

【1】 **ア**　石井・ランシング協定　　**イ**　日露協約
　　 ウ　日英同盟協約　　**エ**　日米和親条約　**31**

【2】 **ア**　スペイン　　**イ**　大韓帝国　　**ウ**　ポルトガル　　**エ**　ソ連　**32**

【3】 **ア**　5　　**イ**　3　　**ウ**　1.67　　**エ**　1　**33**

【4】 **ア**　加藤友三郎　　**イ**　山本権兵衛　　**ウ**　岡田啓介　　**エ**　加藤高明　**34**

問２　下線部ａに関連して、山東出兵で日本軍と国民革命軍が衝突した出来事として正しいものはどれか。

次のア〜エのうちから一つ選びなさい。 **35**

ア 第1次上海事変　　イ 第2次上海事変

ウ ノモンハン事件　　エ 済南事件

問3 下線部bに関連して、ロンドン海軍軍縮条約に関する事項について述べた次の文(ⅰ)・(ⅱ)の正誤の組み合わせとして最も適切なものはどれか。下のア〜エのうちから一つ選びなさい。 **36**

(ⅰ) 日本、イギリス、アメリカで駆逐艦などの補助艦の保有量を取り決めた。

(ⅱ) 政府の条約調印に対して、枢密院は統帥権の干犯だと批判して批准できなかった。

ア (ⅰ)正 (ⅱ)正　　イ (ⅰ)正 (ⅱ)誤

ウ (ⅰ)誤 (ⅱ)正　　エ (ⅰ)誤 (ⅱ)誤

問4 下線部cに関連して、日満議定書を取りかわして満州国を承認した時の内閣総理大臣として正しいものはどれか。次のア〜エのうちから一つ選びなさい。 **37**

ア 浜口雄幸　　イ 若槻礼次郎　　ウ 近衛文麿　　エ 斎藤実

問5 下線部dに関連して、犬養毅内閣の時の出来事や政策について述べた文として誤っているものはどれか。次のア〜エのうちから一つ選びなさい。 **38**

ア 大蔵大臣の高橋是清が金輸出再禁止の措置を行った。

イ 前大蔵大臣の井上準之助らが殺害される血盟団事件が起こった。

ウ 海軍青年将校の一団が首相を射殺した五・一五事件が起こった。

エ 陸・海軍大臣を現役の大将・中将に限る軍部大臣現役武官制が復活した。

問6 下線部eに関連して、太平洋戦争中の出来事に関して述べた次の文(ⅰ)〜(ⅲ)について、古いものから年代順に正しく配列したものを、下のア〜エのうちから一つ選びなさい。 **39**

(ⅰ) 日ソ中立条約を結んでいたソ連が、日本に宣戦布告した。

(ⅱ) ミッドウェー海戦で、日本は空母4隻を失った。

(ⅲ) マリアナ諸島のサイパン島を、アメリカに奪われた。

ア (ⅰ)−(ⅲ)−(ⅱ)

イ (ⅱ)−(ⅰ)−(ⅲ)

ウ (ⅱ)−(ⅲ)−(ⅰ)

エ (ⅲ)−(ⅱ)−(ⅰ)

問7 下線部fに関連して、日本が国際連合に加盟した時期の内閣総理大臣として正しいものはどれか。次のア〜エのうちから一つ選びなさい。 **40**

ア 鳩山一郎　　イ 岸信介　　ウ 石橋湛山　　エ 吉田茂

世界史

◀2月6日実施分▶

（60分）

〔Ⅰ〕 次の文章**A**～**C**を読んで、後の問いに答えなさい。

A

前2600年頃、インドで最も古い都市文明がおこった。この時代の遺跡はいくつも見つかっており、中でも、シンド地方で見つかった<u>モエンジョ＝ダーロ</u>①<u>はすぐれた都市計画にもとづいて作られていた</u>②ことが分かっている。この文明は前1800年頃までに衰退し、その後、中央アジアから【　1　】が侵入し、インド北西部のパンジャーブ地方に勢力を築くようになり、前1000年頃にはガンジス川上流域へと移動した。その中で、青銅器に代わり鉄製の道具を用いるようになった。【1】は多神教的な世界観をもち、農耕に従事する先住民を取り込みつつ、定住型の農耕社会を建設した。そして、定住生活が定着してくると人々の階層分化が起こり、彼らは【　2　】を司祭とする宗教を信奉し、複雑な階層社会を作り上げていった。

問1　文中の空欄【　1　】・【　2　】に当てはまる最も適切な語句はどれか。次の**ア**～**エ**のうちから一つずつ選びなさい。

【1】 **ア**　アッカド人　　**イ**　アーリヤ人　　**1**
　　 ウ　ドラヴィダ人　　**エ**　カッシート人

【2】 **ア**　クシャトリヤ　　**イ**　ヴァイシャ　　**2**
　　 ウ　バラモン　　**エ**　シュードラ

問2　文中の下線部①・②について、以下の問いに答えなさい。

①　モエンジョ＝ダーロの位置として正しいものはどれか。次の地図中の**ア**～**エ**のうちから一つ選びなさい。　**3**

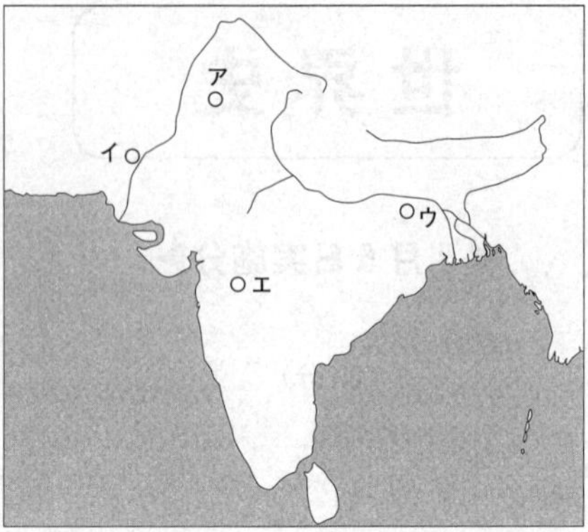

② 当時の都市遺跡について述べた文として、正しいものはどれか。次の**ア**～**エ**のうちから一つ選びなさい。 **4**

ア 沐浴場や穀物倉が備えられていた。

イ 城塞のある王宮が作られていた。

ウ 印章に刻まれたインダス文字は解読されている。

エ ジッグラトと呼ばれる神をまつる神殿があった。

B

ヴェーダ時代が終わり、前6世紀頃に都市国家が誕生するようになると新しい宗教が生まれ、影響力を持つようになった。ガウタマ=シッダールタが開いた仏教③はいかに人は輪廻転生の迷いの道から逃れて解脱するかを説き、武士や商人などの階層に支持された。また、苦行や不殺生により解脱を得ると説くジャイナ教なども現れた。

前4世紀に【 3 】が創始したマウリヤ朝では王朝の最盛期を築いたアショーカ王④が仏教の教えに傾倒し、仏典の結集を行わせた。紀元後1世紀におこったクシャーナ朝ではヘレニズム文化の影響を受けた仏像が作られるようになり、【 4 】を中心に仏教美術が発達した。

問3 文中の空欄【 3 】・【 4 】に当てはまる最も適切な語句はどれか。次の**ア**～**エ**のうちから一つずつ選びなさい。

【3】 **ア** ハルシャ王 **イ** カニシカ王 **5**

ウ チャンドラグプタ王 **エ** チャンドラグプタ2世

【4】 **ア** ガンダーラ **イ** デリー **6**

ウ アジャンター **エ** パータリプトラ

問4 文中の下線部③・④について、以下の問いに答えなさい。

③ 仏教に関連する出来事について述べた次の文（ⅰ）～（ⅲ）について、古いものから年代順に正しく配列したものはどれか。下の**ア**～**カ**のうちから一つ選びなさい。 **7**

（ⅰ）玄奘がナーランダー僧院を訪れた。
（ⅱ）仏教寺院のボロブドゥールが建造された。
（ⅲ）竜樹（ナーガールジュナ）が空の思想を説いた。

ア（ⅰ）—（ⅱ）—（ⅲ）
イ（ⅰ）—（ⅲ）—（ⅱ）
ウ（ⅱ）—（ⅰ）—（ⅲ）
エ（ⅱ）—（ⅲ）—（ⅰ）
オ（ⅲ）—（ⅰ）—（ⅱ）
カ（ⅲ）—（ⅱ）—（ⅰ）

④ アショーカ王について述べた次の文の空欄［a］・［b］に当てはまる語句の組み合わせとして、最も適切なものはどれか。下の**ア**～**エ**のうちから一つ選びなさい。 **8**

アショーカ王は征服活動の悲惨さを痛感してからしだいに仏教に帰依し、［a］にもとづく統治を説く詔勅を崖や石柱に刻ませた。また、各地への布教にも熱心で、［b］にも伝道師を派遣した。

ア ［a］－ダルマ　［b］－チベット
イ ［a］－ダルマ　［b］－スリランカ
ウ ［a］－マヌ法典　［b］－チベット
エ ［a］－マヌ法典　［b］－スリランカ

C

4世紀前半にガンジス川中流域に成立したグプタ朝では、ヴェーダ時代から伝わる宗教に民間信仰を取り入れたヒンドゥー教が社会に定着するようになった。ヒンドゥー教は多神教で、破壊と創造をつかさどる神【　5　】などが主神とされた。また、【　6　】が公用語とされ、⑤この王朝のさまざまな文学作品がこの言語を使って著された。天文学や数学なども発達し、後に⑥イスラーム世界に伝えられて自然科学を発展させる基礎となった。

グプタ朝の衰退後、インド各地ではヒンドゥー教の寺院が本格的に建設されるようになり、インド全域の幅広い階層に定着することになった。その一方で、⑦仏教は衰退に向かっていった。

問5　文中の空欄【　5　】・【　6　】に当てはまる最も適切な語句はどれか。次の**ア**～**エ**のうちから一つずつ選びなさい。

【5】 **ア** アフラ=マズダ　**イ** ブラフマン　**ウ** アーリマン　**エ** シヴァ神 **9**

【6】 **ア** サンスクリット語　**イ** タミル語　**ウ** アラム語　**エ** スワヒリ語 **10**

問6　文中の下線部⑤～⑦について、以下の問いに答えなさい。

⑤　グプタ朝時代の文学について述べた次の文の空欄 c ・ d に当てはまる語句の組み合わせとして、最も適切なものはどれか。下の**ア～エ**のうちから一つ選びなさい。 11

この時期には古くから伝承されていた叙事詩の一つである c などがまとめられたほか、宮廷詩人の d によって仙人の娘と王との恋愛を描いた戯曲『シャクンタラー』が作られた。

ア c －『リグ＝ヴェーダ』　d －カーリダーサ
イ c －『ラーマーヤナ』　d －カーリダーサ
ウ c －『リグ＝ヴェーダ』　d －サッフォー
エ c －『ラーマーヤナ』　d －サッフォー

⑥　イスラーム世界への伝播について述べた次の文a・bの正誤の組み合わせとして、正しいものはどれか。下の**ア～エ**のうちから一つ選びなさい。 12

a　時間を計測するため六十進法が伝えられた。
b　数字のゼロの概念が伝えられた。

ア　a－正　b－正　**イ**　a－正　b－誤
ウ　a－誤　b－正　**エ**　a－誤　b－誤

⑦　衰退する仏教について述べた次の文a・bの正誤の組み合わせとして、正しいものはどれか。下の**ア～エ**のうちから一つ選びなさい。 13

a　バクティ運動などによって仏教の衰退が決定的になった。
b　唐僧の義浄は陸路でインドを訪れて仏教を学んだ。

ア　a－正　b－正　**イ**　a－正　b－誤
ウ　a－誤　b－正　**エ**　a－誤　b－誤

〔Ⅱ〕 次の文章を読んで、後の問いに答えなさい。

イギリスでは①テューダー朝のエリザベス１世が没し、スコットランド出身のステュアート家が王位を継いだ。ステュアート朝の初代国王【　1　】は②王権神授説を唱えてイギリス国教会との結びつきを強め、③ピューリタンを圧迫した。また、国王は重税を課したり少数の大商人に独占権を与えるなどしたため、中産階級の不満は高まりをみせていた。続く【　2　】のときに議会は国王の専制政治を批判する権利の請願を可決したが、国王は議会を解散することで対抗した。

しかし、スコットランドで反乱が起こったことから国王は戦費調達のために11年ぶりに議会を招集したが、このときも国王と議会は対立してわずか３週間で解散した。こうして国王と議会の対立は決定的なものになり、1642年に内戦に突入した。議会派を指導した④クロムウェルは鉄騎隊を率いてこの内戦に勝利をおさめ、1649年に国王を処刑して共和政を樹立した。その後、クロムウェルは国王側の勢力の拠点になったとして⑤アイルランドとスコットランドを征服し、さらに重商主義政策を推し進めるために⑥中継貿易で発展していたオランダに打撃を与えた。この時期、イギリスをはじめとする⑦ヨーロッパ諸国は植民地を求めて世界各地で争っていた。

クロムウェルは厳格な軍事独裁をしいたが、これで国民の不満は高まり、彼の死後、処刑された先王の子が国王として迎えられた。これが王政復古である。ところが、議会を尊重すると約束して即位した国王がしだいに専制的になり、またも議会と対立するようになった。ちょうどこの頃、後の⑧二大政党制の起源となる政党が生まれている。それに続いた国王が絶対王政の復活につとめたため、議会はオランダから総督夫妻を招くと、二人は【　3　】とメアリ２世として共同統治の形で王位についた。この事件は流血なく進行したことから名誉革命と呼ばれ、ここに議会主権にもとづいた立憲王政が確立された。

その後、スコットランドと合同して大ブリテン王国となったイギリスでは、ドイツから国王【　4　】を招いてハノーヴァー朝が始まった。この国王はドイツに滞在することが多かったため、国王に代わって首相と内閣が行政を担当する機会が増え、⑨「王は君臨すれども統治せず」というイギリス政治の伝統が生まれた。

問１　文中の空欄【　1　】～【　4　】に当てはまる最も適切な語句はどれか。次の**ア～コ**のうちから一つずつ選びなさい。　14　15　16　17

ア　ジョージ１世　　**イ**　ジェームズ１世　　**ウ**　チャールズ１世
エ　チャールズ２世　　**オ**　ジェームズ２世　　**カ**　アン女王
キ　エドワード６世　　**ク**　メアリ１世　　**ケ**　エドワード３世
コ　ウィリアム３世

問２　文中の下線部①～⑨について、以下の問いに答えなさい。

①　テューダー朝の出来事について述べた次の文（ⅰ）～（ⅲ）について、古いものから年代順に正しく配列したものはどれか。下の**ア～カ**のうちから一つ選びなさい。　18

（ⅰ）東インド会社が設立された。
（ⅱ）スペインの無敵艦隊（アルマダ）に勝利した。
（ⅲ）イギリス国教会が成立した。

ア　(ⅰ)—(ⅱ)—(ⅲ)
イ　(ⅰ)—(ⅲ)—(ⅱ)
ウ　(ⅱ)—(ⅰ)—(ⅲ)
エ　(ⅱ)—(ⅲ)—(ⅰ)
オ　(ⅲ)—(ⅰ)—(ⅱ)
カ　(ⅲ)—(ⅱ)—(ⅰ)

② 王権神授説を主張した人物として、最も適切なものはどれか。次の**ア〜エ**のうちから一つ選びなさい。　**19**

ア　テュルゴー　　**イ**　ボシュエ　　**ウ**　ケネー　　**エ**　グロティウス

③ ピューリタンについて述べた次の文a・bの正誤の組み合わせとして、正しいものはどれか。下の**ア〜エ**のうちから一つ選びなさい。　**20**

a　北アメリカに逃れた一団はピルグリム＝ファーザーズと呼ばれた。
b　審査法によって、公職につけるのはピューリタンに限定された。

ア　a－正　b－正　　**イ**　a－正　b－誤
ウ　a－誤　b－正　　**エ**　a－誤　b－誤

④ クロムウェルが所属した議会派内の派閥として、最も適切なものはどれか。次の**ア〜エ**のうちから一つ選びなさい。　**21**

ア　王党派　　**イ**　長老派　　**ウ**　水平派　　**エ**　独立派

⑤ アイルランドについて述べた次の文a・bの正誤の組み合わせとして、正しいものはどれか。下の**ア〜エ**のうちから一つ選びなさい。　**22**

a　19世紀末にアイルランド自治法案によって独立した。
b　19世紀半ばに大飢饉が起こり、移民が増加した。

ア　a－正　b－正　　**イ**　a－正　b－誤
ウ　a－誤　b－正　　**エ**　a－誤　b－誤

⑥ オランダについて述べた次の文の空欄［ a ］・［ b ］に当てはまる語句の組み合わせとして、最も適切なものはどれか。下の**ア〜エ**のうちから一つ選びなさい。　**23**

ネーデルラントの北部7州は［ a ］を結んでスペインからの独立を目指し、1609年に事実上の独立を果たした。造船技術が発達していたオランダは英仏にさきがけて世界貿易の中心となり、［ b ］を中心として繁栄した。

ア [a]－カルマル同盟　[b]－アムステルダム
イ [a]－カルマル同盟　[b]－アントウェルペン（アントワープ）
ウ [a]－ユトレヒト同盟　[b]－アムステルダム
エ [a]－ユトレヒト同盟　[b]－アントウェルペン（アントワープ）

⑦ この時期のヨーロッパ諸国が植民地の獲得を目指した理由について述べた文として、最も適切なものはどれか。次の**ア**～**エ**のうちから一つ選びなさい。 **[24]**

ア 自国製品を売るための国外市場を必要としていたから。
イ 現地の先進的な文化を学びたかったから。
ウ 不況対策としてブロック経済圏を作りたいから。
エ 人口の増加にともなって移民先を確保したいから。

⑧ イギリスの二大政党制について述べた次の文の空欄 [c] ・ [d] に当てはまる語句の組み合わせとして、最も適切なものはどれか。下の**ア**～**エ**のうちから一つ選びなさい。 **[25]**

17世紀後半、今日の二大政党制の起源となる2つの政党が誕生した。そのうち [c] は19世紀には自由党と呼ばれた。この時期におけるこの政党の代表的な政治家として [d] などがいる。

ア [c]－ホイッグ党　[d]－グラッドストン
イ [c]－トーリ党　[d]－グラッドストン
ウ [c]－ホイッグ党　[d]－オコンネル
エ [c]－トーリ党　[d]－オコンネル

⑨「王は君臨すれども統治せず」に象徴されるイギリス政治について述べた次の文の空欄 [e] ・ [f] に当てはまる語句の組み合わせとして、最も適切なものはどれか。下の**ア**～**エ**のうちから一つ選びなさい。 **[26]**

1721年に最初のイギリス首相となった [e] のもとで、内閣は国王にではなく議会に対して責任をもつとする [f] が成立し、議会の多数党が内閣を作る政党政治が定着した。

ア [e]－ウォルポール　[f]－三権分立
イ [e]－ウォルポール　[f]－責任内閣制
ウ [e]－コルベール　[f]－三権分立
エ [e]－コルベール　[f]－責任内閣制

〔Ⅲ〕 次の文章**A**～**C**を読んで、後の問いに答えなさい。

A

ギリシアの歴史家【 1 】が「エジプトはナイルのたまもの」と表現したように、エジプト文明はナイル川流域で生まれた。エジプト文明の遺構として有名な<u>ピラミッド</u>①は王の絶大な権力を象徴した建造物であったとされる。しかし一説によると、一部のピラミッド建造についてはナイル川の氾濫時期に仕事のない農民に報酬を与えて仕事をさせる公共事業だったとも考えられている。

エジプト人の宗教は太陽神ラーを中心とする多神教だったが、シリア方面から進入し一時期エジプトを支配した異民族の【 2 】を撃退してから、②<u>一神教を強制する改革が実施された</u>時期もあった。

問1 文中の空欄【 1 】・【 2 】に当てはまる最も適切な語句はどれか。次の**ア**～**エ**のうちから一つずつ選びなさい。

【1】 **ア** アリストファネス **イ** ホメロス **27**
ウ トゥキディデス **エ** ヘロドトス

【2】 **ア** ヒクソス **イ** バビロン第1王朝 **28**
ウ イスラエル王国 **エ** カッシート

問2 文中の下線部①・②について、以下の問いに答えなさい。

① ピラミッドについて述べた次の文の空欄 a ・ b に当てはまる語句の組み合わせとして、最も適切なものはどれか。下の**ア**～**エ**のうちから一つ選びなさい。 **29**

ピラミッドは a の時代に最も盛んに建造された。特に、その中でも最大のものとされるギザに作られたピラミッドは b のものとされている。

ア a－新王国 b－ラメス2世
イ a－新王国 b－クフ王
ウ a－古王国 b－ラメス2世
エ a－古王国 b－クフ王

② 一神教を強制する改革について述べた次の文a・bの正誤の組み合わせとして、正しいものはどれか。下の**ア**～**エ**のうちから一つ選びなさい。 **30**

a アメンホテプ4世（イクナートン）によって実施された。
b アモン=ラーを唯一の神として定めた。

ア a－正 b－正 **イ** a－正 b－誤
ウ a－誤 b－正 **エ** a－誤 b－誤

B

いわゆる長城の原型となるものは既に戦国時代③には作られていたとされる。秦の始皇帝④はそれを本格的に改修し、【　3　】の侵攻に対抗しようとした。長城は土を固めて石を積み上げたもので、騎馬遊牧民の侵入を防ぐのを目的とした。3世紀には五胡と呼ばれる遊牧諸民族が長城を越えて華北に侵入するようになり、そのうちの一つである鮮卑の拓跋氏は北魏⑤を建国して、5世紀に華北を統一した。明代には西北モンゴルのオイラトがエセン=ハンのもとで強大になり、明の皇帝をとらえた【　4　】を起こして北京を包囲した。この頃から北方からの侵入に対して守勢にまわり、大規模な長城の補修が行われた。このとき完成した長城は西は河西回廊の嘉峪関から東は渤海付近の山海関まで、およそ2400ｋｍにおよぶものとなった。なお、山海関は明の将軍である【　5　】が清に対して降伏した地としても知られている。

問3　文中の空欄【　3　】～【　5　】に当てはまる最も適切な語句はどれか。次の**ア**～**エ**のうちから一つずつ選びなさい。

【3】**ア**　スキタイ　　**イ**　烏孫　　31

ウ　匈奴　　**エ**　大月氏

【4】**ア**　三藩の乱　　**イ**　土木の変　　32

ウ　紅巾の乱　　**エ**　靖難の役

【5】**ア**　呉三桂　　**イ**　李自成　　33

ウ　鄭成功　　**エ**　董其昌

問4　文中の下線部③～⑤について、以下の問いに答えなさい。

③　戦国時代について述べた文として、正しいものはどれか。次の**ア**～**エ**のうちから一つ選びなさい。　34

ア　覇者と呼ばれる有力な諸侯が現れた。

イ　青銅製の貨幣が用いられるようになった。

ウ　儒家の祖となる孔子が現れた。

エ　西安付近の鎬京に周の都が置かれた。

④　始皇帝について述べた次の文ａ・ｂの正誤の組み合わせとして、正しいものはどれか。下の**ア**～**エ**のうちから一つ選びなさい。　35

a　郡国制を全国で実施した。

b　儒家の弾圧を行い、思想を統制しようとした。

ア　a－正　b－正　　**イ**　a－正　b－誤

ウ　a－誤　b－正　　**エ**　a－誤　b－誤

⑤　北魏について述べた次の文の空欄 c ・ d に当てはまる語句の組み合わせとして、最も適切なものはどれか。下の**ア**～**エ**のうちから一つ選びなさい。　36

北魏の c は都を平城から洛陽に移し、中華文明の制度や風俗を積極的に取り入れる漢化政策を行った。また、土地制度として d を始めたが、この制度はその後の北朝や隋・唐などに受け継がれた。

ア c－孝文帝　d－屯田制
イ c－太武帝　d－屯田制
ウ c－孝文帝　d－均田制
エ c－太武帝　d－均田制

C

1869年、フランス人レセップスの主導で開通したスエズ運河はその建設と管理をめぐってイギリスとフランスの利権争いが繰り広げられた。ところが、完成の頃に工事の経費負担からエジプトの財政が破綻し、1875年にはイギリスの首相【　6　】がスエズ運河会社の株を買収した。その後、エジプトの財政はイギリスの管理下に置かれることになり、20世紀初頭に英仏協商⑥が結ばれたことでイギリスのエジプトにおける支配的地位が確立された。

第一次世界大戦後の1922年にエジプトは独立し王政に移行したが、実質的なイギリスの支配は続いていた。エジプト革命後の1956年に【　7　】が大統領になると、積極中立政策を掲げて国内の近代化を進め、アスワン=ハイダムの建設資金をめぐってスエズ運河の国有化を宣言した。これを発端として勃発したスエズ戦争を経て、エジプトは第三世界⑦の指導的立場についた。

問5　文中の空欄【　6　】・【　7　】に当てはまる最も適切な語句はどれか。次の**ア**～**エ**のうちから一つずつ選びなさい。

【6】 **ア**　アトリー　**イ**　ジョゼフ=チェンバレン　**37**
ウ　ローズ　**エ**　ディズレーリ

【7】 **ア**　サダト　**イ**　スカルノ　**38**
ウ　ティトー　**エ**　ナセル

問6　文中の下線部⑥・⑦について、以下の問いに答えなさい。

⑥　イギリスとフランスが接近するきっかけとなった1898年に勃発した出来事として、最も適切なものはどれか。次の**ア**～**エ**のうちから一つ選びなさい。　**39**

ア　モロッコ事件　**イ**　ファショダ事件
ウ　ドレフュス事件　**エ**　ブーランジェ事件

⑦　第三世界の出来事について述べた次の文（ｉ）～（iii）について、古いものから年代順に正しく配列したものはどれか。下の**ア**～**カ**のうちから一つ選びなさい。　**40**

（ｉ）　第1回非同盟諸国首脳会議が開催された。
（ii）　アジア=アフリカ会議（バンドン会議）が開催された。
（iii）　周恩来とネルーが平和五原則を発表した。

ア (ⅰ)―(ⅱ)―(ⅲ)
イ (ⅰ)―(ⅲ)―(ⅱ)
ウ (ⅱ)―(ⅰ)―(ⅲ)
エ (ⅱ)―(ⅲ)―(ⅰ)
オ (ⅲ)―(ⅰ)―(ⅱ)
カ (ⅲ)―(ⅱ)―(ⅰ)

◀2月7日実施分▶

（60分）

〔Ⅰ〕 次の文章**A**～**C**を読んで、後の問いに答えなさい。

A

ギリシアの哲学は前6世紀頃、小アジアの西端にあるイオニア地方のミレトスを中心に始まった。これは自然現象を合理的に理解しようとする自然哲学で、その最初の一人であるタレスは世界の万物の根源を【　1　】であると考えた。前5世紀になると、哲学の中心地はアテネへと移った。民主政が発展していたアテネでは人々の関心が自然よりも人間社会へと向けられるようになっており、市民生活にとって重要だった弁論術が発達した。これを教える職業教師はソフィストと呼ばれ、その代表的な人物が【　2　】であった。

前4世紀になると、後世の思想・哲学に大きな影響を与えたアリストテレスが現れた。彼はプラトン①に師事し、哲学のみならず論理学、政治学、自然科学などのあらゆる学問を集大成し、「万学の祖」と呼ばれた。彼はまた、東方遠征を行ってヘレニズム時代②の始まりとなる大帝国を築いたアレクサンドロス大王の家庭教師だったことでも知られている。

問1　文中の空欄【　1　】・【　2　】に当てはまる最も適切な語句はどれか。次の**ア**～**エ**のうちから一つずつ選びなさい。

【1】 **ア**　数　　**イ**　火　　**ウ**　原子（アトム）　　**エ**　水　　**1**

【2】 **ア**　プロタゴラス　　**イ**　アリストファネス　　**ウ**　フェイディアス　　**エ**　ソフォクレス　　**2**

問2　文中の下線部①・②について、以下の問いに答えなさい。

①　プラトンについて述べた文として、正しいものはどれか。次の**ア**～**エ**のうちから一つ選びなさい。　**3**

ア　『労働と日々』と呼ばれる著作を残した。
イ　この世は神と同一であるという汎神論を唱えた。
ウ　イデア論を唱えた。
エ　世界市民主義（コスモポリタニズム）を説いた。

②　ヘレニズム時代について述べた次の文a・bの正誤の組み合わせとして、正しいものはどれか。下の**ア**～**エ**のうちから一つ選びなさい。　**4**

a　ギリシアを含む地域にアンティゴノス朝が成立した。

b　精神的快楽を求めるストア派の哲学が盛んになった。

ア　a－正　b－正　　**イ**　a－正　b－誤

ウ　a－誤　b－正　　**エ**　a－誤　b－誤

B

イスラームの学問には固有の学問③と外来の学問の二通りがある。そのうち、外来の学問は9世紀初め頃バグダード④の「知恵の館」（バイト＝アルヒクマ）を中心にギリシア語文献のアラビア語への翻訳が進み、ギリシアの医学、天文学、幾何学などがもたらされたことで大きく発展した。このときアリストテレスの哲学も伝わり、イスラーム思想界に非常に大きな影響を与えた。イスラームのアリストテレス研究で有名な【　3　】は医学者としても知られ、彼の著書『医学典範』はラテン語に翻訳されてヨーロッパに伝えられた。哲学・医学のほかにも地理学なども外来の学問に含まれる。イブン＝バットゥータはモロッコから中国までを旅し、口述筆記による【　4　】を残した。

問3　文中の空欄【　3　】・【　4　】に当てはまる最も適切な語句はどれか。次の**ア**～**エ**のうちから一つずつ選びなさい。

【3】　**ア**　ウマル＝ハイヤーム　　**イ**　ガザーリー　　**5**

　　　ウ　イブン＝シーナー　　**エ**　イブン＝ルシュド

【4】　**ア**　『旅行記』（『三大陸周遊記』）　　**イ**　『千夜一夜物語』　　**6**

　　　ウ　『仏国記』　　**エ**　『エリュトゥラー海案内記』

問4　文中の下線部③・④について、以下の問いに答えなさい。

③　固有の学問について述べた次の文の空欄［a］・［b］に当てはまる語句の組み合わせとして、最も適切なものはどれか。下の**ア**～**エ**のうちから一つ選びなさい。　**7**

法学や神学などを修めた知識人は［a］と呼ばれ、法や慣習などを人々に教授する役割を担った。歴史学も固有の学問に含まれ、［b］の『世界史序説』などが著された。

ア　［a］－スーフィー　［b］－タバリー

イ　［a］－スーフィー　［b］－イブン＝ハルドゥーン

ウ　［a］－ウラマー　［b］－タバリー

エ　［a］－ウラマー　［b］－イブン＝ハルドゥーン

④　バグダードで起きた出来事について述べた次の文（ⅰ）～（ⅲ）について、古いものから年代順に正しく配列したものはどれか。下の**ア**～**カ**のうちから一つ選びなさい。　**8**

（ⅰ）イラン人の軍事政権ブワイフ朝が入城した。

（ⅱ）セルジューク朝の宰相がニザーミーヤ学院を建設した。

（ⅲ）モンゴル帝国のフラグによって占領された。

ア （i）―（ii）―（iii）
イ （i）―（iii）―（ii）
ウ （ii）―（i）―（iii）
エ （ii）―（iii）―（i）
オ （iii）―（i）―（ii）
カ （iii）―（ii）―（i）

C

カール大帝時代のカロリング朝⑤では、イギリスから神学者の【 5 】らが宮廷に招かれ、ラテン語と古典文化の復興を目的とするカロリング＝ルネサンスがおこった。ちょうどこの時期、キリスト教の信仰を体系的にとらえようとするスコラ学がおこった。この時期におけるスコラ学の中心的議論は実在論と唯名論をめぐる普遍論争であり、前者の代表的な論者である【 6 】などが現れた。

12世紀には、シチリアのパレルモやイベリア半島⑥のトレドなどでアリストテレスなどのギリシアの古典やイスラームの学術書がラテン語に翻訳され、西ヨーロッパに広まった。これによる文化・文芸の発展は12世紀ルネサンスと呼ばれた。その中で、スコラ学では13世紀に実在論の立場に立つ【 7 】がアリストテレスの哲学の影響を受けて信仰と理性を調和させ、【7】の所説は教皇権の理論的支柱となった。

問5 文中の空欄【 5 】～【 7 】に当てはまる最も適切な語句はどれか。次のア～コのうちから一つずつ選びなさい。 **9** **10** **11**

ア アベラール　イ フランチェスコ　ウ ロジャー＝ベーコン
エ ベネディクトゥス　オ アルクイン　カ ドミニコ
キ トマス＝アクィナス　ク ウィクリフ　ケ アンセルムス
コ ウィリアム＝オブ＝オッカム

問6 文中の下線部⑤・⑥について、以下の問いに答えなさい。

⑤ カロリング朝について述べた次の文ａ・ｂの正誤の組み合わせとして、正しいものはどれか。下のア～エのうちから一つ選びなさい。 **12**

a カール大帝は東方から侵入するマジャール人を撃退した。
b 国王は正統派のアタナシウス派に改宗した。

ア a－正 b－正　イ a－正 b－誤
ウ a－誤 b－正　エ a－誤 b－誤

⑥ イベリア半島で起きた出来事について述べた次の文の空欄［ c ］・［ d ］に当てはまる語句の組み合わせとして、最も適切なものはどれか。下のア～エのうちから一つ選びなさい。 **13**

ゲルマン人の大移動が起こると、この地には［ c ］の王国が建てられた。その後、711年にイベリア半島に侵入してきた［ d ］の侵攻を受けて滅亡した。

ア c－ブルグンド　d－アッバース朝
イ c－西ゴート　d－アッバース朝
ウ c－ブルグンド　d－ウマイヤ朝
エ c－西ゴート　d－ウマイヤ朝

〔Ⅱ〕次の文章A～Cを読んで、後の問いに答えなさい。

A

1931年9月、日本の関東軍が中国東北地方で鉄道の爆破事件を起こし、これを中国軍のしわざとして中国の東北地方を占領する満州事変が起こった。翌年3月、清朝の最後の皇帝（【　1　】）であった溥儀を執政として満州国が建国された。これに対して、中国国民党①はアメリカ合衆国やイギリスの支援を受けて国内の統一を目指すなど、日本への対応よりも中国国内の安定を優先していた。一方、中国共産党は農村との緊密な関係を保ちつつ、江西省の瑞金に中華ソヴィエト共和国臨時政府を樹立した。しかし、国民党の攻勢に耐えきれず【　2　】を開始した。満州事変をきっかけに中国では抗日の動きが高まり、西安事件②などが起こった。

問1　文中の空欄【　1　】・【　2　】に当てはまる最も適切な語句はどれか。次のア～エのうちから一つずつ選びなさい。

【1】ア　光緒帝　イ　洪武帝　ウ　康熙帝　エ　宣統帝　**14**

【2】ア　三・一独立運動　イ　長征　ウ　変法　エ　五・三〇運動　**15**

問2　文中の下線部①・②について、以下の問いに答えなさい。

①　中国国民党について述べた次の文の空欄 a ・ b に当てはまる語句の組み合わせとして、最も適切なものはどれか。下のア～エのうちから一つ選びなさい。　**16**

中国国民党を基盤に革命運動の推進を目指していた a は、1924年に b を掲げ軍閥打倒・帝国主義打倒の路線を打ち出した。

ア a－袁世凱　b－「連ソ・容共・扶助工農」
イ a－袁世凱　b－三民主義
ウ a－孫文　b－「連ソ・容共・扶助工農」
エ a－孫文　b－三民主義

②　西安事件について述べた次の文の空欄 c ・ d に当てはまる語句の組み合わせとして、最も適切なものはどれか。下のア～エのうちから一つ選びなさい。　**17**

中国共産党が [c] を出して内戦の停止を呼びかけると、西安にいた [d] は共産党の攻撃を促しにきた蔣介石をとらえて内戦の停止と抗日を説得した。

ア [c]－八・一宣言 [d]－張学良
イ [c]－カラハン宣言 [d]－張学良
ウ [c]－八・一宣言 [d]－毛沢東
エ [c]－カラハン宣言 [d]－毛沢東

B

1937年7月7日に起こった【 3 】事件をきっかけに日中両国の関係はさらに悪化し、宣戦布告のないまま全面戦争へと突入した。中国側は第2次国共合作により抗日民族統一戦線を展開して抵抗し、政府を各地に移して抗戦を続けた。一方、日本は華北から江南にかけての要地を占領して、汪兆銘を首班とする親日政権を南京に建てた③。1939年にはヨーロッパで第二次世界大戦が勃発④し、1941年には日本がアメリカ合衆国とイギリスに宣戦したことから、東アジアの戦線も拡大した。中国の蔣介石は1943年11月に開催された【 4 】に出席し、アメリカ合衆国やイギリスの首脳と対日処理方針を話し合った。

問3 文中の空欄【 3 】・【 4 】に当てはまる最も適切な語句はどれか。次のア～エのうちから一つずつ選びなさい。

【3】 ア ノモンハン イ 柳条湖 **18**
ウ 北京 エ 盧溝橋

【4】 ア カイロ会談 イ 大西洋上会談 **19**
ウ ヤルタ会談 エ ポツダム会談

問4 文中の下線部③・④について、以下の問いに答えなさい。

③ 汪兆銘政権が成立した南京の位置として正しいものはどれか。次の地図中のア～エのうちから一つ選びなさい。 **20**

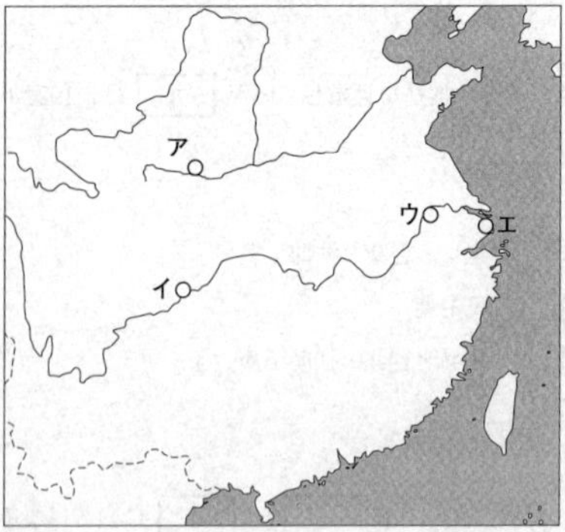

④　ヨーロッパで第二次世界大戦開戦後に起こった出来事について述べた文として、正しいものはどれか。次の**ア〜エ**のうちから一つ選びなさい。　**21**

ア　南フランスにヴィシー政府が成立した。

イ　ソ連とドイツが独ソ不可侵条約を結んだ。

ウ　ドイツなど4国によるミュンヘン会談が開かれた。

エ　ドイツがオーストリアを併合した。

C

第二次世界大戦が終結⑤すると中国では国民党と共産党による内戦が再燃し、勝利した共産党によって1949年に中華人民共和国の成立が宣言された。そして主席に毛沢東、首相には周恩来が就任した。中国はソ連⑥からの支援を受けていた影響で社会主義圏に属する姿勢を明確にしたため、アメリカ合衆国と対立した。その後、アメリカ合衆国との関係が正常化するのは1972年にアメリカ合衆国大統領【　5　】が中国を訪れて以降のことになる。また、中国は第三世界にも接近しており、1954年に首相の周恩来がインドのネルーと会談⑦している。一方、中国国内を振り返ってみると、主席の毛沢東は急激な社会主義建設を目指す「大躍進」運動を起こしたが失敗して失脚し、代わって【　6　】が国家主席となった。

問5　文中の空欄【　5　】・【　6　】に当てはまる最も適切な語句はどれか。次の**ア〜エ**のうちから一つずつ選びなさい。

【5】**ア**　ニクソン　　**イ**　アイゼンハワー　**22**

　　ウ　ケネディ　　**エ**　ジョンソン

【6】**ア**　江青　　**イ**　江沢民　**23**

　　ウ　鄧小平　　**エ**　劉少奇

問6　文中の下線部⑤〜⑦について、以下の問いに答えなさい。

⑤　第二次世界大戦後の出来事について述べた次の文（ⅰ）〜（ⅲ）について、古いものから年代順に正しく配列したものはどれか。下の**ア〜カ**のうちから一つ選びなさい。　**24**

（ⅰ）ソ連を中心にコミンフォルム（共産党情報局）を結成した。

（ⅱ）アメリカ合衆国がマーシャル=プランを発表した。

（ⅲ）国際連合憲章が採択され国際連合が発足した。

ア　（ⅰ）―（ⅱ）―（ⅲ）

イ　（ⅰ）―（ⅲ）―（ⅱ）

ウ　（ⅱ）―（ⅰ）―（ⅲ）

エ　（ⅱ）―（ⅲ）―（ⅰ）

オ　（ⅲ）―（ⅰ）―（ⅱ）

カ　（ⅲ）―（ⅱ）―（ⅰ）

⑥　中国とソ連の関係について述べた次の文a・bの正誤の組み合わせとして、正しいものはどれか。

下の**ア**～**エ**のうちから一つ選びなさい。　**25**

a　コミンテルンの指示で人民公社が作られた。

b　モスクワで中ソ友好同盟相互援助条約が調印された。

ア　a－正　b－正　　**イ**　a－正　b－誤

ウ　a－誤　b－正　　**エ**　a－誤　b－誤

⑦　周恩来とネルーの会談の内容について述べた文として、正しいものはどれか。次の**ア**～**エ**のうちから一つ選びなさい。　**26**

ア　領土保全などの平和五原則を発表した。

イ　核実験の停止を提案した。

ウ　反植民地主義などを掲げた平和十原則を発表した。

エ　アメリカ合衆国との対決路線を提唱した。

〔Ⅲ〕　次の文章**A**～**C**を読んで、後の問いに答えなさい。

A

前8世紀頃、古代ギリシアでは有力な貴族のもと人々は集住（シノイキスモス）し、都市国家（ポリス）を形成していった。前7世紀頃には商工業が発達し、富裕になった市民の中から自費で武装を整える人々が現れ、ポリスの軍隊の主力をなした。彼らはポリスごとに対立・抗争をくり返したが、ギリシア人の同一民族としての自覚は持ち続けていた①。

前6世紀頃、ギリシア人の中でも【　1　】が建設したポリスのアテネでは、貴族と発言権の高まった平民との対立が激化していた。およそ前5世紀半ばまでかけて民主政を完成させたアテネ②は、強大な陸軍国であるスパルタ③と並んでギリシアのポリスの中でも大きな力を持った。またこの頃、アテネのアクロポリスに重厚な【　2　】の建築様式のパルテノン神殿が作られた。

問1　文中の空欄【　1　】・【　2　】に当てはまる最も適切な語句はどれか。次の**ア**～**エ**のうちから一つずつ選びなさい。

【1】**ア**　フェニキア人　　**イ**　アイオリス人　**27**

　　ウ　ドーリア系　　**エ**　イオニア系

【2】**ア**　コリント式　　**イ**　ドーリア式　**28**

　　ウ　ビザンツ様式　　**エ**　イオニア式

問2　文中の下線部①～③について、以下の問いに答えなさい。

①　ギリシア人の民族意識について述べた文として、誤っているものはどれか。次の**ア**～**エ**のうちから一つ選びなさい。　**29**

ア　デルフォイのアポロン神の神託を信じた。

イ　4年に一度、オリンピアの祭典を開催した。

ウ　共通語としてアラム語を用いた。

エ　自分たちのことをヘレネスと自称した。

②　アテネ民主政の完成までの出来事について述べた次の文（ⅰ）～（ⅲ）について、古いものから年代順に正しく配列したものはどれか。下の**ア～カ**のうちから一つ選びなさい。　**30**

（ⅰ）アケメネス朝とのペルシア戦争が始まった。

（ⅱ）アテネを盟主とするデロス同盟が結成された。

（ⅲ）ソロンが貴族と平民の調停者として改革を行った。

ア　（ⅰ）―（ⅱ）―（ⅲ）

イ　（ⅰ）―（ⅲ）―（ⅱ）

ウ　（ⅱ）―（ⅰ）―（ⅲ）

エ　（ⅱ）―（ⅲ）―（ⅰ）

オ　（ⅲ）―（ⅰ）―（ⅱ）

カ　（ⅲ）―（ⅱ）―（ⅰ）

③　スパルタについて述べた次の文の空欄［　a　］・［　b　］に当てはまる語句の組み合わせとして、最も適切なものはどれか。下の**ア～エ**のうちから一つ選びなさい。　**31**

［　a　］同盟の盟主であるスパルタは勢力を拡大するアテネとの対立を深め、前431年に両者は全ギリシア世界を二分する戦いに突入した。スパルタはペルシアと結ぶことでこの戦いに勝利したが、その後、前4世紀半ばには有力ポリスの一つである［　b　］に主導権を握られた。

ア　［a］－コリントス　　［b］－マケドニア

イ　［a］－コリントス　　［b］－テーベ

ウ　［a］－ペロポネソス　　［b］－マケドニア

エ　［a］－ペロポネソス　　［b］－テーベ

B

9世紀初めのアッバース朝において、マムルークと呼ばれる【　3　】奴隷を親衛隊として取り立てる制度が始められた。異教徒の奴隷を購入し、軍事力の中心とすることはその後のイスラーム王朝でもたびたび見られた。

エジプトのアイユーブ朝④でも購入した奴隷をマムルーク軍団として組織したが、十字軍との戦いなどを経てその勢力は強大化し、1250年にはアイユーブ朝の君主を廃してマムルーク朝をおこした。マムルーク朝は首都【　4　】を中心にイスラーム世界の盟主として繁栄したが、1517年にオスマン帝国の【　5　】によって滅ぼされた。一方、オスマン帝国ではキリスト教徒の子弟を強制的に徴収して編制したイェニチェリがスルタンの常備軍として活躍したが、19世紀には近代化⑤の妨げになるとして解体されることになった。

問3　文中の空欄【　3　】～【　5　】に当てはまる最も適切な語句はどれか。次のア～エのうちから一つずつ選びなさい。

【3】 ア　トルコ人　　イ　ベルベル人　　**32**
ウ　アーリヤ人　　エ　モンゴル人

【4】 ア　アレクサンドリア　　イ　イェルサレム　　**33**
ウ　カイロ　　エ　メッカ

【5】 ア　アッバース1世　　イ　スレイマン1世　　**34**
ウ　イスマーイール　　エ　セリム1世

問4　文中の下線部④・⑤について、以下の問いに答えなさい。

④　アイユーブ朝について述べた次の文a・bの正誤の組み合わせとして、正しいものはどれか。下のア～エのうちから一つ選びなさい。　**35**

a　第3回十字軍からイェルサレムを防衛することに成功した。
b　サラディンが建国したシーア派の王朝である。

ア　a－正　b－正　　イ　a－正　b－誤
ウ　a－誤　b－正　　エ　a－誤　b－誤

⑤　オスマン帝国の近代化について述べた次の文の空欄［c］・［d］に当てはまる語句の組み合わせとして、最も適切なものはどれか。下のア～エのうちから一つ選びなさい。　**36**

［c］のときに始められた西欧化改革（タンジマート）は伝統的なイスラーム国家から法治主義にもとづく近代国家に変わることを目的とした。そして、1876年には宰相［d］が起草した憲法が発布された。

ア　［c］－アブデュルハミト2世　　［d］－ミドハト=パシャ
イ　［c］－アブデュルメジト1世　　［d］－ミドハト=パシャ
ウ　［c］－アブデュルハミト2世　　［d］－ムハンマド=アリー
エ　［c］－アブデュルメジト1世　　［d］－ムハンマド=アリー

C

中国東北部の女真諸部族をしたがえた【　6　】は1616年に後金を建国して東北部を支配した。彼が創始した軍事・行政制度は八旗と呼ばれ、全軍を8つの軍団に分けて編制した。これに対して、漢人によって組織された清の正規軍は【　7　】と呼ばれ、治安維持などの役割を受け持った。さらに、雍正帝⑥のときに軍事と政治を迅速に処理するための組織として軍機処が設置された。清朝が最大領域となったのは乾隆帝のときで、理藩院を置いてモンゴル・青海・チベット⑦・新疆などの藩部を統治した。

問5　文中の空欄【　6　】・【　7　】に当てはまる最も適切な語句はどれか。次の**ア**～**エ**のうちから一つずつ選びなさい。

【6】 **ア**　テムジン　　**イ**　ホンタイジ　　**37**

ウ　ヌルハチ　　**エ**　アルタン=ハン

【7】 **ア**　緑営　　**イ**　猛安・謀克　　**38**

ウ　黒旗軍　　**エ**　北洋軍

問6　文中の下線部⑥・⑦について、以下の問いに答えなさい。

⑥　雍正帝の治世下で起きた出来事について述べた次の文a・bの正誤の組み合わせとして、正しいものはどれか。下の**ア**～**エ**のうちから一つ選びなさい。　**39**

a　ヨーロッパ船の来港を広州1港に制限した。

b　典礼問題を受けてキリスト教の布教を禁止した。

ア　a－正　b－正　　**イ**　a－正　b－誤

ウ　a－誤　b－正　　**エ**　a－誤　b－誤

⑦　チベットについて述べた次の文の空欄［ e ］・［ f ］に当てはまる語句の組み合わせとして、最も適切なものはどれか。下の**ア**～**エ**のうちから一つ選びなさい。　**40**

チベットでは7世紀にソンツェン=ガンポが建国した［ e ］のときにチベット仏教が生まれ、信仰を集めてきた。元代にはフビライが高僧の［ f ］を国師に任じた。

ア　［e］－吐蕃　［f］－パスパ

イ　［e］－吐蕃　［f］－ツォンカパ

ウ　［e］－南詔　［f］－パスパ

エ　［e］－南詔　［f］－ツォンカパ

数　学

◀2月6日実施分▶

(60分)

解答にあたっての注意事項

① 分数形で解答する場合，それ以上約分できない形で答えなさい。

② 根号を含む形で解答する場合，根号の中に現れる自然数が最小となる形で答えなさい。

〔Ⅰ〕 以下の空欄の 1 ～ 25 に入る数字を選択肢から1つずつ選びなさい。

(1) $(x-y+z)^2-(x-y-z)^2$ を展開すると，1 xz − 2 yz である。

1・2

(2) A，B を含む12人から5人を選ぶとき，A は選ばれるが B は選ばれないような選び方は，全部で 3 4 5 通りある。

3・4・5

(3) AB＝13，AC＝5，∠C＝90° である直角三角形 ABC において，$\cos\angle B=\dfrac{\boxed{6}\boxed{7}}{\boxed{8}\boxed{9}}$ である。

6・7・8・9

(4) 長さ16の線分 AB を直径とし，点 O を中心とする円 O があり，直径 AB 上の点 P を通る弦を CD とすると，PC・PD＝24 が成り立つ。このとき，線分 OP の長さは $\boxed{10}\sqrt{\boxed{11}\boxed{12}}$ である。

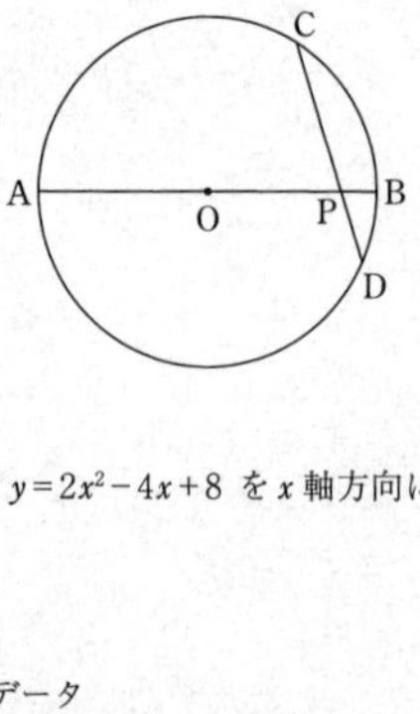

10・11・12

(5) 放物線 $y=2x^2+8x+10$ は放物線 $y=2x^2-4x+8$ を x 軸方向に − 13，y 軸方向に − 14 だけ平行移動したものである。

13・14

(6) a を実数とし，9個の値からなるデータ

a, 19, 12, 14, 15, 12, 18, 20, 10

がある。a の値が変化するとき，このデータの第３四分位数がとり得る値の最小値は，15 16 . 17，最大値は，18 19 . 20 である。　15 · 16 · 17 · 18 · 19 · 20

(7)　方程式 $|x-2|+|2x+1|=7$ の解は，$x=-$ 21，$\dfrac{22}{23}$ である。　21 · 22 · 23

(8)　a は $0 \leqq a \leqq 9$ を満たす整数とする。４桁の整数 $9170+a$ が４の倍数であるとき，a は 24 または 25 である。ただし，24 ＜ 25 とする。　24 · 25

選択肢

ア　0	**イ**　1	**ウ**　2	**エ**　3	**オ**　4
カ　5	**キ**　6	**ク**　7	**ケ**　8	**コ**　9

〔Ⅱ〕　以下の文章を読み，空欄の 26 ～ 32 に入る数字を選択肢から１つずつ選びなさい。

> a を定数とし，関数 $f(x)=ax^2-2ax-3a$ がある。

(1)　$a=-1$ のとき，関数 $f(x)$ の最大値は 26 である。　26

(2)　$a>0$ とする。$y=f(x)$ のグラフと x 軸の共有点をA，Bとするとき，AB＝ 27 である。また，$y=f(x)$ のグラフの頂点をCとするとき，△ABCの面積が６となるような a の値は $\dfrac{28}{29}$ である。

27

28 · 29

(3)　$a=-1$ のとき，t を正の定数とし，関数 $f(x)$ の $0 \leqq x \leqq 3t$ における最大値を M，最小値を m とする。$M-m=3$ となるような t の値は $\dfrac{30+\sqrt{31}}{32}$ である。　30 · 31 · 32

選択肢

ア　0	**イ**　1	**ウ**　2	**エ**　3	**オ**　4
カ　5	**キ**　6	**ク**　7	**ケ**　8	**コ**　9

〔Ⅲ〕 以下の文章を読み，空欄の 33 ～ 41 に入る数字を選択肢から1つずつ選びなさい。

1辺の長さが2の正六角形ABCDEFがあり，外接円の中心をO，辺ABの中点をGとする。

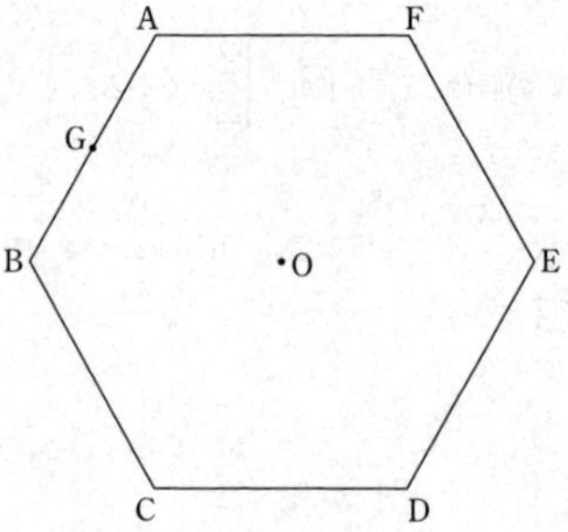

(1) $FG=\sqrt{\boxed{33}}$ であり，△AFGの面積は $\dfrac{\sqrt{\boxed{34}}}{\boxed{35}}$ である。

33
34・35

(2) 線分GFと線分AOの交点をHとし，直線FGと直線BEの交点をIとするとき，$\dfrac{GH}{GI}=\dfrac{\boxed{36}}{\boxed{37}}$ である。

36・37

(3) 点Hを(2)で定めた点とするとき，$AH=\dfrac{\boxed{38}}{\boxed{39}}$ であり，$\dfrac{\triangle AHF\text{の面積}}{\triangle DHG\text{の面積}}=\dfrac{\boxed{40}}{\boxed{41}}$ である。

38・39
40・41

選択肢

ア 0	**イ** 1	**ウ** 2	**エ** 3	**オ** 4
カ 5	**キ** 6	**ク** 7	**ケ** 8	**コ** 9

〔Ⅳ〕 以下の文章を読み，空欄の 42 ～ 54 に入る数字を選択肢から1つずつ選びなさい。

6個の数字0，1，1，1，2，3がある。

(1) これら6個の数字を全部使って6桁の整数をつくる。1が最高位の数字となるものは全部で 42 43 個でき，2が最高位の数字となるものは全部で 44 45 個できる。6桁の整数は全部で 46 47 48 個できる。

42 · 43
44 · 45
46 · 47 · 48

(2) これら6個の数字から3個を取り出して3桁の整数をつくる。3桁の整数は全部で 49 50 個できる。

49 · 50

(3) これら6個の数字から4個を取り出して4桁の整数をつくる。1が最高位の数字となるものは全部で 51 52 個でき，4桁の整数は全部で 53 54 個できる。

51 · 52
53 · 54

選択肢

ア 0	**イ** 1	**ウ** 2	**エ** 3	**オ** 4
カ 5	**キ** 6	**ク** 7	**ケ** 8	**コ** 9

◀２月７日実施分▶

（60 分）

解答にあたっての注意事項

① 分数形で解答する場合，それ以上約分できない形で答えなさい。

② 根号を含む形で解答する場合，根号の中に現れる自然数が最小となる形で答えなさい。

〔Ⅰ〕以下の空欄の $\boxed{1}$ ～ $\boxed{21}$ に入る数字を選択肢から１つずつ選びなさい。

(1) △ABC の外接円の半径が３，$\cos\angle A=\dfrac{1}{2}$ のとき，$BC=\boxed{1}\sqrt{\boxed{2}}$ である。

$\boxed{1}\cdot\boxed{2}$

(2) a，b を定数とする。放物線 $y=x^2+ax+b$ が点（-1，３）を通り，軸の方程式が $x=-2$ のとき，$a=\boxed{3}$，$b=\boxed{4}$ である。

$\boxed{3}\cdot\boxed{4}$

(3) a を定数として，13 個の値からなるデータ

a, 83, 72, 58, 80, 72, 42, 85, 45, 77, 52, 60, 67

がある。このデータの箱ひげ図が下図のようになるとき，$a=\boxed{5}\boxed{6}$，$b=\boxed{7}\boxed{8}.\boxed{9}$ である。

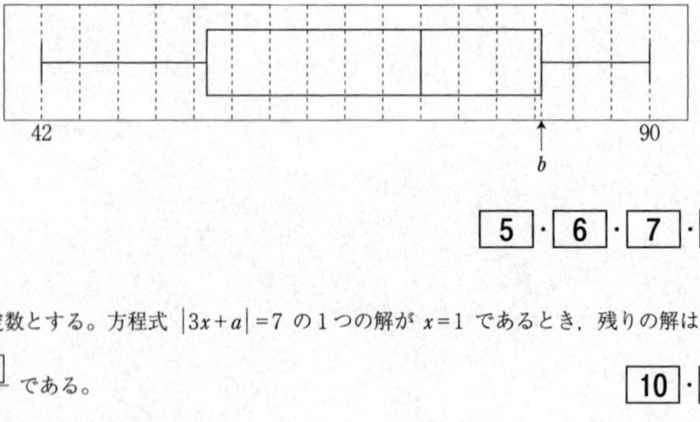

$\boxed{5}\cdot\boxed{6}\cdot\boxed{7}\cdot\boxed{8}\cdot\boxed{9}$

(4) a を正の定数とする。方程式 $|3x+a|=7$ の１つの解が $x=1$ であるとき，残りの解は，

$x=-\dfrac{\boxed{10}\boxed{11}}{\boxed{12}}$ である。

$\boxed{10}\cdot\boxed{11}\cdot\boxed{12}$

(5) 不等式 $\dfrac{3}{4}(x-1)-\dfrac{3x+1}{5}+1\geqq\dfrac{x+1}{2}$ の解は，$x\leqq-\dfrac{\boxed{13}}{\boxed{14}}$ である。

$\boxed{13}\cdot\boxed{14}$

(6)　平行四辺形 ABCD があり，辺 BC，CD の中点をそれぞれ，E，F とし，線分 BD，AE の交点を G，線分 BD，AF の交点を H とする。EF＝2 のとき，

GH＝$\dfrac{\boxed{15}}{\boxed{16}}$ である。

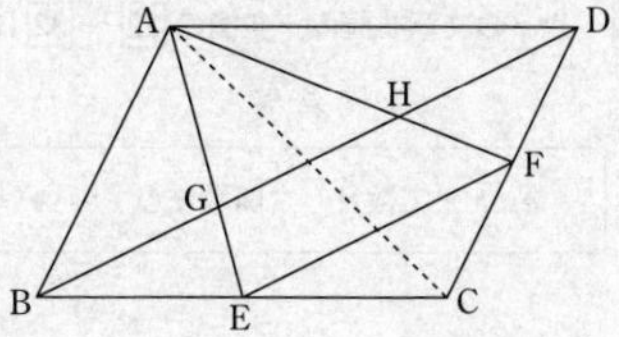

$\boxed{15}\cdot\boxed{16}$

(7)　白玉 6 個と赤玉 4 個が入った袋から玉を 1 個ずつ，2 回取り出す。1 回目の玉が赤色のとき，2 回目の玉が白色である条件付き確率は，$\dfrac{\boxed{17}}{\boxed{18}}$ である。ただし，取り出した玉はもとに戻さないものとする。

$\boxed{17}\cdot\boxed{18}$

(8)　a を定数とするとき，2 次関数 $y=x^2+4ax+a^2+7a-2$ のグラフが x 軸と異なる 2 点で交わるような a の値の範囲は，$a<\dfrac{\boxed{19}}{\boxed{20}}$，$\boxed{21}<a$ である。

$\boxed{19}\cdot\boxed{20}\cdot\boxed{21}$

選択肢

ア　0	**イ**　1	**ウ**　2	**エ**　3	**オ**　4
カ　5	**キ**　6	**ク**　7	**ケ**　8	**コ**　9

〔Ⅱ〕 以下の文章を読み，空欄の 22 ～ 32 に入る数字を選択肢から1つずつ選びなさい。

a，b を実数とし，関数 $f(x)=-x^2+ax+a+b+1$ がある。

(1) 関数 $f(x)$ の最大値が $\dfrac{5}{4}a^2-a+3$ であるとき，b を a を用いて表すと，$b=a^2-$ 22 $a+$ 23 であり，a の値が変化するとき，b の最小値は 24 である。

22 · 23
24

(2) $a>0$，$b=-3a-1$ とする。

(i) 関数 $f(x)$ の $0 \leqq x \leqq 2$ における最小値は，

$0<a<$ 25 のとき，$-$ 26

25 $\leqq a$ のとき，$-$ 27 a

である。

25
26 · 27

(ii) 関数 $f(x)$ の $0 \leqq x \leqq 2$ における最大値と最小値の差が2となるような a の値は小さい順に，

28 $-$ 29 $\sqrt{30}$，31 $\sqrt{32}$ である。

28 · 29 · 30 · 31 · 32

選択肢

ア 0	イ 1	ウ 2	エ 3	オ 4
カ 5	キ 6	ク 7	ケ 8	コ 9

〔Ⅲ〕 以下の文章を読み，空欄の 33 ～ 44 に入る数字を選択肢から1つずつ選びなさい。

> 10本のくじがあり，そのなかには当たりくじが4本だけ入っている。A，B，Cの3人がこの順にくじを1本ずつ引く。ただし引いたくじはもとに戻さないものとする。

(1) Bだけが当たる確率は $\dfrac{\boxed{33}}{\boxed{34}}$ である。 33 · 34

(2) 3人のうち少なくとも1人が当たる確率は $\dfrac{\boxed{35}}{\boxed{36}}$ である。 35 · 36

(3) Bがはずれる確率は $\dfrac{\boxed{37}}{\boxed{38}}$ である。 37 · 38

(4) Cがはずれる確率は $\dfrac{\boxed{39}}{\boxed{40}}$ である。 39 · 40

(5) 3人のうち少なくとも1人が当たったことがわかっているとき，Cが当たっている条件付き確率は $\dfrac{\boxed{41}\boxed{42}}{\boxed{43}\boxed{44}}$ である。 41 · 42 · 43 · 44

選択肢

ア 0	**イ** 1	**ウ** 2	**エ** 3	**オ** 4
カ 5	**キ** 6	**ク** 7	**ケ** 8	**コ** 9

〔Ⅳ〕 以下の文章を読み，空欄の $\boxed{45}$ ～ $\boxed{54}$ に入る数字を選択肢から１つずつ選びなさい。

AE＝$\sqrt{5}$，CD＝$2\sqrt{3}$，DE＝3 の直方体 ABCD－EFGH がある。

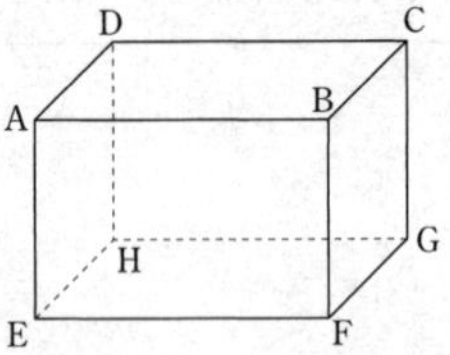

(1) AD＝$\boxed{45}$ であり，$\cos\angle\mathrm{ACF}=\dfrac{\boxed{46}}{\boxed{47}}$ である。また，△AFC の面積は $\boxed{48}\sqrt{\boxed{49}}$ である。

$\boxed{45}$
$\boxed{46}$・$\boxed{47}$
$\boxed{48}$・$\boxed{49}$

(2) 線分 AC，BD の交点を I，線分 CF を 1：2 に内分する点を J とする。2 直線 IJ，AF の交点を K とすると き，$\dfrac{\triangle\mathrm{KAI}\text{ の面積}}{\triangle\mathrm{KFI}\text{ の面積}}=\dfrac{\boxed{50}}{\boxed{51}}$ である。

$\boxed{50}$・$\boxed{51}$

(3) 点 B から△AFC に垂線を引き，交点を L とすると，BL＝$\dfrac{\sqrt{\boxed{52}\boxed{53}}}{\boxed{54}}$ である。

$\boxed{52}$・$\boxed{53}$・$\boxed{54}$

選択肢

ア 0	**イ** 1	**ウ** 2	**エ** 3	**オ** 4
カ 5	**キ** 6	**ク** 7	**ケ** 8	**コ** 9

ウ　X　そのうえ　Y　したがって
エ　X　すなわち　Y　ところが
オ　X　つまり　Y　だから

問十一　傍線⑧の「その『グレー』は『規格』となってゆく」とはどういうことか。その説明として最も適切なものを、次のうちから一つ選びなさい。 31

ア　PCによって再現された仮想的な音が、現実の音よりも評価が高くなっていくということ
イ　PCによって再現された今までにない新しい音が、人びとの記憶に刻まれていくということ
ウ　PCによって再現された特別な個性のない音が、標準的な音として扱われていくということ
エ　PCによって再現された複数の楽器を混ぜた音が、特殊な表現を可能にしていくということ
オ　PCによって再現された楽器の音が、本物の楽器の音と区別がつかなくなっていくということ

問十二　次の各文のうち、本文の内容に合致するものを一つ選びなさい。 32

ア　PCを活用した創作活動は気軽に始められる上、活動を続ける中で芸術に必要な基礎知識が身につけられる点を筆者は評価している。
イ　AIは特定の分野において人間の能力を大きく上回るようになると予測されており、芸術の分野でも積極的に活用していくべきである。
ウ　人間は今後AIをうまく活用していく必要があるが、そのために必要なAIに関する知識を学べる場は限られているという問題がある。
エ　委嘱料などへの不満をきっかけに作り上げられた芸術は存在しているが、それを鑑賞した人間が感動するということは起こり得ない。
オ　金沢蓄音機館のような博物館の存在に言及することで、非効率ではあっても豊かな音響体験を提供する場があることを指摘している。

オ【　e　】

問八　傍線⑥に「音楽というほんらいdigitalに変換してはいけないもの」とあるが、筆者がそのように考えるのはなぜか。その説明として最も適切なものを、次のうちから一つ選びなさい。 28

ア　アナログのものをデジタルに変換することによって、過剰に音質にこだわるようになったから
イ　アナログのものでは当然だった音色の魅力が、デジタルでは味わえないことに気がついたから
ウ　アナログのものがもつ情報とは異質な情報を、デジタル化の際に追加することになったから
エ　アナログのものには付与されていた音以外の価値が、デジタル化することで否定されたから
オ　アナログのものとデジタルのものの間にある差を、人間の耳は感じとることができないから

問九　傍線⑦に「『個の領域』がどんどん減退していくことになる」とあるが、どういうことか。その説明として最も適切なものを、次のうちから一つ選びなさい。 29

ア　作曲アプリやDTMによって音楽表現の可能性が広がる一方、個人の創作活動に規制が加えられるようになるということ
イ　作曲アプリやDTMによって音楽の創作が効率化されていくと、PCの性能が作品の出来を左右するようになるということ
ウ　作曲アプリやDTMによって個人が音楽を楽しむだけにとどまらず、他者と作品を共有する機会が広がっていくということ
エ　作曲アプリやDTMによって作曲や演奏が簡単に行える半面、人間が創作に関与する余地がなくなってしまうということ
オ　作曲アプリやDTMによって作曲や演奏を機械に任せていると、これらの技法を次の世代に引き継げなくなるということ

問十　空所【　X　】・【　Y　】に入る組み合わせとして最も適切なものを、次のうちから一つ選びなさい。 30

ア　X　また　Y　にもかかわらず
イ　X　なるほど　Y　しかし

問五　空所【　A　】に入る最も適切なものを、次のうちから一つ選びなさい。 25

ア　ＡＩの内面を、人間はうかがい知ることができないのだから
イ　ＡＩは高いＩＱをもち、人間の心に創をつけたりはしないのだから
ウ　ＡＩは心に負荷を負っても、そこから芸術を生み出さないのだから
エ　ＡＩ自らが創を負う、つまり心を動かすことがないのだから
オ　ＡＩが創造するものは、人間が指示した結果でしかないのだから

問六　傍線⑤に「ほんらい注意深く扱われなければならない速さや量に裏打ちされた『効率』」とあるが、筆者はなぜそのように考えているのか。その説明として最も適切なものを、次のうちから一つ選びなさい。 26

ア　芸術を評価する基準として効率を用いることで、すべての芸術の価値が下がるから
イ　芸術を効率的に作り上げることで、無価値な作品が量産されてしまうことになるから
ウ　芸術の創作に効率を求めたとしても、それで作品の価値が決まるものではないから
エ　芸術に効率は不要であり、時間をかけた作品ほど素晴らしく仕上がるものであるから
オ　芸術と効率の両方を追求しないと、作品がもつバランスを保つことができないから

問七　次のカギカッコのなかの一文を本文に挿入する場合、空所【　a　】～【　e　】のどこが最も適切か。次のうちから一つ選びなさい。 27

「音が再現されるとはどのようなことか再び整理してみる。」

ア　【　a　】
イ　【　b　】
ウ　【　c　】
エ　【　d　】

問二 傍線②の「得心」のここでの意味として最も適切なものを、次のうちから一つ選びなさい。 22

ア 理解すること
イ 驚愕（きょうがく）すること
ウ 満足すること
エ 感動すること
オ 着想すること

問三 傍線③の「創造とは、つまり創（キズ）を造るということなのだ」とはどういうことか。その説明として最も適切なものを、次のうちから一つ選びなさい。 23

ア 人は誰にも頼らず自分で自分に負荷をかけることで、芸術作品を生み出していくのだということ
イ 人が芸術作品を生み出すときには、他者に頼んで負荷をかけてもらうことが必要だということ
ウ 人の心にかかる負荷こそが芸術作品そのものであり、それは人が生み出すものではないということ
エ 人が芸術作品を造り始める前には、心にかかる負荷をあらかじめ解消しておくべきだということ
オ 人は心にかかるさまざまな負荷をきっかけとして、芸術作品を生み出していくのだということ

問四 傍線④の「恍惚」の意味として最も適切なものを、次のうちから一つ選びなさい。 24

ア 気をつかうこと
イ うっとりすること
ウ あきれはてること
エ 心をこめること
オ やけになること

我々がヴァイオリンの音を経験的にいちおう知っているからだ。音楽は脳内で合成される。聴く人の記憶の中にある楽器や声の音を、頭の中で再構成して「聴いている」のだ。では、将来、記憶の中にそうした音がなくなったらどうなるのだろう。誰も、生のヴァイオリンやトランペットの音を聴いたことがない時代になったら……。それは単にPCでできた音という認識になるだろう。誰が作っても誰が聴いても、音はたくさんあるが、どれも同じPCの音。AIの進化が進むと、絵の具のパレットの色を全部混ぜてしまったような、そんなグレーな世界が広がるような気がする。……しかし、その「グレー」は「規格」となってゆくだろう。そして、人には、何がしかの統一された規格に向かって進む性向があるのかもしれない。⑧

（森本恭正「音楽とAIと創造」より。出題の都合上、一部中略、変更した箇所がある。）

森本恭正・南博『音楽の黙示録』アルテスパブリッシング

＊1　AI ── artificial intelligence の略称。人工知能。
＊2　IQ ── intelligence quotient の略称。知能指数。
＊3　SPレコード ── standard playing record の略称。レコードは、CDがデジタル処理時に取りこぼしてしまう音まで記録できる。
＊4　LP ── long playing record の略称。SPレコードより演奏時間が長い。
＊5　digital ── デジタル。ここでは音楽を数値信号に変換して扱うことを指す。

問一　傍線①に「単純な、といっては語弊がある」とあるが、筆者は何を示すためにこのようにいうのか。その説明として最も適切なものを、次のうちから一つ選びなさい。 21

ア　AIの能力と人間の能力には得意とすることに大きな違いがあり、単純な勝ち負けで優劣を決めるのは無意味であることを示すため
イ　単純作業に取り組むAIの能力は人間よりずっと優れたものであり、テーブルゲームでAIに勝つことは不可能であることを示すため
ウ　勝ち負けだけを争うように見えるゲームにも複雑な思考が必要であり、それを単純といっては誤解を招くおそれがあることを示すため
エ　テーブルゲームの勝敗を決める際に、そのゲームが単純なものであるかどうかはAIにも人間にもまったく関係がないことを示すため
オ　テーブルゲームの勝敗だけを根拠にして、AIの能力が人間の能力を超えてしまったと単純に考えるのは軽率であることを示すため

だろうか。

【　b　】

今日、手書きで文章を書く人がどのくらいいるだろう？　そして、ＰＣで文章を入力していて、手で書いていれば絶対にあり得ないような漢字への変換ミスを見落とした経験は、誰にでもあるはずだ。それでも、今こうして、私はＰＣのキーボードを叩いている。

【　c　】

二〇一五年に東京オリンピック・パラリンピックのエンブレムを決める際、コンペを勝ち抜いたＸ氏のデザインが、あるベルギーの劇場のロゴマークと似ているという問題がもち上がり、けっきょくＸ氏のデザインは見送られた。しかし、私に言わせれば、コンピューターで、グラフィック製作アプリを使ってデザインを描いていれば、似たものがいくつもできあがるのは必然だ。ＡＩにその製作の一端を委ねるのならば、もはや著作権がどこにあるのかは怪しい。デザイナーか、デザイン・アプリ開発者か？

【　d　】

今日、ほとんどの作曲家は「シベリウス」か「フィナーレ」という楽譜制作アプリ（私に言わせれば、作曲アプリだが……）で曲を作っている。ト音記号やヘ音記号すらまともに書けない作曲家は多い。ＤＴＭ（デスクトップ・ミュージック）の技術を使えば、楽典の知識があやふやでも、和声や対位法を知らなくても、もちろん手書きで楽譜なんか書けなくても、digital に誰でも作曲ができる。否、誰でもＰＣに作曲を委ねられる。まるで、エクセルで表を作るように。そしてその出力、つまり音源も人を介さない digital なものだ。このままずっと、こうしたアプリによる「作曲」と「演奏」が続いていったら、すべての作品から⑦「個の領域」がどんどん減退していくことになるのではないか。そしてもし、そうやって作られたものを「作曲」と呼ぶのなら、「作曲」は確実にＡＩに取って代わられることになるだろう。

【　e　】

コンピューターを通して、あるいはＬＰや金沢のＳＰからでも、とにかくスピーカーから出てくるヴァイオリンやトランペットの音は、すべてヴァーチャル（仮想的）な音だ。【　Ｘ　】、ヴァイオリンやトランペットの音を、我々の脳がそのような楽器の音であると認識しているだけで、現実にヴァイオリンやトランペットはそこにはない。【　Ｙ　】、仮想現実なのである。今日では、サンプリングといって、生の楽器の音をサンプルとして録音採取し、それらの音の波形をＰＣが忠実に再現することもできる。そして、ＰＣが再現して出した音を、脳がヴァイオリンと認識できるのは、

見たとき、美しい音楽を聴いたとき、何も悲しいことはないのに涙が頬を伝う理由はそこにあるような気がする。

このようにして芸術が創造されるものであるなら、何かに創ついたり感動したりすることとは無縁のAIがもつ、一〇〇〇〇にも達するIQは、芸術活動の胎芽ともいえる「心に負荷を負うこと」に対し何の役にも立たない。であるならば、AIが人間を感動させる作品を創造することは、不可能ということになる。なぜなら、【　A　】。たしかにIQが一〇〇〇〇もあれば、何十声部にもわたる複雑な構成をもつフーガを数秒で作り上げることも可能だろう。だが、作品を作り上げる速さや量と、芸術的な価値は正比例しない。芸術的な価値を示すのならば、声部は、四つでも三つでも二つでも、あるいは一つでも十分である。

AIという機械に芸術領域への進出を際限なく認めてゆくと、⑤ほんらい注意深く扱われなければならない速さや量に裏打ちされた「効率」に、人間が振りまわされることになる。たしかにAIに頼れば、人間よりもはるかに早く強く効率的に仕事を完遂することができる。だが、速さや強さや無駄のなさといった能力は、芸術や文化の価値にとってほとんど意味をなさないものだ。ロッシーニがオペラを三週間で完成させても、ブラームスが十年かけて交響曲を書いても、そのことは両作品の価値を左右するものではなく、また私たちは一度もそのような価値判断を彼らに下したことはなかったのだ。

が、しかし、ふと現実を見まわすと、AIはとっくに我々の生活の芸術領域にも入り込んできている。デザインや建築設計はコンピューターの助け抜きで製作されることはもはやない。生活の周りはコンピューターによって形となったもので溢（あふ）れており、我々もすっかりそうしたものに慣れてしまっている。ここでいう「そうしたもの」とは、AIによって達成された高い効率だ。そうした効率を求めるがゆえに私たちが失ったものは大きい。

金沢に「金沢蓄音機館」というSPレコード[*3]の博物館がある。一〇〇台を超えるSP蓄音機が所蔵され、すべてじっさいに聴くことができる。私の聴いたそれは、信じられない音響体験であった。あたかもSPプレイヤーの小さな箱の中に、コンサート・グランド・ピアノが入っているのではないかと思ったほどだ。いったいどんな仕掛けになっているのかと、私はその三十センチ四方くらいのSPプレイヤーをひっくり返したい強い衝動に駆られた。「人類はなぜこの音色を手放したのだろう?」そうつぶやくと、「三分半しか入りませんから」と館長が応えた。

【　a　】

そしてLP[*4]の時代になり、CDが現れる。初めてCDを聴いたときの⑥「あれ?」と思った違和感をもう私は忘れかけている。LPまでなら、音はアナログで止まっていた。CDが開発されたとき、音楽というほんらいdigital[*5]に変換してはいけないものに、私たちは手を出してしまったのではない

〔Ⅲ〕 次の文章をよく読んで、後の問いに答えなさい。

AI[*1]について日本で一般にも語られ始めたのは、二〇一六年頃からだったと思う。AIが将来人間の仕事を肩代わりし、次第に人々の仕事が失われてゆくかもしれないという危惧と、AIに仕事をまかせることで得られる利益について、さまざまな予測がなされていた。すでに、チェス、将棋、囲碁などでは、AIの能力は、人間の手の届かない領域に達してしまっているかに見える。①単純な、といっては語弊があるだろうが、勝つか負けるかの争いでは、すでに決着はついているのかもしれない。

そして、人工知能のIQ[*2]が一〇〇〇〇にも達し、人間の知能をはるかに凌駕（りょうが）する日は、現実的に近いといわれている。AIが作曲をし、小説を書き、美術作品を手掛ける、つまりAIが現実に芸術活動をする日も近いのだろうか。AIがじっさいに芸術作品を次々に作り出す姿を想像する前に、そもそも私たちは芸術をどのようにして生みだしてきたのかを考えてみる。

「**Take your broken heart, make it into art**（傷ついた心を取り出してアートに変えるのよ）」。二〇一七年米国ゴールデン・グローブ賞のスピーチで、女優のメリル・ストリープが、映画『スター・ウォーズ』の登場人物レイア姫を演じたキャリー・フィッシャーの言葉を借りて語った言葉だ。そのスピーチに、あ、これが創造というプロセスなのだと、私は思わず②得心していた。③創造とは、つまり創（キズ）を造るということなのだ。人は何もない地平から芸術を創造する。それゆえ、そこには何かきっかけがなければならない。たとえそれが委嘱による創造であっても、造り始めるには、何かの引き金が必要なのだ。至極下世話にいえば、委嘱料だったり、締め切りだったり。「こんなに多い（少ない）のか！」と思ったり、締め切りの期日に迫られたり……。いずれにしても作者の心は何らかの負荷を負う。

では、損得抜きで、何かを造り始める場合はどうだろう。ここで創造の引き金になるのは、何かに感動し、あるいは創（きず）つき、心が揺さぶられることではないだろうか。それは悲嘆であったり、喜悦であったり、宗教的な④恍惚（こうこつ）であったりするだろう。

いずれにせよ、そうして、心が大きく波打つことによって、人の心はなにがしかの負荷を負う。それは、委嘱料の多寡に一喜一憂したり、締め切りの重圧に対するストレスと、心が負荷を負うという点においては同一だろう。理由のいかんを問わず、その最初のイニシャルな負荷が、人をしてゼロから、目に見え、手で触れることができ、耳に聞こえる作品を創り出すという行為へと向かわせているのではないだろうか。そして、そのようにして造られた芸術作品に触れて、今度は受け手の側の人々の心がざわつき、感動という名の負荷を受け、受け手の心は共感という創を負う。美しい絵画を

ウ　明治の青年達が目指す「近代の小説」を書くために、「俗語」を排除することについて説明する必要があるということ
エ　日本近代の「小説」を書くために、「なにを書くのか？」を明確にすることについて説明する必要があるということ
オ　西洋のような「小説」を書くために、新しい日本語表現の様式を構築することについて説明する必要があるということ

問十一　傍線⑧の「二葉亭四迷の苦労」とは、どのようなことを指しているか。その説明として最も適切なものを、次のうちから一つ選びなさい。 19

ア　過去の日本語の使用を自らに禁じたために、目指す「小説」を書くための語彙が決定的に不足していたということ
イ　何を書くかよりも文体の問題にとらわれたために、目指す「小説」を完成させることが困難であったということ
ウ　西洋の小説を見本にしてしまったために、目指す「小説」の内容が日本の風土から縁遠いものになったということ
エ　理解者や協力者が周囲にいなかったために、目指す「小説」を書き上げるまでに長い年月を費やしたということ
オ　言文一致体が新しい試みであったために、目指す「小説」が世に出た後も長く受け入れられなかったということ

問十二　次の各文のうち、本文の内容に合致するものを一つ選びなさい。 20

ア　平安時代から鎌倉時代の「物語」や明治以降の「小説」は、作者が誰であるかということが最大の関心事だったという点で共通している。
イ　慈円と二葉亭四迷の試みは表面的には異なって見えるが、「歴史」ではない「歴史小説」を書くことに成功したという点で共通している。
ウ　平安時代の『紫式部日記』と鎌倉時代の『愚管抄』とは、かな文字の使用と、「私」という作者の視点の存在という点で共通している。
エ　「近代以降の歴史小説を書く小説家」と慈円とは、「歴史」を題材にして読み手に分かりやすい小説を書いたという点で共通している。
オ　坪内逍遥と三遊亭円朝とは、言文一致に挑みながらも二葉亭四迷の陥った「苦しみ」を味わうことがなかったという点で共通している。

エ　文体の創造
オ　文化の継承

問八　傍線⑤の「慈円の前には、既に漢文以外の《日本国のことばの本体》がある」とは、どういうことか。その説明として最も適切なものを、次のうちから一つ選びなさい。　16

ア　慈円は鎌倉時代の知識人として、従来の歴史書の慣例に従っていたということ
イ　慈円は当時有数の歌人として、かなで書かれる日本語に通じていたということ
ウ　慈円は漢文系の知識人として、日本語の改革をめざす最前線にいたということ
エ　慈円は日本語使いの名手として、漢文系の知識人との対話を試みたということ
オ　慈円は新古今の歌人として、漢文や漢詩の豊かな知識をもっていたということ

問九　傍線⑥の「顰蹙（ひんしゅく）を買う」の意味として最も適切なものを、次のうちから一つ選びなさい。　17

ア　不快にさせることをして、人から軽蔑される
イ　着実に成果を積み上げて、人から信頼される
ウ　難しいことを成し遂げて、人から尊敬される
エ　不幸な身の上が知られて、人から同情される
オ　変わったことを口にして、人から仰天される

問十　傍線⑦の「二葉亭四迷には、その『必要』がある」とはどういうことか。最も適切なものを、次のうちから一つ選びなさい。　18

ア　古典の知識をふまえて「小説」を書くために、漢文体と和文体の両方を学ぶことについて説明する必要があるということ
イ　新しい「小説」を書くために、和文脈系の日本語から意識的に距離をとることについて説明する必要があるということ

オ　事実は捏造されている

問五　傍線③の「『小説にする』という努力」とは、どのようなことを指しているか。最も適切なものを、次のうちから一つ選びなさい。 13

ア　自分の信念や立場を、前面に出しすぎないようにするということ
イ　歴史的事実を適度に脚色して、面白い物語に仕立てるということ
ウ　作者名を伏せて、読み手に先入観を与えないようにするということ
エ　作者としての自分のあり方を、はっきり示そうとするということ
オ　史実を正確に記述して、学者として誠実であろうとするということ

問六　傍線④に「慈円にとって、自分の書く『愚管抄』は、どこまでも『歴史書ではないもの』なのである」とあるが、それはなぜか。その理由として最も適切なものを、次のうちから一つ選びなさい。 14

ア　歴史書は漢文で書かれるものだという認識をもっており、『愚管抄』はかなで書くという選択をしているから
イ　歴史書は古い時代に書かれたものだという認識をもっており、『愚管抄』は自分がこれから書いていくものだから
ウ　歴史書は多くの人に読まれるべきものだという認識をもっており、『愚管抄』は個人的な記録でしかないから
エ　歴史書は時系列の記録であるという認識をもっており、『愚管抄』は自由な構成の小説として書いているから
オ　歴史書は旧来の漢文体で記されるものだという認識をもっており、『愚管抄』では新しい漢文体を試みているから

問七　空所【　B　】に入る最も適切なものを、次のうちから一つ選びなさい。 15

ア　文献の収集
イ　文章の校正
ウ　文脈の整理

オ　X　そして　Y　ゆえに

問二　傍線①の「その以前の『歴史物語』や、同時代の『軍記物語』」についての説明として最も適切なものを、次のうちから一つ選びなさい。 10

ア　作者が物語を考えるのではなくて伝承の記述にすぎない。
イ　作者が描こうとする世界観は近代人には理解ができない。
ウ　作者が確かな歴史的事実や知見を十分に踏まえていない。
エ　作者が誰であるのかわかっている作品は存在していない。
オ　作者がその物語をなぜそのように書いたかが明確でない。

問三　傍線②の「典拠」の意味として最も適切なものを、次のうちから一つ選びなさい。 11

ア　小説の定まった形式
イ　話などのよりどころ
ウ　伝統的な仏教の教え
エ　古くからある決まり
オ　批評の際のものさし

問四　空所【　A　】に入る最も適切なものを、次のうちから一つ選びなさい。 12

ア　事実とは何か
イ　すべてが事実だ
ウ　事実など存在しない
エ　まったく事実ではない

うが、皆判で捺したように、十年後れて気が附く。人生は斯うしたものだから、今私共を嗤う青年達も、軈ては矢張り同じ様に、後の青年達に嗤われて、残念がって穴に入る事だろうと思うと、私は何となく人間というものが、果敢ないような、味気ないような、妙な気がして、泣きたくなる……』（二葉亭四迷『平凡』）というような見事な愚痴を連ねる小説を書くことになる。

（橋本治『失われた近代を求めて　上』より）

＊1　『愚管抄』――鎌倉時代前期の僧、慈円によって、かな交じり文で書かれた史論書。巻三から巻六では、神武天皇から順徳天皇までの歴史が記されている。
＊2　二葉亭四迷――明治時代の小説家、翻訳家。評論『小説総論』、言文一致体の小説『浮雲』などがある。
＊3　天台座主――天台宗を総括する立場の僧。
＊4　西の方にあなる小説といふものを……――西洋の小説というものを私も書いてみようと思って書く。『土佐日記』の冒頭「男もすなる日記といふものを……」をもじっている。
＊5　坪内逍遥――明治時代の小説家、劇作家、評論家。写実による近代文学の路線を作った。評論『小説神髄』、小説『当世書生気質』などがある。
＊6　サジェスチョン――提案、勧め。
＊7　侍る的のものは……――「侍る」（貴人に仕える）のような古語は使わない。

問一　空所【　X　】・【　Y　】に入る組み合わせとして最も適切なものを、次のうちから一つ選びなさい。 9

ア　X　やはり　　Y　つまり
イ　X　しかも　　Y　しかし
ウ　X　または　　Y　さらに
エ　X　しかし　　Y　だから

ある。「今までの〝歴史〟とは違うものを書こう（そして〝歴史〟に目を向けさせよう）」と思って、「今までの文体とは違う文体」を選んだのである——そうして慈円は、明治時代の二葉亭四迷[*2]と同じところに立つ。結果として同じところに立って、しかし慈円は、二葉亭四迷のような困難を自覚しない。なぜならば、⑤慈円の前には、既に漢文以外の《日本国のことばの本体》があるからである。

「俗語」でもあるそれを使えば⑥顰蹙を買うかもしれないが、「天台座主」[*3]として漢文系知識人の頂点に立つ慈円は、また一方で「当時有数の歌人」——しかも、日本語のあり方を極めるような当時の最前衛「新古今の歌人」なのである。「俗語」でもある和文脈の日本語使いの名手である慈円にとって必要なのは、「和文脈系の日本語で歴史を記述するための言い訳」であって、「苦労」ではない。そこが二葉亭四迷との決定的な違いであって、だからこそ『愚管抄』巻七で慈円が展開する「日本語論」は、短くて、「言いたいことは分かるけど、なんだかはっきりしない」になる。慈円には、そこを「はっきり具体的にきちんと説明する必要」などないのである。

一方、⑦二葉亭四迷には、その「必要」がある。「西の方にあなる小説といふものを我もしてみんとてするなり」[*4]で始まるのが日本近代の「小説」だが、「してみんとてするなり」と思っても、それを可能にする文体がなかった。「それがなければ始まらない」と思って、明治の青年達はその苦労を背負い込む。「近代の小説」を目指す青年達の一部に必要だったのは、まず「文体」だったのである。だから、『余が言文一致の由来』で、二葉亭四迷はそのことを正直に言う——《何か一つ書いて見たいとは思つたが、元来の文章下手で皆目方角が分らぬ。そこで、坪内先生の許へ行つて》云々である。ここでは、二葉亭四迷が「なに」を書きたかったのか分からない。そして、《何か一つ書いて見たい》と思ったら、そこに浮上した課題は「なにを書くのか？」という主題の問題ではなくて、「なにによって書くのか」という文体の問題だったということである。

坪内逍遥[*5]のサジェスチョン[*6]によって、「三遊亭円朝の落語を文体のベースにする」という方向が決まり、その文体が出来上がった。どうやらそこまでは「苦もなく」である。文体の見本が一つ出来上がったことによって、そこから⑧二葉亭四迷の苦労が始まる——《国民語の資格を得てゐない漢語は使はない》で、その先には《侍る[*7]的のものは已に一生涯の役目を終つたものであるから使はない。》（『余が言文一致の由来』）というのもある。慈円が当たり前に使っていた和文脈の日本語は、「過去のもの」となって、二葉亭四迷の中では「禁止」である。その結果は《さあ馬鹿な苦しみをやつた》（同前）ということにもなる。

二葉亭四迷の「新しい文体を創る」が《馬鹿な苦しみ》になってしまうのは、彼の中に「なにを書くか？」が明確ではないからである。だから、折角の言文一致体の小説『浮雲』は未完に終わってしまう。未完の小説を書き始めた二十年後には、《もう十年早く気が附いたらとは誰しも思う所だろ

作者が「誰」であるかが分かったとしても、その作者は「私はこう書いた」とか、「これを書く私の立場はカクカクシカジカ」というような「あとがき」めいたものを一切書かない。だから、作者の姿はぼうっとしている。「作者は誰だか分からない」のままであっても、一向にかまわないようなものだ。

ところが一方、同じ平安時代のかな文字で書かれた文章であっても、「随筆」や「日記」の方は、その性格上「作者のあり方」がはっきりと浮かび上がる。「書かれた内容」と「作者のあり方」はイコールのようなものだ。『源氏物語』の作者である紫式部の「あり方」が、かすかであっても窺(うかが)い知れるのは、彼女が『紫式部日記』というものを残しているからだ。

「物語とその作者のあり方」は、ほとんど問題にされない。問題にしても仕方がなく、しかも困難でもあろうというのは、「物語」の中に作者の姿が消えてしまっているからである。「それでかまわない」と思われている。ところがしかし、この『愚管抄』では、「作者の姿」が明確に浮かび上がる。この作者は「作者である自分のあり方」を、いささか分かりにくくはあるが、明確に語ろうとしているのである。こんな例は、その以前にない。その点で、『愚管抄』は「物語」ではなくて、「小説」なのである。その対象が「史実」というファクトであったとしても、『愚管抄』の作者は③「小説にする」という努力をしている。だからこれは、「歴史」ではない「歴史小説」なのである。「これは〝正式の歴史〟でも〝分かりやすい歴史〟でもない。ただ〝歴史に関する記述〟なのである」と慈円が言っていることに関しては、もう繰り返さない。

『愚管抄』以前に、「歴史」とは漢文体で書かれるものであった。たとえ「かなで書かれた歴史物語」があったとしても、慈円の立場は「歴史とは漢文体で書かれるものである」である。だから、④慈円にとって、自分の書く『愚管抄』は、どこまでも「歴史書ではないもの」なのである。「では『愚管抄』とはなにか？」と考えると、慈円の当時に「それを説明する言葉」はない。ずっと後になって、「『愚管抄』の著者慈円」というものとはまったく無関係に「歴史小説」なるものが存在してしまって、そのあり方から逆算すると、「『愚管抄』は、そのあり方として歴史小説に近い」ということになるだけである。

慈円には、「自分のやるべきこと」がはっきりと分かっている——「人の関心を歴史に向かわせること」である。そのために慈円が具体的になすべきことは、「歴史ではないが、人の関心を歴史に向かわせるもの」を書くことである。慈円は、それを実現するためになにが必要なのかも、具体的に分かっている——【　B　】である。だから、「かなで書く」ということを、慈円は選択する。

驚いたことに、慈円が「かな文字を使った和文脈で『愚管抄』を書く」という決断をしたのは、「歴史を分かりやすく書くため」ではなかったので

ア　寡黙 ― 華美
イ　疎遠 ― 親密
ウ　尾行 ― 往復
エ　基盤 ― 根底
オ　固辞 ― 軟弱

〔Ⅱ〕　次の文章をよく読んで、後の問いに答えなさい。

鎌倉時代に書かれた*1『愚管抄』は、「古典」である。だから「難解」と思われる。【　X　】、①その以前の「歴史物語」や、同時代の「軍記物語」ともかなり違うから、「難解な歴史思想の書」にも思われる。【　Y　】、巻七に書かれる「あとがき」から辿(たど)れば、『愚管抄』は、「近代以降の小説家が書く歴史小説」に近い。「私は歴史学者ではないから、少し面白く書きすぎてしまったかもしれないが、しかし、私がここに書いたものの大筋は〝事実〟である。疑われるのなら、以下の確かな②典拠を当たってほしい」――慈円の言うことはほとんどこれで、これを言う人物は「近代以降の歴史小説を書く小説家」だけだろう。小説家なら、「多少の事実は脚色した」と言う。慈円はそれを言わない。「【　A　】」と言う。『愚管抄』本篇(ほんぺん)の中には、「私は確かにこう聞いたのだ」と言う作者自身さえも姿を現すことがある。

『愚管抄』の巻三から巻六までの「別帖」と言われる部分は、ほとんど「歴史小説」である。平安時代に書かれた『大鏡』や、あるいは『栄花物語』のような「歴史物語」とは、決定的に違う――違うのは、作者の姿がはっきりしていることである。

平安時代に書かれた「物語」は、作者の姿がはっきりしない。「作者が誰だか分からない」ということもあるが、しかし「『源氏物語』の作者は紫式部」というのははっきりしていても、「紫式部は、なぜこれをこのように書いたか」という「作者のあり方」はあまり論ぜられない。論ぜられても、あまり興味を惹(ひ)かれない。それよりも「『源氏物語』に書かれた登場人物のあり方」の方が、ずっと多く論じられる――というか、あれこれと語られる。「どうしてか?」ということの答(こたえ)の一つは、「作者の姿がはっきりしないから」だと思われる。

E　ユウキュウの歴史を伝える。 5

ア　書類をユウソウする。
イ　ユウキを出して挑む。
ウ　ユウチョウなことを言う。
エ　日程にヨユウを持たせる。
オ　エイユウとして名を残す。

問二　次のうち、漢字の読みがすべて正しいものを一つ選びなさい。 6

ア　迷妄（めいもう）　矢面（やめん）　塑像（そぞう）　安逸（あんいつ）
イ　勲功（くんしょう）　叙景（じょけい）　贈賄（ぞうわい）　窒息（ちっそく）
ウ　恭順（きょうじゅん）　脅迫（きょうはく）　冒頭（ぼうとう）　定款（ていけつ）
エ　総帥（そうすい）　摩滅（まめつ）　書斎（しょさい）　慈雨（じう）
オ　尾翼（びよく）　誇張（こちょう）　首肯（しゅてい）　健脚（けんきゃく）

問三　同義語の組み合わせとして最も適切なものを、次のうちから一つ選びなさい。 7

ア　淡泊 ― 執着
イ　策略 ― 対策
ウ　尽力 ― 達成
エ　派遣 ― 出発
オ　等級 ― 段階

問四　対義語の組み合わせとして最も適切なものを、次のうちから一つ選びなさい。 8

▲二月七日実施分▼

（六〇分）

〔Ⅰ〕　次の各問いに答えなさい。

問一　次の各文の傍線部のカタカナを漢字に直したとき、それと同じ漢字を含むものを、各群からそれぞれ一つずつ選びなさい。

A　キンシンの処分を下す。　1

ア　深呼吸でキンチョウを解く。
イ　得点のヘイキンを求める。
ウ　アルコールでサッキンする。
エ　夜遅くまでキンムが続く。
オ　キンゲン実直な性格である。

B　洗濯物をヒョウハクする。　2

ア　議長をトウヒョウで決める。
イ　力士がドヒョウに上がる。
ウ　気温がヒョウテンカになる。
エ　ふとしたヒョウシに思い出す。
オ　太平洋をヒョウリュウする。

C　レイハイドウを見学する。　3

ア　格下の相手にクハイを喫する。
イ　ハイユウの演技に魅了される。
ウ　優秀な人材をハイシュツする。
エ　講師の話をハイチョウする。
オ　戦争で人心がコウハイする。

D　漁獲量がホウフだ。　4

ア　戦いにシュウシフを打つ。
イ　大フゴウの家を訪れる。
ウ　紫外線からヒフを守る。
エ　フウフで旅行に行く。
オ　強いイフの念を抱く。

ア　私たちに「愛」は手の届きにくいものだが、それゆえに筆者は理想として尊重するべきという。

イ　有島武郎が描いた「愛」は、対象を〝このわたし〟に同化させるもので、「好き」に分類される。

ウ　「好き」なものを失ったとしても、そこから芽生える感情は対象への悲嘆や慈愛のみに終始する。

エ　「愛着」対象を失ったとき、そのものに対する慈しみと破壊した者への憎悪が同時に生まれる。

オ　「愛」と同様に「愛着」も「好き」のエゴイズムを超え出た感情のため、両者は重複する概念である。

問十 傍線⑧の「しばしば、愛は憎しみに変わるなどと言われることがある。しかしそれは誤りである」とあるが、なぜそう言えるのか。その説明として最も適切なものを、次のうちから一つ選びなさい。 30

ア 「愛」はエゴイズムや執着を原点とする「好き」の延長上にあるが、「憎しみ」の根源は「欲望」と同様に、原初的な感情とされる「自尊心」であるから

イ 「愛」は対象それ自体への慈しみを含意する〝真の愛〟であるが、「憎しみ」の根源は「執着」と同様に、自身の意思を放棄した「逃避」であるから

ウ 「愛」は対象そのものから与えられるエロスであるが、「憎しみ」の根源は「愛着」と同様に、哀惜の情念を根底に持つ「慈しみ」であるから

エ 「愛」は「好き」の発展的感情であるが、「憎しみ」の根源は「自尊心」と同様に、〝このわたし〟が傷つけられたことへの「攻撃欲望」であるから

オ 「愛」はエゴイズムや執着を超えた理念的情念であるが、「憎しみ」の根源は「好き」と同様に、エゴイズムを根底に持つ「執着心」であるから

問十一 空所【 B 】に入る最も適切なものを、次のうちから一つ選びなさい。 31

ア 輪をかけて

イ いっそのこと

ウ いとも容易く（たやす）

エ ひきもきらず

オ あらんかぎりの

問十二 次の各文のうち、本文の内容に合致するものを一つ選びなさい。 32

問七　次のカギカッコのなかの一文を本文に挿入する場合、空所【　a　】〜【　e　】のどこが最も適切か。次のうちから一つ選びなさい。　27

「それに対して、わたしはわたしの『愛着』対象を、そのモノ（人）それ自体として慈しむのだ。」

ア　【　a　】
イ　【　b　】
ウ　【　c　】
エ　【　d　】
オ　【　e　】

問八　傍線⑥の「〝このわたし〟がけなされた」とはどういうことか。その説明として最も適切なものを、次のうちから一つ選びなさい。　28

ア　自分自身に向けられた「好き」という感情が偽りのものだと感じたということ
イ　「好き」の対象そのものに対して自分が抱く慈しみの感情が増幅したということ
ウ　快楽を与えてくれる「好き」の対象への自分自身の欲望を否定されたということ
エ　対象への「好き」という感情から構成されている自己愛を破壊されたということ
オ　快楽や現実逃避の欲望を与えてくれる対象物が失われることを恐れたということ

問九　傍線⑦の「なみする」の意味として最も適切なものを、次のうちから一つ選びなさい。　29

ア　ないがしろにして無視する
イ　卑劣と断定して批判を行う
ウ　意見に賛同して仲間になる
エ　調べて正しいかを確かめる
オ　別の要素を新たに付け加える

ウ　単なるエゴイズムと定義できる点は「好き」と同様だが、「愛着」対象が失われた際には、その対象が傷つけられたことへの怒りや悲しみが生じるから

エ　エゴイズムにまつわる感情である点は「好き」と同様だが、「愛着」対象が失われた際には、自己存在を踏みにじられたと思う感情が生じるから

オ　対象そのものを〝このわたし〟のモノであるとする点では「好き」と同様だが、「愛着」対象が失われた際には、欲望を抑制する理性的な意識が生じるから

問五　傍線④の「乖離」の意味として最も適切なものを、次のうちから一つ選びなさい。 25

ア　へだたりをなくすこと

イ　同じものが分かれること

ウ　集まったり別れたりすること

エ　性質が互いに食い違うこと

オ　互いにそむき遠ざかること

問六　傍線⑤の「拘泥」の意味として最も適切なものを、次のうちから一つ選びなさい。 26

ア　徹底的に好きなものを追求すること

イ　そこからじっと動かずに耐えること

ウ　不都合な点から目を背け続けること

エ　ある事柄を気にしてとらわれること

オ　ある状況が進展せずに停滞すること

問二 空所【 A 】に入る最も適切なものを、次のうちから一つ選びなさい。 22

ア 例外として
イ 逆に言えば
ウ そればかりか
エ さもなくば
オ まして

問三 傍線②の（「好き」における）「『反復可能性』あるいは『反復の不可避性』」とはどういうことか。その説明として最も適切なものを、次のうちから一つ選びなさい。 23

ア 「好き」なものを味わった際の感情が繰り返されることで興奮を高めるということ
イ 「好き」なものへの「好き」の度合いが時間と共に高まらざるを得ないということ
ウ 「好き」なものが与えてくれる情動を何度も繰り返し求めざるを得ないということ
エ 「好き」なものとの同化を繰り返し求める欲望を抑えることができないということ
オ 「好き」なものを「好き」と思うようになった契機を繰り返し想起するということ

問四 傍線③の「『愛着』は、この原初的な『好き』がいくらか発展したものである」とあるが、なぜそう言えるのか。その説明として最も適切なものを、次のうちから一つ選びなさい。 24

ア エゴイスティックな欲望が根底にある点は「好き」と同様だが、「愛着」対象が失われた際には、怒りや悲しみと同時にその対象への哀惜を強く感じるから
イ 長い時間を共にしたことによる親愛の念を持つ点は「好き」と同様だが、「愛着」対象が失われた際には、その現象に対して嘆き憤る感情が生じるから

さて、しかしそうは言うものの、わたしたちは、「愛」を手の届かない彼岸の理想として思い描く必要はない。そう、わたしは改めて言っておかなければならない。

先に見たように、原初的な「好き」の発展的感情である「愛着」においてさえ、わたしたちはエゴイズムを超え出る契機をすでに見出すことができるからだ。

原初的な「好き」は、〝このわたし〟のエゴイスティックな欲望に根を持つ感情である。対して「愛着」は、このエゴイズムをいくらか超え出るものである。わたしはわたしの愛着対象を、そのモノ（人）それ自体として慈しむのだ。

もっとも、エゴイスティックな「好き」と「愛着」との差は、言うまでもなく不明瞭である。お酒が「好き」といった、ごく単純な「好き」は「愛着」とある程度区別しうるものかもしれないが、「好き」な音楽、「好き」な人、とわたしが言う時、それは多くの場合、わたしの「愛着」ある音楽、「愛着」ある人、を意味している。「好き」と「愛着」は、かなりの部分重複する概念なのだ。

（苫野一徳『愛』より。出題の都合上、一部中略・改変した箇所がある。）

＊アミイバ ―― アメーバ。水中などにすむ小さな原生生物。一個の細胞からできており、形を変えながら動く。

問一 傍線①の「ごく単純な『好き』の本質は、一種のエゴイスティックな欲望にある」とあるが、これはなぜか。その説明として最も適切なものを、次のうちから一つ選びなさい。 21

ア 「好き」の対象には、自分自身と似ている所を見つけることができるから

イ 「好き」の対象が、自分自身の情念の揺れ動きを食いとめてくれるから

ウ 「好き」の対象は、自分自身の欲望をさらに大きく増幅させてくれるから

エ 「好き」の対象とは、自分自身にエロスを味わわせてくれるものだから

オ 「好き」の対象に、自分自身が持つエロスを共有させることができるから

ある日、その作家がだれかからひどくけなされたとしよう。その時、もしわたしがムキになって彼を擁護し、場合によっては批判者を攻撃し、彼への「執着」を見せたとしたなら、その時わたしが抱いている「執着」は、じつは当の作家に向けられているのではなく、彼が好きであるという〝このわたし〟の欲望に向けられているのだ。わたしが腹を立てているのは、その作家が好きである⑥〝このわたし〟がけなされたからなのだ。

「愛着」は対象を慈しみ、「執着」はおのれの欲望に拘泥する。アルコール依存症の人は、お酒に「愛着」を持っているのではなく、お酒が満たしてくれる自身の欲望に「執着」している。お酒そのものを慈しんでいるのではなく、それが与えてくれる快楽や現実逃避の欲望に「執着」しているのだ。

「憎悪」とは、そのような〝このわたし〟の「執着」を傷つけ破壊するものに対する攻撃欲望である。

先に言ったように、わたしの愛着対象がだれかに破壊された時、わたしがまず感じるのは、〝このわたし〟が傷つけられたという憎悪である以上に〝そのもの〟それ自体への哀惜である。

他方、もしわたしが自身の執着しているものを破壊されたとしたならば、わたしは激しい憎悪に駆られずにはいられない。自尊心、権力、富……。

もしわたしがこうしたものへの執着を抱いていたとするならば、その執着欲望を⑦なみする者を、わたしは許すことができないのだ。

⑧しばしば、愛は憎しみに変わるなどと言われることがある。しかしそれは誤りである。とりわけ、〝真の愛〟と呼べるものであったとするなら、そのような愛が憎しみに変わることはない。もし、愛が憎しみに変わったと思うことがあったとするなら、それは正確には「あの時愛だと思っていたものはじつは愛ではなかったのだ」ということであるにすぎない。

愛が憎しみに変わるのではない。憎しみの根源にあるのは、じつのところ〝このわたし〟の「執着」にほかならないのだ。

もし、恋人の裏切りを知ったわたしが彼女に憎悪を抱いたとするなら、それは、わたしが彼女をそれほどにも愛していたからであるわけではない。

わたしが彼女を憎悪するのは、彼女に投影していた〝このわたし〟の自尊心への執着が蔑（ないがし）ろにされたからなのだ。

確かに、わたしは彼女が「好き」であったには違いない。しかし前に見たように、単なる「好き」はそもそもエゴイズムに根を持つ感情である。それゆえ、ただの「好き」は、わたしたちにその欲望への執着を芽生えさせ、【　B　】「憎悪」へと転換することがある。

しかし「愛」は違う。「愛」は、わたしたちのそのようなエゴイズムを、それへの執着を、すでに超え出た理念的情念なのである。より正確に言うならば、そのような理念的情念をこそ、わたしたちは「愛」の名で呼び慣（なら）わしているはずなのだ。

愛は憎まない。憎しみを生み出すのは、わたしたちの執着心にほかならないのだ。

「好き」はこうして、ある種のエゴイスティックな欲望に根を持つ感情である。
③「愛着」は、この原初的な「好き」がいくらか発展したものである。
「わたしはお酒が好きである」とは言うが、「お酒に愛着を持っている」とはあまり言わない。ここで言う「好き」は、きわめて原初的な「好き」であって、まだ「愛着」にまでは至っていない感情なのだ。わたしがお酒が「好き」なのは、それが舌に心地よく、そして何より、日常からのしばしの④乖離（かいり）のエロスを味わわせてくれるからにほかならない。

一方「愛着」は、この「好き」のエゴイズムをいくらか超え出た感情である。

幼い頃一緒に寝ていたぬいぐるみ、長年愛用したペン、故郷の友人たち、仲間たちと汗を流した体育館……わたしたちはさまざまなものに「愛着」を覚えるが、これは原初的な「好き」とは違って、単なるエゴイズムには回収されない概念なのだ。【　a　】

確かに、「愛着」もまた、単純な「好き」と同じように、「これは〝このわたし〟のモノである」とする一種のエゴイスティックな欲望を根に持っている。しかし、たとえばもしわたしがその「愛着」対象をだれかに破壊されたとしたらどうだろう？　その時わたしが感じるのは、〝このわたし〟が傷つけられたという怒りや悲しみであると同時に、あるいはそれ以上に、〝そのもの〟それ自体への哀惜ではないだろうか？　大切にしていたぬいぐるみが、見知らぬだれかに切り刻まれた時、わたしが感じるのは、〝このわたし〟が踏みにじられたという怒り以上に、失われたそのぬいぐるみそれ自体への哀惜であるはずだ。【　b　】

もし、わたしが「好き」なお酒を断つよう強いられたとしても、そのお酒それ自体にわたしが哀惜を感じることはない。わたしはただ、これまで味わわれていた〝このわたし〟のエロスが失われたことを嘆き憤るのみである。【　c　】

これについては、「愛着」と「執着」の違いを考えればよりはっきりするだろう。

両者は、じつのところまったくの別物である。「愛着」が、対象それ自体への慈しみを含意する情念であるのに対して、「執着」は、どこまでも〝このわたし〟の欲望への⑤拘泥であるからだ。【　d　】

確かに、わたしたちは何らかの「愛着」対象に対して「執着」を持つことがある。しかしその場合も、「執着」はじつのところ〝このわたし〟の欲望に向けられている。

ある作家に、わたしは「愛着」を持っている。彼、あるいは彼の作り出す作品を、わたしはそれ自体として大事に思う。【　e　】

〔Ⅲ〕次の文章をよく読んで、後の問いに答えなさい。

「好き」とはいったい何だろうか?

この曲が「好き」、この映画が「好き」、お酒が「好き」、あなたが「好き」……。こうしたごく単純な「好き」が意味しているのは、言うまでもなく、その対象によって〝このわたし〟のエロス（快）が掻（か）き立てられることが「好き」であるということである。この曲によって〝わたし〟の情動が揺り動かされること、この人によって〝わたし〟が心地よくなること……わたしがこの曲やあの人が「好き」なのは、最も根本においては、その対象が〝このわたし〟に何らかのエロスを与えてくれるからである。

したがって、①ごく単純な「好き」の本質は、一種のエゴイスティックな欲望にある。「好き」な対象を貪欲に〝利用する〟とまでは言えないにしても、その対象がわたしに何らかのエロスを味わわせてくれるがゆえに、わたしはそのモノ（人）が「好き」なのだ。【 A 】、その対象がもはやわたしにエロスを与えなくなった時、わたしはそれが「好き」ではなくなる。

有島武郎（ありしまたけお）は、愛を「*アミイバが触指を出して身外の食餌を抱えこみ、やがてそれを自己の蛋白素（プロトプラズム）中に同化し終（お）る」ように、対象を〝このわたし〟に同化するものとして描き出した。しかしこれは、「愛」ではなくむしろ原初的な「好き」の本質と言うべきである。相手を〝惜しみなく奪う〟のは、「愛」ではなく「好き」なのだ。後に詳しく論じるように、「愛」はこの原初的な「好き」から生まれながらも、そこから遠く離れたところにあるものである。

これに関連して、②「反復可能性」あるいは「反復の不可避性」を、「好き」の本質契機として挙げておこう。

わたしたちは、「好き」なものを何度も繰り返し味わいたいと思う。いやむしろ、繰り返し味わわざるを得ないところにこそ「好き」の本質がある。お気に入りの歌を何度も繰り返し聴く。「好き」な人には、どれだけ会っても会い足りないと思う。「反復可能性」あるいは「反復の不可避性」——「好き」の度合いが高いほど、前者から後者へと言葉の正確さが移行していく——は、それを欠いては「好き」とは呼べない、「好き」の本質契機である。

ここでも、「好き」が「反復」を求めるのは、言うまでもなくそのモノ（人）がわたしに与えてくれるエロスのゆえである。「好き」な音楽がわたしに与えてくれる高揚感、「好き」な人がわたしに与えてくれる安心感。これらのエロスを、わたしは繰り返し「反復」して味わいたいと願うのだ。

ア　論理的に導き出すこと
イ　問題点として取り出すこと
ウ　自然と目が及ぶこと
エ　改めて議論すること
オ　それとなく教えること

問十一　傍線⑧「今日の法体系はこの市民社会の政治性にうまく対応できていない」とあるが、筆者がこのように述べる理由として最も適切なものを、次のうちから一つ選びなさい。　19

ア　市民社会では、継続的な人間関係を構築するには法という手段を用いるしかないから
イ　市民社会による政治システムへのインプットは常に間接的にのみ発生しうるから
ウ　市民社会の活動は権力者に働きかけるのではなく、同じ市民に働きかけるしかないから
エ　従来の憲法学体系は、政治的意思の主体として「国民」しか想定していないから
オ　有象無象の諸集団の活動は常に開かれた一般性・公共性を志向していないから

問十二　本文の内容と合致するものを、次のうちから一つ選びなさい。　20

ア　市民社会の諸活動によって政治的議論を活発化させ、政治システムを動かすことが民主政治活性化のためには必要不可欠である。
イ　市民社会の形成にとって私法が重要な意味を持っているのは、市民社会の活動が政治性を帯びるのを極力阻止するためである。
ウ　市民社会論では、市民の活動は政治的な意味を持ちうるが、政治システムへのインプットは間接的であるべきだと考えている。
エ　市民社会論は市民社会で形成された公論が政治システムに影響を与え、さらには社会全体の革命を引き起こすことを目指している。
オ　市民社会の担い手である「国民」は経済活動の主体であると同時に、政治的意思の主体として自己を変革することが求められる。

イ　親しみをこめて呼びかけること
ウ　身分を越えた称号を名乗ること
エ　氏名・身分などを隠してしまうこと
オ　世間で呼ばれている名称で言うこと

問八　空所【　B　】に入る最も適切なものを、次のうちから一つ選びなさい。 16

ア　社会全体の革命を目指す
イ　政治システムを破壊する
ウ　国民的公論を構築する
エ　政治決定を規律する
オ　同胞市民に働きかける

問九　次のカギカッコのなかの一文を本文に挿入する場合、空所【　a　】〜【　e　】のどこが最も適切か。次のうちから一つ選びなさい。 17

「そのようなものがないことに価値を見出（みいだ）すのが、市民社会論なのである。」

ア　【　a　】
イ　【　b　】
ウ　【　c　】
エ　【　d　】
オ　【　e　】

問十　傍線⑦「示唆」の意味として最も適切なものを、次のうちから一つ選びなさい。 18

エ 市民社会における市民は、自由なコミュニケーションを通じて自己を変革していくものであり、また政治システムへの間接的なインプットを要求する。

オ 市民社会における人々は、常にコミュニケーションを通じて自己と平等な他者に働きかけて自己を変革し、国家権力の担い手となることを目指す。

問五　傍線⑤「このような市民社会論」とあるが、その説明として最も適切なものを、次のうちから一つ選びなさい。 13

ア 市民社会論は、コミュニケーションにより統一的な「国民の意思」を構築することを目指している。

イ 市民社会論は、人権の主体となることができる個人は、実存的かつ本来的に自由な存在であるとみなしている。

ウ 市民社会論は、社会諸集団の政治的意味を認めることにより、個人の意思も政治的意思の主体になると期待している。

エ 市民社会論は、人権の主体たる個人の自由は徹底的に「無政治的」だとして、孤立して生きることを人々に要求している。

オ 市民社会論は、人権の主体である個人の意思と、政治的な正統性を有する国民の意思とをともに尊重すべきと論じている。

問六　空所【　A　】に入る最も適切なものを、次のうちから一つ選びなさい。 14

ア 憲法学

イ 市民社会論

ウ 人権論

エ 民主政

オ 政治的意思

問七　傍線⑥「僭称」の意味として最も適切なものを、次のうちから一つ選びなさい。 15

ア へりくだった言い方をすること

ア　ある単純なものが複雑なものとして発展すること
イ　あるものを分けて同質の部分を取り出すこと
ウ　あるものから分かれて作られた部分のこと
エ　あるものを構成する部分を批評すること
オ　ある一連のものに区切りをつけること

問三　傍線③「私法が社会の形成にとって重要な意味をもっている」とあるが、筆者は「私法」の役割についてどのように考えているか。その説明として最も適切なものを、次のうちから一つ選びなさい。　11

ア　私法は人々の経済活動や政治的な活動を秩序づけ、また法人格のような集団での活動の基盤としても不可欠なものである。
イ　私法は人々がある程度継続的な人間関係を構築するために必要なものであって、宗教法人などに適用されるものではない。
ウ　私法は人々の経済的な交流や政治性を有する交流にとって不可欠であるばかりか、宗教法人との交流にとっても重要である。
エ　私法は市民の活動や法人の活動を下支えするために存在するのであって、規制や制限を加えるために存在するのではない。
オ　私法であってもある程度の強い権限や規制力がなければ、宗教法人オウム真理教のようなカルト教団が誕生しかねない。

問四　傍線④「ユルゲン・ハーバーマス」の「市民社会論」について述べたものとして最も適切なものを、次のうちから一つ選びなさい。　12

ア　市民社会における人々は、自由意思に基づき個人間が結合することで、私的空間での社会問題を取り上げて政治的議論を巻き起こし、社会全体の革命を実現しようとする。
イ　市民社会における活動者は、国家権力や経済的力関係では解決不可能な社会の諸問題について議論して、政治システムへの直接的なインプットを実現しようとする。
ウ　市民社会における国民は、自由なコミュニケーションによって政治的正統性を有する国民集団を形成して、政治的な決定に影響を与えようとする。

＊2　私法 ―― 市民相互の関係を規律づける法律。
＊3　bürgerliche Gesellschaft ―― 資本主義制度の社会。ブルジョア社会。
＊4　Zivilgesellschaft ―― 自由で平等な自立的個人である市民によって成り立つ社会。市民社会。
＊5　宗教法人オウム真理教 ―― かつて存在した日本の宗教団体。一連の凶悪犯罪を引き起こし宗教法人としての法人格を失った。
＊6　ＮＰＯ法 ―― 特定非営利活動促進法。特定非営利活動を行う団体に法人格を付与することなどを目的とした法律。
＊7　ユルゲン・ハーバーマス ―― ドイツの哲学者・社会学者。公共性論やコミュニケーション論などで知られる。
＊8　カール・シュミット ―― ドイツの思想家・法学者・政治学者。ナチスに協力し、その法理論を支えた。
＊9　実質的同種性 ―― 事実として、人種が同じであること。
＊10　仮象問題 ―― 実在的な対象を反映しているように見えながらも、対応する客観的な実在性がないため、あくまでも仮定にすぎない問題。
＊11　インプット ―― 入力。ここでは要求や支持などを取り入れること。
＊12　僭称 ―― 本来は「僭称」と書くが、ここでは原文の通りに示している。

問一　傍線①「市民『社会』なるものが存在するのかどうか自体が、まず問題である」とあるが、筆者は近代国家において「市民『社会』」が存在するためにはどのようなことが必要であると考えているか。その説明として最も適切なものを、次のうちから一つ選びなさい。　9

ア　国家が最低限の秩序維持によって平和を確保するだけでなく、人々が継続的な人間関係によって併存することが必要である。
イ　国家が「自然状態」を「社会」と呼べる状態に変えるだけでなく、「社会」自体もダイナミックに変化することが必要である。
ウ　国家が法の執行によって国内の秩序を維持するだけでなく、人々が自らの意思に基づいて互いに関わり合うことが必要である。
エ　国家が第一の任務として国内の平和を確保するだけでなく、エージェントである人々を互いに交流させることが必要である。
オ　国家が国内の秩序を維持するために法を執行するだけでなく、人々の自発的意思に基づく交流を分節化することが必要である。

問二　傍線②「分節化」の意味として最も適切なものを、次のうちから一つ選びなさい。　10

間接的インプットこそが、あるべきインプットなのだ。

この考えは、次のように言い換えることができよう。市民社会の活動は、常にコミュニケーションを通じて自己と平等な他者に働きかけようとするものであり、またその働きかけからの反省を通じて自己を変革していこうとするものである。誰も国民を⑥僭称できない以上、自分の主張が権力的に実現されるべきだという主張には何の正当性もなく、できるのは自分の主張自体を人々に訴え支持を広げようと努力することのみである。国家権力の担い手に直接働きかけるのではなく、【　B　】活動こそが、民主政の基盤としての正統性を有する。しかし、それが決定を目指してプログラム化された政治システムを動かす力を有するに至るかどうかは、活動する者には全く不明であるし、かりに自分達の主張が多くの人々の賛同を得たとしても、それで政治システムが反応を示してくれる保障もない。多元的市民社会から絶対に従うべき「国民の意思」が発生することはない。【　d　】しかし、だからといってシステムへのインプットは常にシステム側が自分の論理で判断してよい、逆にいえば市民社会側にとっては偶然に委ねられる、ということではない。市民社会での活動を通じて「利益の一般化の観点から吟味された確信」としての公論が一定範囲で形成されれば、それは政治的決定に影響を与えるべき規範性を有した存在となる。政治システムは市民社会で発生するコミュニケーションの力からのインプットを考慮しなければならないということもまた、市民社会論の要請の一環である。むろん、このインプットは活動者が「直接」要求できるものではないばかりか、政治決定の過程を「直接」規律することもできない、「弱い」ものでしかない。【　e　】しかし、自由な民主政を正当化する規範性をまさにこの弱いインプットに認め、この弱さに甘んじることを選択するのが、市民社会論である。

⑦以上の議論から示唆されることではあるが、⑧今日の法体系はこの市民社会の政治性にうまく対応できていない。もし日本においても、市民社会の諸活動によって諸種の社会的問題や私的（とされる）問題への関心を高め、それについての政治的議論を活発化させることこそが、民主政治活性化のために必要なのだと考えるのであれば、いくつかの問題点を指摘できる。ただ、逆にこのような市民社会論には一定の危険性もある。それは、有象無象の諸集団の活動は、常に開かれた一般性・公共性を志向してはいないということである。この危険性に対して法が何らかの対処をなしうるのかについても、少々考えてみたい。

（毛利透『表現の自由――その公共性ともろさについて』より。出題の都合上、一部中略・改変した箇所がある。）

＊1　エージェント――代理人。

その自由への保障程度と無関係な問題でもない。集団に法的権利義務の主体性を認めることは、それをめぐる法律関係を明確化・単純化し、現実社会でのその活動を下支えする意味をもつ。NPO法[*6]も、だからこそ国家が市民の活動を積極的に助長しようとする画期的な立法だと評価されることになるのである。【 a 】

今日流行している「市民社会論」は、社会がこのZivilgesellschaftとして政治的意味をもちうるとする議論である。この議論を広めた④ユルゲン・ハーバーマス[*7]は、この市民社会を、自由意思に基づく人々の結合によって、私的な場における社会的問題を取り上げ、それを政治的議論へと集約・増幅していくような場であると理解している。【 b 】ここでは、自由意思に基づく平等で開かれた複数の結合体が活動するがゆえに、それらを結びつけ、そしてそれらへの注目を高めていく第一の手段は、コミュニケーションである。そしてこの自由なコミュニケーションが、システム化された国家権力や経済的力関係では不可能な社会の諸問題への敏感さを示すことが期待されている。

⑤このような市民社会論は、社会諸集団の政治的意味を正面から認めようとするものであり、当然のようにも思われるが、しかし実は従来の憲法学体系とは緊張関係にたつ。政治的意思の主体として、統一的な「国民」とは別の実体を想定することになるからである。従来の憲法学体系では、人権の主体は個人であるが、その個人の意思は政治的な正統性を有する国民の意思とは質的に切り離されてきた。この断絶を最も劇的に示したのは、カール・シュミット[*8]の理論である。彼は人権の主体たる個人は実存的に、本来的に自由な存在であるとしたが、この自由は徹底的に「無政治的」なものであり、つまり人権とは孤立して自由に生きることの保障であった。一方、彼は民主政において正統な国民の意思とは、国民が実質的同種性[*9]を自覚して結集し喝采する声であるとした。この国民は単なる諸個人の集合体ではない。私人がいくら集まっても政治的意思は生まれないのである。【 c 】

このようなシュミットの理論の危険性は明らかであるが、しかしこの議論の構図自体は、実は憲法学になじみのものである。人権論では個人が尊重されながら、一方で「国民主権」を論ずる際には国民の意思なるものが存在すると想定され、また衆議院解散は「民意」を問うものとして正当化されるといった説が特に問題なく受け入れられてきた。市民社会論が、政治的意思がまさに形成される場を示すのであるとしたら、そのような場は【 A 】において占めるべき位置をもたないできたといえる。ハーバーマスは、市民社会論が社会全体の革命というマルクス主義の夢との決別を意味するものであることを明記している。大きな主体が国家権力を奪取する、というような話を積極的に否定するのが市民社会論なのである。国家権力の担い手というような、今日でもまだ憲法学において有効と考えられている問い[*10]を仮象問題としてしまうという大きなインパクトを、この議論はもつことになる。市民社会は直接には自分自身だけを変形することができ、政治システムへのインプット[*11]は、常に間接的にのみ発生しうる。しかし、その

〔Ⅱ〕　次の文章をよく読んで、後の問いに答えなさい。

①市民「社会」なるものが存在するのかどうか自体が、まず問題である。諸個人の集まりが「社会」を構成しているというのは、一定の見方によって初めて可能となる言明である。一般には、最低限の秩序の存在が必要である。「万人の万人に対する闘争」がおこなわれている「自然状態」を「社会」と呼ぶことはできない。近代国家という体制においては、この最低限の秩序維持は国家の役割である。国家の第一の任務は領土内の平和を確保することであり、この任務を果たせない国家は、いかに他の点で優れていようが、正統性を失う。そして、この秩序維持は法の執行という形でおこなわれる。法治国思想は、国家の秩序維持機能に対し、法という手段を用いることを要求する。これが、社会と法との第一の接点である。

ただし、国家の秩序維持に着目するだけでは、人々は結果として共存、というより併存しているだけであり、いまだ「社会」と呼びうる実体が存在するとはいえない。単なる併存状態ではない「社会」は、人々が互いに交流しあい、関係を取り結ぶことによって発生するといえるだろう。その際、この交流が人々の自発的意思に基づくものであることが前提とされている。そうでなければ、人々は強制力をもつ国家のエージェント[*1]にすぎず、「社会」なる別の存在を観念する意味がないからである。人々の交流により、さまざまの新たな出来事が不断に生ずること、それにより人々の生きる共同体自体もまたダイナミックに変化していくこと、これらの現象が、我々が「社会」と呼ぶものを構成している。このような人々の交流は、法を使っておこなわれる必然性はない。しかし、人間関係が複雑化すれば、その②分節化には法を用いるしかなくなるし、またある程度継続的な人間関係の構築には法という手段を用いるしかない。ここで用いられるのは当然、民法をはじめとする私法[*2]である。

③私法が社会の形成にとって重要な意味をもっているのは言うまでもない。この場合、それが経済的な意味での人々の交流にとって重要であるのはもちろんであるが、政治性を有する、すなわち共同体のあり方について自覚的に何らかの影響を与えるための交流にとっても、私法秩序は欠かせないものである。およそ経済的基盤なしに継続的な活動は困難であり、また人々を継続的に結びつけるためには法を使うことが必要になるからである。市民社会を欲求の体系としての **bürgerliche Gesellschaft**[*3] としてのみならず、民主政治の基盤をなす **Zivilgesellschaft**[*4] として見ようとする場合にも、したがって私法の役割を軽視することはできない。この点では、最高裁[*5]が宗教法人オウム真理教に対する解散命令の合憲性を論じる際、法人格剝奪は宗教活動自体を禁ずるものではないとしつつも、それにより宗教活動に間接的・事実上の支障が生ずることは否めない以上、当該命令の合憲性は慎重に審査しなければならないと述べていることが注目される。団体に法人格を与えるかどうかは、その団体の活動自体への法的評価とは一応別問題であるが、

イ　泰然 ― 素直
ウ　屋敷 ― 埋蔵
エ　無窮 ― 喪失
オ　美風 ― 名誉

問四　対義語の組み合わせとして最も適切なものを、次のうちから一つ選びなさい。 8

ア　剛健 ― 凡人
イ　懐柔 ― 鼓舞
ウ　左遷 ― 中庸
エ　諮問 ― 答申
オ　恭悦 ― 混乱

C　電子機器をマンサイする。　3

ア　投書がケイサイされる。
イ　巨石をフンサイする。
ウ　大きな劇団をシュサイする。
エ　サンサイを採りに行く。
オ　甚大なフサイをこうむる。

D　来年の躍進をキネンする。　4

ア　会社の再建をキトする。
イ　キジョウに教科書を置く。
ウ　会議への出席をキヒする。
エ　キソンのものを活用する。
オ　神社で合格キガンを行う。

E　建物内をジュンシする。　5

ア　力士達がジュンギョウする。
イ　血が体内をジュンカンする。
ウ　ジュンチョウな航海が続く。
エ　国際規格にジュンキョする。
オ　ジュンタクな資源を活用する。

問二　次のうち、漢字の読みがすべて正しいものを一つ選びなさい。　6

ア　硬軟（こうなん）　沸沸（ふつふつ）　酷似（こくに）　喝破（かっぱ）
イ　逓減（ていげん）　折衷（せっちゅう）　煩忙（はんぼう）　頒価（はんか）
ウ　棚田（たなだ）　斉唱（さいしょう）　下肢（かし）　漆器（しっき）
エ　触媒（しょくぼう）　海溝（かいこう）　豪胆（ごうたん）　軽蔑（けいべつ）
オ　急逝（きゅうせい）　内裏（ないり）　地殻（ちこく）　享楽（きょうらく）

問三　同義語の組み合わせとして最も適切なものを、次のうちから一つ選びなさい。　7

ア　勲功 ― 手柄

国語

▲二月六日実施分▼

（六〇分）

〔Ⅰ〕　次の各問いに答えなさい。

問一　次の各文の傍線部のカタカナを漢字に直したとき、それと同じ漢字を含むものを、各群からそれぞれ一つずつ選びなさい。

A　意欲をシゲキする。　1

ア　集団のシキを高める。
イ　敵国にシカクを送り込む。
ウ　図書館シショを志望する。
エ　新たなシサクを講ずる。
オ　シイ的に情報を操作する。

B　主将のジュウセキを担う。　2

ア　ハイセキ運動が起きる。
イ　勝利へのフセキを打つ。
ウ　過失がメンセキされる。
エ　詩人のソクセキをたどる。
オ　記念式典にレッセキする。

解答編

英語

◀2月6日実施分▶

I 解答　1―ウ　2―イ　3―ウ　4―エ　5―エ　6―ア　7―イ

解説

1． 空所直後のAの発言に「うん，それなら自転車も買えるかもしれない！」とあるので，空所にはコンピュータを買うような発言がなければならない。ウの「古いモデルのコンピュータをかなり安く買うことができる」が適切。

2． 空所直前のBの発言に，Aの発言を受けて「私も（軽くてスポーティな靴が）好きだ」とあり，直後のBの発言に「兄はどうしても私にあげたかったようで，私は『いらない』とは言えなかった」とあるので，イの「それなら，なぜ今その靴を履いているの？」が適切。

3． 空所直前のAの発言に「どんな番組を見ますか？」とあり，直後のAの発言に「じゃあ，どのように夜を過ごすのですか？」とあるので，ウの「実は，テレビはほとんど見ないんだ」が適切。

4． Aの2番目の発言に「簡単な質問に答えていただけますか？」とあり，Bの2番目の発言で「それは場合によります」と述べている。そして，空所直後のAの発言に「ありがとうございます。まず，ここに住んでどれくらいになりますか？」とあり，Bは質問に答えることに協力していることがわかるので，エの「それなら力になれると思います」が適切。

5． 空所直前のAの発言に「今，そこ（インフォメーション・オフィス）は開いているんでしょうか」とあり，直後のAの発言に「それなら月曜日まで待たないといけないでしょうね」とあるので，エの「今思い出したのですが，週末は休みです」が適切。

6． 空所直前のAの発言に「ええ，2人とも本当にショーを楽しみにしています」とあり，直後のAの発言に「もちろん！　町に来る新しいショーはすべて見るようにしています」とあるので，アの「ミュージカルの大ファンですか？」が適切。

7． 空所直前のBの発言に「それ（アフガン・ハウンド）は普通のドッグフードではなく，新鮮なフードを食べる必要があるんだ」とあり，直後のBの発言に「そう，私は自分自身よりも愛犬にお金を使うよ！」とあるので，イの「多くの費用がかかるに違いない」が適切。

Ⅱ　解答　**8**－イ　**9**－ア　**10**－ウ　**11**－ウ　**12**－エ　**13**－イ

解説

8． be brought to a successful conclusion「成功裏に終わる」

9． carry out ～「～を実行する」

10． argue for ～「～に賛成の意見を述べる」

11． the date を先行詞とする関係副詞の when が入る。

12． replace *A* with *B*「*A* を *B* と取り替える」

13． in the space provided「指定の場所に」

Ⅲ　解答　**14**－ア　**15**－エ　**16**－オ　**17**－イ　**18**－ウ

解説

14．（He reads every）single newspaper article <u>to</u> stay informed(.)

stay informed「情報をいつも入手している」 to stay は to 不定詞の副詞的用法であり，「～するために」の意味である。

15．（She has）one year of <u>medical school</u> to go（before she graduates.）

to go は to 不定詞の形容詞的用法であり，「～すべき」の意味である。

16． An unexpected meeting kept <u>the staff</u> from leaving the office earlier(.)

keep *A* from *doing*「*A* が～するのを妨げる」

17. See to it that your pets are well (taken care of while you're away.)
see to it that～「～するよう取りはからう」

18. (A quick) look at the report would be very much appreciated(.)
無生物主語構文であり，look は名詞として扱われている。a quick look at the report「報告書にざっと目を通すこと」が主語となっている。would be very much appreciated は助動詞を含む受動態の形となっている。

Ⅳ　解答　19―エ　20―イ　21―エ　22―ウ　23―イ

解説

《モダンアートの世界 2024》

19. Access 欄の第 2 文（You can hop …）に，「駅から歩いてすぐのところにある」とあるので，エが適切。

20. ケイコは合計 2 日間行くため，リピーターチケットを買うので 1500 円かかる（Ticket Prices 欄の第 4 文（Repeater tickets …）に記載）。ジュンコは小学 4 年生なので無料である（Ticket Prices 欄の第 3 文（Children (up to …) に記載）。アサミは学生割引を使えるので 700 円かかる（Ticket Prices 欄の第 2 文（Students (with valid …) に記載）。よって，合計 2200 円となるので，イが適切。

21. ア.「予約すればガイドが案内してくれる」は，Tours 欄の第 1 文（Experienced guides will …）「経験豊富なガイドが案内してくれる（事前予約制）」と一致。イ.「もう少し払えば，展覧会に 2 回行くことができる」は，Ticket Prices 欄の第 4 文（Repeater tickets …）と一致。ウ.「モダンアートの世界 2024 は 1 カ月も開催されない」は，Dates 欄（Monday, January …）「2024 年 1 月 15 日（月）－1 月 26 日（金）」と一致。エ.「来場者は展示作品を自由に扱うことができる」は，最終段第 1 文（While admiring the art …）にある「作品に触るのはご遠慮ください」と不一致。

22. Access 欄の最終文（Gallery 25 is fully …）に，「ギャラリー 25 は車椅子での入場も可能である」とあるので，ウが適切。

23. Ticket Prices 欄の第 4 文（Repeater tickets …）に，リピーターチケ

ットを購入すれば，何回でも展覧会に来ることができると記載されているので，イが適切。

V　解答　**24**－イ　**25**－ウ　**26**－エ　**27**－イ　**28**－エ　**29**－ウ　**30**－ウ

解説

《世界的な肥満問題の例としてのナウル》

24. 第１・２段では，世界的な肥満傾向について述べられており，第３段（Nauru is a tiny, …）以降では，その具体例としてナウルの人々の肥満について述べられているので，イが適切。

25. 空所直前の部分 In Europe, about … に「ヨーロッパでは，全人口の約半数が太りすぎ，または肥満であり，なかでもイギリス人が最も太っている」とあり，直後に「中東と北アフリカでは，この数字は今や60%を超えている」とあるので，それらを結びつけるためには，ウの while「一方」が適切。

26. 空所の後の and instead of fresh foods … に，「新鮮な食品の代わりに，加工食品を食べることが多い」とあるので，エが適切。rarely は「めったに～ない」の意味。

27. 空所直後の those は various kinds of junk food like French fries and hamburgers を指し，空所を含む文の意味は，However が複合関係副詞であるので，「いくら【　3　】とはいえ，摂りすぎはあらゆる健康問題を引き起こす」となる。よって，イが適切。tasty（形）「おいしい」

28. ア.「ナウルの住民のほとんどは太りすぎている」は，最終段第１文（Not only are …）「ナウルの人々の大半は太っているだけでなく」と一致する。イ.「ナウルの人々の約30%が糖尿病である」は，最終段第１文のセミコロン（；）以下にある「その約３分の１が糖尿病を患っている」と一致する。ウ.「ナウルの人々は他国の人々よりも若くして亡くなる傾向がある」は，最終段第１文後半 and the island … にある「この島は現在，世界で最も低い平均寿命のひとつとなっている」と一致する。エ.「ナウルの住民の多くは鉱業に従事している」は本文に言及がないので，エが適切。

29. urge *A* to *do* は「*A* に～することを熱心に勧める」という意味であ

り，persuade *A* to *do* は「*A* に～するように説得する」が最も近い意味となるので，ウが適切。

30. ア．第２段第４文（In the United States, …）に「３分の１以上の子供やティーンエイジャー，３分の２以上の大人が太りすぎである」とあるので不一致。イ．第３段第３文（But Nauru is …）に「ナウルは世界で最も太った国である」とあるので不一致。ウ．第３段第２文（Nauru has only …）に「ナウルは１万人をわずかに超えている」とあり，同段第３文のコロン（：）以下に「ナウルの成人の95％以上が太りすぎで，そのうちの85％が肥満である」とあるので一致。エ．最終段最終文（Unfortunately, the campaign …）に，「残念ながら，このキャンペーンは遅きに失した感がある」とあるので不一致。

◀2月7日実施分▶

I 解答

1―エ　2―イ　3―ア　4―ウ　5―イ　6―エ　7―ア

解説

1． 空所直前のBの発言では，初心者であるAに対して「まあ，ハーブや小さな花が咲く植物から始めるといいかもしれない」と述べているが，直後のBの発言では「まあ，それにはもっと時間と労力がかかるよ」と述べていることから，エの「リンゴかオレンジを育てたい」が適切。

2． 空所直前のAの発言に「テレビで観戦する方が，試合を追いかけやすいと思う」とあり，直後のAの発言に「いつか一緒に試合を観に行かないとね」とあるので，イの「しかし，アリーナの雰囲気はわくわくするよ」が適切。

3． 空所直前のBの発言に「私は違う区域で降りるので，毎回80円安くなる」とあり，直後のBの発言に「そうではないかもしれないけど，時間の経過とともに積み重なっていくよ」とあるので，アの「大した額ではなさそうだ」が適切。

4． 空所直前のBの発言に「私はもっと生産的なことをしたい」とあり，Aの最後の発言に「地域社会に貢献できるし，新しい出会いもある」とあるので，ウの「ボランティア活動のようなものはどうだろう？」が適切。

5． 空所直前のAの発言に「それ（人混み）も楽しみの一つだと思う。そんなに悪いことではないよ」とあり，直後のAの発言に「まあ，気が変わったら言ってね」とあるので，イの「そうだとしても，家でのんびりしたい」が適切。

6． 空所直前のAの発言に「そうなんだけど，それ（ネックレス）がどこにもないの」とあり，直後のAの発言に「シャワーを浴びたと思う」とあるので，エの「パーティーから帰ってきて何をしたの？」が適切。

7． 空所直前のAの発言に「でも，おそらくその一部を売ることもできるし，寄付することもできる」とあり，直後のAの発言に「人々が欲しがるものがあるかもしれない」とあるので，アの「でも，これらのほとんどはとても古いものなんだ」が適切。

Ⅱ 解答 8―ア　9―ウ　10―ア　11―エ　12―イ　13―ア

解説

8. 空所の後は about で終わっており，不完全な文になっているので，関係代名詞を使う。アが適切。関係副詞を使う場合は，その後ろは完全な文の形にする。

9. answer は他動詞であるが，その他の選択肢は自動詞である。

10. used to be「以前～だった」「ここは，子供の頃に大好きだったアイスクリーム屋さんがあった場所だ」

11. get *A* to *do*「*A* に（説得・依頼して）～させる」

12. be in order「①順序正しく，順番どおりに　②整理〔整頓〕されて」

13. call *A* off「*A* を取りやめる」＝cancel

Ⅲ 解答 14―イ　15―ウ　16―エ　17―イ　18―オ

解説

14. (The girl touched the) tablet's screen with <u>two fingers</u> and dragged them apart (to enlarge the picture.)

dragged them apart の them は two fingers を指し，apart は「(距離的に) 離れて，(位置を) 別々に」の意味。

15. (Pat arranged) for him <u>to</u> pay for the dinner(.)

arrange for *A* to *do*「*A* が～できるように手配〔準備〕する」

16. (Kate) was just <u>about</u> to put the candle (out when John arrived.)

be about to *do*「まさに～しようとしている」put *A* out「*A*（火・明かりなど）を消す」

17. (It's better) to try and <u>fail</u> than not (try at all.)

not ～ at all「少しも～ない」

18. (The waiter served) the customer with <u>corn soup</u> and a piece (of bread.)

serve *A* with *B*「*A*（人）に *B*（飲食物）を出す」 bread は不可算名詞であり，数える場合には a piece of bread や a slice of bread の形で使う。

Ⅳ 解答 19―ウ 20―イ 21―エ 22―ウ 23―ア

解説

《コペンハーゲンのグルメ自転車ツアー》

19. 第1段第2文(We will tour …)に「5つの素晴らしいユニークなフードスポットで最高の料理を味わう」とあるので，ウが適切。

20. 第1段第2文(We will tour …)に「多くの魅力的な橋を渡る」とあるので，イが適切。

21. Your bike 欄の第1文(Bicycles are not …)に「コペンハーゲンのほとんどのホテルでは，滞在の一部として自転車の貸し出しをしているので，(このツアーでは)自転車は提供されていません」とあるので，エが適切。

22. Safety and Weather 欄の第2文(Foods of Copenhagen …)に「フーズ・オブ・コペンハーゲンは，参加者が安全に自転車に乗っていないと判断した場合には，払い戻しなしでいつでも参加を拒否することができます」とあるので，ウが適切。

23. Added value 欄に「ツアーの前後を問わず，コペンハーゲンへの訪問に関する質問に答えるチームにメールを送れる」とあるので，アが適切。

Ⅴ 解答 24―イ 25―イ 26―エ 27―ウ 28―イ 29―ア 30―ウ

解説

《姓はどこから来るのか》

24. 第2段(In England, most …)以降では，イギリス，アジア諸国，スペイン語圏において姓がどのように生まれたかについて述べられているので，イが適切。

25. (イ)の直前の文 People's personal appearance … に，「また，人の外見や性格が名前として使われることもあった」とあり，その直後では具体例が述べられていると考えられるので，欠文「Small, Long, Strong, Wild などの姓が例である」を(イ)に入れるのが適切。

26. custom「風習，慣習」

27. end with ～「～で終わる」

28. 空所直前に「スペインやスペイン語圏では多くの人々が姓を２つ持っている」とあり，空所直後に「彼らは最初の１つの姓だけ使うこともある」とあるので，それらを結び付けるためには，イが適切。

29. complain は「～であると不平〔不満〕を言う」という意味。イ．protested やエ．claimed は「～を主張した」の意味になり，ウ．stated は「～を述べた」の意味である。しかし，ア．denied は「～ではないと言った，否定した」の意味であるので，アが適切。

30. ア．第２段第１文（In England, …）に「多くの姓が人々の職業や性格，あるいはどこに住んでいるかと関連していた」とあるが，職により姓が決められていたとは書かれていないので不一致。イ．第１段第３文（Different areas and cultures …）に「地域や文化によって，姓を使い始めた時期は異なる」とあるので不一致。ウ．第３段第１～４文（Many English last …）に英語では son で終わる語は息子を意味したと書かれており，同段第５文（In Scotland and …）に「スコットランドやアイルランドでは，Mac や Mc は息子を意味した」とあるので一致。エ．最終段第５文（Another man, from …）に，「自分の長い姓を綴るのに人生の半分を費やしたと訴えた」とあるので不一致。

日本史

◀2月6日実施分▶

Ⅰ　解答　《原始時代と歴史の始まり》

1ーエ　2ーイ　3ーア　4ーア　5ーウ　6ーイ　7ーア　8ーウ
9ーイ　10ーエ

Ⅱ　解答　《織豊政権と江戸幕府の成立》

11ーア　12ーウ　13ーイ　14ーア　15ーエ　16ーイ　17ーア　18ーエ
19ーエ　20ーウ

Ⅲ　解答　《立憲国家体制への動き》

21ーア　22ーコ　23ーケ　24ーカ　25ーオ　26ーア　27ーイ　28ーウ
29ーエ　30ーウ

Ⅳ　解答　《高度経済成長》

31ーア　32ーウ　33ーウ　34ーイ　35ーエ　36ーウ　37ーア　38ーエ
39ーイ　40ーエ

◀2月7日実施分▶

Ⅰ 解答 《律令国家の成立過程》

1―イ　2―ア　3―エ　4―ウ　5―ウ　6―ア　7―エ　8―イ
9―ウ　10―カ

Ⅱ 解答 《中世東アジアの国際情勢》

11―ア　12―ウ　13―イ　14―エ　15―ア　16―ウ　17―イ　18―ウ
19―エ　20―エ

Ⅲ 解答 《元禄時代の文化―文学・学問・美術》

21―オ　22―カ　23―コ　24―ア　25―ケ　26―ア　27―ウ　28―イ
29―エ　30―ウ

Ⅳ 解答 《国際協調外交から太平洋戦争》

31―ウ　32―ウ　33―イ　34―ア　35―エ　36―イ　37―エ　38―エ
39―ウ　40―ア

世界史

◀2月6日実施分▶

Ⅰ 解答 《インダス文明～グプタ朝のインド》

1―イ　2―ウ　3―イ　4―ア　5―ウ　6―ア　7―オ　8―イ
9―エ　10―ア　11―イ　12―ウ　13―イ

Ⅱ 解答 《ステュアート朝～ハノーヴァー朝のイギリス》

14―イ　15―ウ　16―コ　17―ア　18―カ　19―イ　20―イ　21―エ
22―ウ　23―ウ　24―ア　25―ア　26―イ

Ⅲ 解答 《古代エジプト，中国の長城，スエズ運河》

27―エ　28―ア　29―エ　30―イ　31―ウ　32―イ　33―ア　34―イ
35―ウ　36―ウ　37―エ　38―エ　39―イ　40―カ

◀2月7日実施分▶

Ⅰ 解答 《ギリシア文化，イスラーム文化，中世西ヨーロッパ文化》

1―エ　2―ア　3―ウ　4―イ　5―ウ　6―ア　7―エ　8―ア
9―オ　10―ケ　11―キ　12―エ　13―エ

Ⅱ 解答 《1930年代～70年代の中国》

14―エ　15―イ　16―ウ　17―ア　18―エ　19―ア　20―ウ　21―ア
22―ア　23―エ　24―カ　25―ウ　26―ア

Ⅲ 解答 《古代ギリシア，イスラーム世界の軍事力，清朝の軍事力》

27―エ　28―イ　29―ウ　30―オ　31―エ　32―ア　33―ウ　34―エ
35―イ　36―イ　37―ウ　38―ア　39―ウ　40―ア

数　学

◀2月6日実施分▶

Ⅰ　解答　《小問8問》

1―オ　2―オ　3―ウ　4―イ　5―ア　6―イ　7―ウ　8―イ
9―エ　10―ウ　11―イ　12―ア　13―エ　14―オ　15―イ　16―ケ
17―カ　18―イ　19―コ　20―カ　21―ウ　22―ケ　23―エ　24―ウ
25―キ

Ⅱ　解答　《2次関数の最大値・最小値》

26―オ　27―オ　28―エ　29―オ　30―イ　31―エ　32―エ

Ⅲ　解答　《三角比，三角形の面積比》

33―ク　34―エ　35―ウ　36―イ　37―エ　38―ウ　39―エ　40―ウ
41―カ

Ⅳ　解答　《同じものを含む順列》

42―キ　43―ア　44―ウ　45―ア　46―イ　47―ア　48―ア　49―ウ
50―ク　51―エ　52―エ　53―カ　54―コ

◀ 2 月 7 日実施分 ▶

Ⅰ 解答 《小問 8 問》

1―エ 2―エ 3―オ 4―キ 5―コ 6―ア 7―ケ 8―イ
9―カ 10―イ 11―イ 12―エ 13―コ 14―ク 15―オ 16―エ
17―ウ 18―エ 19―イ 20―エ 21―ウ

Ⅱ 解答 《2 次関数の最大値・最小値》

22―ウ 23―ウ 24―イ 25―ウ 26―オ 27―ウ 28―オ 29―ウ
30―ウ 31―ウ 32―ウ

Ⅲ 解答 《くじを引く確率，条件付き確率》

33―イ 34―キ 35―カ 36―キ 37―エ 38―カ 39―エ 40―カ
41―イ 42―ウ 43―ウ 44―カ

Ⅳ 解答 《直方体と三角比，三角形の面積》

45―ウ 46―イ 47―エ 48―オ 49―ウ 50―イ 51―ウ 52―エ
53―ア 54―オ

とに注目。ここではヴァーチャルな「音」をPCで「再現する」という内容が書かれているため、正解はオと判断できる。それ以外の空所の前後の内容は、音の再現とは無関係である。

問八　アナログ音源のSPレコードを聴いた筆者は「信じられない音響体験」をしたと語っている（第十一段落）。また、デジタル音源であるCDに関しては、「初めてCDを聴いたときの『あれ？』と思った違和感」との記述もある（第十二段落）。デジタルでは表現し得ない、アナログだからこそのよさが音楽にはあるのである。語注にもきちんと目を通すこと。

問九　楽譜制作アプリを用いれば音楽の知識に乏しくとも簡単に作曲できると、傍線⑦の前で説明されている。アプリに頼れば頼るほど作曲における人間の作業量は減り、当然個性が発揮される領域も削られることになるのである。

問十　空所X、Y付近の文脈をみると、コンピューターの音はすべてヴァーチャルな音であり、現実の楽器はそこになく、仮想現実だ、という内容。この流れで逆接は入らないと判断し、選択肢をウとオに絞って検討する。空所Xの前後は、前の内容に付け加えて後に続ける「そのうえ」（選択肢ウ）は不適であるため、正解をオと判断する。

問十一　ヴァーチャルであるPCの音を、我々は生の音を聴いた経験から、頭の中で再構成して聴いている。だが、生の音を聴いた経験のある人がいなくなれば、「誰が作っても誰が聴いても、音はたくさんあるが、どれも同じ」（最終段落）であるPCの音が規格となるというのが、傍線⑧の内容。

問十二　ア、PCでの創作を筆者は特に評価していない。イ、芸術分野においてAIを積極的に活用すべきだとは述べられていない。ウ、本文に記述なし。エ、委嘱料でも締め切りでも、理由は何であれ心が負荷を負うことで、芸術作品は創造され、それに触れた受け手側は感動すると第五〜七段落にある。オ、第十一段落の内容に合致。

問八　イ
問九　エ
問十　オ
問十一　ウ
問十二　オ

解説

問一　「語弊がある」とは、〝言い方に誤解を生じる可能性がある〟ということ。「語弊がある」対象が「単純な」という表現である点に注意。チェス、将棋、囲碁などを「単純」と表現することへのためらいを傍線①のように言っているのである。本文全体の内容から考えるとオがやや紛らわしいが、語弊があるとする対象を捉え違えている。

問三　「人は何もない地平から芸術を創造する。それゆえ、そこには何かきっかけがなければならない」と、第五段落にある。この「きっかけ」を、筆者は、心が「何らかの負荷を負う」ことだと説明している。負荷については「理由のいかんを問わず」とあることに留意。心に何らかの負荷を負うことが、人をして創造に向かわせるのである（第七段落）。

問五　芸術は心に負荷を受けることで創造され、その作品が人を感動させるというのが筆者の考え。だとすれば、ＡＩが人間を感動させる作品を創造できないのは、ＡＩが「何かに創ついたり感動したりすることとは無縁」（第八段落）だからである。

問六　確かにＡＩは効率性に優れているが、第九段落に「速さや強さや無駄のなさといった能力は、芸術や文化の価値にとってほとんど意味をなさない」とある。ア、「すべての芸術の価値が下がる」が誤り。イ、「無価値な作品が量産」が誤り。エ、時間をかければ良い作品ができるわけではない。オ、芸術と効率のバランスの話はしていない。

問七　欠文の内容から、音の再現について書かれた本文箇所を探す。最終段落に「再現」という語が二度使われているこ

問十 の日本語使いの名手である慈円」という箇所に注目。

問十一 「その『必要』」とは、書くものについて「はっきり具体的にきちんと説明する必要」（第十段落）のこと。四迷は西洋の小説を書くことを志したが、それを可能にする文体が当時存在しなかったため、まずは文体をつくることから始めねばならなかった。それを説明する必要があると筆者は述べているのである。

問十二 ここでの「苦労」は、文体の見本が出来上がった後のものである。四迷は和文脈の日本語の禁止を己に課すなどした（第十二段落）が、『なにを書くか？』が明確ではない」ため、「折角の言文一致体の小説『浮雲』は未完に終わってしまう」（最終段落）という苦労を味わったのである。

問十三 ア、本文内容と異なる。イ、四迷は歴史小説を書こうとしていないし、小説も未完で終わっている。ウ、第五・六段落の内容に合致。エ、両者に共通するのは事実を書いたと主張する点で、「読み手に分かりやすい小説」という点ではない。オ、本文に記述なし。

Ⅲ

出典 森本恭正「音楽とAIと創造」（森本恭正・南博『音楽の黙示録――クラシックとジャズの対話』アルテスパブリッシング）

解答

問一 ウ

問二 ア

問三 オ

問四 イ

問五 エ

問六 ウ

問七 オ

問十一　イ
問十二　ウ

解説

問一　空所Xは、「難解」という内容に「難解な歴史思想の書」という内容を付け加える働きをする接続詞を選ぶ。空所Yは、『愚管抄』は「難解な歴史思想の書」にも思われる、と述べた後で、「近代以降の小説家が書く歴史小説」に近いと、前の内容に反することが続くことに着目。

問二　「平安時代に書かれた『物語』は、作者の姿がはっきりしない」と第三段落にある。さらに『源氏物語』を例に、作者ははっきりしていても、「『紫式部は、なぜこれをこのように書いたか』という『作者のあり方』はあまり論ぜられない」（第三段落）とある。作者の姿が明確に浮かび上がる『愚管抄』とは対照的なのである。

問四　慈円が「私がここに書いたものの大筋は〝事実〟である」と述べていることに注目。その上で、空所Aの前にある「小説家なら、『多少の事実は脚色した』と言う」の部分と、慈円は「『【　A　】』と言う」の部分が対照的な意味になるように選択肢を選ぶ。

問五　傍線③の前の部分で、「作者である自分のあり方」を明確に語ろうとしている点で、『愚管抄』は「物語」ではなく「小説」だと筆者は述べている。

問六　傍線④の前の一文に、「慈円の立場は『歴史とは漢文体で書かれるものである』である」とあり、その漢文体ではなく「『かなで書く』ということを、慈円は選択する」（第八段落）とある。この二点から導き出されるのはアである。

問七　「歴史ではないが、人の関心を歴史に向かわせるもの」を書くために必要なことが、空所Bである。着眼点はその後に続く「だから、『かなで書く』ということを、慈円は選択する」という箇所。「かな」で『愚管抄』を書く、ということがどういうことかを考える。

問八　第十段落の「（慈円は）日本語のあり方を極めるような当時の最前衛『新古今の歌人』」、「『俗語』でもある和文脈

▲二月七日実施分▼

Ⅰ

解答

問一 A―オ B―オ C―エ D―イ E―ウ
問二 エ
問三 オ
問四 イ

Ⅱ

出典 橋本治『失われた近代を求めて 上』〈第二章 新しい日本語文体の模索――二葉亭四迷と大僧正慈円〉（朝日新聞出版）

問一 イ
問二 オ

解答

問三 イ
問四 イ
問五 エ
問六 ア
問七 エ
問八 イ
問九 ア
問十 オ

たしたちは、『好き』なものを何度も繰り返し味わいたいと思う。いやむしろ、繰り返し味わわざるを得ないところにこそ『好き』の本質がある」と説明されている。

問四 「愛着」は「好き」と同様に「一種のエゴイスティックな欲望を根に持っている」が、「愛着」対象が破壊されたとき、失われた対象それ自体への哀惜がある点で「好き」と異なる（第十三段落）。

問七 欠文の「それに対して」に続く内容が「愛着」の説明であるから、「それ」は愛着と対比されている「好き」や「執着」に関する内容だと考えられる。

問八 「好き」の対象が攻撃された場合、その対象に見せる執着がどこからくるのかをとらえる設問。傍線⑥の前の一文に「わたしが抱いている『執着』は、じつは当の作家に向けられているのではなく、彼が好きであるという〝このわたし〟の欲望に向けられている」とある。自身の欲望を攻撃されたために、腹を立てているのである。

問十 傍線⑧の次の段落に「愛が憎しみに変わるのではない。憎しみの根源にあるのは、じつのところ〝このわたし〟の『執着』にほかならない」、最後から六つめの段落に「『愛』は、わたしたちのそのようなエゴイズムを、それへの執着を、すでに超え出た理念的情念」とある。執着を根源とする憎しみと、執着を超え出た理念的情念である愛は全く異なるものなのである。

問十一 「エゴイズムに根を持つ感情」である「好き」は、欲望への執着を芽生えさせるため、「憎悪」へと転換するという流れをおさえたうえで、選択肢を検討する。ウの「いとも容易く」は〝非常に簡単に〟の意で、「好きは憎悪へと転換しやすい」という文脈となり、文意が自然である。

問十二 ア、最後から四つめの段落にある「わたしたちは、『愛』を手の届かない彼岸の理想として思い描く必要はない」と一致しない。イ、第四段落の内容と合致。ウ、「対象への悲嘆や慈愛」は「好き」ではなく「愛着」の対象への感情。エ、「破壊した者への憎悪」が生じるとすれば、愛着ではなく執着である。オ、本文では「好き」と「愛着」がかなりの部分重複する概念だとされている（最終段落）。

解答

問一 エ
問二 イ
問三 ウ
問四 ア
問五 オ
問六 エ
問七 ウ
問八 ウ
問九 ア
問十 オ
問十一 ウ
問十二 イ

解説

問一 「エゴイスティック」とは、〝利己的、自己中心的なこと〟をいう。傍線①の前の一文に「『好き』なのは、最も根本においては、その対象が〝このわたし〟に何らかのエロスを与えてくれるから」とある点に注目。自分を快くしてくれるから好きだと感じることを、筆者は「エゴイスティックな欲望」と指摘している。

問二 空所Aの前後でどのような内容が述べられているかに注目。対象がエロスを味わわせてくれるから好き、と前で述べ、その後に対象がエロスを与えなくなったときは好きではなくなる、と続く。前の内容を逆の視点から述べていることから、イが正解。

問三 「反復可能性」は繰り返す可能性、「反復の不可避性」は繰り返しが避けられないことを指す。傍線②の直後に「わ

イは本文内容と矛盾せず、またウは第六・七段落の内容と合致する。エは個人を政治と切り離している点が誤り。

問六　空所Aは、統一主体としての「国民」や「民意」を想定する憲法学と、集団の活動を政治的議論につなげようとする市民社会論の違いを説明している文脈である。政治主体の面において両者が緊張関係にあることを理解しているかどうかがポイント。

問八　市民社会の活動について述べた箇所。空所Bの前に「市民社会の活動は、常にコミュニケーションを通じて自己と平等な他者に働きかけようとする」、「自分の主張自体を人々に訴え支持を広げようと努力する」と説明されていることに注目。

問九　各空所の前に「そのようなもの」が指示する内容があるかどうか探す。空所dの前に「絶対に従うべき『国民の意思』」という箇所があり、欠文の市民社会論はその「国民の意思」がないことに価値を見出すという内容と矛盾がないため、正解はエ。

問十一　どの選択肢も本文に書かれている内容であり、内容に誤りはないため、設問要求に答えている選択肢を選べるかどうかが試される。「市民社会論は、社会諸集団の政治的意味を正面から認めようとするものであり、……従来の憲法学体系とは緊張関係にたつ」（第五段落）との説明に注目する。

問十二　ア、「民主政治活性化のためには必要不可欠」とまでは言っていない。イ、「政治性を帯びるのを極力阻止」が誤り。ウ、第六段落の内容に合致。エ、「社会全体の革命」を目指したのはマルクス主義である。オ、「国民」とは別の実体を認めるのが市民社会論である。

Ⅲ

出典　苫野一徳『愛』〈第二章　性愛〉（講談社現代新書）

問八　オ

問九　エ

問十　オ

問十一　エ

問十二　ウ

※問五については、正答となる選択肢が2つあることが判明したため、正答となる選択肢2つについて、いずれを選択しても正解とする措置が取られたことが大学から公表されている。

解説

問一　着眼点は次の二点。国家によって法の執行という形で秩序が保たれていること（第一段落）と、人々が自発的意思に基づいて交流すること（第二段落）である。アは「併存」が誤り。筆者は単なる併存は社会ではないと述べている。オは国家が人々の交流を分節化することが必要、というのが誤り。分節化が必要なのは複雑化した人間関係。

問三　傍線③の次の一文に、私法秩序が必要な場として経済的な意味での人々の交流と、政治性を有する交流の二点が挙げられている。さらに同段落に、法的権利義務の主体性を集団に認めることは、現実社会での活動を下支えするともある。紛らわしいのはウだが、本文では宗教法人との交流で私法が重要だとは述べていないので誤り。

問四　「市民社会は直接には自分自身だけを変形することができ、政治システムへのインプットは、常に間接的」と第六段落にある点に注目。ア、「社会全体の革命を実現しようとする」が誤り。イ、「直接的」ではなく「間接的」である。ウ、「政治的正統性を有する国民集団を形成」とは書かれていない。オ、「国家権力の担い手となることを目指す」が誤り。

問五　憲法学が政治的意思の主体として統一的な「国民」を想定するのに対して、市民社会論は個々人が自由意思に基づき集団を形成して政治活動を行う。ア・オは「国民の意思」の構築や尊重を市民社会論の考えとしている点が誤り。

国語

▲二月六日実施分▼

Ⅰ

解答

問一 A―イ　B―ウ　C―ア　D―オ　E―ア

問二 イ

問三 ア

問四 エ

Ⅱ

出典　毛利透『表現の自由――その公共性ともろさについて』〈第三章　市民社会における法の役割（の限界）〉（岩波書店）

解答

問一 ウ

問二 オ

問三 ア

問四 エ

問五 ※イ・ウ

問六 ア

問七 ウ

////////////////////// · memo · //////////////////////

//////////////////// · memo · ////////////////////

//////////////////// · memo · ////////////////////

////////////////////// · memo · //////////////////////

////////////////////// · memo · //////////////////////

//////////////////// · memo · ////////////////////

//////////////////// · memo · ////////////////////

2023年度

問題と解答

■学校推薦型選抜（公募制）（前期）：11 月 12 日実施分

問題編

▶試験科目・配点〔スタンダード方式〕

大　学	教 科	科　目	配 点
桃山学院大学	外国語	コミュニケーション英語Ⅰ・Ⅱ・Ⅲ，英語表現Ⅰ・Ⅱ	100 点
	選　択	「数学Ⅰ・A」，「国語総合（近代以降の文章）・現代文B」から１科目選択※1	100 点
桃山学院教育大学	選　択	「コミュニケーション英語Ⅰ・Ⅱ・Ⅲ，英語表現Ⅰ・Ⅱ」，「数学Ⅰ・A」，「国語総合（近代以降の文章）・現代文B」から２科目選択※2	200 点（各 100 点）

▶備　考

※1　２教科（科目）とも受験した場合，高得点教科を採用。

※2　３教科（科目）とも受験した場合，高得点の２教科を採用。

- 〔調査書重視方式〕〔高得点重視方式〕〔ベストスコア方式〕は〔スタンダード方式〕受験のうえで併願可。
- 〔調査書重視方式〕は，上記の得点，調査書全体の評定平均値を 15 倍した得点（75 点満点）の合計点で判定する。
- 〔高得点重視方式〕は，最高得点教科（科目）の得点を２倍し，合計点で判定する。
- 〔ベストスコア方式〕は，２日間受験した場合の各教科の最高得点で判定する。
- 外国語の外部試験利用制度（みなし得点制度）が利用できる。
  英語の外部試験の得点・資格のレベルに応じて，入試の「英語」の得点を 100 点，80 点，70 点の３段階に換算し合否判定を行う。試験科目「英語」を受験をする必要はないが，受験した場合は試験科目「英語」の得点とみなし得点のどちらか高い方を採用する。

英語

（60 分）

〔Ⅰ〕 次の（a）～（g）の空所に入れるのに最も適切なものをア～エの中から一つずつ選びなさい。

（a） A: This is Sunshine Bakery, Kelly speaking. 1

B: Hello, I'd like to order a birthday cake for my son.

A: Certainly. Could you tell us when you need it?

B: It's actually the day after tomorrow. Can you do it in time?

A: ＿＿＿＿＿＿＿＿＿＿

B: Can you write his name in chocolate on the top?

A: Don't worry. That's included in the basic services.

ア Sorry, we need three days' notice for cake orders.

イ Could you tell us your name and phone number?

ウ Sorry, you can only book birthday cakes in the shop.

エ Yes, but you can't choose some of the extra options.

（b） A: I think we're walking on the wrong street. 2

B: To be honest, I was thinking the same thing.

A: Let's check the map. We started here, then turned right.

B: Ah, we crossed three streets, but it should've been only two.

A: You're right. What should we do?

B: ＿＿＿＿＿＿＿＿＿＿

A: You mean, the corner where the café was?

ア We should count the number of intersections again.

イ How about searching for the street on the map?

ウ Let's go back to the point where we made the mistake.

エ We could buy coffee at a café on the way back.

（c） A: Excuse me, have we met before? 3

B: I'm not sure, but your face is familiar.

A: Do you happen to take a cooking class in Osaka?

B: Yes, I take a class on Thursday afternoons.

A: ＿＿＿＿＿＿＿＿＿＿

B: We must have seen each other in the waiting area outside the classroom.

A: Wow, what a coincidence that we met here, in Tokyo.

ア　Do you? I take an evening class on the same day.

イ　I see. How can I apply for the afternoon class?

ウ　You were waiting in the classroom in Tokyo.

エ　I was waiting for you there.

（d）A: Are you having trouble with your smartphone?　**4**

B: ＿＿＿＿＿＿＿＿＿＿

A: The concrete walls block the signal. Have you tried the open Wi-Fi?

B: No, I haven't. How can I use it?

A: Select the Wi-Fi name written here, and type in this password.

B: I see. By the way, is this free to use?

A: Yes, but the time is limited to 60 minutes.

ア　My phone's battery is almost dead.

イ　Everything is fine. Don't worry.

ウ　The open Wi-Fi is out of service here.

エ　I want to check my email, but the connection is very weak.

（e）A: Grandma, could you taste this soup for me?　**5**

B: Sure. What are you making?

A: Pumpkin soup for tonight.

B: ＿＿＿＿＿＿＿＿＿＿

A: Really? I already put in the exact amount of salt from the recipe.

B: Depending on the size of the pumpkin, you have to adjust the amount.

A: It was a big pumpkin. I'll add a little extra.

ア　I think it needs more salt.

イ　It seems like you put in too much salt.

ウ　Could you show me the recipe?

エ　It's a bit salty. You should add more water.

（f）A: Have you heard about the new fitness gym that opened near the station?　**6**

B: ＿＿＿＿＿＿＿＿＿＿

A: Why? Do you want to lose weight?

B: No, but I need to develop my arm muscles.

A: How come only your arms?

B: I recently started archery, and my teacher said to strengthen my arms.

A: Let's go check it out together.

ア　Those places are quite expensive, aren't they?

イ　No, I haven't, but I'm interested.

ウ　It looks like there is an archery class.

エ　You should join. You need more exercise.

(g)　A: This is the end of the online business seminar. Any questions?　7

B: Yes, I'd like to know more about Part 2.

A: Do you mean the changes to the tax laws?

B: Yes. Can you show us more examples?

A: ＿＿＿＿＿＿＿＿＿＿＿＿

B: That would be very helpful.

A: OK, I'll get them to you by the end of the week.

ア　Maybe the information won't be helpful.

イ　No, but I can send you links to some useful websites.

ウ　For example, the changes are very limited.

エ　Yes, please send the examples by email.

〔Ⅱ〕 次の（a）～（f）の空所に入れるのに最も適切なものをア～エの中から一つずつ選びなさい。

（a） They offered help to ______ was in trouble. **8**

ア who　イ whom　ウ whoever　エ whomever

（b） The event was ______ attended by local football fans. **9**

ア many　イ little　ウ quite　エ well

（c） Customers are ______ to contact us by email for further information. **10**

ア encourage　イ encouragement　ウ encouraging　エ encouraged

（d） It is best to make a reservation ______ advance. **11**

ア in　イ on　ウ for　エ to

（e） Jane is old enough to ______ after herself. **12**

ア ask　イ keep　ウ look　エ take

（f） You shouldn't do things in too much of ______. **13**

ア hurry　イ a hurry　ウ the hurry　エ hurrying

〔Ⅲ〕 （1）～（5）の日本文の意味に合うように［　　］内の語（句）を並べ替えると、与えられた5つの選択肢のうちで3番目にくる語（句）はどれか。ア～オの中から一つずつ選びなさい。（なお、文頭に来る語の頭文字も小文字になっている。）

（1） 彼は混乱していたので、何が起こったのか分からなかった。 **14**

He was [to be / as / see what happened / so confused / unable to].

ア to be　イ as　ウ see what happened

エ so confused　オ unable to

（2） 念入りに準備していたら、困ったことにならなかったのに。 **15**

You [if you / got into trouble / would not / had / have] made careful preparations.

ア if you　イ got into trouble　ウ would not

エ had　オ have

（3） 先生方は、いつも私たちのために時間を割いてくれる。 **16**

Our teachers always [available / us / themselves / make / to].

ア available　イ us　ウ themselves　エ make　オ to

(4)　彼は2冊の本を持ってきたが、私はどちらも読んでいなかった。　17

He brought two books, [I / of / neither / had / which] read.

ア I　　イ of　　ウ neither　　エ had　　オ which

(5)　彼のこの新しいCDは爆発的な売れ行きを見せている。　18

[new CD / his / of / is enjoying / this] tremendous sales growth.

ア new CD　　イ his　　ウ of　　エ is enjoying　　オ this

〔Ⅳ〕　次のAwesome Roarsome Tourの案内を読んで、後の問いに答えなさい。いずれも、最も適切なものをア～エの中から一つずつ選びなさい。

Awesome Roarsome Tour (For Kids)

Come and join us on our exciting "Awesome Roarsome Tour"! The tour starts in the early morning to maximize the chances of the animals being active. You will come face-to-face with some of the most dangerous and endangered animals on Earth. Watch the staff feeding the tigers, lions, and hyenas up close in the Big Cat Zone. In the Snake House, you can feel the amazing texture of a python's skin and see the deadly cobra. After all that excitement, we will introduce you to the adorable capybara, meerkats, and river otters. You can touch them and even help us feed them. We promise that you will leave with wonderful memories and a lot of new knowledge about our amazing animals.

PLEASE NOTE: We cannot guarantee all of the animal activities listed above. The number and level of interactions may be changed due to the conditions of the animals, the weather, and other factors. Start and finish times may change due to weather conditions.

DAYS	Every Saturday, Sunday, Monday, Wednesday, and Friday (and every day during school holidays)
START TIME	7:30 am (regular Zoo opening time is 9:00 am)
AGE LIMITS	6 to 16 years Please Note: Children under the age of 12 must be accompanied by a paying adult. An accompanying ticket costs $30.
LENGTH	90 minutes
COST	$50 (Mon — Fri)　$60 (Sat/Sun)　per child
ZOO ENTRY FEE	Included (After the tour, you can continue enjoying the zoo!)
BOOKING	Book by phone or on our website. Book your ticket through our website to get a discount.
CHECK-IN	Location: At the ticket counter Time: 10 minutes before the tour starts

CANCELLATION POLICY

・Cancelling or rescheduling a booking is possible up to 7 days prior to your tour. The full fee will be returned for the cancellation. Rescheduling is possible for a later date than the original tour date. An

extra fee ($5) will be charged to issue a new ticket.
· Bookings cancelled less than 7 days before the tour date are non-refundable. However, they can be transferred to another person's name. A fee ($10) will be charged for issuing a new ticket.
· If the tour is cancelled or postponed due to weather conditions, we will contact you by phone.
· Cancellations and changes to the bookings can only be made by phone.

Adapted from: https://nationalzoo.com.au/encounter/awesome-roarsome-tour/

1. What is NOT included in the tour? 19

ア an opportunity for children to feed big cats

イ free entry to the zoo

ウ an opportunity to touch a python

エ an opportunity to see endangered animals

2. Which of the following is true? 20

ア You cannot enter the zoo before regular opening time.

イ You can stay in the zoo after the tour.

ウ You can get a discount if you book by phone.

エ You cannot join the tour on Tuesdays at any time of year.

3. How much will it cost in total if a 9-year-old boy wants to join the tour on a weekday? 21

ア $80

イ $90

ウ $100

エ $120

4. Which is possible under the zoo's cancellation policy? 22

ア rescheduling the tour date to an earlier date

イ rescheduling the tour date free of charge

ウ cancelling the ticket through the website

エ changing the ticket holder's name before the tour

5. Which is guaranteed on the tour? 23

ア the level and amount of animal interactions

イ the conditions of the animals

ウ seeing many different animals

エ the date and starting time

〔V〕 次の英文を読んで、後の問いに答えなさい。

It is difficult for us to imagine a world without bicycles. All over the world, bicycles are used as a cheap and reliable form of transport. However, the first bicycles were very different from those we are familiar with today.

The earliest "bicycle" appeared in France in the 1790s. It was a little wooden horse with a front wheel that was fixed in place and could not be turned right or left. This little horse did not have any pedals, and the only way (a)<u>it</u> could be moved was by the rider pushing against the ground with his or her feet.

In 1817, a German, Karl von Drais, made a front wheel that was not fixed in place. Now, the rider could (b)<u>direct</u> the wooden horse right or left while moving. This was a huge development. However, the rider still needed to push it with his or her feet on the ground.

The next development occurred in 1839, when a Scottish blacksmith*1, Kirkpatrick Macmillan, designed the first bicycle-like machine with pedals. Macmillan rode his machine the 70 miles from his home to Glasgow, Scotland, in only two days.

In 1866, Pierre Lallement【 1 】and received a U.S. patent*2 for a machine that he called the "bisicle". Some people called it a "boneshaker" because it had hard steel wheels. Three years later, in 1869, rubber tires were introduced and the bicycle became a lot more【 2 】. Around the same time, the front wheels began to get larger and the back wheels got smaller. The first "highwheeler" was introduced in 1872. During the 1880s, bicycles enjoyed a sudden growth in popularity. The highwheelers were very popular, especially among young men. They could go much faster than earlier bicycles, but the risk to riders was increased. A rider sitting high up on the bicycle and traveling very fast could easily【 3 】if the bicycle hit even a small bump in the road. This resulted in many injuries.

Fortunately, the "safety bicycle" was invented in 1884, and accidents were significantly reduced. The safety bicycle had equal-size front and back wheels, a chain, and a gear-driven rear wheel. The rider was now sitting further back on the bicycle and in less danger. More improvements followed. Pneumatic tires — that is, tires with air in them — were invented in 1888. The last major innovation, the derailleur*3 gear, arrived 11 years after that, in 1899.

Beginning in the 1970s, bicycles became lighter, and changes in design and materials allowed bicycles to go faster. No doubt there will be further improvements in the future.

Adapted from: Patricia A. Dunkel and Phyllis L. Lim. (2014).
Listening & Notetaking Skills, *Level 1*, *4th Edition* (pp. 122-123). HEINLE Cengage Learning.

*1 blacksmith: 鍛冶屋　*2 patent: 特許　*3 derailleur: 変速機

問1 本文のテーマとして最も適切なものをア〜エの中から一つ選びなさい。 **24**

ア how bicycles were developed

イ who invented the first bicycle

ウ　the best bicycle of the 19th century

エ　the history of bicycle names

問2　空所【　1　】～【　3　】に入る最も適切な語（句）をア～エの中から一つずつ選びなさい。

	ア	イ	ウ	エ	
【1】	turned down	relied on	set off	applied for	25
【2】	comfortable	strange	harmful	expensive	26
【3】	get over	fall off	stand for	come across	27

問3　下線部(a)の "it" は何を指しますか。最も適切なものをア～エの中から一つ選びなさい。　28

ア　the earliest "bicycle"

イ　the ground

ウ　the pedal

エ　the rider

問4　下線部(b)の "direct" と置き換えられ<u>ない</u>語はどれか。最も適切なものをア～エの中から1つ選びなさい。　29

ア　turn　　イ　guide　　ウ　steer　　エ　follow

問5　本文の内容と一致するものをア～エの中から一つ選びなさい。　30

ア　ペダル付きの自転車を初めて製作したのはフランス人である。

イ　19世紀初めにドイツ人が改良した自転車にはペダルがなかった。

ウ　前輪と後輪の大きさが違う自転車のほうが安全である。

エ　今後、自転車のデザインや素材については、さらなる改良の余地はない。

■数学■

（60分）

解答にあたっての注意事項

① 分数形で解答する場合，それ以上約分できない形で答えなさい。

② 根号を含む形で解答する場合，根号の中に現れる自然数が最小となる形で答えなさい。

〔Ⅰ〕 以下の空欄の 1 ～ 16 に入る数字を選択肢から1つずつ選びなさい。

(1) $0° < \theta < 90°$ とする。$\sin\theta = \dfrac{\sqrt{3}}{3}$ のとき，$\sin\theta\cos\theta = \dfrac{\sqrt{\boxed{1}}}{\boxed{2}}$ である。　1 · 2

(2) 1から100までの整数のうち，5または7の倍数は 3 4 個である。　3 · 4

(3) 右の図のように，点Oを中心とする円Oが点Aで直線ATに接している。線分BCは円Oの直径であり，$\angle TAC = 34°$ である。このとき，$\angle OCA =$ 5 6 ° である。

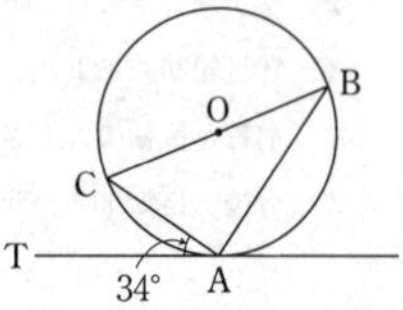

5 · 6

(4) 1から8までの数が1つずつ書かれた8枚のカードから3枚のカードを同時に取り出すとき，カードの中に奇数が書かれたカードが1枚だけ入っている確率は $\dfrac{\boxed{7}}{\boxed{8}}$ である。　7 · 8

(5) $3x^2 - x - 6 - (x+1)(x-3)$ を因数分解すると，$(\boxed{9}x + \boxed{10})(x - \boxed{11})$ である。　9 · 10 · 11

(6) $y = 2x^2 - 4x + 1$ のグラフは，$y = 2x^2 + 1$ のグラフを x 軸方向に 12，y 軸方向に $-$ 13 だけ平行移動したものである。　12 · 13

(7) $x = \dfrac{\sqrt{5}+1}{2}$，$y = \dfrac{\sqrt{5}-1}{2}$ のとき，$x^3y + xy^3 =$ 14 である。　14

(8)　連立不等式 $\begin{cases} 5x-x^2\geqq 0 \\ x^2-8x+7\leqq 0 \end{cases}$ を解くと，[15] $\leqq x\leqq$ [16] である。　[15]・[16]

選択肢

ア　0	イ　1	ウ　2	エ　3	オ　4
カ　5	キ　6	ク　7	ケ　8	コ　9

〔II〕　以下の文章を読み，空欄の [17] ～ [29] に入る数字を選択肢から１つずつ選びなさい。

S, U, U, S, I, K, I の７文字を横一列に並べて文字列を作る。

(1)　異なる文字列は全部で [17][18][19] 通りある。　[17]・[18]・[19]

(2)　S２個が隣り合って並ぶ文字列は全部で [20][21][22] 通りある。　[20]・[21]・[22]

(3)　母音４個（U２個とI２個）が続いて並び，子音３個（S２個とK１個）が続いて並ぶ文字列は全部で [23][24] 通りある。　[23]・[24]

(4)　母音どうしが隣り合って並ばない文字列は全部で [25][26] 通りある。　[25]・[26]

(5)　２個のSどうしが隣り合わず，２個のUどうしも隣り合って並ばない文字列は全部で [27][28][29] 通りある。　[27]・[28]・[29]

選択肢

ア　0	イ　1	ウ　2	エ　3	オ　4
カ　5	キ　6	ク　7	ケ　8	コ　9

〔Ⅲ〕 以下の文章を読み，空欄の 30 ～ 40 に入る数字を選択肢から１つずつ選びなさい。

AB＝3，BC＝8，CA＝7 の△ABC がある。

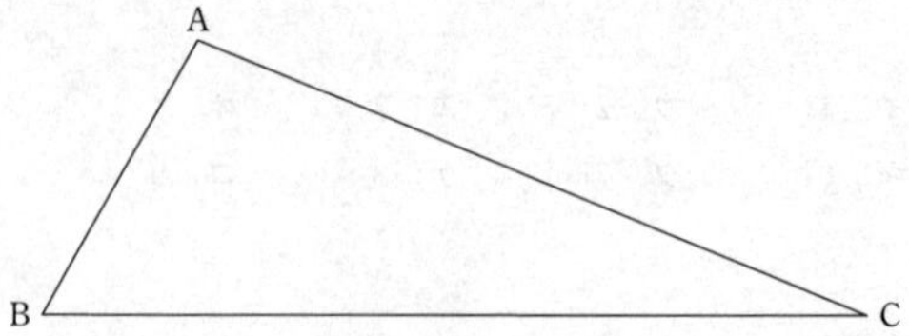

(1)　$\cos\angle ABC = \dfrac{\boxed{30}}{\boxed{31}}$ であり，△ABC の面積は $\boxed{32}\sqrt{\boxed{33}}$ である。　　30 · 31　32 · 33

(2)　∠ABC の二等分線と辺 AC の交点を D とする。

このとき，△DAB と△DCB の面積比△DAB：△DCB を最も簡単な整数の比で表すと 34 ： 35 であり，$BD = \dfrac{\boxed{36}\boxed{37}\sqrt{\boxed{38}}}{\boxed{39}\boxed{40}}$ である。　　34 · 35　36 · 37 · 38 · 39 · 40

選択肢

ア 0	**イ** 1	**ウ** 2	**エ** 3	**オ** 4
カ 5	**キ** 6	**ク** 7	**ケ** 8	**コ** 9

〔Ⅳ〕 以下の文章を読み，空欄の 41 ～ 53 に入る数字を選択肢から１つずつ選びなさい。

a を定数として，関数 $f(x)=x^2-4ax+3a^2+2a$ がある。この関数の $-1\leqq x\leqq 2$ における最大値を M，最小値を m とする。

(1) $y=f(x)$ のグラフの頂点の座標は（ 41 a，$-a^2+$ 42 a）である。

41 ・ 42

(2) 関数 $f(x)$ の $-1\leqq x\leqq 2$ における最大値は

$a<\dfrac{43}{44}$ のとき，$M=$ 45 a^2- 46 $a+$ 47

$\dfrac{43}{44}\leqq a$ のとき，$M=$ 48 a^2+ 49 $a+$ 50

である。

43 ・ 44
45 ・ 46 ・ 47
48 ・ 49 ・ 50

(3) $M-2m=2$ となるような a の値のうち，最大のものは 51 $+\sqrt{52}$，最小のものは $-$ 53 である。

51 ・ 52
53

選択肢

ア	0	イ	1	ウ	2	エ	3	オ	4
カ	5	キ	6	ク	7	ケ	8	コ	9

問十四　傍線⑧の「個々人の内発的な欲求にいかに自然に寄り添えるかということが争点になってくる」とあるが、これはなぜか。その説明として最も適切なものを、次のうちから一つ選びなさい。 29

ア　マスメディアで発信される広告では、個々人の行動データなどを用いたさまざまな手法で消費者の注意を引かなければならないから

イ　AIのフィルターによって広告の閲覧機会が減少しているため、マスメディアで大衆に訴えかけ、個人の欲求を生みだす必要があるから

ウ　個々人の興味のない分野についても提供する情報を増やしていくことで、現代の企業は自社の強みを正確に消費者に伝えることができるから

エ　時代によって移り変わる個々人の意図を測り、広告へと生かしていくために、情報発信の技術を進化させていかなければならないから

オ　繰り返しの広告に拒否感を示す人々が多いため、適度に消費者の注意を引き、消費行動の意図を強化する手法が求められているから

問十五　次の各文のうち、本文の内容に合致するものを一つ選びなさい。 30

ア　発展した情報技術と人間社会が結びつき変化することで、人間は自らの身体的な移動の制約と生命の時間的制約を飛び越えることができた。

イ　自然言語の獲得によって、人間は個人から集団に向けて発信することが可能になり、その記録を活用することで情報技術が発展した。

ウ　スマートフォンの普及によって、大衆に向けた情報発信の中で特権的な力をもっていたマスメディアが大きく衰退することとなった。

エ　集積された個々人のデータを活用できるのは、現状では国家や企業にとどまっているが、今後は個人レベルでも取り扱えるようになる。

オ　個々人が内発的な欲求を自ら律することができれば、個人のデータを踏まえた広告などに惑わされずに自ら意思決定ができるようになる。

問十一　傍線⑦の「恣意的」の意味として最も適切なものを、次のうちから一つ選びなさい。　26

ア　明確な目的をもたず、偶然そうなってしまうさま
イ　他のものとは異なる点が多分に存在するさま
ウ　一定のきまりに従って、規則正しく行われるさま
エ　そうではないと打ち消す内容をもっているさま
オ　論理的な必然性に欠け、自分勝手に振る舞うさま

問十二　（ソガイ）を漢字で表記するとどうなるか。次の各文のかっこ内のカタカナを漢字で表した場合、（ソガイ）の（ソ）に当たる漢字を含むものを一つ選びなさい。　27

ア　物陰に隠れて獲物を（ソゲキ）する。
イ　式典では（ソソウ）のないよう注意する。
ウ　大雨による河川の氾濫を（ソシ）する。
エ　問題に対して暫定的な（ソチ）を行う。
オ　毎年（ソゼイ）を納める義務がある。

問十三　空所【　B　】に入る最も適切なものを、次のうちから一つ選びなさい。　28

ア　これらの事例からは、強いメッセージを大量投下して大衆の注意をひくことが重視されている点が窺（うかが）える。
イ　こうした広告技術の発展から、個人の注意や意図が時代が変わっても不変であることが窺える。
ウ　このようなソーシャルメディア上の広告では、消費者をあえて軽視するような手法への変化が窺える。
エ　この動向からは、個人は必ずしも中長期的に制御され続け得るものではない可能性が窺える。
オ　このように、広告側からの制御が強まったことで、個人の選択する余地の減少傾向が窺える。

ウ　スマートフォンでの記録だけでなく、身体に装着する機器を用いることで、より正確な行動や嗜好、意思を記録し、自分と似た人間と知り合うことができるようになっているということ

エ　自分がどういう存在かを意識する際にも、自らの行動や嗜好などが記録されていることで社会関係や個人の評価が可視化され、それらと常に向き合わなければならないということ

オ　個々人の交友関係や所属する学校、企業がデータとして記録されアクセスされることで、個人情報流出の危険が高まり、情報を自ら守らなければならない時代になっているということ

問九　傍線⑥の「排他的」の意味として最も適切なものを、次のうちから一つ選びなさい。 24

ア　筋道を立てて考えて、無駄がなく理にかなっているさま

イ　細やかで繊細なため他より取り扱いに注意を要するさま

ウ　特定のものだけを優遇し、他を退けて受け入れないさま

エ　何もかもが似ており、他の個性や特色がみられないさま

オ　私利私欲を排し、他者の幸福や利益のために尽くすさま

問十　空所【　X　】【　Y　】【　Z　】に入る語の組み合わせとして最も適切なものを、次のうちから一つ選びなさい。 25

ア　【　X　】＝他律、【　Y　】＝自律、【　Z　】＝自律

イ　【　X　】＝自律、【　Y　】＝他律、【　Z　】＝自律

ウ　【　X　】＝他律、【　Y　】＝他律、【　Z　】＝自律

エ　【　X　】＝自律、【　Y　】＝他律、【　Z　】＝他律

オ　【　X　】＝自律、【　Y　】＝自律、【　Z　】＝他律

問六　（サケばれて）を漢字で表記するとどうなるか。次の各文のかっこ内のカタカナを漢字で表した場合、（サケばれて）の（サケ）に当たる漢字を含むものを一つ選びなさい。　21

ア　紅葉が美しい（キョウコク）に足を運ぶ。
イ　今年は（キョウサク）で食料が不足する。
ウ　線路の上の大きな（リッキョウ）を渡る。
エ　毎日の生活を（キョウラク）的に過ごす。
オ　いきなり虫が現れて（ゼッキョウ）する。

問七　傍線④の「自らの鏡像」とは何か。その説明として最も適切なものを、次のうちから一つ選びなさい。　22

ア　本を読みながら余白に書きつけたメモ
イ　前世代の情報の継承と次世代への発信
ウ　自らの行動や選択が記録されたデータ
エ　学歴や職歴などの自らの人生のプロセス
オ　ソーシャルメディアにおける自分の立場

問八　傍線⑤の「広義での社会ネットワーク上での自己像と常に対峙する」とはどういうことか。その説明として最も適切なものを、次のうちから一つ選びなさい。　23

ア　個々人が社会的な現実像を形成していくにあたって、他者の行動や嗜好、意思などが記録され、表示されるソーシャルメディアの影響は大きく、自己像を見失う人々が多いということ
イ　マスメディアのもつ影響力がソーシャルメディアに取って代わられたことによって、規範となるべき行動や嗜好、意思が失われ、個人的な現実像の形成が難しくなっているということ

問三 空所【 A 】に入る最も適切なものを、次のうちから一つ選びなさい。 18

ア 世界的
イ 巨視的
ウ 逆説的
エ 微視的
オ 局地的

問四 （クドウ）を漢字で表記するとどうなるか。次の各文のかっこ内のカタカナを漢字で表した場合、（クドウ）の（ク）に当たる漢字を含むものを一つ選びなさい。 19

ア 人に（モンク）を言わないようにする。
イ 技術を（クシ）して新製品を開発する。
ウ （クドク）を積む行動を心がける。
エ （クラク）を共にした仲間と再会する。
オ 現実と空想を（クベツ）する。

問五 傍線③の「自然言語を手にすることで、個人は他者と複雑なレベルで協働できるようになった」とあるが、その具体例の説明として適切でないものを、次のうちから一つ選びなさい。 20

ア 人間同士の合意が言葉や文字によって記録され、伝わることにより、個人間や集団全体でのネットワークの形成が容易になった。
イ 写真や音声、映像の記録と複製の技術が高まったことにより、文字以外の表現方法を用いた情報の発信が主流になっていった。
ウ 印刷技術と出版流通の発展により、大規模な集団に向けた個人の情報発信が可能になり、ジャーナリズムの影響力が上がった。
エ テレビやラジオにより大規模な情報発信が、携帯電話の流通によりリアルタイムでいつでも会話することが、それぞれ可能になった。
オ 情報発信が記録されることで過去の歴史が参照可能となり、過去の情報の継承と次世代の情報の発信ができるようになった。

＊5　ネオダーウィニスト――ダーウィンの学説のうち、自然選択（自然淘汰）を強調し、獲得形質の遺伝を否定する考え方をする人。
＊6　利己的な遺伝子（gene）――遺伝子が自分のコピーを残そうとする性質を、イギリスの生物学者ドーキンスがこのように呼んだ。
＊7　模倣子（meme）――文化が模倣によって人から人へと伝達し、増殖していく仮想の遺伝子のこと。
＊8　フィードバック――ある結果をそれが起きた原因の側に戻す操作のこと。
＊9　注意経済――人々の関心や注目の対象となるものがより経済的価値をもつという概念。
＊10　意図経済――消費者が企業に直接意図を表明し、それによって作られた製品を選択していくという経済社会の概念。
＊11　サブリミナル広告――知覚不可能な速度または音量でメッセージを出すことで、人間の潜在意識に訴える形式の広告。

問一　傍線①の「自然言語の発生」によってどのようなことが可能になったか。その説明として最も適切なものを、次のうちから一つ選びなさい。　16

ア　個体それぞれの内部に渦巻いていた情動やクオリアを一つの感情として単純化すること
イ　特定の個人が生みだすそれぞれの物語を、外部化せず個人の内面に記憶しつづけること
ウ　言語的文脈の共有により人間の記憶力が向上し、時間的・距離的な制約を超越すること
エ　個々人のなかで生まれる情報を、時間の経過や距離の遠近に関係なく他者に伝えること
オ　人々の記憶が物語の内容に影響を受けて統合され、容易に記録できるようになったこと

問二　傍線②の「人間は情報技術と連動しながら変化（evolve）してきた」とはどういうことか。その説明として最も適切なものを、次のうちから一つ選びなさい。　17

ア　人間は自らを構成する要素を構築し産出することによって、情報技術の発展を可能にしてきたということ
イ　人間は技術と助け合うことによって、情報技術を発展させ、情報の移動と記録を可能にしてきたということ
ウ　人間は情報技術という個体システムを用いて、生活する環境を整えて自らの価値を高めてきたということ
エ　人間は個々人の意図や意思といった文化的な遺伝子を、情報技術を活用しながら発展させてきたということ
オ　人間は情報技術を生み出し、その技術を活用してきたことで、身体的制約を乗り越えてきたということ

出すことを指向していたとすると、ソーシャルメディアによる意図喚起は存在している欲求を強化するように働く。リターゲティング広告といわれる、一度ウェブブラウザ上で閲覧した商品の広告を他のサイト上でも何度も表示するという手法が近年流行した。この方法は、一度発生した意図に対して何度も注意喚起し、⑦恣意的に意図を強化することでユーザーを制御するタイプの発想だろう。

同時に現在では、そうした強引さがかえってユーザーの反感を買うこともわかってきている。たとえばスマートフォンのアプリ毎の内部ロジックのなかで画面タップやスクロールの仕方といったユーザーの細かい挙動を基に、場面場面での意図を計測して情報の提示の仕方にフィードバックする技術が追求されている。広告の提示の仕方も、いかに主となる他の情報への注意を（ソガイ）することなく、かつ、効果的に見せられるかということが求められている。また、いわゆるソーシャルゲームにおいても、執拗（しつよう）に課金を迫るのではなく、なるべく自然に課金したくなるタイミングを検知してその選択肢を提示するようになってきている。【　B　】

多くの人が自ら考えることよりも、強い代弁者をフォローする社会の状態をフィロドクサ（philodoxa）、つまり「意見の愛」と呼ぶが、その対立概念が「知の愛」、もしくは哲学を意味するフィロソフィア（philosophia）である。この対立項は、他律性と自律性と同様に、比率関係で捉えることができる。個人の思考リソースは有限であり、あらゆる領域について情報を収集したり、考えを深めることは不可能だからだ。私たちはどこまでを自律的に考え、どこまでを外部に委ねることが理想的なのだろうか。

マスコミュニケーション型の社会では強いメッセージを大量に発信することで消費者の注意を勝ち取る情報発信が主流だった。しかし、テレビを視聴せず、主にソーシャルメディア上で同じ嗜好の人間の動向を見ているユーザーを対象にする現代の企業にとっては、⑧個々人の内発的な欲求にいかに自然に寄り添えるかということが争点になってくる。問題は、個々人がどこまで内発的な欲求を自ら律することができるかということだろう。

（ドミニク・チェン「人間の欲望のリデザイン」より）

＊1　クオリア ―― 感覚的な刺激を受け取った際の経験にもとづく独特な質感。「すがすがしい感じ」など。
＊2　情動 ―― 感情のうち、急激かつ一時的に引き起こされた、怒り、恐怖、驚きなどのこと。
＊3　集合知やビッグデータ ―― 「集合知」は、多くの人々の知識の蓄積のこと。「ビッグデータ」は、膨大かつさまざまなデータの集まりのこと。
＊4　ケリ ―― アメリカの著述家、編集者。

だからこそ、人工知能やビッグデータ活用において、人間と計算機の対立論が（サケばれて）いることは偶然ではない。社会としてのみならず、個人としての人間は、今日ほど④自らの鏡像と向き合うことはなかった。

「私たちの生きている世界はどういう世界なのか？」という社会的な現実像の形成に、社会規模の情報発信装置としてのマスメディアだけではなく個人を端とする情報伝播ネットワークであるソーシャルメディアも影響を及ぼしている現代において、「自分はどういう存在なのか？」という個人的な現実像の形成に対しても、ますます身体に密着する生体計測技術や嗜好データを基にパーソナライズされた広告やマーケティングの技術が影響力を増大させている。社会関係や個人の評価も数値化され可視化され、⑤広義での社会ネットワーク上での自己像と常に対峙（たいじ）することは、人間に対してどのような変化を促すのだろうか。

リアルタイムにデータを集積し、未来のさまざまな傾向を高精度に予測する情報技術を活用する術は現在のところ、国家機関や企業といった専門的な集団に限定されている。この意味では、個人はまだ一方的に情報を受信させられる対象であり、その活動の記録を利用されるという【　X　】的な傾向が高まっている。

また、受け取る情報が自らの趣味嗜好データに基づいて最適化され続けることによって、「見たい」情報のみを見続け、その他の情報が入ってこない結果、情報の多様性を失うフィルターバブルの問題も指摘されている。【　Y　】的に情報を取捨選択しているように見えて、情報の感度や関心が情報技術によるフィードバックループによって制御されている側面も強まっている。

他方で自律性と他律性という二項は⑥排他的に捉えるべきではない。社会という相互影響のネットワークに属している限り、完全に自律的な存在はありえないし、個人的な欲求というものが存在する限り、完全に他律的な存在というものもありえないからだ。問題はどの程度の自律性と他律性のバランスを私たちが望むのか、ということだろう。

逆の観点から見てみると、インターネット技術はより高い解像度で私たち個々人の心情に寄り添うようになったとも見ることができる。二〇〇一年ころには注意経済[*9]という言葉が流行したが、二〇一二年には意図経済[*10]という書籍が注目された。注意とはたとえば大量の広告を投下することで削り取ることができるが、意図を測り知るためには個々人毎（ごと）に計測し配信することが必要となる。単純なサブリミナル広告[*11]によって関心のない商品に注意を奪われることなく、自らの関心に合わせて情報が変化するようになった点においては、【　Z　】性は増しているとも見ることができるだろう。

しかし、常に情報技術は人間に変化を及ぼす限りにおいて、私たちはその点検を続けなければならない。マスメディアによる注意喚起は欲求を作り

ウ）されてきたという見方も惹起（じゃっき）される。ネオダーウィニストのリチャード・ドーキンス*5が利己的な遺伝子*6（gene）に加えて文化的な模倣子*7（meme）（ミーム）の働きを示唆したように、私たちは時代の亡霊（Zeitgeist）ならぬ技術の亡霊（Technikgeist）に制御される情報の模倣子の運び屋に過ぎないのだろうか？

この問いは、その答え方そのもののなかに回答者の意図が露見する類（たぐ）いのものである。システム論的に階層的な社会構造を捉える時に、上位のシステムの挙動によって全体が決定するのか、それとも下位のシステムの集積が上位システムにも変化を促すと見るのか、ということは決着がついていない。

ここからは人間個体という下位システムが情報技術と共に変わる流れの観点から、「個体としてどう変化したいのか？」つまり「何になりたいのか？」という根本的な意図もしくは欲求について問うことにする。

③<u>自然言語を手にすることで、個人は他者と複雑なレベルで協働できるようになった。</u>それは時々の合意だけではなく、記録や約束といった過去と未来の時制の誕生と関係している。

合意が言葉や文字として伝播することで、一対一ではなく、集団全体でのネットワークを形成できるようになった。印刷技術と出版流通の発展は、大規模な集団に向けて情報発信する個人の数を増やすと同時にジャーナリズムの影響力を増大させた。写真、音声、映像の記録と複製の技術は文字以外の表現の流通を可能にし、ラジオとテレビはリアルタイムでの大規模な情報発信をもたらした。そして、固定電話が携帯電話になると、リアルタイムに個人同士がいつでも会話できるようになった。

この流れのなかで情報の発信という側面と同等に重要なのは、情報発信つまりコミュニケーションの結果が記録され続け、次のコミュニケーションにフィードバック*8を与える力である。前の世代の情報を継承し、次世代の情報を発信するという個々人の寿命を超える時間でコミュニケーションが行われるということである。集積される履歴の総体としての歴史への解像度が高まることで、科学技術の発展が加速し、政治や行政の手法も多様化し、社会を構成する企業や個人の集団の行動も複雑化する。

こうした連続性の上で現在、インターネットに常時接続するスマートフォンが世界的に普及していることの歴史的な意義とは、大衆に向けて瞬時に情報を発信することができるというマスメディアが保持していた特権的能力が個人に解放されたという点だけではなく、個人レベルでの行動のデータがアクセス可能となっている点も同時に挙げなければならない。能動的に自己の生活を記録するライフログの手法と、無意識に嗜好（しこう）や意思に関する選択のデータを記録する広告技術や諜報（ちょうほう）技術は、現代の社会で動いているありとあらゆるプロセスが記録され、参照可能となることを促進している。

問十五　次の各文のうち、本文の内容に合致するものを一つ選びなさい。 15

ア　近代社会を進歩させる動力について、近代に残る前近代社会の影響を指摘し、ロビンソンやハートらの説を援用して考察している。

イ　経済活動における個人の勤勉さの理由について、経済学の範疇では解明しきれないとし、心理学的な視点から論理的に主張している。

ウ　個人の経済活動の動機について、従来の経済学の見解とは対立する見方を、ロビンソンやデュルケイムらの説を引用しつつ述べている。

エ　近代の自由な経済活動の実現について、近代国家と前近代社会のルールの両方が前提となるということを、事例を挙げて説明している。

オ　近代世界の基本構造について、国家と社会と経済の間に生じる相互依存関係を解消する方法を、ポランニーの言葉を借りて論じている。

〔Ⅱ〕

次の文章をよく読んで、後の問いに答えなさい。

人間にとっての情報技術の最も原初の形は自然言語である。他者と共有できる言語的文脈を手にした瞬間、それまでは個体それぞれのなかで渦巻いていた複雑な生命的なクオリア*1や情動*2といった情報を、はじめて社会的な規模で伝播させることのできる情報として発信する術を手に入れたわけだ。

情報技術としての自然言語は、寿命という個体の生命的な時間的制約と、移動可能な範囲を超越して、情報が移動することを可能にした。物語によって口頭伝承が可能になったことは、個体および集団的な記憶の外部化という意味では、コンピューターのメモリーにデータを保存できるようになったということと同型である。歴史的には①自然言語の発生から今日のインターネットにおける集合知*3やビッグデータまで、技術の本質的な効能は一直線につながっている。

ケリー*4のみならず多くの論者が何度も指摘してきたように、②人間は情報技術と連動しながら変化（evolve）してきた。生命システムの原理を、自らの構成要素を産出する能力であるとするオートポイエーシス理論に従えば、人間社会は技術と構造的にカップリングすることで、身体という物理的な所与の制約を拡張してきたと表現できる。構造的カップリングとは、ある個体システムとその環境（同輩、もしくは個体を内包する上位のシステム）のそれぞれが産出する構造物（structure）が互いの構造の産出を助け合う関係を維持している状態を指す。

【　A　】な観点に立つと、情報技術を介した人間の変化は個々人の意図や意思といった局所的な要因を超越して、一種の進歩史観によって（クド

問十二　傍線⑦の「非契約的関係」とはどのような関係か。その説明として最も適切なものを、次のうちから一つ選びなさい。 12

ア　社会的な慣習や文化にとらわれない近代の契約関係とは異なり、封建制度を前提として結びつく関係
イ　近代の市場取引の前提となる明示的な契約の代わりとして、国家間で暗黙の了解を共有する関係
ウ　適切に契約を成立させるための細かい条件がなく、個人の自由意思のみによって形成される関係
エ　当事者同士が同じ価値観やルールを承知しているという、近代社会における契約の前提となる関係
オ　契約のような事務手続きではなく、社会的教養を高め合うことを目的に人々が協力し合う関係

問十三　傍線⑧の「依存」の意味として最も適切なものを、次のうちから一つ選びなさい。 13

ア　常に気にかけて意識し続けること
イ　決められた規則を正しく守ること
ウ　才能のある人物に期待をかけること
エ　自立したものとしてそこにあること
オ　他のものに頼ることで成り立つこと

問十四　傍線⑨の「近代経済は、経済人類学を創始したカール・ポランニーの用語を用いれば、社会慣習の中に『埋め込まれている（embedded）』のである」とはどういうことか。その説明として最も適切なものを、次のうちから一つ選びなさい。 14

ア　個人間の合意ではなく市民の勤勉の精神を前提としているという点で、近代経済は前近代社会の影響から脱していないということ
イ　厳格な法律が存在することによって健全さが保たれるという点で、近代経済に対しては国家の充分な規制が求められるということ
ウ　社会のタブーを犯さないという人々の心理を前提に成り立っているという点で、近代経済には市民社会が不可欠であるということ
エ　人々が約束や法令を守り従うのは市民の代表の指導によるという点で、近代経済を成立させているのは近代社会であるということ
オ　近代国家が大規模な市場を創設したことで自由な経済活動が可能になった点で、近代経済は近代国家に支えられているということ

ら一つ選びなさい。　9

ア　家族や地域といった共同体が存在するための基礎となるという役割
イ　集団内の秩序を維持するために人々に自己犠牲を強いるという役割
ウ　共同体内部の人間の経済活動に制限を設けて自由を奪うという役割
エ　不道徳な拝金主義を是正し企業に忠実な人間を育成するという役割
オ　正常な経済活動にとって必要な価値観の前提条件となるという役割

問十　次のカギカッコのなかの一文を本文に挿入する場合、空所【 a 】～【 e 】のどこが最も適切か。次のうちから一つ選びなさい。　10

「例えば、子供や孫の将来のために、貯蓄や投資を行うといったように、である。」

ア　【 a 】
イ　【 b 】
ウ　【 c 】
エ　【 d 】
オ　【 e 】

問十一　空所【 B 】に入る最も適切なものを、次のうちから一つ選びなさい。　11

ア　社会的動物
イ　神秘的存在
ウ　閉鎖的集団
エ　歴史的遺産
オ　国民的英雄

問七　傍線⑤に「この経済観は誤りである」とあるが、その理由として最も適切なものを、次のうちから一つ選びなさい。 7

ア　利己的な個人の経済活動が近代社会の経済を崩壊させるというのは、不道徳な守銭奴や異常な拝金主義者のみを考察の対象とした、極めて偏った見方であるから

イ　各個人が自己利益の追求のみを動機として経済活動を行うというのなら、家族や組織のために働く人や、仕事それ自体に魅力を感じて働く人の行動を説明できないから

ウ　利己的個人の活動の結果、財の交換が行われ市場が形成されるという見方は、前近代の共同体や近代国家の大規模な経済活動による市場の形成という点を見落としているから

エ　人間は本質的に自分の経済利益を追求する動物であるという見解は、人間の本質が勤勉であるという点を見落とし、人間を異常な拝金主義者とみなしてしまうから

オ　人間は自己利益の追求という動機だけで経済活動をするわけではないという考えは、勤勉それ自体を重要な価値として励む人々の存在と矛盾しているから

問八　（ヒレツ）を漢字で表記するとどうなるか。次の各文のかっこ内のカタカナを漢字で表した場合、（ヒレツ）の（ヒ）に当たる漢字を含むものを一つ選びなさい。 8

ア　秋の（ヒガン）には必ず先祖の墓参りに行く。

イ　クラス全員で練習の成果を（ヒロウ）する。

ウ　江戸時代に作られたとされる（セキヒ）を巡る。

エ　（ヒクツ）な態度を取らないように心がける。

オ　災害時の（ヒナン）経路について説明を聞く。

問九　傍線⑥の「職業倫理を付与する社会集団」は、近代経済ではどのような役割を果たしているか。その説明として最も適切なものを、次のうちか

問四　空所【Ａ】に入る最も適切なものを、次のうちから一つ選びなさい。　4

ア　社会が流動的な不確実性をもつということ
イ　国家が将来的に秩序を保障するということ
ウ　司法が国内外のギルドを監視するということ
エ　個人が急進的な経済革新を生み出すということ
オ　企業が短期的な目標を達成し続けるということ

問五　傍線③の「介入」の意味として最も適切なものを、次のうちから一つ選びなさい。　5

ア　人や物の間に入って互いを引き離すこと
イ　問題や事件に割り込んで関わること
ウ　特定の対象を援助して優遇すること
エ　物事の成り行きを外部から見守ること
オ　広く人々に知られるように仕向けること

問六　傍線④に「国家に対する理解なしに、近代経済の本質を理解することはできないのである」とあるが、その理由として最も適切なものを、次のうちから一つ選びなさい。　6

ア　国家こそが経済活動の主体であって、市場はそれに付随する働きしか持っていないため
イ　巨大な権力をもつ国家は、近代産業経済において例外的な経済活動を許されているため
ウ　市場の失敗を誘発する性質をもつ国家は、近代経済を無力化する因子の一つであるため
エ　大規模な投資や課税といった国家による経済活動は、近代経済で大きな役割を果たすため
オ　国家に見放された市場において、中小企業の努力は経済になんの影響力も持ち得ないため

問一　傍線①の「因習」の意味として最も適切なものを、次のうちから一つ選びなさい。　1

ア　伝統的宗教観
イ　古来のしきたり
ウ　先祖伝来の秘密
エ　生活の特色
オ　技術習得のこつ

問二　（カイリツ）を漢字で表記するとどうなるか。次の各文のかっこ内のカタカナを漢字で表した場合、（カイリツ）の（カイ）に当たる漢字を含むものを一つ選びなさい。　2

ア　万が一に備えて（ゲンカイ）態勢を敷く。
イ　家をバリアフリーに（カイゾウ）する。
ウ　事件は複雑（カイキ）な経過をたどった。
エ　深い（コウカイ）にさいなまれる。
オ　当時の思い出を（ジュッカイ）する。

問三　傍線②の「伝統的な社会の桎梏」とはどのようなものか。その説明として最も適切なものを、次のうちから一つ選びなさい。　3

ア　個人の活動の自由化を促すための、特権階級への制限
イ　共同体内部の自由な経済活動を実現するために必要な関税
ウ　土地に根付いた共同体の権利に対する市民からの批判
エ　科学的発見の応用や技術革新に対する国家の抑圧
オ　個人の自由な活動の制限や、市場内の基準の不統一

の期待や契約の解釈を共有する社会的な関係になければ、契約を結ぶことはできないのである。

このような社会的な関係を、近代社会学の創始者の一人であるエミール・デュルケイムは「⑦非契約的関係」と呼んだ。この非契約的関係は、個人間の合意の前提として存在しなければならないものであるから、個人間の合意によって形成することはできない。「非契約的関係」とは、個人の行動を律する社会慣習や文化の産物なのである。契約関係に基づいて行われる近代的経済活動は、社会慣習や文化を基礎に置くものだということだ。また、デュルケイムは、所有権のような近代的な法制度が人々によって守られるのは、そういった制度のもつ「象徴」の力によるとも論じている。近代的で世俗的な制度は、その意味で、前近代的な社会における「聖なるもの」や宗教的なタブーと同じように、象徴が人々の心理と行動に及ぼす力に⑧依存しているというのである。

言い換えれば、人が契約を守り、法令に従うのは、それが私的利益になると合理的に計算したからではない。法律や約束を守らなければならないと思うから、守るのである。そして、約束を破るのはタブーであると思わせるのが、社会の権威であり、それは「象徴」という姿で表現される。例えば、今でも契約を行う際は、契約文書へのサインや握手が求められる。サインや握手は、契約遵守の「象徴」なのである。

このように⑨近代経済は、経済人類学を創始したカール・ポランニーの用語を用いれば、社会慣習の中に「埋め込まれている（embedded）」のである。近代国家が、市民社会を内包している時、健全であり得るように、近代経済も、市民社会に埋め込まれている時に健全でいられる。近代国家が市民社会と近代経済を創造し、また近代国家と近代経済は市民社会に支えられて、健全に機能する。そして、市民社会を守護するのは、近代国家である。

このように、近代国家、近代社会、近代経済は、三位一体（さんみいったい）の相互依存関係にある。これが近代世界における国家と社会と経済を巡る基本構造である。

（中野剛志『国力とは何か――経済ナショナリズムの理論と政策』より。出題の都合上、一部中略した箇所がある。）

＊1　ギルド――中世ヨーロッパの都市で、商工業社らによって組織された団体。親方・職人・徒弟からなるものが多い。
＊2　度量衡――長さ・体積・質量の計量単位や制度。
＊3　ファイナンス――資金調達。

「勤勉の動機は、利益の追求であるという考え方は、（ヒレツ）な中傷であり、不快である。実際にはその逆が真である。勤勉が、利益追求の動機なのである」

人間が道徳的であるためには、共同体や社会集団を必要とする。正常な経済活動にとって不可欠な道徳、例えば、勤勉、正直、法令遵守、節約、自己犠牲、協力といった職業倫理もまた、社会集団の存在を前提とする。家族、地域共同体や会社は、まさに、そのような社会集団である。

⑥職業倫理を付与する社会集団は、封建社会の伝統的共同体やギルドのように、個人の活動の自由を厳格に拘束するものである場合は、技術革新の妨げとなり、経済のダイナミズムは生まれない。したがって、近代経済における中間組織の規律は、前近代社会の共同体の束縛よりも緩やかなものである。【 a 】

しかし、人間がダイナミックな経済活動を行うためには、なお、社会集団による動機付けが必要なのである。【 b 】例えば、人間は家族を養うという動機によって、経済活動を行うが、家族は子や孫へと世代を超えて受け継がれるものである。【 c 】このため、家族のことを想う人間の時間的視野と関心は、自分の寿命よりも長く、子や孫の将来へと延びる。したがって、家族動機による経済活動は、人間の寿命よりも長期にわたる視野の下に行われる。【 d 】

長期的な視野に立った貯蓄や投資は、経済の持続的な発展に不可欠である。特に、経済発展の原動力である技術革新は、長期的で持続的な研究開発投資の産物である。【 e 】そして長期的な経済活動へ向けてのモチベーションは、自分の寿命より長く存続する社会や共同体へのアイデンティティからもたらされるのである。

もし、人間が、経済学が想定するような、自己利益を追求する孤独な個人であったとしたら、自分の死後を見据えた長期的な経済活動を行うことはあり得ない。その結果、経済は発展することを止めてしまうであろう。経済成長とは、主流派経済学が想定するような利己的個人ではなく、社会に帰属し、共同体にアイデンティティをもつ【 B 】としての人間の活動から生まれるものなのである。

法哲学者ハートは、法制度が機能するためには、それを規範として受け入れ、共有する社会の存在が必要であることを明らかにした。この理解は、市場の取引行為の前提である契約についても、当然当てはまる。

個人が他者と契約を結ぶためには、相手が契約を守り続けることが期待されている必要がある。また、具体的な事例について、契約の文言をどのように理解し、適用するかという、契約の解釈について、当事者間に暗黙の了解が共有されていなければならない。要するに、当事者同士が、契約遵守

【　A　】は、経済発展にとって極めて重要である。

　経済発展は、人々や企業が長期的な視野に立って、経済活動を行うことによって可能となる。しかし、時間的視野が長期になればなるほど、将来の不確実性は高まり、大胆な投資はしにくくなる。例えば、いつ何時、財産が略奪されるともわからないような状態であったら、三十年後を目指して設備投資をしようにも、リスクが大きすぎて、できないであろう。したがって、国家が私有財産権を法的に保障せず、権力によって恣意的に奪われるような可能性のある前近代的な社会では、経済発展はほとんど不可能なのである。

　また、国家という存在それ自身もまた、一つの巨大な経済活動の主体である。国家は、民間では担うことができないような、基礎的な科学研究や巨大な設備投資を行うことができる。国家の経済活動をファイナンス*3するのが、税や国債である。そして、課税や国債発行それ自体もまた、国内経済のパフォーマンスに大きな影響を及ぼす。

　経済学によれば、国家は、「市場の失敗」の場合にのみ、経済に③介入することが例外的に認められる。しかし、国家の経済における役割は、例外として扱える程度のものではない。近代産業経済においては、市場に委ねていてはできないことだらけである。しかもその「市場の失敗」は、近代経済にとって致命的なものばかりだ。④国家に対する理解なしに、近代経済の本質を理解することはできないのである。

　経済学の理解では、人間は、本質的に自分の経済利益を追求する動物である。そして、そのような利己的個人の活動の結果として、財の交換が行われ、市場という秩序が形成される。

　しかし、⑤この経済観は誤りである。実際には、人間は、経済利益にのみ動機付けられて経済活動を行っているのではない。そして、利己的に経済利益を追求する個人は、正常な経済活動を行うことができず、市場を形成することもあり得ない。

　人間は、経済的動機によってのみ経済活動を行うものではないことは、自分やその周辺の人々を観察すれば、すぐに理解できることだ。例えば、我々は家族を養うため、子供に良い教育を受けさせるために、毎日、一生懸命働いて、稼ぐ。この場合、経済活動の動機は、家族の存在である。また、ビジネスマンが勤勉に働くのは、所属する組織のためであったり、仕事それ自体にやりがいを見出(みいだ)していたり、社会的に評価されるためであったり、あるいは勤勉それ自体が重要な価値であると信じているためである。人は、金のためだけに生きるのではない。

　経済学が想定するような、経済的利益だけに動機付けられている者もいないわけではないが、それは不道徳な守銭奴であり、異常な拝金主義者である。例えば、経済学者ジョーン・ロビンソンは次のように述べている。

国語

（六〇分）

〔Ⅰ〕　次の文章をよく読んで、後の問いに答えなさい。

前近代社会においては、伝統的な共同体やギルド[*1]の①因習、封建領主や教会の特権や通行関税、宗教上の（カイリツ）や迷信といったものによって、個人の経済活動や移動の自由は、厳しく制限されていた。また、国内市場は、度量衡[*2]、貨幣、取引慣行、時には言語までもが統一されておらず、分断されていた。これらは、経済発展に不可欠な科学的発見とその実践への応用、あるいは絶え間のない技術革新といったものを著しく妨げるものであった。したがって、伝統的社会の経済構造は、固定的で小規模で単純であった。

こうした前近代社会の因習や階級の特権を廃止し、②伝統的な社会の桎梏（しっこく）から個人を解放したのは、強大な国家権力であった。解放された自由な個人は、まず、近代的な大規模生産に必要な労働力を提供した。また、生産活動や技術革新に必要な潜在能力を開花させることができるようになった。近代経済のダイナミズムは、解放された個人の能力から発生したのである。

近代国家は、個人を解放し、社会の世俗化と平等化を進めただけでなく、国内の通貨や度量衡を統一し、近代的な産業組織や市場取引に関する法制度や教育制度を準備した。すなわち、国家が、大規模な自由市場を創設したのである。

また、近代国家は、経済活動を促進するため、輸送システムや通信システムをも整備した。近代国家が創造した大規模な国内市場により、規模の経済を働かせることができるようにもなった。こうして、ダイナミックに成長する経済が可能となったのである。

さらに近代国家は、国内的には、司法・警察権力によって社会秩序を維持し、正常な経済活動を保障した。そして対外的には、軍事力によって、他国の侵略から国内市場を守り、貿易を促進するために航海の安全を保障したのである。

解答編

英語

I **解答** 1―エ　2―ウ　3―ア　4―エ　5―ア　6―イ　7―イ

解説　1．直後のBの発言「上にチョコレートで彼の名前を書いてもらえますか？」に続けて，Aが「ご安心ください。それは基本的なサービスに含まれています」と発言していることから，「はい，でも追加オプションのいくつかは選べません」と述べているエが適切。

2．直後のAの発言で，「カフェがあった角のことですか？」と確認していることから，「私たちが間違えた場所に戻りましょう」と答えている，ウが適切。

3．Aの2番目の発言「あなたは大阪で料理教室に通ったりしていますか？」にBが「はい，木曜日の午後に教室に通っています」と答えていることから，続くAの返答としては，「あなたも？　私も同じ日の夜にクラスがあります」と述べている，アが適切。

4．直前のAの発言に，「スマートフォンでお困りですか？」とあり，直後の発言に「コンクリートの壁が電波を遮断しています。オープン Wi-Fi を試しましたか？」とあることから，「メールをチェックしたいのですが，接続が非常に弱いです」と述べている，エが適切。

5．Bの3番目の発言に「かぼちゃの大きさによって，量を調整する必要があるんだよ」とあり，続くAの発言に「大きいかぼちゃだったからね。もう少し（塩を）加えるわ」とあることから，ア．「もう少し塩が必要だと思うわ」が適切。

6．直前のAの発言「駅の近くに新しいフィットネスジムがオープンしたのをご存知ですか？」に答えるものであり，ついでBは「腕の筋肉を鍛えたい」と述べていることから，「いいえ，聞いたことありませんが，興味はあります」と答えている，イが適切。

7．直前のBの発言に「もっと例を示してもらえますか？」とあり，最後にAが「わかりました，今週中にお届けします」と発言していることから，イ．「それはできないのですが，いくつかの便利なサイトのリンクをお送りすることはできます」が適切。

Ⅱ　解答　8―ウ　9―エ　10―エ　11―ア　12―ウ　13―イ

解説　8．直後に was があることから主格の whoever「～する人はだれでも」を選ぶ。

9．well attended「多数の来場者がある」

10．encourage *A* to *do*「*A* が～するよう促進する，助長する」の受動態。

11．in advance「前もって」

12．look after ～「～の世話をする」

13．in a hurry「急いで」の間に too much of「あまりに」が挿入されている。

Ⅲ　解答　14―ア　15―イ　16―ア　17―オ　18―ウ

解説　14．(He was) so confused as to be unable to see what happened(.)

so … as to *do*「あまりに…なので～」

15．(You) would not have got into trouble if you had (made careful preparations.)

仮定法過去完了の表現。S would（または could / should / might など）＋ have *done*, if S had *done*「もし～だったら，～だったのに」make preparation「準備をする」

16．(Our teachers always) make themselves available to us(.)

make *oneself* available「時間を空ける」

17．(He brought two books,) neither of which I had (read.)

neither of which ～「そのどちらも～しない」

18．This new CD of his is enjoying (tremendous sales growth.)

この文での enjoy は「恵まれる，享受する」という意味。This new CD

of his の部分は，this などの指示代名詞＋所有格は使えないので（this his CD とはせず），名詞＋of＋所有代名詞の形で表している。

Ⅳ　解答　19―ア　20―イ　21―ア　22―エ　23―ウ

解説　≪動物園のツアーの案内≫

19. 第1段第4文（Watch the staff…）に「スタッフがトラ，ライオン，ハイエナに餌をやる様子を間近で見ることができます」とあり，子どもたちが餌を与えるのではないため，アが適切。

20. ZOO ENTRY FEE の項目に「ツアーの後，続いて動物園をお楽しみいただけます！」とあるので，イが適切。エ．「火曜日は，どの時期でもツアーに参加することができない」は，DAYS の（　）部分に「休み期間中は毎日」とあり，休み期間であれば火曜日にもツアーに参加できるとわかるので不適。

21.「9歳の男の子が平日にツアーに参加した場合の料金」については，AGE LIMITS の欄に「12歳未満のお子様には，料金を支払う大人の方の同伴が必要です。同伴者用チケットは30ドルです」とあり，COST の欄には平日1人の子どもにつき50ドルとあるので合計すると80ドルとなり，アが適切。

22. CANCELLATION POLICY の第2項目第2文（However, they can …）に「しかしながら，チケットは他人名義にすることができます」とあるので，エが適切。

23. 第1段第3文（You will come …）に「あなたは地球上で最も危険で絶滅の危機に瀕している動物と顔を合わすことになるでしょう」とあるので，ウが一致。ア・イ．第2段第2文（The number and …）に「動物の状態や天候などにより，ふれあいの回数やレベルが変更になる場合があります」とあるので，不一致。エ．第2段最終文（Start and finish …）に「天候により開始・終了時間が変更になる場合がございます」とあるので，不一致。

V　解答

24―ア　25―エ　26―ア　27―イ　28―ア　29―エ
30―イ

解説　≪どのようにして自転車が発展したか≫

24. 初期の自転車から，どのように現在の自転車に発展してきたのか，年代・国・改善された内容などが具体的に紹介されているため，ア.「どのようにして自転車が発展したか」が適切。

25. 空所の後に「特許を取得した」という内容が書かれているため，エ. applied for「～を申し込んだ」を入れ，「特許を申請して取得した」とする。

26. 空所を含む文は「ゴムのタイヤが導入された結果，自転車は以前よりずっと【　2　】なった」という訳なので，ここでは改善点が示されているため，ア. comfortable「快適な」が適切。

27. 空所を含む文は「自転車の高い位置に座って高速で移動する乗り手は，自転車が道路の小さな凹凸にぶつかると簡単に【　3　】」という訳なので，イ. fall off「転ぶ」が適切。

28. 下線部(a)を含む文は「この小さな馬にはペダルがなく，それを動かせる唯一の方法は，乗り手が足で地面を押すことだった」となり，「それ」とはア.「初期の『自転車』」のことである。

29. 下線部(b)を含む文は「これで，乗り手は移動中に木製の馬を左右に向けることができるようになった」という訳なので，「(ある方向に) 向ける，進める」という意味を持つア・イ・ウは置き換えられるが，エ.「従う」は不可。

30. ア. 第4段にペダル付き自転車を開発した人について述べられているがスコットランド出身とあるので，不一致。イ. 第3段にドイツ人によって開発された自転車が紹介されているが，「乗り手は依然として足を地面につけて押す必要があった」とあり，ペダルがないことがわかるため，一致。ウ. 第5段第4文（Around the same …）より，前後の車輪の大きさが変わったことがわかるが，同段第8文（They could go …）に，「速く進むようになったが乗り手への危険が増えた」とあるので，不一致。エ. 最終段最終文（No doubt there …）に「今後さらなる改良が加えられることは間違いない」とあるので，不一致。

数学

Ⅰ 解答 ≪小問 8 問≫

1－ウ　2－エ　3－エ　4－ウ　5－カ　6－キ　7－エ　8－ク
9－ウ　10－エ　11－イ　12－イ　13－ウ　14－エ　15－イ　16－カ

Ⅱ 解答 ≪場合の数≫

17－キ　18－エ　19－ア　20－イ　21－ケ　22－ア　23－エ　24－キ
25－イ　26－ケ　27－エ　28－エ　29－ア

Ⅲ 解答 ≪図形と計量≫

30－イ　31－ウ　32－キ　33－エ　34－エ　35－ケ　36－ウ　37－オ
38－エ　39－イ　40－イ

Ⅳ 解答 ≪2 次関数≫

41－ウ　42－ウ　43－イ　44－オ　45－エ　46－キ　47－オ　48－エ
49－キ　50－イ　51－エ　52－キ　53－キ

問十三　空所Bの前の段落には、「ユーザーを制御するタイプ」の広告についての説明がある。それに対して、Bを含む段落は、「そうした強引さがかえってユーザーの反感を買う」とあり、「ユーザーを制御するタイプ」の広告への反感から、新たなあり方の広告が現れていることを具体的に述べている段落である。

問十四　傍線⑧の段落は、「強いメッセージを大量に発信することで消費者の注意を勝ち取る情報発信」からの移行を現代の企業が求められているという文脈である。傍線⑧の前の段落を踏まえると、これまでの完全に「他律的」な広告では反感を買うため、「自律性」をもバランス良く取り入れることが必要となっているということである。

問十五　第二段落に、「人間社会は技術と構造的にカップリングすることで、身体という物理的な所与の制約を拡張してきた」とあり、第八段落にも「個々人の寿命を超える時間でコミュニケーションが行われる」とあることから、アが本文に合致する。イ「その記録を活用することで情報技術が発展した」、ウ「マスメディアが大きく衰退」、エ「今後は個人レベルでも取り扱える」、オ「広告などに惑わされずに自ら意思決定ができる」がそれぞれ本文に合致しない。

問九　ウ
問十　ア
問十一　オ
問十二　ウ
問十三　エ
問十四　オ
問十五　ア

解説

問一　傍線①の段落に、「情報技術としての自然言語は、寿命という個体の生命的な時間的制約と、移動可能な範囲を超越して、情報が移動することを可能にした」とある。

問二　傍線②の次の文に、「人間社会は技術と構造的にカップリングすることで、身体という物理的な所与の制約を拡張してきた」とある。

問五　傍線③の次の段落とその次の段落の内容と選択肢の内容を照らし合わせる。イ「写真や音声、映像の記録と複製の技術が高まった」は本文に記述があるが、「文字以外の表現方法を用いた情報の発信が主流になっていった」という内容は本文に記述がない。

問七　傍線④の前の段落の最後の一文に、「能動的に自己の生活を記録するライフログの手法と、無意識に嗜好や意思に関する選択のデータを記録する広告技術や諜報技術」とある。傍線④は、そのような方法で記録された、個人の自分のデータのことを指す。

問八　傍線⑤を含む段落に、「『自分はどういう存在なのか？』という個人的な現実像の形成に対しても、……生体計測技術や嗜好データを基にパーソナライズされた広告やマーケティングの技術が影響力を増大」とあり、「社会関係や個人の評価も数値化され可視化され」とある。

約を結ぶことはできない」とあり、傍線⑦の次の一文に「この非契約的関係は、個人間の合意の前提として存在しなければならないもの」とある。

問十四 傍線⑨の直前の段落に、「人が契約を守り、法令に従うのは、……法律や約束を守らなければならないと思うから」とあり、「約束を破るのはタブーであると思わせるのが、社会の権威であり」とある。要するに、近代経済における取引行為の前提である契約を破らせないのは、社会慣習や文化であるということである。

問十五 個人の経済活動の動機について、従来の「利己的個人」という考えに対して、第十四・十五段落ではロビンソン、第二十三・二十四段落ではデュルケイムを引用し、新たな見解を述べている。よって、ウは本文に合致。ア「近代に残る前近代社会の影響を指摘」、イ「経済学の範疇では解明しきれない」、エ「近代国家と前近代社会のルールの両方が前提」、オ「相互依存関係を解消する方法」がそれぞれ本文に合致しない。

II

出典 ドミニク・チェン「人間の欲望のリデザイン」〈個体としての人間の変化〉(伊藤穰一監修『ネットで進化する人類――ビフォア/アフター・インターネット』角川学芸出版)

解答

問一 エ

問二 オ

問三 イ

問四 イ

問五 イ

問六 オ

問七 ウ

問八 エ

問十五　ウ

解説　問三　第一段落に、「個人の経済活動や移動の自由は、厳しく制限されていた」とあり、「国内市場は、度量衡、貨幣、取引慣行、時には言語までもが統一されておらず」とある。

問四　空所Aの直前の段落に、近代国家が、国内的・対外的に秩序・安全を守ってきたことが記述されており、次段落最後の一文に、「国家が私有財産権を法的に保障せず、権力によって恣意的に奪われるような可能性のある前近代的な社会では、経済発展はほとんど不可能なのである」とある。

問六　傍線④の前の段落に、「国家は、民間では担うことができないような、基礎的な科学研究や巨大な設備投資を行うことができる」とあり、「課税や国債発行それ自体もまた、国内経済のパフォーマンスに大きな影響を及ぼす」とある。

問七　傍線⑤の「この経済観」とは、直前の段落の、「人間は、本質的に自分の経済利益を追求する動物である」と考えることである。これが「誤りである」理由は、傍線⑤の次の段落以降に、「家族の存在」や「ビジネスマン」を具体例として述べられている。

問九　傍線⑥の直前の段落に、「正常な経済活動にとって不可欠な道徳、……職業倫理もまた、社会集団の存在を前提とする」とある。また、傍線⑥の次の段落に、「人間がダイナミックな経済活動を行うためには、なお、社会集団による動機付けが必要なのである」ともある。

問十　空所dの直前に、「家族動機による経済活動は、人間の寿命よりも長期にわたる視野の下に行われる」とある。その具体例として欠文「子供や孫の将来のために、貯蓄や投資を行う」の内容があてはまるため、この箇所が正解。

問十一　空所Bの直前に、「利己的個人ではなく、社会に帰属し、共同体にアイデンティティをもつ」とある。空所には、「利己的個人」と対比される表現が入るので、「社会的動物」が最適である。

問十二　傍線⑦の直前の段落に、「当事者同士が、契約遵守の期待や契約の解釈を共有する社会的な関係になければ、契

国語

I

出典 中野剛志『国力とは何か――経済ナショナリズムの理論と政策』〈第三章 はじめに国家ありき〉（講談社現代新書）

解答

問一 イ
問二 ア
問三 オ
問四 イ
問五 イ
問六 エ
問七 イ
問八 エ
問九 オ
問十 エ
問十一 ア
問十二 エ
問十三 オ
問十四 ウ

■一般選抜学科試験型（前期）：２月２日・２月３日実施分

問題編

▶試験科目・配点〔スタンダード方式〕

大学	区分	教　科	科　目		配　点
桃山学院大学	2教科型	外国語	コミュニケーション英語Ⅰ・Ⅱ・Ⅲ，英語表現Ⅰ・Ⅱ		100 点
		地歴，数学	「日本史Ｂ」，「世界史Ｂ」，「数学Ⅰ・Ａ」から１科目選択	1科目※1選択	100 点
		国　語	国語総合（近代以降の文章）・現代文Ｂ		
	3教科型	外国語	コミュニケーション英語Ⅰ・Ⅱ・Ⅲ，英語表現Ⅰ・Ⅱ		100 点
		地歴，数学	「日本史Ｂ」，「世界史Ｂ」，「数学Ⅰ・Ａ」から１科目選択		100 点
		国　語	国語総合（近代以降の文章）・現代文Ｂ		100 点
桃山学院教育大学	2教科型	外国語	コミュニケーション英語Ⅰ・Ⅱ・Ⅲ，英語表現Ⅰ・Ⅱ	2科目※2選択	200 点（各 100 点）
		地歴，数学	「日本史Ｂ」，「世界史Ｂ」，「数学Ⅰ・Ａ」から１科目選択		
		国　語	国語総合（近代以降の文章）・現代文Ｂ		
	3教科型	外国語	コミュニケーション英語Ⅰ・Ⅱ・Ⅲ，英語表現Ⅰ・Ⅱ		100 点
		地歴，数学	「日本史Ｂ」，「世界史Ｂ」，「数学Ⅰ・Ａ」から１科目選択		100 点
		国　語	国語総合（近代以降の文章）・現代文Ｂ		100 点

▶備　考

※1　2教科（科目）とも受験した場合，高得点教科を採用。

※2　3教科（科目）とも受験した場合，高得点の2教科を採用。

- 〔高得点重視方式〕〔ベストスコア方式〕は〔スタンダード方式〕受験のうえで併願可。
- 〔高得点重視方式〕は，最高得点教科（科目）の得点を2倍し，合計点で判定する。
- 〔ベストスコア方式〕は，2日間以上受験した場合の各教科の最高得点で判定する。
- 外国語の外部試験利用制度（みなし得点制度）が利用できる。

  英語の外部試験の得点・資格のレベルに応じて，入試の「英語」の得点を100点，80点，70点の3段階に換算し合否判定を行う。試験科目「英語」を受験をする必要はないが，受験した場合は試験科目「英語」の得点とみなし得点のどちらか高い方を採用する。

英語

◀2月2日実施分▶

（60分）

〔Ⅰ〕 次の（a）～（g）の空所に入れるのに最も適切なものを**ア～エ**の中から一つずつ選びなさい。

（a） A: I need to get a new computer.　1

B: Why is that?

A: My current one is really slow.

B: ____________

A: Actually, I hope to get one for my birthday.

B: When is your birthday?

A: It's tomorrow.

ア Did you get one for your birthday?

イ Are you going to buy one?

ウ Why is it so slow?

エ Is your new one slow, too?

（b） A: How do you stay in shape?　2

B: ____________

A: What do you mean?

B: I'm careful about how much I eat, and I make myself exercise.

A: Do you have any recommendations for me?

B: You should start with simple goals that you can achieve.

A: For example?

B: No snacks, and always take the stairs.

A: Thanks. I'll give it a try.

ア I'm naturally tall and thin.

イ I don't have much time.

ウ Basically, it's just self-control.

エ Exercise is not so important.

(c) A: You know, music is really important in my life. **3**

B: In what way?

A: When I listen to music, I feel much happier than when listening to the news.

B: What kind of music do you listen to?

A: Anything that makes me feel happy.

B: ＿＿＿＿＿＿＿＿＿＿

A: I want to keep up to date with what is happening.

ア Then, why do you listen to the news at all?

イ What will you listen to tomorrow?

ウ I think music also makes me exercise more.

エ I don't really like modern music.

(d) A: I'm thinking about becoming a vegetarian. **4**

B: Really? Why?

A: It's better for the environment, and for my health.

B: Are you sure it's a good idea?

A: What do you mean?

B: Well, being a vegetarian is not so easy in Japan.

A: ＿＿＿＿＿＿＿＿＿＿

B: Well, I hope you can manage it OK.

ア It might be bad for my health.

イ I don't think eating meat is bad for the environment.

ウ I've been a vegetarian for years.

エ I know what you mean. But I think it is worth it.

(e) A: I heard that Tom won't be able to come to the meeting today. **5**

B: If so, that's a problem.

A: What do you mean?

B: He's giving a presentation, isn't he?

A: Not that I know of. Where did you hear that?

B: I think it was announced at the last meeting.

A: ＿＿＿＿＿＿＿＿＿＿

B: Good idea, I'll try to contact him.

ア　It's OK, I just heard he can make it.

イ　No, I think you're mistaken.

ウ　Don't worry. I can do it instead.

エ　Then we should find out whether it's true.

(f)　A: Excuse me, is this your wallet? **6**

B: Yes, it is. Where did you find it?

A: You left it on the table over there.

B: Well, thank you very much.

A: You really should be more careful.

B: ＿＿＿＿＿＿＿＿

A: You were lucky I saw it.

B: I really appreciate your kindness.

ア　I know. I'm always forgetting things.

イ　It's lucky that I noticed.

ウ　I don't think so. It's not my wallet.

エ　I don't care about my wallet, anyway.

(g)　A: How are you settling into your new home? **7**

B: I'm gradually getting used to it.

A: How is it different from your old place?

B: ＿＿＿＿＿＿＿＿

A: Is your new place much bigger?

B: Not really, but the room arrangement is better.

A: That must be nice. Maybe I should think about moving, too.

ア　Actually, I regret moving.

イ　I just painted my old place.

ウ　Well, things are pretty much the same.

エ　I don't have enough space now.

〔Ⅱ〕 次の（a）～（f）の空所に入れるのに最も適切なものをア～エの中から一つずつ選びなさい。

（a） ______ were open. **8**

ア None stores　　イ None of the stores

ウ Any the stores　　エ Any of the stores

（b） Tom has been to ______ in Asia. **9**

ア all country　イ every countries　ウ all of country　エ every country

（c） She doesn't know how to drive a car, ______ a truck. **10**

ア let alone　イ get on　ウ take off　エ leave out

（d） This school can afford to hire ______ more than two teachers. **11**

ア little　イ too　ウ no　エ none

（e） ______ language, we would not be able to communicate with others. **12**

ア Not　イ Being　ウ Had　エ Without

（f） The dog ______ but people rescued it. **13**

ア has drowned　イ was drowning　ウ drowned　エ had drowned

〔Ⅲ〕（1）～（5）の日本文の意味に合うように［　　］内の語（句）を並べ替えると、与えられた5つの選択肢のうちで3番目にくる語（句）はどれか。ア～オの中から一つずつ選びなさい。

（1）あまりに嬉しくて誰かに話さないではいられなかった。　14

I was so glad I couldn't [someone else / myself / telling/ from / keep].

ア someone else　　イ myself　　ウ telling

エ from　　オ keep

（2）こんな大雨になったのは何年振りだろう。　15

This [had / have / is / we / the heaviest rainfall] in years.

ア had　　イ have　　ウ is

エ we　　オ the heaviest rainfall

（3）彼女は次の選挙に出馬するそうだ。　16

I've heard [she / it / in the next election / said / will run].

ア she　　イ it　　ウ in the next election

エ said　　オ will run

（4）これらの辞書を入れるのにちょうど良い大きさの箱が欲しい。　17

I want [hold / to / these dictionaries / the right size / a box].

ア hold　　イ to　　ウ these dictionaries

エ the right size　　オ a box

（5）あの頃とはもう状況が違うんだ。　18

Things are no [to be / what / longer / used / they] in those days.

ア to be　　イ what　　ウ longer　　エ used　　オ they

〔Ⅳ〕 次の Sunnyside Swimming Pool の案内を読んで、後の問いに答えなさい。いずれも、最も適切なものをア～エの中から一つずつ選びなさい。

Sunnyside Swimming Pool

Schedule

Babies (Ages 6 months – 3 years)	Monday, Thursday, Friday, Saturday 12:00~13:00 Up to 10 students per class
Kids Class (Ages 3-5)	Monday, Tuesday, Friday, Saturday 13:00~14:00 Up to 10 students per class
Juniors Class (Ages 6-12)	Monday, Tuesday, Thursday, Friday, Saturday 14:00~15:00 Up to 15 students per class
Swimming Level 1 Ages 13+	Monday, Tuesday, Thursday, Friday, Saturday 15:00~16:00 Up to 15 students per class
Swimming Level 2 Ages 13+	Monday, Tuesday, Thursday, Friday, Saturday 16:00~17:00 Up to 15 students per class
Swimming Level 3 Ages 13+	Monday, Tuesday, Thursday, Friday, Saturday 17:00~18:00 Up to 15 students per class
Pool Exercise Class Ages 18+	Monday, Friday, Saturday 18:00~19:30 Up to 20 students per class
Open Pool	Wednesday 9:00~18:00 Saturday, Sunday 9:00~12:00

- During Open Pool, anyone can access the pool and swim. Children under the age of 13 must be accompanied by an adult.
- Sunday afternoons are reserved for competitions and special events.
- Please register for classes one week in advance.

Swimming Class Fees (Non-members)

Swimming Class	Monthly Fee (two classes per week)	Monthly Fee (unlimited classes)	Required Equipment
Babies, Kids	$180	$250	goggles, swimming cap
Juniors	$150	$220	swimming cap
Ages 13+	$150	$220	swimming cap

Other Fees

Pool Exercise Class	**Monthly Fee (one class per week)** $100	**Monthly Fee (unlimited classes)** $175	**Required Equipment** swimming cap
Open Pool	(per entry) Children (6 months – 18 years old): $10 Adults: $15		swimming cap

Membership for One Year

(Members receive a 10% discount on all classes, plus free entry to Open Pool.)

Children (Up to 18 years old): $50 / Adults (19 and over): $100

**Membership price for additional family members: Child: $30 / Adult: $80*

1. Which of the following is true? 19

ア People have to wear goggles in Open Pool.

イ Anyone can use the pool on weekend mornings.

ウ The pool is never used on Sunday afternoons.

エ Kids do not have to wear goggles during swimming class.

2. Which of the following is NOT true? 20

ア Classes are cheaper for people who are members.

イ Members' families can get a discount on membership fees.

ウ The only afternoon Open Pool is on Wednesday.

エ Children aged 12 can attend Open Pool by themselves.

3. Which of the following has the smallest number of classes per week? 21

ア Babies Class

イ Kids Class

ウ Swimming Level 1

エ Pool Exercise Class

4. Which of the following is true? 22

ア People don't have to register for classes in advance.

イ There are swimming classes on Wednesdays.

ウ Swimming caps must be worn in the pool at all times.

エ Juniors swimming classes are cheaper than adults swimming classes.

5. If a member's 10-year-old brother becomes a member and signs up for two swimming classes a week for three months, how much will it cost? 23

ア $435

イ $450

ウ $500

エ $565

〔V〕 次の英文を読んで、後の問いに答えなさい。

Professor Carol Dweck says this is an exciting time for our brains because there is an increasing amount of research into intelligence. Her own research about how brains work could help students to change the way they think about education.

（ア）According to Dweck, what students believe about intelligence affects their motivation, and this, in turn, influences their academic achievement. Some students think that intelligence is something that's fixed and cannot change. Others, however, think intelligence is something that can grow and change. These different beliefs create different attitudes. 【 1 】, there are people who might be afraid of challenges and shocked by (a)<u>setbacks</u>, while on the other, there are people who enjoy challenges and are able to recover from problems.

（イ）People who believe that intelligence is unchangeable think that they have only a limited amount of it. Dweck calls this belief a "fixed mindset". She has shown that a fixed mindset makes challenges scary, because people fear that their limited ability may not be enough to do the task they are trying to accomplish. 【 2 】, errors and failures make such people feel hopeless, because they believe that their mistakes reveal their low level of intelligence.

（ウ）The idea is that intelligence is something that can be developed through effort and education. Dweck calls this a "growth mindset". Naturally, everyone has different abilities, and not everyone can be as intelligent as Einstein, but everyone can improve their abilities. And, as Dweck points out, Einstein didn't become Einstein until after he had put in years of hard work and study. The lesson to be learned is that things like confronting challenges, learning from mistakes, and not giving up in the face of serious difficulties will all help people to become more intelligent.

（エ）Dweck's studies show that, when students believe that their intelligence can improve, they begin to enjoy learning. A growth mindset makes students believe in the power of hard work. We all face difficult tasks in our lives, but reacting to (b)<u>them</u> in a constructive, determined way will help us to grow.

Adapted from: Sanabria, K. (2017).
Longman Academic Reading Series 2: Reading Skills for College, pp. 113-114. Pearson.

問1 本文のテーマとして最も適切なものを**ア**〜**エ**の中から一つ選びなさい。 **24**

ア attitudes to intelligence

イ motivation to learn

ウ intelligence and achievement

エ effort and education

問 2　次の文は本文のどこに入りますか。最も適切な箇所を本文中の(ア)～(エ)の中から一つ選びなさい。　25

There is another, more positive way of thinking about intelligence.

問 3　空所【 1 】～【 2 】に入る最も適切な語（句）をア～エの中から一つずつ選びなさい。

【1】 ア In fact　イ In other words　ウ In addition　エ On the one hand　26

【2】 ア Otherwise　イ Furthermore　ウ However　エ Luckily　27

問 4　下線部(a)の "setbacks" に最も意味が近いものをア～エの中から1つ選びなさい。　28

ア achievements　イ difficulties　ウ events　エ situations

問 5　下線部(b)の "them" は何を指しますか。最も適切なものをア～エの中から一つ選びなさい。　29

ア Dweck's studies　イ our lives　ウ difficult tasks　エ students

問 6　本文の内容と一致するものをア～エの中から一つ選びなさい。　30

ア　知性についての認識が学業成績に影響を及ぼす。

イ　知的レベルが低いから間違いをしたと思う人はいない。

ウ　一生懸命努力しても、生まれ持った知性は高めることができない。

エ　知性は固定したものだと考える学生は、困難に直面しても諦めない。

◀2月3日実施分▶

（60分）

〔Ⅰ〕次の（a）～（g）の空所に入れるのに最も適切なものを**ア**～**エ**の中から一つずつ選びなさい。

（a）A: Hey, where are you going? 【1】

B: Who, me?

A: Yes. Didn't you see the "No Entry" sign?

B: Sorry, I didn't notice it. I'm looking for the teachers' room.

A: ＿＿＿＿＿＿＿＿＿＿

B: Thank you. I'll take the elevator.

ア OK, you can go ahead.

イ Didn't you read the sign?

ウ That's on the next floor up.

エ You have to go through there.

（b）A: Congratulations on your graduation! 【2】

B: Thank you!

A: Are you happy to have finished university?

B: Well, yes and no. I'll miss being a student.

A: You must be looking forward to starting work though, aren't you?

B: Yes, I am, but I haven't found a job yet.

A: ＿＿＿＿＿＿＿＿＿＿

B: I hope so.

ア I know how difficult it can be.

イ Don't worry, you'll find one soon.

ウ It's a difficult time for job hunting.

エ Well, don't give up hope.

（c）A: Are you busy tomorrow? 【3】

B: Yes, I have to go to the Immigration Office.

A: Why? You already have a visa, don't you?

B: Yes, but I've just moved to a new apartment.

A: What does that have to do with immigration?

B: ＿＿＿＿＿＿＿＿＿＿

A: Really? Why?

B: It's so they can contact me, if they need to.

ア I don't think I need to have a visa.

イ I have to tell them my new address.

ウ It doesn't concern them at all.

エ I've changed my address recently.

(d) A: My name is Paul Foot. I have an appointment with Ms. Yamauchi at 10 o'clock. **4**

B: Good morning, Mr. Foot. I'll tell Ms. Yamauchi you're here.

A: Oh, sorry, it's Ms. Yamaguchi, not Ms. Yamauchi.

B: ＿＿＿＿＿＿＿＿＿＿

A: Thank you. I'll wait here, shall I?

B: Yes, that will be fine.

ア Ms. Yamaguchi. OK, I'll call her now.

イ Are you sure that's right?

ウ No, you must be mistaken.

エ Ms. Yamauchi will be here soon.

(e) A: Oh no! My phone battery is almost dead. **5**

B: Can't you charge it when you get home?

A: No, I need my phone this afternoon.

B: Would you like to borrow my mobile charger?

A: ＿＿＿＿＿＿＿＿＿＿

B: No, it's OK. I just charged my phone.

ア Thanks, but I don't need to charge it.

イ I haven't got a mobile charger.

ウ All right, I'll do it when I get home.

エ Don't you need it yourself?

(f) A: Jun, I haven't seen your sister recently. How is she? **6**

B: She's fine. She's just had a baby.

A: Really? She must be very happy.

B: Yes, but she's pretty tired all the time.

A: It's hard work looking after a baby, isn't it?

B: It is. She says she doesn't get enough sleep.

A: ______________

B: Right. She has to feed him every few hours.

ア So the baby sleeps all night?

イ You mean she works at night?

ウ Why doesn't she sleep enough?

エ Because the baby often wakes up during the night?

(g) A: Jenny, could you do me a big favor? 7

B: Sure, what do you want me to do?

A: I'm going away for the weekend. Could you feed my cat for me?

B: I don't really know much about cats.

A: ______________

B: All right, then. What do I have to do?

A: Just fill her food and water bowls each night.

B: Sure, I can do that.

ア You don't need to. It's very simple.

イ Neither do I, to tell the truth.

ウ You have to know about them.

エ Sorry, I'll ask someone else then.

〔II〕 次の（a）～（f）の空所に入れるのに最も適切なものをア～エの中から一つずつ選びなさい。

（a） Relationships sometimes ＿＿＿＿ bad, but they usually come good again. **8**

ア come　イ run　ウ walk　エ go

（b） The boy ＿＿＿＿ his bicycle stolen again. **9**

ア had　イ was　ウ took　エ did

（c） ＿＿＿＿ a few seconds, he disappeared from sight. **10**

ア In　イ Before　ウ Later　エ Following

（d） Do you know the girl who always ＿＿＿＿ perfume? **11**

ア puts　イ wears　ウ dresses　エ comes

（e） You should take a rest ＿＿＿＿ 30 minutes. **12**

ア every　イ other　ウ any　エ all

（f） I read the letter and then put ＿＿＿＿ the envelope. **13**

ア out it of　イ it out of　ウ back it in　エ it back in

〔III〕 （1）～（5）の日本文の意味に合うように［　　］内の語（句）を並べ替えると、与えられた5つの選択肢のうちで3番目にくる語（句）はどれか。ア～オの中から一つずつ選びなさい。

（1） 何はさておき、けが人に応急手当をしなければならない。 **14**

We have to give [before / first aid to / injured / anything else / the].

ア before　イ first aid to　ウ injured

エ anything else　オ the

（2） 市長に代わり一言ごあいさつ申し上げます。 **15**

Please allow [of the Mayor / on behalf / to / say a few words / me].

ア of the Mayor　イ on behalf　ウ to

エ say a few words　オ me

（3） うちのチームが負けたのは気の緩みがあったからだ。 **16**

Our team was [to / defeated / a lack of / due / concentration].

ア to　イ defeated　ウ a lack of　エ due　オ concentration

（4）この問題は大して重要ではないことが分かった。　17

This [of / proved /matter / no great importance / to be].

ア of　　イ proved　　ウ matter

エ no great importance　　オ to be

（5）正直に言うと、君の親切は僕にとってありがた迷惑なんだ。　18

Frankly, your kindness [me / does / than / harm / more] good.

ア me　　イ does　　ウ than　　エ harm　　オ more

〔IV〕 次のRMC STUDENT ACCOMMODATION GUIDEの案内を読んで、後の問いに答えなさい。いずれも、最も適切なものをア～エの中から一つずつ選びなさい。

RMC STUDENT ACCOMMODATION GUIDE

	Calendar	Dates	Days	Payment Due Date	Cost (including meals)		
					Fully-catered	Semi-catered	Self-catered
Semester 1	Term 1	13/02/2022 to 23/04/2022	70	14/01/2022	$5,000.00	$2,500.00	$1,500.00
	Term 2	24/04/2022 to 25/06/2022	63	25/03/2022	$4,500.00	$2,000.00	$1,000.00
	Mid-Year Vacation	26/06/2022 to 16/07/2022	21	27/05/2022	$70.00 per day	$60.00 per day	$55.00 per day

Dates = Day/Month/Year

Additional Fees

- Student Association Membership (compulsory for stays of one term or more): $100
- Security Deposit: $1,000 (refunded seven days after leaving the room)

Late payment will incur a fee of $50 per week.

Catering Options

* Fully-catered: Three meals a day each week served in the College dining room
* Semi-catered: Five meals per week served in the College dining room
* Self-catered: No meals included
* If you can't make it to lunch, you can pre-order a packed lunch up to 6 a.m. on the same day (not available on weekends or public holidays).

Facilities and Services

Rooms - All student rooms at the College are single rooms.

Each room contains the following: bed, wardrobe, desk, bookcase, pinboard, fan, heater, phone, and Internet connection.

Bathrooms are shared with other students.

Computer Room - Five desktops available for use, together with three printers and a scanner
Laundry Rooms - Two laundry rooms, each with washing machines, tumble dryers, and ironing boards
Tokens should be purchased from the office.
Common Room - Equipped with television, DVD player, sofas, and tables
Parking - Free parking at the College and at Macquarie University is available for College residents.

Adapted from https://rmc.org.au/accommodation/

1. If you are staying at the College during the first semester (not during the vacation), and choose the fully-catered option, how much will you be charged in total, including the security deposit? 19

ア $6,400
イ $9,900
ウ $10,600
エ $10,900

2. Which of the following is NOT possible? 20

ア receiving your security deposit a week after you leave
イ sharing a room with another student
ウ choosing to provide your own meals
エ drying clothes in the laundry room

3. Which of the following are available in all student rooms? 21

ア television and phone
イ heater and dryer
ウ phone and Internet connection
エ printer and Internet connection

4. Which statement is NOT true? 22

ア To use a washing machine, you need to buy a token at the office.
イ A packed lunch must be ordered by 6 p.m. on the previous day.
ウ Student rooms do not have a private bathroom or kitchen.
エ A fee will be charged if you are late with a payment.

5. Which statement is true? 23

ア If you go on a picnic on a weekend, you can order a packed lunch.
イ College residents can park their cars for free at the College and Macquarie University carparks.
ウ The cost of Term 1 and of Term 2 accommodation is the same.
エ You only need to pay Student Association Membership if staying the whole semester.

〔V〕 次の英文を読んで、後の問いに答えなさい。

When you surf the Internet, you will encounter many different kinds of website, including government ones, educational ones, commercial ones, and those of other organizations. Each website will reflect the (a)bias of the people who created and maintain it. When looking at a website, you should first make sure what type of website it is. Knowing whose website it is will help you evaluate how accurate the information is.

(ア) Every website has a specific purpose. Generally speaking, government and educational sites are designed to provide the public with important or helpful information. On the other hand, commercial sites are designed to sell products and/or services. Companies that have commercial websites might say good things about their own products and services but ignore any faults and defects. Don't be surprised if (b)they imply that their competitors' products and services are inferior. Such statements may or may not be true, and should be tested before you accept them as true.

(イ) A fact is generally-accepted reality, something that people agree to be true. An opinion, 【 1 】, is a belief or conclusion that not everyone may agree about. It is important not to confuse opinion with fact. It is often more difficult to tell fact from opinion on the Internet than on TV or in magazines, because anyone can express his or her ideas on the Internet.

(ウ) Even honest people make mistakes, after all, and not everyone is honest. Suppose you encounter the statement: "The divorce rate has tripled in the past 20 years." This may be written like a statement of fact, but is it factual? 【 2 】, is it really true? You ought to check this statement to make sure. You can check it on other websites, in books, or in magazines to see if they agree with this statistic*1, then decide whether to believe it.

(エ) In making this decision, consider all the evidence you have found, including the kind of evidence that supports the opinion. Remember that your own personal observation and experience also count as evidence. We always need to think carefully about what we see and read, especially online.

*1 statistic 統計

Adapted from: Benz, C. & Medina, M. (2006).
College Reading 1, pp. 45-46. Houghton Mifflin Company.

問1 本文のテーマとして最も適切なものをア～エの中から一つ選びなさい。 **24**

ア thinking critically about the Internet

イ the difference between opinion and fact

ウ the dangers in using the Internet

エ the purposes of various websites

問 2　次の文は本文のどこに入りますか。最も適切な箇所を本文中の(ア)～(エ)の中から一つ選びなさい。 25

Statements that are offered as fact may in reality be false.

問 3　空所【　1　】・【　2　】に入る最も適切な語（句）をア～エの中から一つずつ選びなさい。

【1】 ア in addition　イ as a result　ウ on the other hand　エ above all 26

【2】 ア On the contrary　イ In turn　ウ As a result　エ In other words 27

問 4　下線部(a)の "bias" と置き換えられないものはどれですか。最も適切なものをア～エの中から一つ選びなさい。 28

ア respect　イ opinion　ウ viewpoint　エ preference

問 5　下線部(b)の "they" は何を指しますか。最も適切なものをア～エの中から一つ選びなさい。 29

ア competitors　イ companies

ウ products and services　エ faults and defects

問 6　本文の内容と一致するものをア～エの中から一つ選びなさい。 30

ア　会社はインターネット上で他社の製品の欠陥に言及してはならない。

イ　インターネット上では意見と事実を区別することが難しい。

ウ　インターネット上では誰もが自分の意見を言えるわけではない。

エ　個人的な経験はインターネット上の情報の真偽を判断する材料にはならない。

■日本史■

◀2月2日実施分▶

（60分）

〔Ⅰ〕 次の【文章A】・【文章B】を読んで、後の問いに答えなさい。

【文章A】

次の史料は、遣隋使に関する史料の一部である。（史料は、一部省略したり、書き改めたりしたところもある。）

大業(たいぎょう)三年、其の王多利思比孤(たりしひこ)、使を遣して朝貢す。使者曰(いわ)く「聞くならく、海西の菩薩(ぼさつ)天子、重(かさ)ねて仏法(ぶっぽう)を興(おこ)すaと。……」と。其の国書に曰く「日出(い)づる処(ところ)の天子、書を日没(ぼっ)する処の天子に致(いた)す。恙(つつが)無きや、云々(うんぬん)」と。帝(てい)、之(これ)を覧(み)て悦(よろこ)ばず、鴻臚卿(こうろけい)に謂(い)ひて曰く「蛮夷(ばんい)の書、無礼(ぶれい)なる有らば、復(ま)た以て聞(ぶん)する勿(なか)れ」と。……

上記の史料は、推古天皇在位中bの607年に小野妹子を遣隋使として派遣した場面を記したものだが、『隋書』倭国伝によると、遣隋使の最初の派遣は600年とされている。607年に小野妹子が持参した国書は倭の五王の時代とは異なり、中国皇帝に臣属しない形式cをとったため、隋の皇帝【　1　】から無礼とされた。しかし、翌608年には返礼の使者【　2　】が遣わされ、この使者が帰国する際、高向玄理dらの留学生や学問僧が同行して隋に渡った。

問1　空欄【　1　】・【　2　】にあてはまる語句として最も適切なものはどれか。次のア〜エのうちから一つずつ選びなさい。

【1】 ア　煬帝　　イ　武帝　　ウ　安帝　　エ　光武帝　　**1**

【2】 ア　曇徴　　イ　裴世清　　ウ　観勒　　エ　弓月君　　**2**

問2　下線部aに関連して、遣隋使が派遣された時代には仏教文化を中心とする飛鳥文化が隆盛した。飛鳥文化の仏像彫刻として正しいものを、次のア〜エのうちから一つ選びなさい。　**3**

ア　興福寺仏頭　　イ　唐招提寺鑑真像

ウ　観心寺如意輪観音像　　エ　広隆寺半跏思惟像

問3　下線部bに関連して、推古天皇在位中に厩戸王が制定したとされる、憲法十七条の条文の一部として誤っているものはどれか。次のア～エのうちから一つ選びなさい。(下記の文章は、一部省略したり、書き改めたりしたところもある。)　4

ア　詔を承りては必ず謹め。君をば則ち天とす。臣をば則ち地とす。

イ　国司・国造、百姓に斂ること勿れ。国に二の君非し。民に両の主無し。

ウ　初めて京師を修め、畿内・国司・郡司……を置き、……山河を定めよ。

エ　和を以て貴しと為し、忤ふること無きを宗と為よ。

問4　下線部cに関連して、隋は倭の国書の内容を無礼としながらも返礼の使者を送ったのは、朝鮮半島にある国との対外政策などを考慮したためとされる。この国にあてはまるものとして正しいものはどれか。次のア～エのうちから一つ選びなさい。　5

ア　加耶　　イ　高句麗　　ウ　契丹　　エ　渤海

問5　下線部dに関連して、高向玄理は孝徳天皇のもとで新たな官職についたことで知られる。高向玄理が就任した官職として正しいものはどれか。次のア～エのうちから一つ選びなさい。　6

ア　左大臣　　イ　右大臣　　ウ　国博士　　エ　内臣

【文章B】

隋の次におこった唐にも、倭(日本)は使者を派遣した。これを遣唐使といい、9世紀まで派遣された。遣唐使は、律令eなど中国の制度の移入に大きな役割を果たした。

最初の遣唐使として派遣されたのは犬上御田鍬らで、630年に派遣された。また、最後の遣唐使に任命されたのは菅原道真である。菅原道真は遣唐大使に任命されたが、唐の衰えなどを理由に遣唐使の派遣中止を【　3　】に建議し、この年の派遣は中止となった。

遣唐使や留学生、学問僧となった人物は政界や文化界で活躍した人物が多い。たとえば、貧窮問答歌fを残した山上憶良、橘諸兄政権で重用された吉備真備や【　4　】、三筆の1人である橘逸勢、唐で見聞したことを『入唐求法巡礼行記』にまとめた円仁などがあげられる。

問6　空欄【　3　】・【　4　】にあてはまる語句として最も適切なものはどれか。次のア～エのうちから一つずつ選びなさい。

【3】　ア　光仁天皇　　イ　朱雀天皇　　ウ　清和天皇　　エ　宇多天皇　　7

【4】　ア　玄昉　　イ　道昭　　ウ　道鏡　　エ　義淵　　8

問7　下線部eに関連して、律令国家の中央行政組織や司法制度について述べた次の文(ⅰ)・(ⅱ)の正誤の組み合わせとして最も適切なものはどれか。下のア～エのうちから一つ選びなさい。　9

(ⅰ)　行政全般を管轄する太政官とならんで神々の祭祀をつかさどる神祇官がおかれた。

(ⅱ)　司法制度の刑罰には、笞・杖・徒・流・死の五刑があった。

ア　(ⅰ)正　(ⅱ)正　　イ　(ⅰ)正　(ⅱ)誤

ウ　(ⅰ)誤　(ⅱ)正　　エ　(ⅰ)誤　(ⅱ)誤

問8 下線部fを掲載した作品として正しいものはどれか。次の**ア**～**エ**のうちから一つ選びなさい。 10

ア 『凌雲集』 **イ** 『万葉集』 **ウ** 『懐風藻』 **エ** 『風土記』

〔Ⅱ〕 次の文章を読んで、後の問いに答えなさい。

鎌倉時代には、公家や武士が文化の担い手となり、商人・僧侶たちの日宋間の往来(a)や、モンゴルによる中国侵入を逃れた禅僧の渡来などによって大陸から新たな文化がもたらされ、鎌倉文化は発展した。

鎌倉文化では、【 11 】を説いた法然が開いた浄土宗や、その弟子である親鸞の浄土真宗(b)など、新たな仏教の宗派が登場した。そのなかで鎌倉幕府によって保護されたのは禅宗の【 12 】であった。執権北条時頼(c)は南宋から来日した蘭溪道隆を招いて、建長寺(d)を創建した。保護された宗派がある一方で迫害される宗派もあった。日蓮は『【 13 】』を著して他宗派を激しく批判するなどし、日蓮宗は幕府から弾圧された。

文学や歴史の世界では、【 14 】の『山家集』や、【 15 】により残された日記『玉葉』、さらにその弟である慈円の『愚管抄』など、当時の浄土への往生を願う仏教思想が表われている作品が登場した。『愚管抄』は、承久の乱(e)前に著された武家による政治を肯定する歴史書である。

問1 空欄【 11 】～【 15 】にあてはまる語句として最も適切なものはどれか。次の**ア**～**コ**のうちから一つずつ選びなさい。 11 12 13 14 15

ア 時宗 **イ** 立正安国論 **ウ** 悪人正機説
エ 九条兼実 **オ** 専修念仏 **カ** 信西
キ 九条頼経 **ク** 喫茶養生記 **ケ** 臨済宗
コ 西行

問2 下線部aに関連して、日宋間の商人の往来は鎌倉時代の産業を発達させた。鎌倉時代の社会経済について述べた次の文(ⅰ)・(ⅱ)の正誤の組み合わせとして最も適切なものはどれか。下の**ア**～**エ**のうちから一つ選びなさい。 16

(ⅰ) 交通の要地などで定期市が開かれるようになり、これは六斎市と呼ばれた。
(ⅱ) 売買手段として宋銭が使われるようになり、年貢の銭納も一部でみられるようになった。

ア (ⅰ)正 (ⅱ)正 **イ** (ⅰ)正 (ⅱ)誤
ウ (ⅰ)誤 (ⅱ)正 **エ** (ⅰ)誤 (ⅱ)誤

問3 下線部bに関連して、浄土真宗は、戦国時代に農民や商人などにも受け入れられた。戦国時代に浄土真宗を広めることに貢献し、中興の祖とよばれた人物として正しいものはどれか。次の**ア**～**エ**のうちから一つ選びなさい。 17

ア 顕如 **イ** 覚如 **ウ** 如拙 **エ** 蓮如

問4　下線部cに関連して、北条時頼が執権を務めていた時代の出来事として誤っているものはどれか。次のア～エのうちから一つ選びなさい。　18

ア　幕府の皇族将軍のはじめとして、宗尊親王が将軍となった。

イ　後嵯峨上皇の院政下で院評定衆が置かれ、幕府の朝廷内部への影響力がより強まった。

ウ　御家人の訴訟を専門に扱う引付が置かれ、引付衆が任命された。

エ　源頼朝以来の先例や道理にもとづく、武家最初の法典である御成敗式目が制定された。

問5　下線部dに関連して、建長寺は室町時代の五山の制度により鎌倉五山の第1位となった。同様に京都五山の第1位となった寺院として正しいものはどれか。次のア～エのうちから一つ選びなさい。　19

ア　万寿寺　　イ　建仁寺　　ウ　天龍寺　　エ　円覚寺

問6　下線部eに関連して、承久の乱の結果、後鳥羽上皇が配流された場所として正しいものはどれか。次のア～エのうちから一つ選びなさい。　20

ア　隠岐　　イ　土佐　　ウ　佐渡　　エ　壱岐

〔Ⅲ〕次の【文章A】·【文章B】を読んで、後の問いに答えなさい。

【文章A】

3代将軍徳川家光(a)が1651年に死去し、4代将軍に幼年の徳川家綱が就任したことに乗じて、兵学者である【　1　】らが幕府の転覆を計画した。このことは事前に発覚し、事件は未然に防がれたが、幕府に与えた衝撃は大きかった。家綱は武断政治を改め、文治的な政策を進めた。この政策の一環として、【　2　】の禁止の緩和などを行った。

文治主義的な政策は、5代将軍徳川綱吉(b)の時代にも行われた。儒学者木下順庵(c)に学んだ綱吉は、湯島聖堂を建て、林鳳岡(d)を大学頭に任じるなど、儒教を重視した政策を行った。一方、綱吉は仏教にも帰依し、その影響で1685年から20年余りにわたり生類憐みの令を出した。この法令では、違反者が厳しく処罰され、不満を持つ者も多かったといわれている。

問1　空欄【　1　】·【　2　】にあてはまる語句として最も適切なものはどれか。次のア～エのうちから一つずつ選びなさい。

【1】　ア　福島正則　　イ　由井正雪　　ウ　益田時貞　　エ　豊臣秀頼　　21

【2】　ア　殉死　　イ　漢訳洋書の輸入　　ウ　村八分　　エ　末期養子　　22

問2　下線部aに関連して、徳川家光の治世には、いわゆる「鎖国」が完成した。鎖国に関して述べた次の文(ⅰ)～(ⅲ)について、古いものから年代順に正しく配列したものを、下のア～カのうちから一つ選びなさい。　23

（ⅰ）　スペイン船の来航が禁止された。

（ⅱ）　奉書船以外の海外渡航が禁止された。

（ⅲ）　ポルトガル船の来航が禁止された。

ア　（ⅰ）－（ⅱ）－（ⅲ）

イ　（ⅰ）－（ⅲ）－（ⅱ）

ウ　（ⅱ）－（ⅰ）－（ⅲ）

エ　（ⅱ）－（ⅲ）－（ⅰ）

オ　（ⅲ）－（ⅰ）－（ⅱ）

カ　（ⅲ）－（ⅱ）－（ⅰ）

問３　下線部ｂに関連して、徳川綱吉の治世に側用人として登用された人物として正しいものはどれか。次の**ア**～**エ**のうちから一つ選びなさい。　**24**

ア　柳沢吉保　　**イ**　荻原重秀　　**ウ**　保科正之　　**エ**　堀田正俊

問４　下線部ｃに関連して、木下順庵は前田綱紀にも仕えたことで知られる。前田綱紀が治めた藩の位置として最も適当なものを、次の地図上の**ア**～**エ**のうちから一つ選びなさい。　**25**

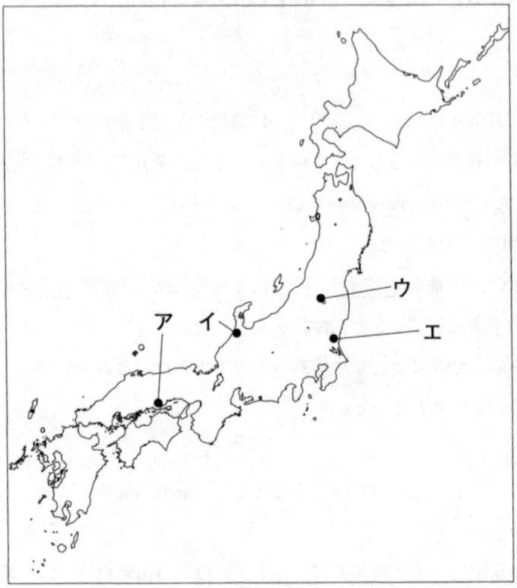

問５　下線部ｄに関連して、江戸時代の林家出身の人物について述べた次の文（ⅰ）・（ⅱ）の正誤の組み合わせとして最も適切なものはどれか。下の**ア**～**エ**のうちから一つ選びなさい。　**26**

（ⅰ）　林羅山は藤原惺窩の門人で、『群書類従』を編纂した。

（ⅱ）　林羅山の子である林鵞峰は、『中朝事実』の編纂に関与した。

ア（ⅰ)正　（ⅱ)正　　**イ**（ⅰ)正　（ⅱ)誤
ウ（ⅰ)誤　（ⅱ)正　　**エ**（ⅰ)誤　（ⅱ)誤

【文章B】

6代将軍徳川家宣・7代将軍徳川家継の時代は、新井白石が正徳の政治を行った。外交面では、外交関係を持つ隣国から派遣されてきた【　3　】の待遇を従来より簡素化した。財政面では、慶長小判の品位まで質を戻した正徳小判を鋳造し、長崎(e)での貿易を制限する海舶互市新例を出した。海舶互市新例では、中国船には年間【　4　】隻・銀高6000貫までの取引を上限とした。また、白石自身は文化面でも功績を残し、鎖国中に屋久島に潜入して捕えられたイタリア人(f)を訊問した情報で著した『西洋紀聞』などで知られる。

問6　空欄【　3　】・【　4　】にあてはまる語句として最も適切なものはどれか。次の**ア**〜**エ**のうちから一つずつ選びなさい。

【3】**ア**　謝恩使　**イ**　通信使　**ウ**　慶賀使　**エ**　冊封使　**27**
【4】**ア**　10　**イ**　20　**ウ**　30　**エ**　40　**28**

問7　下線部eに関連して、江戸時代の長崎に関する説明として誤っているものはどれか。次の**ア**〜**エ**のうちから一つ選びなさい。　**29**

ア　ロシア使節ラクスマンが通商を求めて、大黒屋光太夫をともなって来航した。
イ　高野長英などを輩出した鳴滝塾が、シーボルトによって設立された。
ウ　幕府は糸割符仲間に、当初は長崎、堺、京都、後にこれらに加えて江戸、大坂の特定の商人を指定した。
エ　中国の商人の居住地を限定する唐人屋敷が設けられた。

問8　下線部fに該当するイタリア人として正しいものはどれか。次の**ア**〜**エ**のうちから一つ選びなさい。　**30**

ア　ケンペル　**イ**　ゴローウニン　**ウ**　シドッチ　**エ**　シャクシャイン

〔Ⅳ〕 次の【文章A】～【文章C】を読んで、後の問いに答えなさい。

【文章A】

明治政府は各藩で異なっていた税制を統一し、税収を安定させるために、地租改正(a)を実施する準備を進めた。1872年には、江戸時代に制定された禁止令(b)を解き、従来の年貢負担者に地券を交付した。これにより、土地は地券の所有者が自由に処分できるようになった。

地租改正によって政府がめざした近代的な税制は確立したが、従来と税負担がほとんど変化しなかったため、農民らは不満を持った。茨城や三重の農民らを中心に各地で一揆が起こり、政府は地租の税率を【　1　】%に引き下げる措置をとった。

問1　空欄【　1　】にあてはまる数字として最も適切なものはどれか。次の**ア**～**エ**のうちから一つ選びなさい。

ア　1.5　　**イ**　2　　**ウ**　2.5　　**エ**　3　　31

問2　下線部aについて述べた次の文(ⅰ)・(ⅱ)の正誤の組み合わせとして最も適切なものはどれか。下の**ア**～**エ**のうちから一つ選びなさい。　32

(ⅰ)　納税者に、自作農や小作農も含まれた。

(ⅱ)　納税方法は、現物納から金納に改められた。

ア　(ⅰ)正　(ⅱ)正　　**イ**　(ⅰ)正　(ⅱ)誤

ウ　(ⅰ)誤　(ⅱ)正　　**エ**　(ⅰ)誤　(ⅱ)誤

問3　下線部bに該当する法令として正しいものはどれか。次の**ア**～**エ**のうちから一つ選びなさい。　33

ア　分地制限令　　**イ**　服忌令

ウ　田畑永代売買の禁止令　　**エ**　田畑勝手作りの禁

【文章B】

1880年代(c)の大蔵卿【　2　】によるデフレ政策によって、農民の負担は増加し、下層農民が小作農へと転落した。地主自身は耕作から離れて小作料の収入に依存するようになる寄生地主制が進行した。

寄生地主制のもと、高率の現物小作料を納める貧しい小作農が増加し、耕す土地のない農民のなかからは、労働者となって働く者も現れた。鉱山や土木工事の現場などでは、劣悪な労働条件のもとで働かされる者も存在し(d)、これらは社会問題化した。

問4　空欄【　2　】にあてはまる語句として最も適切なものはどれか。次の**ア**～**エ**のうちから一つ選びなさい。

ア　大隈重信　　**イ**　伊藤博文　　**ウ**　大久保利通　　**エ**　松方正義　　34

問5　下線部cに関連して、1880年代の政策や出来事に関する説明として正しいものはどれか。次のア～エのうちから一つ選びなさい。　35

ア　将来の衆議院議員を確保するため、華族令が定められた。

イ　10年後の国会開設を約する、立憲政体樹立の詔が出された。

ウ　青木周蔵外相の条約改正交渉失敗を機に、三大事件建白運動が起こった。

エ　朝鮮の保守的政府を武力で打倒しようと企てた旧自由党員らが検挙される大阪事件が起こった。

問6　下線部dに関連して、三菱の高島炭鉱では労働者が非惨な状態におかれていた。この労働者の実態を取り上げた政教社の雑誌として正しいものはどれか。次のア～エのうちから一つ選びなさい。　36

ア『日本人』　イ『太陽』　ウ『明星』　エ『中央公論』

【文章C】

第二次世界大戦後、GHQは【　3　】内閣に五大改革の実行を指令(e)した。その一環で進められた政策の一つに農地改革がある。寄生地主制などが軍国主義の温床となっているという考えを、GHQが持っていたことが背景にあった。

1945年に決定された第一次農地改革案は、GHQから地主制の解体の面で不徹底であるとされ、1946年に新たに【　4　】が定められて、第二次農地改革(f)が行われた。

問7　空欄【　3　】・【　4　】にあてはまる語句として最も適切なものはどれか。次のア～エのうちから一つずつ選びなさい。

【3】ア　吉田茂　イ　片山哲　ウ　幣原喜重郎　エ　芦田均　37

【4】ア　農地調整法　イ　自作農創設特別措置法
ウ　農業基本法　エ　独占禁止法　38

問8　下線部eに関連して、五大改革指令を具体化した政策に関する説明として誤っているものはどれか。次のア～エのうちから一つ選びなさい。　39

ア　労働運動が推奨され、GHQの指令で二・一ゼネスト計画が実行された。

イ　労働者の団結権・団体交渉権・争議権を保障する、労働組合法が制定された。

ウ　教育の機会均等や男女共学の原則を示した、教育基本法が制定された。

エ　過度経済力集中排除法が制定され、巨大独占企業の分割が進められた。

問9　下線部fについて述べた次の文(ⅰ)・(ⅱ)の正誤の組み合わせとして最も適切なものはどれか。下のア～エのうちから一つ選びなさい。　40

(ⅰ)　在村地主の貸付地は、都道府県平均5町歩までの保有が認められた。

(ⅱ)　地主3・自作農2・小作農5の割合で、農地委員会の構成員が選ばれた。

ア　(ⅰ)正　(ⅱ)正　イ　(ⅰ)正　(ⅱ)誤
ウ　(ⅰ)誤　(ⅱ)正　エ　(ⅰ)誤　(ⅱ)誤

◀2月3日実施分▶

(60分)

〔Ⅰ〕次の文章を読んで、後の問いに答えなさい。

3世紀中頃から後半になると、日本に古墳が出現するようになった。古墳の墳丘上には円筒状などの形をした【　1　】が並べられ、古墳には葺石が葺かれた。前期の古墳(a)は、画一的な特徴を有していたことで知られる。大きなものでは、墳丘の長さが200メートルをこえるものも存在した。これら、前期の巨大な古墳は奈良盆地にあり、この時期には大和を中心とする勢力からなる政治連合であるヤマト政権が形成されていた。

5世紀になると、墳丘の長さが486メートルもある【　2　】古墳群の大仙陵古墳などが造営されるとともに、地方でも全国で第4位の規模を持つ造山古墳(b)が築かれるなど、古墳はさらに巨大化した。また、『【　3　】』倭国伝に記述がある倭王武(c)と同一人物とされる「獲加多支鹵大王」の文字が刻まれた鉄剣が埼玉県の【　4　】古墳から出土している。

古墳時代後期に該当する6世紀(d)になると、古墳に朝鮮半島の影響を受けた石室が用いられることが多くなり、新しい葬送儀礼にともなう多量の土器の副葬もなされた。小型古墳が爆発的に増えたのもこの時期である。また、九州地方(e)には【　5　】と結んで反乱を起こした、筑紫国造磐井の墓とされている岩戸山古墳が存在している。

問1　空欄【　1　】～【　5　】にあてはまる語句として最も適切なものはどれか。次のア～コのうちから一つずつ選びなさい。　1　2　3　4　5

ア　埴輪　　イ　江田船山　　ウ　古市
エ　稲荷山　　オ　新羅　　カ　隋書
キ　宋書　　ク　百舌鳥　　ケ　百済
コ　土偶

問2　下線部aについて述べた次の文(ⅰ)・(ⅱ)の正誤の組み合わせとして最も適切なものはどれか。下のア～エのうちから一つ選びなさい。　6

(ⅰ)　長い木棺を横穴式石室におさめた、埋葬施設を有していた。
(ⅱ)　銅鏡などの呪術的な副葬品が多くおさめられた。

ア　(ⅰ)正　(ⅱ)正　　イ　(ⅰ)正　(ⅱ)誤
ウ　(ⅰ)誤　(ⅱ)正　　エ　(ⅰ)誤　(ⅱ)誤

問３　下線部ｂの造山古墳の場所として最も適当なものを、次の地図上の**ア**～**エ**のうちから一つ選びなさい。 **7**

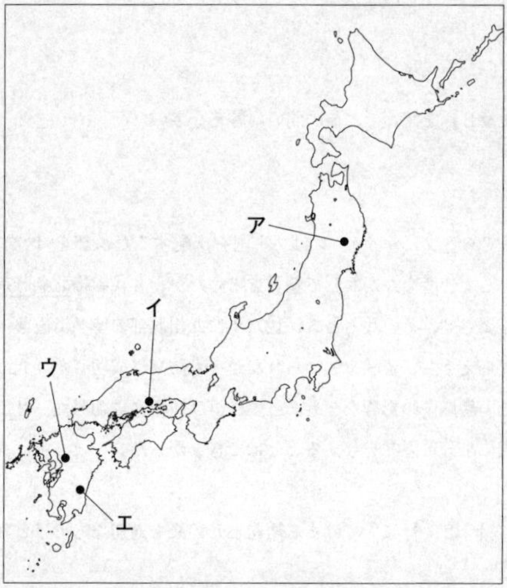

問４　下線部ｃに関して述べた次の文(ⅰ)・(ⅱ)の正誤の組み合わせとして最も適切なものはどれか。下の**ア**～**エ**のうちから一つ選びなさい。 **8**

(ⅰ)　倭王武は応神天皇に比定される。

(ⅱ)　倭王武は中国の北朝に朝貢して、安東大将軍の称号を賜った。

ア　(ⅰ)正　(ⅱ)正　　**イ**　(ⅰ)正　(ⅱ)誤

ウ　(ⅰ)誤　(ⅱ)正　　**エ**　(ⅰ)誤　(ⅱ)誤

問５　下線部ｄに関連して、６世紀以降のヤマト政権に関して述べた次の文(ⅰ)～(ⅲ)について、古いものから年代順に正しく配列したものを、下の**ア**～**カ**のうちから一つ選びなさい。 **9**

(ⅰ)　蘇我馬子が、敵対した物部守屋を滅ぼした。

(ⅱ)　小野妹子が、遣隋使として隋に派遣された。

(ⅲ)　大伴金村が、百済に加耶の一部の支配権を認めた。

ア　(ⅰ)－(ⅱ)－(ⅲ)

イ　(ⅰ)－(ⅲ)－(ⅱ)

ウ　(ⅱ)－(ⅰ)－(ⅲ)

エ　(ⅱ)－(ⅲ)－(ⅰ)

オ　(ⅲ)－(ⅰ)－(ⅱ)

カ　(ⅲ)－(ⅱ)－(ⅰ)

問6　下線部eに関連して、福岡県に位置し、沖津宮などからなる神社として正しいものはどれか。次のア～エのうちから一つ選びなさい。　10

ア　住吉大社　　イ　出雲大社　　ウ　伊勢神宮　　エ　宗像大社

〔Ⅱ〕 次の【文章A】・【文章B】を読んで、後の問いに答えなさい。

【文章A】

チンギス=ハンの孫であるフビライ=ハンは、中国を支配するため都を【　1　】に移し、国号を元と定めた。元は日本に対して使者をつかわして朝貢を求めたが、8代執権<u>北条時宗</u>(a)は元の要求を拒否した。

元は【　2　】を服属させ、その兵とともに1274年に九州北部の博多湾を襲った。幕府は九州に所領を持つ<u>御家人</u>(b)を動員して迎えうち、苦戦を強いられながらも防衛に成功した。元は南宋を滅ぼした後、1281年に日本へ再来襲した。暴風雨の影響などもあって、再び防衛に成功した。<u>2度の元軍の襲来</u>(c)を退けた幕府であったが、御家人に十分に恩賞を与えることはできなかった。

問1　空欄【　1　】・【　2　】にあてはまる語句として最も適切なものはどれか。次のア～エのうちから一つずつ選びなさい。

【1】ア　合浦　　イ　長安　　ウ　大都　　エ　寧波　11

【2】ア　遼　　イ　高麗　　ウ　渤海　　エ　金　12

問2　下線部aに関連して、北条時宗が中国から招いた臨済僧として正しいものはどれか。次のア～エのうちから一つ選びなさい。　13

ア　絶海中津　　イ　無学祖元　　ウ　蘭溪道隆　　エ　義堂周信

問3　下線部bに関連して、鎌倉時代に北条氏によって滅ぼされた有力御家人について述べた次の文（i）～（iii）について、古いものから年代順に正しく配列したものを、下のア～カのうちから一つ選びなさい。　14

（i）　北条氏と姻戚関係があった、三浦泰村が滅ぼされた。

（ii）　侍所の初代別当である、和田義盛が滅ぼされた。

（iii）　源頼家の後見者である、比企能員が滅ぼされた。

ア　（i）－（ii）－（iii）

イ　（i）－（iii）－（ii）

ウ　（ii）－（i）－（iii）

エ　（ii）－（iii）－（i）

オ　（iii）－（i）－（ii）

カ　（iii）－（ii）－（i）

問4　下線部cに関して述べた次の文(ⅰ)・(ⅱ)の正誤の組み合わせとして最も適切なものはどれか。下のア～エのうちから一つ選びなさい。　**15**

(ⅰ)　文永の役のあと、元軍の上陸に備えて博多湾沿岸に石塁が設置された。

(ⅱ)　弘安の役のあと、九州の御家人を統轄する九州探題が設置された。

ア　(ⅰ)正　(ⅱ)正　　**イ**　(ⅰ)正　(ⅱ)誤

ウ　(ⅰ)誤　(ⅱ)正　　**エ**　(ⅰ)誤　(ⅱ)誤

【文章B】

元寇後、有力御家人【　3　】が滅ぼされた霜月騒動のあと、得宗である9代執権北条貞時(d)がその権力を確立した。得宗は2代執権北条義時の法名徳宗に由来があるとされるもので、それが代々北条氏の家督を継いだ嫡流当主を指すようになった。元寇前後から、その得宗の権力が増していった。

北条高時のもとで内管領【　4　】が権勢をふるうようになると、得宗専制政治に対する御家人の反発は強まっていった。この情勢をみて討幕の計画を進めた後醍醐天皇であったが、1331年の討幕計画(e)が発覚すると幕府によって隠岐に流されることになった。その後、隠岐を脱出した後醍醐天皇は、1333年に討幕を果たした(f)。

問5　空欄【　3　】・【　4　】にあてはまる語句として最も適切なものはどれか。次のア～エのうちから一つずつ選びなさい。

【3】　**ア**　安達泰盛　**イ**　平頼綱　**ウ**　名和長年　**エ**　菊池武時　**16**

【4】　**ア**　竹崎季長　**イ**　新田義貞　**ウ**　楠木正成　**エ**　長崎高資　**17**

問6　下線部dに関連して、北条貞時が出した永仁の徳政令について述べた文として正しいものはどれか。次のア～エのうちから一つ選びなさい。　**18**

ア　質入れ・売却した御家人の土地を有償で取り返せるとした。

イ　御家人による土地の売却を禁止したが、質入れは許可された。

ウ　御家人が関係する金銭の訴訟のみを受けつけることとした。

エ　窮乏した御家人を救うことを目的に出されたが、その効果は一時的であった。

問7　下線部eの事件として正しいものはどれか。次のア～エのうちから一つ選びなさい。　**19**

ア　明応の政変　**イ**　正中の変　**ウ**　元弘の変　**エ**　乙巳の変

問8　下線部fに関して述べた次の文(ⅰ)・(ⅱ)の正誤の組み合わせとして最も適切なものはどれか。下のア～エのうちから一つ選びなさい。　**20**

(ⅰ)　鎌倉幕府に背いた足利高氏（のち尊氏）は、六波羅探題を攻めた。

(ⅱ)　討幕を果たしたあと、後醍醐天皇は諸国に記録所を新設した。

ア　(ⅰ)正　(ⅱ)正　　**イ**　(ⅰ)正　(ⅱ)誤

ウ　(ⅰ)誤　(ⅱ)正　　**エ**　(ⅰ)誤　(ⅱ)誤

〔Ⅲ〕 次の文章を読んで、後の問いに答えなさい。

15世紀末頃から、キリスト教の布教や貿易の拡大などを目的に、ヨーロッパ人の世界進出が活発になった。なかでも中央集権国家を成立させたポルトガルやスペイン(下線部a)は、貿易に力をいれた。

16世紀中頃、ポルトガル人を乗せた中国船が【　1　】に漂着した。【1】の領主が鉄砲を買い求め、家臣らにその製法を学ばせた。これが日本での鉄砲国産化(下線部b)の契機となり、当時日本は戦国時代で、鉄砲の伝来による影響は大きく、新しい武器として急速に普及した。戦国大名は足軽による鉄砲隊の組織(下線部c)や築城技術に工夫を加え、戦闘における戦術は大きく変わった。鉄砲伝来以後、ポルトガル人は九州の諸港に来航し、日本との貿易を行った。スペイン人も、1584年には【　2　】国の平戸に来航し、貿易を開始した。このポルトガル人やスペイン人との貿易を、南蛮貿易(下線部d)という。

貿易は、キリスト教の布教活動と一体となっており、1549年にフランシスコ=ザビエルがキリスト教を日本に伝え、その後、多くの宣教師が来日した。織田信長(下線部e)や豊臣秀吉(下線部f)に保護を受けたルイス=フロイスや、天正遣欧使節の派遣をキリシタン大名らに提案した【　3　】らが知られている。同時期には、宣教師らによって宣教師の養成学校である【　4　】も設置された。

問1　空欄【　1　】～【　4　】にあてはまる語句として最も適切なものはどれか。次のア～エのうちから一つずつ選びなさい。

【1】 ア　沖ノ島　　イ　種子島　　ウ　壱岐島　　エ　志賀島　　21

【2】 ア　肥前　　イ　肥後　　ウ　筑前　　エ　筑後　　22

【3】 ア　ガスパル=ヴィレラ　　イ　伊東マンショ
ウ　ヴァリニャーニ　　エ　原マルチノ　　23

【4】 ア　グスク　　イ　南蛮寺　　ウ　コタン　　エ　コレジオ　　24

問2　下線部aに関して述べた次の文(ⅰ)・(ⅱ)の正誤の組み合わせとして最も適切なものはどれか。下のア～エのうちから一つ選びなさい。　　25

(ⅰ)　ポルトガルは、フィリピンのマニラを拠点として九州に来航した。

(ⅱ)　スペイン船が土佐に漂着し、その乗組員の証言から、26聖人殉教に発展した。

ア　(ⅰ)正　(ⅱ)正　　イ　(ⅰ)正　(ⅱ)誤
ウ　(ⅰ)誤　(ⅱ)正　　エ　(ⅰ)誤　(ⅱ)誤

問3　下線部bに関連して、和泉国の鉄砲の生産地として正しいものはどれか。次のア～エのうちから一つ選びなさい。　　26

ア　国友　　イ　根来　　ウ　堺　　エ　雑賀

問4　下線部cに関連して、織田信長が鉄砲隊を率いて武田勝頼軍に大勝した戦いの名称として正しいものはどれか。次のア～エのうちから一つ選びなさい。　　27

ア　長篠合戦　　イ　賤ヶ岳の戦い　　ウ　姉川の戦い　　エ　小牧・長久手の戦い

問5　下線部dに関して述べた次の文(ⅰ)・(ⅱ)の正誤の組み合わせとして最も適切なものはどれか。下のア～エのうちから一つ選びなさい。 28

(ⅰ)　南蛮貿易の主要輸入品は生糸および銀であった。

(ⅱ)　豊臣秀吉が出したバテレン追放令によって、南蛮貿易は中断した。

ア　(ⅰ)正　(ⅱ)正　**イ**　(ⅰ)正　(ⅱ)誤

ウ　(ⅰ)誤　(ⅱ)正　**エ**　(ⅰ)誤　(ⅱ)誤

問6　下線部eに関連して、織田信長に関する出来事について述べた次の文(ⅰ)～(ⅲ)について、古いものから年代順に正しく配列したものを、下の**ア**～**カ**のうちから一つ選びなさい。 29

(ⅰ)　桶狭間の戦いで、今川義元を討った。

(ⅱ)　足利義昭を、室町幕府の15代将軍とした。

(ⅲ)　浅井・朝倉と結んだ延暦寺を、焼打ちした。

ア　(ⅰ)－(ⅱ)－(ⅲ)

イ　(ⅰ)－(ⅲ)－(ⅱ)

ウ　(ⅱ)－(ⅰ)－(ⅲ)

エ　(ⅱ)－(ⅲ)－(ⅰ)

オ　(ⅲ)－(ⅰ)－(ⅱ)

カ　(ⅲ)－(ⅱ)－(ⅰ)

問7　下線部fに関連して、織田信長・豊臣秀吉の時代には桃山文化が発達した。桃山文化について述べた文として誤っているものはどれか。次の**ア**～**エ**のうちから一つ選びなさい。 30

ア　狩野永徳の『唐獅子図屛風』など、障壁画がさかんに描かれた。

イ　京都北野で、身分の差がなく参加できる北野大茶湯が開催された。

ウ　出雲阿国が京都で人形浄瑠璃をはじめ、人気を博した。

エ　高三隆達による小歌に節付けした隆達節が、庶民の間で人気を博した。

〔Ⅳ〕 次の【文章A】～【文章C】を読んで、後の問いに答えなさい。

【文章A】

明治政府は朝鮮との国交をめぐる論争で意見が分かれ、その結果として明治六年の政変(a)で薩摩藩出身の【　1　】らが下野し、政府の中心は大久保利通となった。

1871年に台湾で発生していた琉球漂流民殺害事件の処理について、清(b)との交渉は難航した。清はこれについて責任を負わないとしたため、1874年には台湾出兵を行い、日清関係は緊迫した。【　2　】の調停もあったことから、清はこの日本の出兵を正当な行動と認め、清は日本に事実上の賠償金を支払うこととなり、日本は台湾から撤兵した。

問1　空欄【　1　】・【　2　】にあてはまる語句として最も適切なものはどれか。次のア～エのうちから一つずつ選びなさい。

【1】 ア　木戸孝允　　イ　西郷隆盛　　ウ　後藤象二郎　　エ　副島種臣　　31

【2】 ア　アメリカ　　イ　フランス　　ウ　イギリス　　エ　ドイツ　　32

問2　下線部aに関連して、明治六年の政変で下野した人物について述べた次の文(ⅰ)・(ⅱ)の正誤の組み合わせとして最も適切なものはどれか。下のア～エのうちから一つ選びなさい。　33

(ⅰ)　郷里に戻った江藤新平は、征韓党の首領となり佐賀の乱を起こした。

(ⅱ)　郷里に戻った板垣退助は、片岡健吉とともに土佐に愛国社を設立した。

ア　(ⅰ)正　(ⅱ)正　　イ　(ⅰ)正　(ⅱ)誤

ウ　(ⅰ)誤　(ⅱ)正　　エ　(ⅰ)誤　(ⅱ)誤

問3　下線部bに関連して、清と日本が国交を結んだ条約として正しいものはどれか。次のア～エのうちから一つ選びなさい。　34

ア　北京議定書　　イ　日清修好条規　　ウ　天津条約　　エ　日華基本条約

【文章B】

下記の史料は、日清戦争の講和条約である下関条約の一部である。(史料は、一部省略したり、書き改めたりしたところもある。)

第一条　清国ハ朝鮮国(c)ノ完全無欠ナル独立自主ノ国タルコトヲ確認ス。……

第二条　清国ハ左記ノ土地ノ主権並(ならび)ニ該(がい)地方……永遠日本国ニ割与(かつよ)ス

一　左ノ経界(けいかい)内ニ在ル奉天(ほうてん)省南部ノ地(d)……

二　台湾全島及其ノ付属諸島嶼(とうしょ)

三　澎湖(ほうこ)列島……

第四条　清国ハ軍費(ぐんぴ)賠償金トシテ庫平銀(こへいぎん)二億両(テール)を日本国ニ支払フヘキコトヲ約ス。……

この条約によって、台湾は日本の植民地となった。日本の統治に抵抗運動も発生したが、台湾総督府の初代総督に海軍軍人である【　3　】が就任し、武力で台湾の支配を進めていった。

問4　空欄【　3　】にあてはまる語句として最も適切なものはどれか。次の**ア**～**エ**のうちから一つ選びなさい。

ア　樺山資紀　　**イ**　後藤新平　　**ウ**　児玉源太郎　　**エ**　桂太郎　　35

問5　下線部cに関連して、近代の朝鮮（韓国）に関して述べた次の文(ⅰ)～(ⅲ)について、古いものから年代順に正しく配列したものを、下の**ア**～**カ**のうちから一つ選びなさい。　36

(ⅰ)　日本に対して釜山などの開港と日本の領事裁判権を承認した。
(ⅱ)　壬午軍乱の直後に、首都漢城に日本公使館警備のための軍隊の駐留を認めた。
(ⅲ)　日本が外交権を接収し、統監を置くことを認めた。

ア　(ⅰ)－(ⅱ)－(ⅲ)
イ　(ⅰ)－(ⅲ)－(ⅱ)
ウ　(ⅱ)－(ⅰ)－(ⅲ)
エ　(ⅱ)－(ⅲ)－(ⅰ)
オ　(ⅲ)－(ⅰ)－(ⅱ)
カ　(ⅲ)－(ⅱ)－(ⅰ)

問6　下線部dに関連して、遼東半島に関して述べた次の文(ⅰ)・(ⅱ)の正誤の組み合わせとして最も適切なものはどれか。下の**ア**～**エ**のうちから一つ選びなさい。　37

(ⅰ)　遼東半島に位置する長春には、のちに半官半民の南満州鉄道株式会社が設立された。
(ⅱ)　遼東半島の清国への返還をもとめて、ロシア・フランス・イギリスが三国干渉を行った。

ア　(ⅰ)正　(ⅱ)正　　**イ**　(ⅰ)正　(ⅱ)誤
ウ　(ⅰ)誤　(ⅱ)正　　**エ**　(ⅰ)誤　(ⅱ)誤

【文章C】

太平洋戦争で敗北した日本は、サンフランシスコ平和条約を結び、植民地として領有していた台湾などを放棄することが定められた。第二次世界大戦後、中国では中華民国と中華人民共和国が並立する状態となったが、独立した日本は台湾に本拠を移した中華民国と国交を回復した。1972年、<u>ベトナム戦争を終わらせるために、アメリカの大統領が中華人民共和国を訪問し、米・中の敵対関係を改善しようとした</u>(e)。このアメリカの動きに呼応して、<u>田中角栄内閣</u>(f)によって【　4　】が調印され、中華人民共和国との日中国交正常化が実現した。これにより日本は中華人民共和国を「中国で唯一の合法政府」と認め、同時に台湾の中華民国との外交関係は断絶した。

問7　空欄【　4　】にあてはまる語句として最も適切なものはどれか。次のア～エのうちから一つ選びなさい。

ア　日中平和友好条約　　**イ**　日華平和条約

ウ　日中共同声明　　**エ**　山東懸案解決条約　　38

問8　下線部ｅに関連して、アメリカやベトナム戦争に関して述べた次の文(ｉ)・(ⅱ)の正誤の組み合わせとして最も適切なものはどれか。下のア～エのうちから一つ選びなさい。　　39

(ｉ)　ニクソン大統領はドルの防衛のため、金とドルの交換停止を発表した。

(ⅱ)　アメリカが北ベトナムへの爆撃を開始した時期に、日本で神武景気が発生した。

ア　(ｉ)正　(ⅱ)正　　**イ**　(ｉ)正　(ⅱ)誤

ウ　(ｉ)誤　(ⅱ)正　　**エ**　(ｉ)誤　(ⅱ)誤

問9　下線部ｆに関連して、田中角栄内閣の時の出来事について述べた文として正しいものはどれか。次のア～エのうちから一つ選びなさい。　　40

ア　東京・新大阪間に、東海道新幹線が開通した。

イ　第4次中東戦争を背景に、石油危機が発生した。

ウ　アメリカのロッキード社の航空機売り込みをめぐる収賄事件が発覚した。

エ　シーメンス社との間で兵器輸入に関する汚職事件が発覚した。

世界史

◀2月2日実施分▶

(60分)

〔I〕 次の文章A～Cを読んで、後の問いに答えなさい。

A

マケドニアのアレクサンドロス大王はこれまでたびたびギリシアに干渉してきたペルシア①を討伐するため、前334年、東方遠征の途についた。ペルシアの国王【 1 】の軍勢をイッソスの戦いなどで破り、ペルシアを滅ぼした。アレクサンドロス大王は前323年にバビロンで没するまでに北アフリカからインド西北部までの東西に広がる大帝国を築いた。

大王の死後、後継者(【 2 】)とよばれる部下の将軍たちによる争いが勃発し、前4世紀末には帝国はマケドニアのアンティゴノス朝やシリアのセレウコス朝などに分裂した。また、各地にはギリシア風の都市が建設され、これらの都市を中心にギリシア文化が広がっていった。前3世紀半ばになると、セレウコス朝の東北部でギリシア人が自立してバクトリアを建国し、またイラン高原ではイラン人がパルティア②を建国した。

問1 文中の空欄【 1 】・【 2 】に当てはまる最も適切な語句はどれか。次のア～エのうちから一つずつ選びなさい。

【1】 ア キュロス2世　イ ダレイオス1世　1
　　 ウ ダレイオス3世　エ アルダシール1世

【2】 ア ディアドコイ　イ ペリオイコイ　2
　　 ウ コロヌス　エ オストラキスモス

問2 文中の下線部①・②について、以下の問いに答えなさい。

① ペルシアの政治について述べた次の文a・bの正誤の組み合わせとして、正しいものはどれか。下のア～エのうちから一つ選びなさい。　3

a 国内を州に分割し、サトラップとよばれる知事に統治させた。

b 宗教家マニによっておこされたマニ教を国教とした。

ア a－正　b－正　　イ a－正　b－誤
ウ a－誤　b－正　　エ a－誤　b－誤

② パルティアについて述べた次の文の空欄 [a] ・ [b] に当てはまる語句の組み合わせとして、最も適切なものはどれか。下のア～エのうちから一つ選びなさい。　**4**

イラン人の族長アルサケスによって建国されたパルティアは中国名では [a] とよばれ、東西交易によって繁栄した。パルティアは3世紀に同じくイラン人が建てた [b] によって滅ぼされた。

ア [a]－安息　[b]－サーマーン朝
イ [a]－安息　[b]－ササン朝
ウ [a]－大月氏　[b]－サーマーン朝
エ [a]－大月氏　[b]－ササン朝

B

ギリシア風の都市が各地に建設されるとともに、多くのギリシア人が移住したことで各地域の文化に影響を受けたギリシア文化が発展した。なかでもエジプトの王都に設けられたムセイオンとよばれる王立研究所は、その館長を務めて地球の周囲の長さを求めた天文学者の【 5 】や、『幾何学原本』を著して平面幾何学を大成した数学者の【 6 】などを輩出し、ヘレニズム文化③の中心となった。また、この時代には個人の内面の幸福を重視する思想が生まれ、禁欲を説いた【 7 】や、精神的な快楽を最高の善とみなした【 8 】などが現れた。美術ではすぐれた彫刻作品が生みだされ、西アジア一帯からインドや中国、日本にまで影響を与えた。

問3　文中の空欄【 5 】～【 8 】に当てはまる最も適切な語句はどれか。次のア～コのうちから一つずつ選びなさい。　**5** **6** **7** **8**

ア エラトステネス　**イ** アリスタルコス　**ウ** プラクシテレス
エ フェイディアス　**オ** エピクロス　**カ** アルキメデス
キ ヒッポクラテス　**ク** ソクラテス　**ケ** エウクレイデス
コ ゼノン

問4　文中の下線部③について、以下の問いに答えなさい。

③ ヘレニズム文化の特徴について述べた文として、正しいものはどれか。次のア～エのうちから一つ選びなさい。　**9**

ア キリスト教の支配下で神学が発展した。
イ 土木・建築技術にすぐれた実用的な文化を発達させた。
ウ 世界市民主義（コスモポリタニズム）の思想が広がった。
エ 12神の神話を中心とする多神教にもとづいた文化を発達させた。

C

紀元前1世紀のローマは前世紀から続く内乱の1世紀④とよばれる内乱と政争の時代にあった。この混乱を終息させたのがカエサルの養子であるオクタウィアヌスだった。彼はアントニウスや【　7　】とともに第2回三頭政治を結成して政権を握ると、共和政維持派を次々と打倒していった。これに対して、アントニウスがエジプト⑤の女王クレオパトラと結んで反乱を起こしたが、オクタウィアヌスは【　8　】でこれを破って、ローマの内乱に終止符を打った。また、この戦いでエジプトのプトレマイオス朝が滅亡し、およそ300年間にわたったヘレニズム時代が終焉を迎えた。

問5　文中の空欄【　7　】・【　8　】に当てはまる最も適切な語句はどれか。次の**ア**～**エ**のうちから一つずつ選びなさい。

【7】　**ア**　ポンペイウス　　**イ**　スキピオ　　10
　　　ウ　レピドゥス　　**エ**　クラッスス

【8】　**ア**　カタラウヌムの戦い　　**イ**　マラトンの戦い　　11
　　　ウ　サラミスの海戦　　**エ**　アクティウムの海戦

問6　文中の下線部④・⑤について、以下の問いに答えなさい。

④　内乱の1世紀について述べた次の文の空欄 c ・ d に当てはまる語句の組み合わせとして、最も適切なものはどれか。下の**ア**～**エ**のうちから一つ選びなさい。　12

この時期、平民派を代表する c などの有力者が私兵を集めて争った。また、同盟市戦争などの内乱や剣闘士（剣奴） d の反乱が起こるなど、ローマ社会は混迷した。

ア　c－マリウス　　d－ブルートゥス
イ　c－マリウス　　d－スパルタクス
ウ　c－スラ　　d－ブルートゥス
エ　c－スラ　　d－スパルタクス

⑤　古代エジプトの王朝の出来事を述べた次の文（ⅰ）～（ⅲ）について、古いものから年代順に正しく配列したものはどれか。下の**ア**～**カ**のうちから一つ選びなさい。　13

（ⅰ）　アメンホテプ4世（イクナートン）によって宗教改革が行われた。
（ⅱ）　クフ王が自らの墓所として巨大なピラミッドを建造させた。
（ⅲ）　遊牧民のヒクソスが侵入し、一時混乱した。

ア　（ⅰ）―（ⅱ）―（ⅲ）
イ　（ⅰ）―（ⅲ）―（ⅱ）
ウ　（ⅱ）―（ⅰ）―（ⅲ）
エ　（ⅱ）―（ⅲ）―（ⅰ）
オ　（ⅲ）―（ⅰ）―（ⅱ）
カ　（ⅲ）―（ⅱ）―（ⅰ）

〔Ⅱ〕 次の文章A～Cを読んで、後の問いに答えなさい。

A

13世紀末頃、アナトリア半島西北部の地域でオスマン1世率いるトルコ系民族が勢力を拡大し、オスマン帝国がおこった。14世紀中頃にバルカン半島に進出し、セルビアやハンガリーを破ってバルカン半島の大部分を支配すると、王はスルタンの称号を採用し、国家としての体制を整えた。しかし、1402年に東方の①ティムールと衝突して敗れると、スルタンも捕虜になるなど大きな打撃を受けた。国力を回復させたオスマン帝国は1453年にコンスタンティノープルを陥落させて【 1 】を滅ぼし、この地を首都とした。その後、スルタンの【 2 】は1517年にマムルーク朝を滅ぼし、その管理下にあった②両聖都（メッカとメディナ）の保護権を獲得して、③スンナ派のイスラーム教国の盟主としての地位を確立した。

問1 文中の空欄【 1 】·【 2 】に当てはまる最も適切な語句はどれか。次のア～エのうちから一つずつ選びなさい。

【1】 ア サファヴィー朝　イ フランク王国　**14**
　　 ウ ビザンツ帝国　エ 神聖ローマ帝国

【2】 ア メフメト2世　イ セリム1世　**15**
　　 ウ バヤジット1世　エ セリム2世

問2 文中の下線部①～③について、以下の問いに答えなさい。

① ティムールについて述べた次の文の空欄 a · b に当てはまる語句の組み合わせとして、最も適切なものはどれか。下のア～エのうちから一つ選びなさい。 **16**

ティムールは1402年の a でオスマン帝国を破って強勢を誇った。首都の b には壮麗なモスクや学院が建設され、トルコ=イスラーム文化の中心となった。

ア a－ニコポリスの戦い　b－イスファハーン
イ a－ニコポリスの戦い　b－サマルカンド
ウ a－アンカラの戦い　b－イスファハーン
エ a－アンカラの戦い　b－サマルカンド

② イスラーム教の聖都であるメッカとメディナの位置として正しいものはどれか。次の地図中のa～dの都市のうち、組み合わせの正しいものを下のア～カから一つ選びなさい。 **17**

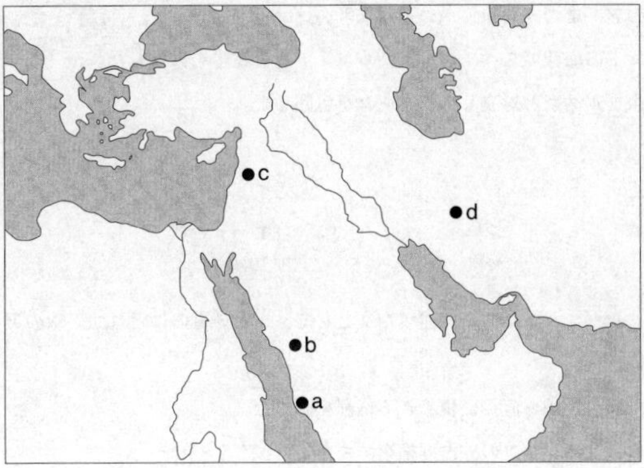

ア　a－b　　イ　a－c　　ウ　a－d

エ　b－c　　オ　b－d　　カ　c－d

③　スンナ派のイスラーム教国として、当てはまらない国・王朝はどれか。次のア～エのうちから一つ選びなさい。　18

ア　ファーティマ朝　　イ　ムガル帝国　　ウ　アッバース朝　　エ　ウマイヤ朝

B

オスマン帝国が最盛期を迎えたのは16世紀の前半に即位したスレイマン１世の治世④のときであった。彼は南イラク方面や北アフリカに領土を広げ、さらにヨーロッパにも進出した。スレイマン１世に続く次のスルタンはフランス商人らにカピチュレーション⑤とよばれる特権を認め、次第にヨーロッパ人との関わりが増えてきた。ただ、17世紀末の段階ではまだオスマン帝国とヨーロッパの力関係には大きな変化はなかった。

スンナ派のイスラーム教国であるオスマン帝国ではイスラーム法にもとづいた政治が行われており、帝国内に住むキリスト教徒やユダヤ教徒は【　3　】とよばれる共同体を作り、イスラーム教徒とも共存がはかられた。また、キリスト教徒の子弟を集めて編制した【　4　】はスルタンの常備軍として各地の征服活動に活躍した。

問３　文中の空欄【　3　】・【　4　】に当てはまる最も適切な語句はどれか。次のア～エのうちから一つずつ選びなさい。

【3】　ア　ウンマ　　イ　マドラサ　　19

ウ　ミッレト　　エ　モスク

【4】　ア　黒旗軍　　イ　イェニチェリ　　20

ウ　ファランクス　　エ　マムルーク

問４　文中の下線部④・⑤について、以下の問いに答えなさい。

④　スレイマン１世の治世について述べた次の文ａ・ｂの正誤の組み合わせとして、正しいものはど

れか。下のア～エのうちから一つ選びなさい。　**21**

a　レパントの海戦でスペイン・ヴェネツィア連合艦隊を撃破した。

b　ハプスブルク家と対立し、ウィーンを包囲した。

ア　a－正　b－正　　　**イ**　a－正　b－誤

ウ　a－誤　b－正　　　**エ**　a－誤　b－誤

⑤　カピチュレーションについて述べた文として、正しいものはどれか。次の**ア**～**エ**のうちから一つ選びなさい。　**22**

ア　農民や都市民から直接徴税できる権利を認めた。

イ　外国の会社にタバコの独占利権を認めた。

ウ　領内でのキリスト教の布教の自由を認めた。

エ　商人に対して、領内での居住と通商の自由をおおやけに認めた。

C

18世紀にはオスマン帝国の衰退は次第に明らかになり、地方勢力の自立の動きが強まっていった。アラビア半島ではワッハーブ派の運動が高揚し、アラビアの豪族サウード家の支持を得てワッハーブ王国が建国された。19世紀に入っても地方の自立への動きは続き、エジプト⑥でムハンマド=アリーが民衆の支持を得て実権を握り、実質上の独立を果たした。また、1829年には【　5　】が独立を達成した。こうした状況に危機感を抱いたオスマン帝国は1839年、ギュルハネ勅令を発して大規模な西洋化改革に取り組んだが、ヨーロッパの工業製品などが流入するきっかけとなり、却って外国資本への従属が進む結果となった。1876年にはオスマン帝国初となるミドハト憲法⑦が発布されたが、翌年に勃発したロシア=トルコ（露土）戦争⑧を理由に議会も閉鎖され、憲法も停止された。第一次世界大戦に同盟国側で参加したオスマン帝国は敗戦後、連合国と【　6　】を結んで領土のほとんどを失う結果となった。

問5　文中の空欄【　5　】・【　6　】に当てはまる最も適切な語句はどれか。次の**ア**～**エ**のうちから一つずつ選びなさい。

【5】 **ア**　ギリシア　　**イ**　セルビア　　**23**

ウ　ハンガリー　　**エ**　ブルガリア

【6】 **ア**　ローザンヌ条約　　**イ**　サン=ジェルマン条約　　**24**

ウ　トリアノン条約　　**エ**　セーヴル条約

問6　文中の下線部⑥～⑧について、以下の問いに答えなさい。

⑥　19世紀のエジプトの歴史について述べた次の文（ⅰ）～（ⅲ）について、古いものから年代順に正しく配列したものはどれか。下の**ア**～**カ**のうちから一つ選びなさい。　**25**

（ⅰ）　ウラービー（オラービー）が反乱を起こした。

（ⅱ）　スエズ運河が完成した。

（ⅲ）　エジプト=トルコ戦争でオスマン帝国に勝利した。

ア　(ⅰ)―(ⅱ)―(ⅲ)

イ　(ⅰ)―(ⅲ)―(ⅱ)

ウ　(ⅱ)―(ⅰ)―(ⅲ)

エ　(ⅱ)―(ⅲ)―(ⅰ)

オ　(ⅲ)―(ⅰ)―(ⅱ)

カ　(ⅲ)―(ⅱ)―(ⅰ)

⑦　ミドハト憲法について述べた次の文の空欄［c］・［d］に当てはまる語句の組み合わせとして、最も適切なものはどれか。下の**ア～エ**のうちから一つ選びなさい。　**26**

ミドハト憲法は［c］の治世のときに大宰相ミドハト=パシャによって起草された。しかし、発布後まもなく一時停止され、その復活は1908年の［d］革命まで待たねばならなかった。

ア　［c］－アブデュルメジト1世　［d］－青年トルコ

イ　［c］－アブデュルメジト1世　［d］－トルコ

ウ　［c］－アブデュルハミト2世　［d］－青年トルコ

エ　［c］－アブデュルハミト2世　［d］－トルコ

⑧　ロシア=トルコ（露土）戦争について述べた文として、正しいものはどれか。次の**ア～エ**のうちから一つ選びなさい。　**27**

ア　クリミア半島のセヴァストーポリ要塞で激戦が繰り広げられた。

イ　ドイツのビスマルクの仲介でサン=ステファノ条約が結ばれた。

ウ　ロシア皇帝ニコライ2世の治世下で開始された。

エ　ロシアはスラブ民族の連帯と統一を主張した。

〔Ⅲ〕 次の文章A～Cを読んで、後の問いに答えなさい。

A

中世の西ヨーロッパの知識人たちは教会で使われる【　1　】を公用語としていたが、文芸の分野では主に口語（俗語）で表現された。中世文学の代表は西洋中世における理想の人間像である騎士①を描いた騎士道物語である。ケルト人の伝説をもとに英雄アーサー王を描いた『アーサー王物語』をはじめ、カール大帝②と部下の騎士たちの武勲をたたえた『ローランの歌』、ゲルマンの英雄伝説をもとにした【　2　】などがある。また、トルバドゥールとよばれる吟遊詩人が宮廷をめぐり歩いて、騎士の恋愛を主題とする抒情詩をうたった。

問1　文中の空欄【　1　】·【　2　】に当てはまる最も適切な語句はどれか。次のア～エのうちから一つずつ選びなさい。

【1】 **28**
ア　ギリシア語　　イ　ウラル語
ウ　サンスクリット語　　エ　ラテン語

【2】 **29**
ア　『シャクンタラー』　　イ　『ニーベルンゲンの歌』
ウ　『アエネイス』　　エ　『千夜一夜物語』

問2　文中の下線部①·②について、以下の問いに答えなさい。

①　中世ヨーロッパの騎士について述べた次の文a·bの正誤の組み合わせとして、正しいものはどれか。下のア～エのうちから一つ選びなさい。 **30**

a　複数の主君と封建的主従関係を結ぶことができた。
b　巡礼の保護を目的として宗教騎士団が結成された。

ア　a－正　b－正　　イ　a－正　b－誤
ウ　a－誤　b－正　　エ　a－誤　b－誤

②　カール大帝について述べた次の文の空欄［a］·［b］に当てはまる語句の組み合わせとして、最も適切なものはどれか。下のア～エのうちから一つ選びなさい。 **31**

フランク王国の国王カールは東方の［a］や南方のイスラーム勢力を撃退して西ヨーロッパの大半を統一し、教皇［b］から帝冠を受け、西ローマ帝国を受け継ぐ支配者となった。

ア　［a］－マジャール人　［b］－レオ3世
イ　［a］－マジャール人　［b］－グレゴリウス7世
ウ　［a］－アヴァール人　［b］－レオ3世
エ　［a］－アヴァール人　［b］－グレゴリウス7世

B

中世末期の西ヨーロッパでは、まずイタリアを中心にルネサンスとよばれる文化運動が盛んになり、時代とともにヨーロッパ北部へと広がっていった。ルネサンスはヒューマニズム（人文主義）③の思想にもとづいた運動で、文芸の分野では、その最初期に現れたイタリアの詩人【　3　】がイタリアの方言であるトスカナ語で『神曲』を記した。また、フィレンツェのマキァヴェリは近代的な政治観を示した【　4　】を著し、政治を宗教や道徳とは別なものとして論じ、後世の政治思想に大きな影響を与えた。ルネサンス期の学者や芸術家たちは権力者の庇護を受けて活動し、なかでもローマ教皇や金融財閥のメディチ家④などはルネサンスの保護者として知られた存在であった。また、この時代は書物の製作⑤でも大きな技術的進展があり、新しい思想の普及に大きな役割を担うことになった。

問3　文中の空欄【　3　】·【　4　】に当てはまる最も適切な語句はどれか。次の**ア**～**エ**のうちから一つずつ選びなさい。

【3】 **ア**　ダンテ　　**イ**　ボッカチオ　　**32**

ウ　エラスムス　　**エ**　シェークスピア

【4】 **ア**　『カンタベリ物語』　　**イ**　『ユートピア』　　**33**

ウ　『エセー（随想録）』　　**エ**　『君主論』

問4　文中の下線部③～⑤について、以下の問いに答えなさい。

③　ヒューマニズム（人文主義）の特徴について述べた文として、正しいものはどれか。次の**ア**～**エ**のうちから一つ選びなさい。　**34**

ア　人間や社会を科学的に観察し、人間や社会の矛盾を描写した。

イ　ギリシア・ローマの古典を研究し、人間らしい生き方を追求した。

ウ　理性を絶対視し、合理的な思想を展開した。

エ　人間や社会の現実をありのままに捉えて表現した。

④　メディチ家について述べた次の文a・bの正誤の組み合わせとして、正しいものはどれか。下の**ア**～**エ**のうちから一つ選びなさい。　**35**

a　アウクスブルクを拠点とし、鉱山の開発や銀行業で発展した。

b　レオ10世はメディチ家出身のローマ教皇である。

ア　a－正　b－正　　**イ**　a－正　b－誤

ウ　a－誤　b－正　　**エ**　a－誤　b－誤

⑤　ルネサンス期に発達した書物の製作について述べた次の文の空欄［ c ］·［ d ］に当てはまる語句の組み合わせとして、最も適切なものはどれか。下の**ア**～**エ**のうちから一つ選びなさい。

36

15世紀半ば頃、ドイツ人のグーテンベルクが改良・実用化した［ c ］は中世の写本などに代わって普及し、情報の伝達に大きな影響を与えた。当時、この技術の影響を最も受けた書物が聖書で、宗教改革の立役者である［ d ］によるドイツ語訳の『新約聖書』は出版後まもなく8万6000部が売れたと言われている。

ア c－金属活字　d－ルター
イ c－金属活字　d－カルヴァン
ウ c－活版印刷術　d－ルター
エ c－活版印刷術　d－カルヴァン

C

第一次世界大戦中の中国では、辛亥革命⑥後の政治的混乱のなかで政治体制だけでなく国民の意識や社会を改革する必要があるとする考えが高まった。新文化運動とよばれるこうした啓蒙運動の中心となったのは後に中国共産党の指導者となった【　5　】で、彼は創刊した雑誌『新青年』で儒教道徳を厳しく批判した。アメリカに留学した胡適は同誌上で白話（口語）文学を提唱し、魯迅は【　6　】などの小説で中国社会を批判的に描いた。一連の運動の中心となった北京大学では、ロシア革命が始まると李大釗らによってマルクス主義⑦の研究が始められ、【5】もこれに参加した。

問5　文中の空欄【　5　】·【　6　】に当てはまる最も適切な語句はどれか。次の**ア**～**エ**のうちから一つずつ選びなさい。

【5】　ア　袁世凱　　イ　蔣介石　　**37**
　　　ウ　梁啓超　　エ　陳独秀

【6】　ア　『赤と黒』　　イ　『戦争と平和』　　**38**
　　　ウ　『狂人日記』　　エ　『人形の家』

問6　文中の下線部⑥·⑦について、以下の問いに答えなさい。

⑥　辛亥革命について述べた次の文（ⅰ）～（ⅲ）について、古いものから年代順に正しく配列したものはどれか。下の**ア**～**カ**のうちから一つ選びなさい。　**39**

（ⅰ）　鉄道の国有化に反対し、四川で暴動が起こった。
（ⅱ）　孫文が臨時大総統の地位に就いた。
（ⅲ）　孫文が日本の東京で中国同盟会を結成した。

ア　（ⅰ）—（ⅱ）—（ⅲ）
イ　（ⅰ）—（ⅲ）—（ⅱ）
ウ　（ⅱ）—（ⅰ）—（ⅲ）
エ　（ⅱ）—（ⅲ）—（ⅰ）
オ　（ⅲ）—（ⅰ）—（ⅱ）
カ　（ⅲ）—（ⅱ）—（ⅰ）

⑦　マルクス主義について述べた次の文a・bの正誤の組み合わせとして、正しいものはどれか。下の**ア**～**エ**のうちから一つ選びなさい。　**40**

a　マルクスは自分たちの理論を空想的社会主義と称した。
b　マルクスは史的唯物論にもとづいて『資本論』をまとめた。

ア　a－正　b－正　　イ　a－正　b－誤

ウ　a－誤　b－正　　エ　a－誤　b－誤

◀2月3日実施分▶

(60分)

〔Ⅰ〕 次の文章A～Cを読んで、後の問いに答えなさい。

A

11世紀頃になると、ローマ時代の市街地や司教の教会や領主の居城などの地域の中核となる場所に都市が形成されるようになった。これは【 1 】の普及などの農業技術の改良によって生産力が向上し、余剰生産物の交換が盛んになったためである。また、十字軍①をきっかけに遠隔地貿易が発達したことや、イスラーム商人やヴァイキングとよばれる【 2 】の商業活動によって貨幣経済②が広がってきたことなどもあって、都市の発展はますます著しくなった。

問1 文中の空欄【 1 】・【 2 】に当てはまる最も適切な語句はどれか。次の**ア**～**エ**のうちから一つずつ選びなさい。

【1】 **ア** 灌漑農業 **イ** 三圃制 **1**
ウ 囲い込み **エ** ノーフォーク農法

【2】 **ア** ノルマン人 **イ** ケルト人 **2**
ウ ラテン人 **エ** スラヴ人

問2 文中の下線部①・②について、以下の問いに答えなさい。

① 十字軍の出来事を述べた次の文（ⅰ）～（ⅲ）について、古いものから年代順に正しく配列したものはどれか。下の**ア**～**カ**のうちから一つ選びなさい。 **3**

（ⅰ） エジプトのサラディンと講和した。
（ⅱ） 聖地回復の目的を捨て、コンスタンティノープルを占領した。
（ⅲ） イェルサレム王国を建国した。

ア （ⅰ）―（ⅱ）―（ⅲ）
イ （ⅰ）―（ⅲ）―（ⅱ）
ウ （ⅱ）―（ⅰ）―（ⅲ）
エ （ⅱ）―（ⅲ）―（ⅰ）
オ （ⅲ）―（ⅰ）―（ⅱ）
カ （ⅲ）―（ⅱ）―（ⅰ）

② 貨幣経済について述べた次の文a・bの正誤の組み合わせとして、正しいものはどれか。下の**ア**～**エ**のうちから一つ選びなさい。 **4**

a　世界で初めての金属貨幣は新バビロニアで作られた。

b　ラテンアメリカから大量の銀が流入し、価格革命が起こった。

ア　a－正　b－正　　**イ**　a－正　b－誤

ウ　a－誤　b－正　　**エ**　a－誤　b－誤

B

中世ヨーロッパの遠隔地貿易は東方貿易（レヴァント貿易）によってもたらされた香辛料などの奢侈品の取引で繁栄した地中海商業圏と、北海・バルト海を中心とする北ヨーロッパ商業圏で発達した。北ヨーロッパ商業圏のなかでもフランドル地方は【　3　】の生産が盛んなことで知られている。さらに、これらの2つの商業圏をつなぐ内陸の通商路にも都市が発達し、とくにフランスの【　4　】では定期市が発達した。

中世都市は11～12世紀以降、自治権を獲得して自治都市となっていった。たとえば、北イタリア諸都市③はコムーネとよばれる都市国家として完全に独立した。また、神聖ローマ帝国④の諸都市は皇帝の特許状を得て皇帝直属の帝国都市として諸侯と同じ扱いを受けた。これらの有力都市は共通の利害のために都市同盟を結成し、なかでもリューベック⑤を盟主とする【　5　】は14世紀に北ヨーロッパ商業圏を支配する大きな政治勢力となった。

問3　文中の空欄【　3　】～【　5　】に当てはまる最も適切な語句はどれか。次の**ア**～**エ**のうちから一つずつ選びなさい。

【3】 **ア**　木材　　**イ**　毛織物　　**5**

ウ　絹織物　　**エ**　宝石

【4】 **ア**　シャンパーニュ地方　　**イ**　ズデーテン地方　　**6**

ウ　ラヴェンナ地方　　**エ**　オルドス地方

【5】 **ア**　ロンバルディア同盟　　**イ**　デロス同盟　　**7**

ウ　シュマルカルデン同盟　　**エ**　ハンザ同盟

問4　文中の下線部③～⑤について、以下の問いに答えなさい。

③　北イタリア諸都市について述べた次の文a・bの正誤の組み合わせとして、正しいものはどれか。下の**ア**～**エ**のうちから一つ選びなさい。　**8**

a　デンマークが主導するカルマル同盟に加盟した。

b　神聖ローマ皇帝を支持する皇帝派はゲルフとよばれた。

ア　a－正　b－正　　**イ**　a－正　b－誤

ウ　a－誤　b－正　　**エ**　a－誤　b－誤

④　神聖ローマ帝国について述べた文として、正しいものはどれか。次の**ア**～**エ**のうちから一つ選びなさい。　**9**

ア　初代皇帝のオットー１世は800年にローマ帝国の帝冠を授けられた。

イ　皇帝カール５世は皇帝選挙の手続きについて「金印勅書」を発布した。

ウ　数多くの領邦が分立し、統一されることはなかった。

エ　すべての皇帝はハプスブルク家より輩出された。

⑤　リューベックの位置として正しいものはどれか。次の地図中のア～エのうちから一つ選びなさい。

10

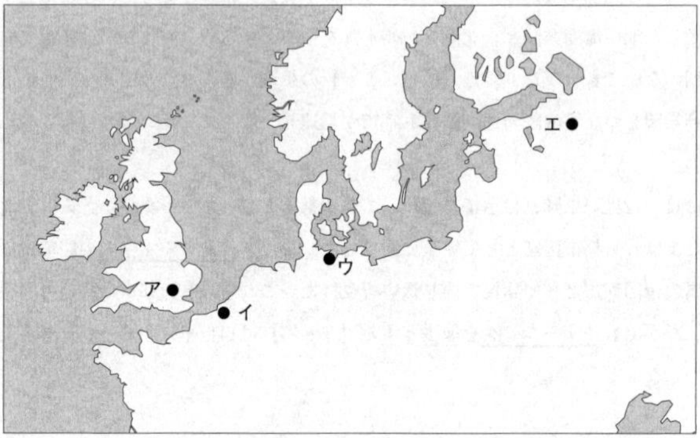

C

西ヨーロッパの自治都市の市壁内は封建的束縛から逃れた空間で、領主から独立した法的な自治が行われていた。ドイツでは、このような都市の状態は「【　6　】は（人を）自由にする」と表現され、荘園から都市に逃れた農奴が１年と１日住めば自由な身分になれるとまで言われた。都市の中心には教会や修道院⑥とともに行政を担う市役所が置かれ、ギルド⑦とよばれる同業組合によって構成された市参事会によって運営されていた。しかし、市参事会の席をめぐって13世紀末以降【　7　】とよばれる政治闘争が起こった。

問５　文中の空欄【　6　】・【　7　】に当てはまる最も適切な語句はどれか。次のア～エのうちから一つずつ選びなさい。

【6】　ア　市民の資格　　イ　市壁の内側　　**11**

ウ　都市の生活　　エ　都市の空気

【7】　ア　文化闘争　　イ　ツンフト闘争　　**12**

ウ　叙任権闘争　　エ　義兵闘争

問６　文中の下線部⑥・⑦について、以下の問いに答えなさい。

⑥　修道院について述べた次の文の空欄 [a] ・ [b] に当てはまる語句の組み合わせとして、最も適切なものはどれか。下のア～エのうちから一つ選びなさい。　**13**

6世紀末に即位した教皇［ a ］がゲルマン人への布教活動を推し進めて以降、ヨーロッパ各地に修道院が建立された。修道院は10世紀以降の教会改革運動でも大きな役割を果たし、フランスの［ b ］がその中心となった。

ア ［a］－グレゴリウス1世　［b］－クリュニー修道院

イ ［a］－グレゴリウス1世　［b］－フランチェスコ修道会

ウ ［a］－ベネディクトゥス　［b］－クリュニー修道院

エ ［a］－ベネディクトゥス　［b］－フランチェスコ修道会

⑦ ギルドについて述べた文として、正しいものはどれか。次の**ア**～**エ**のうちから一つ選びなさい。［14］

ア 自治都市の初期の頃、商人ギルドが市政を独占していた。

イ 商人ギルドの経営者は親方とよばれた。

ウ 同職ギルドは、農業従事者を中心としたギルドである。

エ ギルドは職種間の自由競争を促した。

〔Ⅱ〕 次の文章**A**～**C**を読んで、後の問いに答えなさい。

A

19世紀末、中国では日清戦争の敗北をきっかけに列強の中国進出①が進んだ。出遅れたアメリカも門戸開放を訴えて参入するなか、中国国内では公羊学派の【　1　】を中心に日本の明治維新にならった根本的な清の体制改革に取り組む動きが始まった。しかし、反対派のクーデタによってその機会は失われる結果となった。列強による分割が進むにつれて中国の民衆による排外運動が高まり、なかでも山東省の宗教結社の義和団は「【　2　】」を唱えて北京を占領するなど、激しい抵抗をみせた。その後、第一次世界大戦が始まったことで欧米列強の勢力が後退すると、代わりに日本の中国などへの対外進出②が進むようになった。第一次世界大戦後に北京から中国各地に広がった五・四運動は排日を目的とした愛国運動である。ちょうど同じ頃、朝鮮でも日本からの独立を求める動き③が起こっている。

問1　文中の空欄【　1　】・【　2　】に当てはまる最も適切な語句はどれか。次の**ア**～**エ**のうちから一つずつ選びなさい。

【1】 **ア** 康有為　**イ** 李鴻章　**ウ** 光緒帝　**エ** 曾国藩　［15］

【2】 **ア** 滅満興漢　**イ** 扶助工農　**ウ** 扶清滅洋　**エ** 中体西用　［16］

問2　文中の下線部①～③について、以下の問いに答えなさい。

① 列強の国名とその国が租借した地域の組み合わせとして、最も適切なものはどれか。次の**ア**～**エ**

のうちから一つ選びなさい。 17

ア　イギリス ― 遼東半島南部

イ　ドイツ ― 膠州湾

ウ　フランス ― 威海衛

エ　ロシア ― 広州湾

② 第一次世界大戦中の日本の対外進出の内容について述べた文として、誤っているものはどれか。次のア～エのうちから一つ選びなさい。 18

ア　中国政府に二十一カ条の要求を行った。

イ　太平洋にあるドイツ領の南洋諸島を占領した。

ウ　対ソ干渉戦争に加わり、シベリアに出兵した。

エ　中国政府に対抗して南京に親日政権を樹立した。

③ 朝鮮半島の日本の支配について述べた次の文（ⅰ）～（ⅲ）について、古いものから年代順に正しく配列したものはどれか。下のア～カのうちから一つ選びなさい。 19

（ⅰ）下関条約で朝鮮の独立が認められた。

（ⅱ）全琫準らが甲午農民戦争（東学の乱）を起こした。

（ⅲ）ソウル（京城）に朝鮮総督府が置かれた。

ア（ⅰ）―（ⅱ）―（ⅲ）

イ（ⅰ）―（ⅲ）―（ⅱ）

ウ（ⅱ）―（ⅰ）―（ⅲ）

エ（ⅱ）―（ⅲ）―（ⅰ）

オ（ⅲ）―（ⅰ）―（ⅱ）

カ（ⅲ）―（ⅱ）―（ⅰ）

B

東南アジアでは18世紀から19世紀にかけてヨーロッパ列強による領土獲得が進み、タイ④を除くすべての地域がヨーロッパ諸国の支配下に置かれた。たとえば、ビルマはイギリス、ジャワ島⑤はオランダ、フィリピンはスペインが支配した。一方、ベトナムでは宣教師ピニョーの援助を受けた阮福暎が19世紀前半に阮朝を建てた。しかし、19世紀半ば頃から【　3　】の軍事介入を受けるようになり、清との宗主権争いの結果、1883年には【3】の保護国となった。20世紀に入ると、独立と立憲君主制の樹立を目指した運動が展開され、【　4　】が提唱したドンズー（東遊）運動もその一環として実施された。

問3　文中の空欄【　3　】・【　4　】に当てはまる最も適切な語句はどれか。次のア～エのうちから一つずつ選びなさい。

【3】 ア　ポルトガル　　イ　フランス 20

ウ　アメリカ　　エ　ドイツ

【4】　ア　ファン=ボイ=チャウ　　イ　アギナルド　　**21**
　　　ウ　ホー=チ=ミン　　エ　ホセ=リサール

問4　文中の下線部④・⑤について、以下の問いに答えなさい。

④　タイについて述べた次の文の空欄 a ・ b に当てはまる語句の組み合わせとして、最も適切なものはどれか。下の**ア**～**エ**のうちから一つ選びなさい。　**22**

タイでは18世紀の終わりに a が建国された。19世紀前半は鎖国政策がとられていたが、後半に入り、 b のときに行政や司法組織などの近代化を目指すチャクリ改革に成功し、列強の植民地となることを回避できた。

ア　a－スコータイ朝　　b－ラーマ4世
イ　a－スコータイ朝　　b－ラーマ5世
ウ　a－ラタナコーシン朝　　b－ラーマ4世
エ　a－ラタナコーシン朝　　b－ラーマ5世

⑤　ジャワ島で起きた出来事について述べた文として、正しいものはどれか。次の**ア**～**エ**のうちから一つ選びなさい。　**23**

ア　黒旗軍が組織され、宗主国との戦いで活躍した。
イ　宗主国とアメリカが衝突した結果、アメリカの支配下に置かれた。
ウ　タキン党とよばれる民族主義者が台頭した。
エ　強制栽培制度による作物の強制的な買い上げが行われた。

C

インド帝国の成立後、イギリスの利益優先の経済発展が進められるなかで重い負担を強いられたインドの人々は次第に民族的な自覚を持つようになり、独立への動きがみられるようになった。これに対して、イギリス本国は<u>ヒンドゥーとイスラームの両教徒を反目させること</u>⑥で人々を分断し独立への動きを妨げようとしたため、インド国民会議は1906年に<u>4綱領</u>⑦を発表してイギリスの支配に対抗する姿勢を示した。イギリスは第一次世界大戦中に戦争協力の見返りにインドの自治を約束したものの、その内容は独立とはほど遠く、さらに強圧的な【　5　】を制定したためインドの人々の反発は高まった。こうした植民地政府の圧政が続くなかで、国民会議派の【　6　】らは完全独立（プールナ=スワラージ）を決議するなど抵抗運動が続けられた。

問5　文中の空欄【　5　】・【　6　】に当てはまる最も適切な語句はどれか。次の**ア**～**エ**のうちから一つずつ選びなさい。

【5】　ア　ローザンヌ条約　　イ　ローラット法　　**24**
　　　ウ　インド統治法　　エ　インド独立法
【6】　ア　ネルー　　イ　ジンナー　　**25**
　　　ウ　スカルノ　　エ　アフガーニー

問6 文中の下線部⑥・⑦について、以下の問いに答えなさい。

⑥ インドにおけるヒンドゥー教徒とイスラーム教徒の対立について述べた次の文a・bの正誤の組み合わせとして、正しいものはどれか。下のア～エのうちから一つ選びなさい。 **26**

a ベンガル分割令によってベンガル州を2つの州に分けた。

b インドのイスラーム教徒はイスラーム連盟（サレカット=イスラーム）を結成した。

ア a－正 b－正 **イ** a－正 b－誤

ウ a－誤 b－正 **エ** a－誤 b－誤

⑦ 4綱領について述べた次の文の空欄 [c] ・ [d] に当てはまる語句の組み合わせとして、最も適切なものはどれか。下のア～エのうちから一つ選びなさい。 **27**

1906年に [c] で開かれたインド国民会議の大会において英貨排斥や自治獲得（ [d] ）などを含む4綱領が決議された。

ア [c]－カルカッタ [d]－スワラージ

イ [c]－カルカッタ [d]－スワデーシ

ウ [c]－ラホール [d]－スワラージ

エ [c]－ラホール [d]－スワデーシ

〔Ⅲ〕 次の文章A～Cを読んで、後の問いに答えなさい。

A

ユーラシア大陸は中央ユーラシアを東西に走る交易路によって古くから結びつけられていた。そのうちの一つは「草原の道」とよばれ、中央ユーラシアの草原地帯をつらぬく最北のルートである。遊牧民が作った遊牧国家①がこの一帯を支配し、東西の交易や文化の交流にも寄与したことが知られている。もう一つは「オアシスの道」とよばれる。これは地中海東岸から中央アジアを経て中国へと至るルートで、絹・ガラス・香料などが交易品として運ばれた。ローマ帝国で異端とされた【 1 】のキリスト教がササン朝を経て唐代の中国に景教として伝えられたのもこのルートである。一方、海上をわたる「海の道」②も盛んに利用された。これは地中海から紅海・インド洋を経て東南アジア・中国へと至るルートで、中国の『後漢書』にはローマ皇帝【 2 】と考えられる大秦王安敦の使者が南海の海産を持って日南郡に到着したことが記されている。

問1 文中の空欄【 1 】・【 2 】に当てはまる最も適切な語句はどれか。次のア～エのうちから一つずつ選びなさい。

【1】 **ア** カタリ派 **イ** アリウス派 **28**

ウ ネストリウス派 **エ** アタナシウス派

【2】 ア　アントニヌス=ピウス　　イ　マルクス=アウレリウス=アントニヌス　29

ウ　ハドリアヌス　　エ　トラヤヌス

問2　文中の下線部①・②について、以下の問いに答えなさい。

① 遊牧国家について述べた次の文の空欄 a ・ b に当てはまる語句の組み合わせとして、最も適切なものはどれか。下のア～エのうちから一つ選びなさい。　30

文献上で知られる最古の遊牧国家は前7世紀頃に南ロシアの草原地帯を支配した a である。一方、内陸アジアの東部でも匈奴がおこり、 b のときに全盛期を迎え、漢の北方を脅かした。

ア a－フン人　b－完顔阿骨打

イ a－フン人　b－冒頓単于

ウ a－スキタイ　b－完顔阿骨打

エ a－スキタイ　b－冒頓単于

② 海の道について述べた次の文a・bの正誤の組み合わせとして、正しいものはどれか。下のア～エのうちから一つ選びなさい。　31

a　1世紀頃のインド洋交易について『南海寄帰内法伝』に記録が残されている。

b　ムスリム商人はダウ船を利用した。

ア a－正　b－正　　イ a－正　b－誤

ウ a－誤　b－正　　エ a－誤　b－誤

B

7世紀に誕生したイスラーム教はその後急速にその勢力圏を広げ、8世紀にはアジア・アフリカ・ヨーロッパにまたがるイスラーム世界を形作った。なかでも北アフリカから中央アジアにかけて大帝国を築いた【 32 】では、首都バグダードが東西の交易路の結節点として繁栄した。バグダードの衰退後に栄えたのはファーティマ朝の都として造営され、その後のエジプトのイスラーム王朝の首都となった【 33 】である。紅海を通るルートが発達したことで、地中海とインド洋を結びつける交易の拠点となり、10世紀以降のイスラーム世界の政治・経済・文化の中心地となった。こうしたルートを利用した移動は盛んに行われ、イスラームの旅行家【 34 】は海路を利用して元代の中国を訪れたことで知られている。また、中国からもムスリム商人の手を経てさまざまな文物や技術がもたらされた③。

問3　文中の空欄【 32 】～【 34 】に当てはまる最も適切な語句はどれか。次のア～コのうちから一つずつ選びなさい。　32　33　34

ア　ブワイフ朝　　イ　アッバース朝　　ウ　カイロ

エ　イブン=バットゥータ　　オ　ダマスクス　　カ　ラシード=ウッディーン

キ　ウマイヤ朝　　ク　アレクサンドリア　　ケ　ウマル=ハイヤーム

コ　マムルーク朝

問4　文中の下線部③について、以下の問いに答えなさい。

③　この時代に、イスラームの商業ルートを経て中国からもたらされたものについて述べた次の文a・bの正誤の組み合わせとして、正しいものはどれか。下の**ア**～**エ**のうちから一つ選びなさい。　35

a　羅針盤が伝えられ、その後の航海技術に大きな影響を与えた。

b　ゼロの概念が伝えられ、アラビア数学が発達した。

ア　a－正　b－正　　**イ**　a－正　b－誤

ウ　a－誤　b－正　　**エ**　a－誤　b－誤

C

東西を結ぶ交易路を伝ってヨーロッパからも多くの人物が中国を訪れている。元代にはイタリアから訪れて皇帝フビライに仕えたとされる商人のマルコ＝ポーロをはじめ、大都の大司教に任ぜられて初めて中国でカトリックを布教した【　3　】などがいた。また、明代④には海禁政策⑤が緩められた16世紀半ば以降にキリスト教宣教師が来航し、新しい知識や技術などを伝えた。こうした西洋の技術・知識は、この頃に実学に関心の高かった士大夫層によって受け入れられ、古代ギリシアの数学者エウクレイデスの著作を漢訳した【　4　】などが刊行された。宣教師を技術者として重用する傾向は清朝初期まで続き、中国全図の「皇輿全覧図」や【　5　】が設計に関わった円明園などが生みだされた。

問5　文中の空欄【　3　】～【　5　】に当てはまる最も適切な語句はどれか。次の**ア**～**エ**のうちから一つずつ選びなさい。

【3】　**ア**　マテオ＝リッチ　　**イ**　プラノ＝カルピニ　36
　　　ウ　ルブルック　　**エ**　モンテ＝コルヴィノ

【4】　**ア**　『農政全書』　　**イ**　『本草綱目』　37
　　　ウ　『天工開物』　　**エ**　『幾何原本』

【5】　**ア**　カスティリオーネ　　**イ**　ブーヴェ　38
　　　ウ　フェルビースト　　**エ**　アダム＝シャール

問6　文中の下線部④・⑤について、以下の問いに答えなさい。

④　明代に起きた出来事について述べた次の文（ⅰ）～（ⅲ）について、古いものから年代順に正しく配列したものはどれか。下の**ア**～**カ**のうちから一つ選びなさい。　39

（ⅰ）　農村で里甲制が開始された。

（ⅱ）　豊臣秀吉による文禄・慶長の役（壬辰・丁酉倭乱）が起こった。

（ⅲ）　靖難の役が起こり、永楽帝が即位した。

ア　（ⅰ）—（ⅱ）—（ⅲ）

イ　（ⅰ）—（ⅲ）—（ⅱ）

ウ　（ⅱ）—（ⅰ）—（ⅲ）

エ　(ⅱ) — (ⅲ) — (ⅰ)

オ　(ⅲ) — (ⅰ) — (ⅱ)

カ　(ⅲ) — (ⅱ) — (ⅰ)

⑤　海禁政策が緩められたことで起きた出来事について述べた文として、正しいものはどれか。次の**ア**～**エ**のうちから一つ選びなさい。　40

ア　皇帝の命により、鄭和が南海遠征に出発した。

イ　大量の銀が流入した。

ウ　東南アジアにおける明の権威が強まった。

エ　日本と勘合貿易が始まった。

数学

◀2月2日実施分▶

(60分)

解答にあたっての注意事項

① 分数形で解答する場合，それ以上約分できない形で答えなさい。

② 根号を含む形で解答する場合，根号の中に現れる自然数が最小となる形で答えなさい。

〔Ⅰ〕 以下の空欄の $\boxed{1}$ ～ $\boxed{21}$ に入る数字を選択肢から1つずつ選びなさい。

(1) △ABC が AB＝4，BC＝6，CA＝5 を満たすとき，$\cos\angle ABC=\dfrac{\boxed{1}}{\boxed{2}\boxed{3}}$ である。

$\boxed{1}$ · $\boxed{2}$ · $\boxed{3}$

(2) 6枚のカード $\boxed{1}$，$\boxed{2}$，$\boxed{3}$，$\boxed{4}$，$\boxed{5}$，$\boxed{6}$ から同時に2枚のカードを取り出すとき，そのカードに書かれている数の積が偶数になる確率は $\dfrac{\boxed{4}}{\boxed{5}}$ である。

$\boxed{4}$ · $\boxed{5}$

(3) $\dfrac{\sqrt{3}+1}{\sqrt{3}-1}$ の整数部分を a，小数部分を b とするとき，$a^2-b^2=\boxed{6}+\boxed{7}\sqrt{3}$ である。

$\boxed{6}$ · $\boxed{7}$

(4) $y=2x^2$ のグラフを平行移動して，2点 (0，4)，(2，0) を通るようにしたとき，平行移動した後のグラフを表す方程式は $y=2x^2-\boxed{8}x+\boxed{9}$ である。

$\boxed{8}$ · $\boxed{9}$

(5) 8個のデータ 12，38，6，10，46，18，16，7 を箱ひげ図にすると，次の図のようになった。

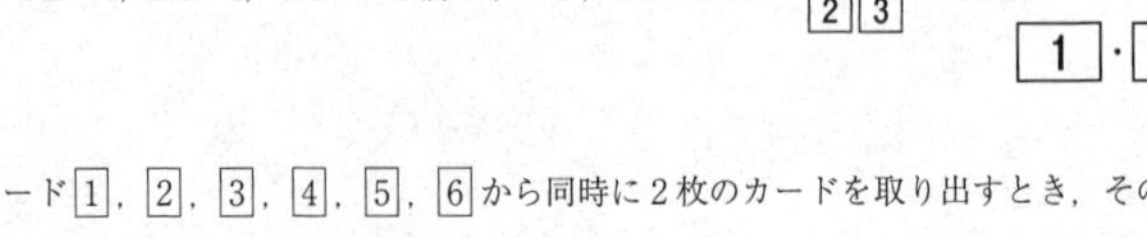

このとき，$a=\boxed{10}\boxed{11}$，$b=\boxed{12}\boxed{13}$ である。ただし，横軸の目盛りは省略してある。

$\boxed{10}$ · $\boxed{11}$

$\boxed{12}$ · $\boxed{13}$

(6)　$(2x+1)^2-(x-1)(3x+8)-39$ を因数分解すると，$(x+$ 14 $)(x-$ 15 $)$ である。　14 · 15

(7)　$\triangle$ABC が AB$=4$，BC$=3$，CA$=5$ を満たすとき，$\triangle$ABC の重心を G とする。点 G から辺 BC に下ろした垂線と辺 BC との交点を D とすると，線分 GD の長さは $\frac{\boxed{16}}{\boxed{17}}$ である。　16 · 17

(8)　A と B の 2 チームが試合をする。A が B に勝つ確率を $\frac{2}{3}$ とし，先に 2 勝したチームを優勝とするとき，A が優勝する確率は $\frac{\boxed{18}\boxed{19}}{\boxed{20}\boxed{21}}$ である。ただし，試合に引き分けはないものとする。

18 · 19 · 20 · 21

選択肢

ア　0	**イ**　1	**ウ**　2	**エ**　3	**オ**　4
カ　5	**キ**　6	**ク**　7	**ケ**　8	**コ**　9

〔II〕　以下の文章を読み，空欄の 22 〜 33 に入る数字を選択肢から 1 つずつ選びなさい。

> a を定数として，関数 $f(x)=x^2-2ax+a+6$ がある。

(1)　$a=2$ のとき，関数 $f(x)$ の最小値は 22 である。　22

(2)　$y=f(x)$ のグラフが x 軸と異なる 2 点で交わるような a の値の範囲は，$a<-$ 23，24 $<a$ である。また，頂点の y 座標が -6 となるような a の値は，$a=-$ 25，26 である。

23 · 24
25 · 26

(3)　関数 $f(x)$ の $0\leqq x\leqq 2$ における最大値は

$a<$ 27 のとき，$-$ 28 $a+$ 29 30

27 $\leqq a$ のとき，$a+$ 31

である。

27
28 · 29 · 30
31

(4)　$a<$ 27 のとき，$f(x)$ の $0\leqq x\leqq 2$ における最大値と最小値の差が $\frac{9}{4}$ となるような a の値は，

$a=\frac{\boxed{32}}{\boxed{33}}$ である。　32 · 33

選択肢

ア　0	イ　1	ウ　2	エ　3	オ　4
カ　5	キ　6	ク　7	ケ　8	コ　9

〔Ⅲ〕 以下の文章を読み，空欄の 34 ～ 44 に入る数字を選択肢から1つずつ選びなさい。

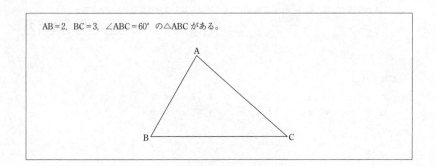

AB＝2，BC＝3，∠ABC＝60°　の△ABC がある。

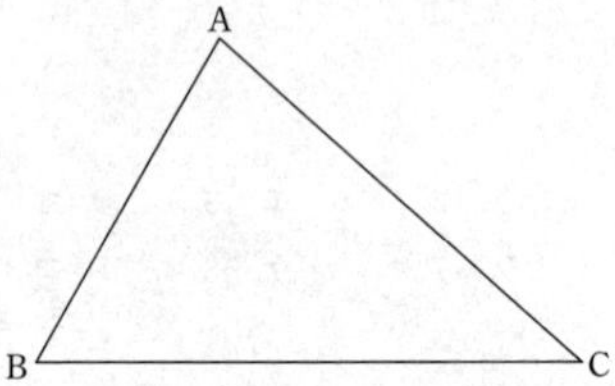

(1)　AC＝$\sqrt{\boxed{34}}$ であり，△ABC の面積は $\dfrac{\boxed{35}\sqrt{\boxed{36}}}{\boxed{37}}$ である。

34
35 · 36 · 37

(2)　点 A から辺 BC に垂線を下ろし，辺 BC との交点を D とする。△ADC の外接円と辺 AB の交点のうち，A と異なる点を E とすると，AE＝$\dfrac{\boxed{38}}{\boxed{39}}$ である。線分 AD と線分 CE の交点を F とすると，

$\dfrac{AF}{DF}=\dfrac{\boxed{40}}{\boxed{41}}$ である。

また，△DFE の外接円の半径は $\dfrac{\sqrt{\boxed{42}\boxed{43}}}{\boxed{44}}$ である。

38 · 39
40 · 41
42 · 43 · 44

選択肢

ア　0	イ　1	ウ　2	エ　3	オ　4
カ　5	キ　6	ク　7	ケ　8	コ　9

〔IV〕 以下の文章を読み，空欄の 45 ～ 55 に入る数字を選択肢から1つずつ選びなさい。

> ある商店はA社とB社から同じ製品を，A社から2，B社から3の比率で仕入れることにしている。ある日，この商店は全部で100個の製品を仕入れた。このとき，A社から仕入れた製品のうち，90％が良品，10％が不良品であった。

(1) 仕入れた100個の製品から1個を取り出すとき，それがA社の製品である確率は $\frac{\boxed{45}}{\boxed{46}}$ である。

45 · 46

(2) 仕入れた100個の製品から1個を取り出すとき，それがA社の不良品である確率は $\frac{\boxed{47}}{\boxed{48}\boxed{49}}$ である。

47 · 48 · 49

(3) 仕入れた100個の製品から同時に2個を取り出すとき，2個ともA社の良品である確率は $\frac{\boxed{50}}{\boxed{51}\boxed{52}}$ である。

50 · 51 · 52

(4) 以下，B社から仕入れた製品から同時に2個を取り出すとき，2個とも不良品である確率が $\frac{1}{590}$ であるとする。このとき，仕入れた100個の製品の中にB社の不良品は全部で 53 個ある。仕入れた100個の製品から1個を取り出し，それが不良品であったとき，取り出した1個がA社の不良品である条件付き確率は $\frac{\boxed{54}}{\boxed{55}}$ である。

53

54 · 55

選択肢

ア 0	イ 1	ウ 2	エ 3	オ 4
カ 5	キ 6	ク 7	ケ 8	コ 9

◀２月３日実施分▶

(60 分)

解答にあたっての注意事項

① 分数形で解答する場合，それ以上約分できない形で答えなさい。

② 根号を含む形で解答する場合，根号の中に現れる自然数が最小となる形で答えなさい。

〔Ⅰ〕 以下の空欄の $\boxed{1}$ ～ $\boxed{18}$ に入る数字を選択肢から１つずつ選びなさい。

(1) $(3x-2y+z)(x-3y+2z)(2x+y)$ を展開して整理すると，xyz の係数は $-\boxed{1}$ である。　$\boxed{1}$

(2) AB＝3，BC＝2，∠ACB＝90° の△ABC において，$\sin\angle\mathrm{ABC}=\dfrac{\sqrt{\boxed{2}}}{\boxed{3}}$ である。　$\boxed{2}\cdot\boxed{3}$

(3) 下の図のように，半径３の円 O の直径を AB とし，直線 AB と直線 CD の交点を E とする。また，円 O の中心を O とする。EC＝2，CD＝4 のとき，$\mathrm{OE}=\sqrt{\boxed{4}\boxed{5}}$ である。　$\boxed{4}\cdot\boxed{5}$

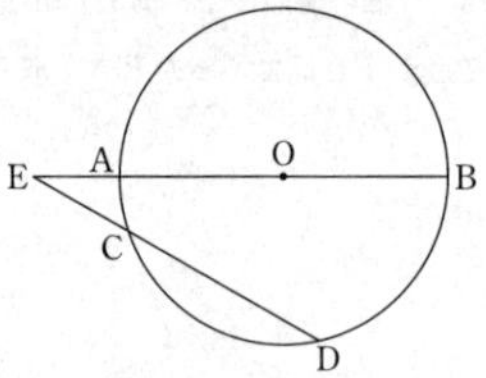

(4) 次の９個の値からなるデータの第３四分位数は $\boxed{6}\boxed{7}$ である。

5，16，7，10，4，10，11，7，13　$\boxed{6}\cdot\boxed{7}$

(5) SUUGAKU の７文字を横一列に並べるとき，S，G，K が左からこの順に並ぶような並び方は全部で $\boxed{8}\boxed{9}\boxed{10}$ 通りある。ただし，S，G，K の間に他の文字が入る場合も含む。　$\boxed{8}\cdot\boxed{9}\cdot\boxed{10}$

(6) a，b，c を定数とし，$a\neq 0$ とする。放物線 $y=ax^2+bx+c$ を x 軸方向に -1，y 軸方向に２だけ平行移動した放物線の方程式が $y=2x^2+x+1$ となるとき，$a=\boxed{11}$，$b=-\boxed{12}$，$c=\boxed{13}$ である。

$\boxed{11}\cdot\boxed{12}\cdot\boxed{13}$

(7) a を実数の定数とする。$x=2\sqrt{3}+3$ が方程式 $|(2-\sqrt{3})x-a|=2$ を満たすとき，$a=\sqrt{\boxed{14}}\pm\boxed{15}$ である。　$\boxed{14}\cdot\boxed{15}$

(8) $\frac{15}{14}$，$\frac{10}{21}$のいずれにかけても積がそれぞれ自然数となる既約分数のうち，最も小さいものは $\frac{\boxed{16}\boxed{17}}{\boxed{18}}$ である。

16 · 17 · 18

選択肢

ア 0	イ 1	ウ 2	エ 3	オ 4
カ 5	キ 6	ク 7	ケ 8	コ 9

〔Ⅱ〕 以下の文章を読み，空欄の 19 ～ 30 に入る数字を選択肢から1つずつ選びなさい。

> a，b を定数とし，2次関数 $f(x)=x^2-2x+3$ と1次関数 $g(x)=ax+b$ がある。$y=f(x)$ と $y=g(x)$ のグラフは2個の共有点A，Bをもち，その x 座標はそれぞれ -1，2である。

(1) $y=f(x)$ のグラフの頂点をCとすると，頂点Cの y 座標は $\boxed{19}$ であり，$a=-\boxed{20}$，$b=\boxed{21}$ である。

19

20 · 21

(2) s を $-1<s<2$ を満たす実数とする。直線 $x=s$ から $y=f(x)$ と $y=g(x)$ のグラフによって切り取られる線分の長さの最大値は $\frac{\boxed{22}}{\boxed{23}}$ である。

22 · 23

(3) t を0以上の実数とする。関数 $f(x)$ の $t\leqq x\leqq t+1$ における最大値を M，最小値を m とする。

$0\leqq t<\boxed{24}$ のとき，$m=\boxed{25}$

$\boxed{24}\leqq t$ のとき，$m=t^2-\boxed{26}t+\boxed{27}$

である。

$0\leqq t<\boxed{24}$ のとき，$M-m=\frac{1}{2}$ となるような t の値は，$t=\frac{\boxed{28}-\sqrt{\boxed{29}}}{2}$，$\frac{\sqrt{\boxed{30}}}{2}$ である。

24

25

26 · 27

28 · 29

30

選択肢

ア 0	イ 1	ウ 2	エ 3	オ 4
カ 5	キ 6	ク 7	ケ 8	コ 9

〔Ⅲ〕 以下の文章を読み，空欄の 31 ～ 42 に入る数字を選択肢から1つずつ選びなさい。

四角形ABCDがあり，$AB=1$，$BC=\sqrt{3}$，$CD=DA=\sqrt{2}$，$AC=2$ である。また，対角線AC，BDの交点をEとする。

(1) $\angle ABC+\angle ADC=\boxed{31}\boxed{32}\boxed{33}^\circ$ である。よって，$\angle ABD=\angle CBD=\boxed{34}\boxed{35}^\circ$ である。

31 · 32 · 33
34 · 35

(2) $AE=\sqrt{\boxed{36}}-\boxed{37}$，$BE=\dfrac{\boxed{38}\sqrt{\boxed{39}}-\sqrt{\boxed{40}}}{2}$ である。

36 · 37
38 · 39 · 40

(3) $DE=\sqrt{\boxed{41}}-\sqrt{\boxed{42}}$ である。

41 · 42

選択肢

ア　0	イ　1	ウ　2	エ　3	オ　4
カ　5	キ　6	ク　7	ケ　8	コ　9

〔Ⅳ〕 以下の文章を読み，空欄の 43 ～ 55 に入る数字を選択肢から1つずつ選びなさい。

数直線上を動く点Pが最初は原点にあり，さいころ1個を投げて，奇数の目が出たら正の方向に1だけ，偶数の目が出たら負の方向に1だけ進む。

(1) さいころを2回投げたとき，点Pが原点にある確率は $\dfrac{\boxed{43}}{\boxed{44}}$ である。

43 · 44

(2) さいころを3回投げたとき，点Pの座標が1または−1である確率は $\dfrac{\boxed{45}}{\boxed{46}}$ である。

45 · 46

(3) さいころを4回投げたとき，点Pの座標が0または正である確率は $\dfrac{\boxed{47}\boxed{48}}{\boxed{49}\boxed{50}}$ である。

47 · 48 · 49 · 50

(4)　さいころを4回投げたとき，点Pの座標が負である確率は $\frac{\boxed{51}}{\boxed{52}\boxed{53}}$ である。また，さいころを4回投げて，点Pの座標が負であったとき，点Pが出発時を含めて原点に2回あった条件付き確率は $\frac{\boxed{54}}{\boxed{55}}$ である。

$\boxed{51}$・$\boxed{52}$・$\boxed{53}$
$\boxed{54}$・$\boxed{55}$

選択肢

ア 0	**イ** 1	**ウ** 2	**エ** 3	**オ** 4
カ 5	**キ** 6	**ク** 7	**ケ** 8	**コ** 9

問十三　空所【　B　】に入る最も適切なものを、次のうちから一つ選びなさい。 28

ア　権力を否定し破壊することを試みる議論の言葉
イ　良質な議論を交わすことのできる知性ある言葉
ウ　ただ矛盾と希望を言い立てるだけの空しい言葉
エ　マルクス主義が構想した「平等」を求める言葉
オ　まさに新しい希望となる理想理念を表した言葉

問十四　本文で述べられている筆者の考えとして最も適切なものを、次のうちから一つ選びなさい。 29

ア　哲学者が哲学の再生という最終的な目標に到達するためには、自由な市民社会の理念という方法論を常に念頭に置いておくべきである。
イ　複雑に絡み合った人間社会の原理をよりよいものに更新するためには、これまで哲学に触れたことのない人々の新しい視点が必要となる。
ウ　自由な市民社会の理念によって人間社会を発展させるための原理を創出するのは、普遍認識としての哲学に立ち返ろうとする人々である。
エ　現代社会の問題を克服するために求められる社会原理は自由な市民社会の理念のみで、その内実についてはすでに検討され尽くしている。
オ　社会が普遍戦争や絶対支配の状態へ戻ることを回避するためには、自由な市民社会の理念を受容できる先進国間の合意こそが求められる。

問十五　次の各文のうち、本文の内容に合致するものを一つ選びなさい。 30

ア　戦争や格差拡大の抑止力となる資本主義は、克服するのではなく発展させるべき思想である。
イ　「言語ゲーム」に堕した近代哲学から脱却することは、新しい社会構築への手がかりとなる。
ウ　現代の哲学が持つ相対主義的思考の可能性については、もう一度前向きに考える必要がある。
エ　資本主義の克服について合意を形成し哲学を再生することは、現代の希望であり課題である。
オ　哲学者が合意を目的とせず批判し合う姿勢を保つことは、人間社会の発展にとり有効である。

ア　旅先でゆっくり（セイヨウ）する。
イ　部員の士気を（コウヨウ）させる。
ウ　（ヨウドウ）作戦で敵をあざむく。
エ　手術で（シュヨウ）を取り除く。
オ　選挙で候補者を（ヨウリツ）する。

問十一　次のカギカッコのなかの一文を本文に挿入する場合、空所【 a 】～【 e 】のどこが最も適切か。次のうちから一つ選びなさい。 26

「そしていま哲学は、多くそうしたものになりかけている。」

ア　【 a 】
イ　【 b 】
ウ　【 c 】
エ　【 d 】
オ　【 e 】

問十二　傍線⑧の「近代哲学者たちの思考」が行ってきたのはどのようなことだと筆者は考えているか。その説明として最も適切なものを、次のうちから一つ選びなさい。 27

ア　問題の形を簡明に示し続けることで、誰もが理性的に思考できる道を創ること
イ　問題から宗教との関連性を排除することで、科学的な検証を可能にしたこと
ウ　問題にすることとしないことを選別することで、人間の「自由」を奪うこと
エ　問題が最新の思想で裏づけられているか調べることで、その質を管理すること
オ　問題を哲学者の独断によって解決することで、人間の抱く不安を取り除くこと

イ 二人で（エイエン）の愛を誓う。
ウ 父は（エイシャ）技師だった。
エ （エイリ）なナイフで木を削る。
オ 歌手の（エイショウ）を聴く。

問八 傍線⑥に「哲学のテーブル」とあるが、これはどのようなものか。その説明として最も適切なものを、次のうちから一つ選びなさい。 23

ア 哲学の普遍性を守るための討議の場として、市民によって維持されてきた民主主義の仕組み
イ 一つの社会問題に対して解決策を複数提示し、参加者が自分に合う方法を選択できる仕組み
ウ たえず入れ替わるメンバーによって創出された新しいアイデアを広く発信するための仕組み
エ 卓越した哲学者が人々を指導し、課題解決の方法となる原理を共有していくための仕組み
オ 多くの人々の考えを集めて検証を重ね、より優れた普遍的な考えを選択するための仕組み

問九 傍線⑦の「吟味」の意味として最も適切なものを、次のうちから一つ選びなさい。 24

ア 内容を詳しく調べて確かめること
イ 優れた思想を理解し賞賛すること
ウ 自らの理想と対照させ考えること
エ 絶対的な理論を深く信奉すること
オ 他者と意見を交換して楽しむこと

問十 （ヨウゴ）を漢字で表記するとどうなるか。次の各文のかっこ内のカタカナを漢字で表した場合、（ヨウゴ）の（ヨウ）に当たる漢字を含むものを一つ選びなさい。 25

エ　絶対主義の立場から資本主義を批判したが、マルクス主義との差別化に失敗したために、効果的な批判の力を失ってしまった。
オ　相対主義を武器として近代社会を批判したが、批判の対象である近代社会が早々に崩壊したために、目的を見失ってしまった。

問五　空所【Ａ】に入る最も適切なものを、次のうちから一つ選びなさい。　20

ア　階層性
イ　多様性
ウ　正統性
エ　統一性
オ　回帰性

問六　傍線⑤に「社会の思想は、当為の理念、あるいは『理想』の提示であってはならず、どこまでも普遍的な理論（思想）として提示されねばならない」とあるが、筆者がこのように述べるのはなぜか。最も適切なものを、次のうちから一つ選びなさい。　21

ア　社会の思想は、哲学とはちがって常に現実の問題と直面しているので、何が起きても揺るがない普遍性が必要だから
イ　社会における画一的な理想が、現実に対抗する力を持ち得ないことを証明するためには、普遍的な理論が必要だから
ウ　社会の思想が、現実の問題を解決するための力を持つには、種々の見方を乗り越える普遍性があることが必要だから
エ　社会に存在しているいくつもの理想や理念を一本化して、独断的な理想を構築するには、普遍的な思想が必要だから
オ　社会理論は、同時代の人々に広く影響するものであり、異論を生じさせない絶対的な正しさを持つことが必要だから

問七　（エイビン）を漢字で表記するとどうなるか。次の各文のかっこ内のカタカナを漢字で表した場合、（エイビン）の（エイ）に当たる漢字を含むものを一つ選びなさい。　22

ア　（ユウエイ）禁止区域を設ける。

をもたらすものでしかなくなっている。

イ 多くの犠牲を生んだ二度の大戦は、自由な市民社会を築く礎となったが、現代の人々はマルクス主義を超える希望をいまだ見出せておらず、新たな社会の指針が求められている。

ウ 十八世紀に誕生した近代市民社会という希望は、自由な市民社会を順調に実現し保障し続けてきたが、近年になって、先進国間の戦争の可能性という陰りを見せ始めている。

エ 普遍戦争と絶対支配を完全に脱した十八世紀の近代市民社会は、人々にとって大きな希望だったが、一般の人々の生活水準が向上するにつれて階級社会へと回帰し始めている。

オ 人々が自由な生への希望をたくした近代市民社会は、悲惨な戦争を経たのちに軌道に乗ったように思われたが、現状は格差の拡大や民主主義の危機といった問題を抱えている。

問三 傍線③の「乖離」の意味として最も適切なものを、次のうちから一つ選びなさい。 18

ア 無理やりに引き離すこと

イ 離れていて差があること

ウ 一度離れて元に戻ること

エ 少しずつ離れていくこと

オ 離れないようにすること

問四 傍線④の「つぎに登場した強力な批判者」について説明したものとして最も適切なものを、次のうちから一つ選びなさい。 19

ア 近代国家を積極的に批判したが、国家の内包している制度すべてを否定したために、孤立無援の状態とならざるを得なかった。

イ あらゆる制度を相対化し批判したが、普遍的な原理の存在も否定したため、新しい社会の指針を創り出すことができなかった。

ウ 近代社会を哲学的に批判したが、科学主義の立場をとる思想によって否定されたために、強い勢力となることができなかった。

＊3　オルタナティヴ ―― 代案。主流な方法に代わるもの。
＊4　当為 ―― あるべきこと。
＊5　シニシズム ―― 社会の規範など、すべてのものごとを冷笑的にながめる態度。
＊6　形而上学 ―― 魂や世界や神といった形のないものを、経験によらない考えや直観によって探究する学問。
＊7　ハイデガー ―― ドイツの哲学者。
＊8　レヴィナス ―― フランスの哲学者。
＊9　思弁的 ―― 経験によらず、頭の中で理性だけをもとに考えること。
＊10　新・実在論 ―― 二十世紀初頭のイギリスやアメリカで登場した、十九世紀の観念論を批判した実在論。「実在論」は、人間の認識に依存しない事物の客観的実在を認める立場のこと。
＊11　本体論 ―― 存在論。存在そのものの根拠、様態について考察し、規定する学問。
＊12　超越 ―― 人間の経験や認識の範囲外に出ていること。

問一　傍線①の「切迫」の意味として最も適切なものを、次のうちから一つ選びなさい。　16

ア　接近し圧力をかけること
イ　一切の希望がないこと
ウ　本物のようであること
エ　緊張した状態にあること
オ　競争が非常に激しいこと

問二　傍線②の「その進展」について説明したものとして最も適切なものを、次のうちから一つ選びなさい。　17

ア　近代国家が掲げる世界の持続可能性という希望は、ヨーロッパにおける思想の主流となってきたが、他の地域の国々においては戦争被害

義者、宗教主義者、無政府主義者、批判のための批判家、救済思想家たち。【　d　】

長く続いた相対主義的哲学の迷妄を破って登場したように見える新しい哲学世代はどうだろうか。「新・実在論」[*10]の哲学は、たしかに相対主義哲学への対抗を主要な動機としている。しかしその理論上の武器となっているのは、相対主義に対抗する「本体論的」[*11]な思弁的実在論である。しかもこの実在論的な思潮は、いまや、AI的テクノロジーの進歩と結びついた現代的な実証主義的実在論と手を結びあう可能性をもっている。それらは、長く続いた相対主義から独断的実在論への、単なる時代的なゆり戻しにすぎないように私には思える。

重要なのは、現代哲学者や現代思想家が見過ごし、あるいは否認してきた⑧近代哲学者たちの思考に、まさしく「哲学の普遍認識」を求める「言語ゲーム」が成立していたということだ。それは習慣となった人々の〝重い〟観念を動かすことで、人間の「自由」の存在条件を徐々に創り上げ、向上させてきた。さらにいえば、それは長い時間をかけて、人間の世界から一切の「超越項」[*12]を取り払う方向へと進み、そのことによって、人間の思考がさまざまな相対主義だけが存在するところでは、結局のところ「力」の論理だけがすべてを決定し、そして世界には、【　B　】があふれることになる理性的な普遍性へと近づく道を切り開いてきたのである。【　e　】

われわれの近代がどこから現われ、われわれの社会がいまどこに立っており、そしてどのような可能な道が存在するのか。このことを本質的な仕方で知るためには、われわれはもういちど、普遍認識としての哲学に立ち戻らなくてはならない。さまざまな理想理念、さまざまな世界解釈、そしてさまざまな相対主義だけが存在するところでは、結局のところ「力」の論理だけがすべてを決定し、そして世界には、【　B　】があふれることになるのだ。

現在の資本主義が克服されるべきものであることについて、大きな合意が形成されつつある。そこにはわれわれの時代の希望がある。哲学の再生は、この希望を新しい人間社会の原理へと鍛えてゆくための、不可欠の条件である。この課題を担うのはおそらく古い世代の哲学者や学者たちではない。普遍認識の探求としての哲学の原理と本義を理解し、これを再生しようとする志をもつ真に新しい哲学世代だけが、この重要な課題を引き受けるに違いない。

（竹田青嗣『哲学とは何か』より）

＊1　マルクス――ドイツの経済学者、哲学者。資本主義社会を批判し、社会主義への移行を説いた。

＊2　ポストモダン思想――近代を乗り越えようとする思想。

私はここでその理由を、十分に読者に伝えることができたとは思っていない。しかし一つのことは示すことができたように思う。つまり、⑤社会の思想は、当為*4の理念、あるいは「理想」の提示であってはならず、どこまでも普遍的な理論（思想）として提示されねばならない、ということである。なぜなら、普遍性を求めない思想は、まず理想理念の多様性の前で挫折し、ついで普遍的な思想など存在しないという相対主義の前に屈するほかはない。このことは何を意味するか。これも一言でいえる。哲学や思想の営みは、結局のところ、人々の心のうちに拡がるあのシニシズム*5の「声」、「あれこれいっても所詮は理屈にすぎず、現実には力がすべてである」という声に対抗することができないからだ。もしそうだとすれば、つまり思想や哲学が「現実への対抗」という本質をもてないのであれば、哲学や思想にいったい何の意味があるだろうか。

（エイビン）な読者は理解してくれると思うが、私は自分の考えを、唯一の正しい社会理論であると独断的に主張したいのではない。「社会の本質学」の考えを普遍的な社会原理として提示するが、それが真に普遍的な理論というに値するか、より優れた普遍的な原理が可能でないかどうかを、人々に検証してほしいと望んでいるのである。

哲学の「普遍的思考」の原則を、できるだけ簡明な仕方でいえばつぎのようになる。

すなわち、たえず問題の形を簡潔にし明瞭にすることで、問題を誰にとっても思考可能なものとすること。このことによって、「これこそ普遍的である」とする多くのアイデアを、可能なかぎり⑥「哲学のテーブル」に参加させること。そしてその多様な「普遍的な考え」の提案を多くの人々の⑦吟味と検証に開くことによって、より優れた普遍的な原理として鍛えてゆくこと。【 a 】

優れた哲学者が優れた「原理」を生み出す、というのは一つの事後的な説明にすぎない。哲学の思考が多くの普遍的な「原理」を生み出してきたのは、それが、「より普遍的な思考」が人々の吟味によって検証され選ばれてゆく「哲学のテーブル」という〝システム〟を（ヨウゴ）し、維持してきたからなのである。【 b 】

哲学がそうした普遍的な「原理」を創出する言語ゲームであることを忘れると、哲学は、どんなことをも深遠な真理のように言い回す高度な弁論術に堕落する。【 c 】

現代哲学者たちはどこにいるのか。社会批判の受け皿としての役割を終えたことが明らかなポストモダン思想の余燼をめぐって、いまだ議論を続けている多くの哲学者たち。現代形而上学*6を象徴するハイデガー*7的反近代主義や、レヴィナス*8の「絶対他者」などに救済を見出そうとする倫理的な思想家たち。そして、論理相対主義に依拠した「言語の謎」や「存在の謎」についての思弁*9的議論に没頭する分析哲学者たち。さらにまた、多くの原理主

〔Ⅱ〕　次の文章をよく読んで、後の問いに答えなさい。

現代社会がどこへ向かおうとしているかについて、さまざまな意見がある。しかし現在の状況は①切迫している。いま、格差をはじめとする資本主義の問題を克服するための大きな展望とその合意を創り出すことができなければ、世界の持続可能性ということを超えて、われわれの世界は「自由な市民社会」の原理を手放し、世界はふたたび普遍戦争と絶対支配の状態に回帰するかもしれないからである。

十八世紀に始発した「近代市民社会」は、当時の人々にとって新しい自由な生への大きな希望だった。しかしその②進展は人々の思惑通りに進まなかった。ヨーロッパの近代は「近代国家」を創り上げたが、それはまもなく激しい国家間の資本主義戦争へと移行して、世界に大きな悲惨をもたらした。

人々の希望は、巨大な犠牲をもたらした二つの大戦の後に、ようやく徐々にその歩みを始めるかに見えた。先進国の間の戦争の終焉(しゅうえん)と、相互共存、一般の人々の生活水準と福祉の向上。しかしそれはいま不穏な傾向を、格差の拡大、富裕層と一般の人々の階層的③乖離(かいり)、金の力による民主主義の崩壊といった明らかな傾向を露(あら)わにしている。

すでに、二十世紀前後から、資本主義を軸とする近代社会、近代国家に対するさまざまな批判が現(あら)われていた。まずマルクス主義*1は、「自由」に代えて「平等」を実現する社会を構想したが、「自由」を確保する原理をもてなかったために、結局、絶対支配社会に近づいて挫折した。④つぎに登場した強力な批判者はポストモダン思想*2だった。

しかしここでは相対主義が批判の中心の武器となったため、あらゆる現状の制度を批判するが、しかしオルタナティヴ*3を決して提示できないことが明らかとなった。普遍的な原理や根拠の考え自体が否定されたからである。そして、アメリカの政治哲学ほか、さまざまな政治思想や理想理念が現在の資本主義社会をいたるところで批判しているが、むしろこの批判の【　A　】が、変革のビジョンについての大きな合意を阻んでいるのである。

さて、私の主張をひとことで要約すれば、以下のようになる。

人間社会が、普遍戦争を抑止しかつ人間の自由を確保しつつこれをより発展させるための社会原理は、どれほど意外に思えてもたった一つしかない。つまり「自由な市民社会」の理念だけである。それゆえ、現在われわれが現代社会の矛盾を克服しようとするなら、他のさまざまな理念の可能性を断念して、この社会原理を原則として進むほかはない、と。

問十三　傍線⑧の（私たちは）「社会的あるいは物質的経験を、身体化することで蓄積していく」とは、どういうことか。その説明として最も適切なものを、次のうちから一つ選びなさい。 13

ア　あらゆる経験をもとに必要な知識や技能を習得しながら、科学的な合理性を身につけていくということ
イ　自身の経験をもとに身体を効率的に作り替えて、みずから権力構造に挑戦する人間になっていくということ
ウ　身体の使い方や姿勢を経験しながら変化させ、その積み重ねを文化という形式で定着させていくということ
エ　仕事や日常生活での経験によって身体を変化させつつ、ファッション感覚を合理的にしていくということ
オ　身体を快適にする経験を選別し、徐々に自分の習慣に取り入れることで生活をいとなんでいくということ

問十四　次のカギカッコのなかの一文を本文に挿入する場合、空所【 a 】～【 e 】のどこが最も適切か。次のうちから一つ選びなさい。 14

「そこに、それを広めていく権力体系は存在するが、その変化は権力者の意図を超えたところにある。」

ア　【 a 】
イ　【 b 】
ウ　【 c 】
エ　【 d 】
オ　【 e 】

問十五　次の各文のうち、本文の内容に合致するものを一つ選びなさい。 15

ア　男女の衣服が違ったものでなくてはならないというルールは、すでに一四世紀には確立していた。
イ　身体は、制度や権力によって規定され、性差や効率性などの社会的な意味を背負わされるものである。
ウ　身体は、常に合理性を求められることで変化し、その過程でさまざまなファッションが生まれた。
エ　身体は、近代に生まれた制度の影響を顕著に受けて、人々の意志とは異って変化を余儀なくされた。
オ　人々の着る服には、各時代の為政者や権力を握っている一部の人々の意向があからさまに現れる。

問十　傍線⑤の「身体の規範は宮廷に求められた」とは、どういうことか。その説明として最も適切なものを、次のうちから一つ選びなさい。 10

ア　貴族が仕事をする上で効率的に動けるように服装が改良されたということ
イ　貴族など上流階級の外見や振る舞いが目指すべきものとされたということ
ウ　貴族の伝統的な格好を庶民や労働者もするよう制度化されたということ
エ　庶民が着るべき服のルールを貴族たちが一方的に決めていたということ
オ　庶民の格好よりも貴族の格好のほうが合理的なものとされたということ

問十一　傍線⑥の「せめぎあった」の意味として最も適切なものを、次のうちから一つ選びなさい。 11

ア　一つに融合した
イ　互いに磨き合った
ウ　人気を分け合った
エ　互いに無視した
オ　対立して争った

問十二　傍線⑦で（権力は）「厄介な存在なのだ」と筆者が考えるのはなぜか。その理由として最も適切なものを、次のうちから一つ選びなさい。 12

ア　権力は、強者が一方的に弱者を支配するような明瞭なものではなく、日常的なさまざまな要素が複雑に絡み合い生産されるものだから
イ　権力は、宗教の教義のように人々を感化するものではなく、強権的な立場を利用し人々の自由を徐々に奪い、拘束していくものだから
ウ　権力は、衣服や調度品が流行によって変化するように人々がそれを支持することによって、明白なかたちで浸透していくものだから
エ　権力は、人々の身体に影響を与えるようなものではなく、日常生活において人々の精神を徐々に抑えつけていく抽象的なものだから
オ　権力は、個人の身体に変更を強いるようなものではなく、社会の構造を変革し人々の意識を抑圧する特別な影響力のあるものだから

問七　（トドコオリ）を漢字で表記するとどうなるか。次の各文のかっこ内のカタカナを漢字で表した場合、（トドコオリ）の（トドコオ）に当たる漢字を含むものを一つ選びなさい。　7

ア　彼の事業は将来（アンタイ）だ。
イ　必要な制服が（タイヨ）される。
ウ　結婚をして（ショタイ）をもつ。
エ　枯れ葉が庭に（タイセキ）する。
オ　ヨーロッパに（タイザイ）する。

問八　傍線③の「飼い馴らされて」の意味として最も適切なものを、次のうちから一つ選びなさい。　8

ア　特殊な技術が身につくよう長期間調教されて
イ　あらゆる面で何不自由なく甘やかされて
ウ　巧みな言葉であれこれと誘導されて
エ　思いどおりに動くように手なずけられて
オ　閉鎖的な環境で食事まで与えられて

問九　傍線④の「居心地のよく活発な身体」とは、どのような身体か。その説明として最も適切なものを、次のうちから一つ選びなさい。　9

ア　非合理的なルールが排されて、好きな服を着られるようになった身体
イ　大きな組織に所属することで、気ままに行動できるようになった身体
ウ　心理的な制約がなくなって、あらゆる職業の選択が可能になった身体
エ　経済的な余裕が生まれ、余暇を楽しむことができるようになった身体
オ　さまざまな制約から解放されて、効率よく動かせるようになった身体

から一つ選びなさい。4

ア　鉱夫は、労働量が可視化された鉱山という近代的な環境のなかで、効率的に労働すべき存在として生み出されたものであるから
イ　鉱夫は、近代的教育を受けて、他の施設でも合理性を徹底するよう労働者を導いていく存在として生み出されたものであるから
ウ　鉱夫は、地下坑道のような完全な人工環境のなかで、労働環境の近代化を推進する存在として生み出されたものであるから
エ　鉱夫は、近代的な公衆衛生の観点に基づいて、地下坑道のような労働環境を清潔にする存在として生み出されたものであるから
オ　鉱夫は、近代に発明され、発達したメディアによって、効率的でない人間を選別する存在として生み出されたものであるから

問五　（カンゴク）を漢字で表記するとどうなるか。次の各文のかっこ内のカタカナを漢字で表した場合、（カンゴク）の（カン）に当たる漢字を含むものを一つ選びなさい。5

ア　風邪の祖父を（カンビョウ）する。
イ　学者が辞典を（カンシュウ）する。
ウ　難しい事業を（カンコウ）する。
エ　放った矢が的を（カンツウ）する。
オ　市民に避難を（カンコク）する。

問六　空所【Ｂ】に入る最も適切なものを、次のうちから一つ選びなさい。6

ア　身分の厳格さを維持する組織
イ　合理性を無視できる労働環境
ウ　近代的な身体を形づくる装置
エ　身体の数値化に反対する概念
オ　効率化にそぐわないシステム

ウ　女性にとっての戦争と男性にとっての戦争が区別されるようになっていった
エ　女性の身体と男性の身体が決定的に違うものとされるようになっていった
オ　女性の行為と男性の行為が同じルールによって裁かれるようになっていった

問二　（ソウドウ）を漢字で表記するとどうなるか。次の各文のかっこ内のカタカナを漢字で表した場合、（ソウドウ）の（ソウ）に当たる漢字を含むものを一つ選びなさい。　2

ア　（ブッソウ）な事件が起きる。
イ　（ボウソウ）した機械を止める。
ウ　山でサルに（ソウグウ）する。
エ　（ソウダイ）な計画を実行する。
オ　演説の（ソウアン）を練る。

問三　傍線①の「普遍的で交換可能な、機械の部品のような身体」とは、どのような身体か。その説明として最も適切なものを、次のうちから一つ選びなさい。　3

ア　どんな労働に対しても不平を言うことのない穏和な身体
イ　他の人と同程度の結果が出るよう働くことのできる身体
ウ　誰より優れた業績を上げられる特殊な技術を有する身体
エ　いくら働いても疲れない、延々と動き続けられる身体
オ　狭い空間でも、無駄なく俊敏に動くことのできる身体

問四　傍線②の（鉱夫が）「近代というイデオロギーの生み出した結晶」と考えられているのはなぜか。その説明として最も適切なものを、次のうち

＊1　ジャンヌ・ダルク――英仏百年戦争時（一三三七～一四五三年）に神託を受けて出陣し、フランスを勝利に導くが、後に宗教裁判で火刑に処せられた。

＊2　ギルド――中世ヨーロッパにおける同業者組合。

＊3　『ベリー公のいとも豪華な時禱書』――一五世紀に作られた、キリスト教徒が日常で行う祈禱や日課について書かれた本。農民や庶民の生活も極彩色で描かれている。

＊4　チュニック――ここでは、上着の下に身につけるワンピース状の服。

＊5　アーサー・マンビー――イギリスの著述家、詩人、弁護士。

＊6　山本作兵衛――福岡県出身の画家。炭鉱で働いた経験をもとにした絵を数多く描いた。

＊7　ルイス・マンフォード――アメリカの文明批評家。

＊8　イデオロギー――政治や社会についての基本的な考え方。時代状況や社会的な立場によって制約される。

＊9　ミシェル・フーコー――フランスの哲学者。

＊10　ジャン・ボードリヤール――フランスの社会学者。

＊11　サン＝キュロット――フランス語で「キュロット（貴族たちが穿く半ズボン）を持たない」という意味。フランス革命で活躍した民衆をこう呼んだ。

＊12　エスニシティ――帰属意識を一にする民族集団。

＊13　ミシェル・ド・セルトー――フランスの宗教史家。哲学者。

＊14　ロココ――曲線模様を主とした華麗で優美な装飾様式。一八世紀半ばのフランスを中心に流行した。

問一　空所【　A　】に入る最も適切なものを、次のうちから一つ選びなさい。 1

ア　女性の着るべき服と男性の着るべき服の区別が次第に曖昧になっていった

イ　女性の生活空間と男性の生活空間が明確に分離されるようになっていった

しかし、そうやって近代的な労働に都合の良いように③飼い馴らされていった身体は、同時に「自由に動かせる新しい感覚」を持った、④居心地のよく活発な身体でもあった。*10ジャン・ボードリヤールが、「生産性向上のために合理的に搾取されるには、肉体があらゆる束縛から「解放」されなければならない」と指摘しているように、人間がより大きな組織の一部分として組み込まれていく中で、身体は互換性を持った効率のよい機械へと改造されていき、そのおかげで運動性能を高めていった。人々も、その身体を望むようになった。【 a 】

ヨーロッパでは、かつて⑤身体の規範は宮廷に求められた。日本の場合は、武家の身体と公家の身体が⑥せめぎあった歴史があるが、いずれにしても、上流階級に身体のモデルが求められた。それゆえフランス革命では、身体の規範をどこに置くかが、階級闘争として現れることになった。その代表的な存在が、*11サン＝キュロットと呼ばれる第三身分のズボンである。ズボンを穿く労働する身体が、規範として、それまでの前近代的な身体に取って代わっていったのだ。【 b 】

だからといって、それ以前も、それ以降も、今日に至るまで、身体の規範が、階級闘争によって変わってきたわけではない。実際は、階級間の対立という単純な図式では捉えることができないさまざまな要素が、身体の規範を作り出してきた。

ファッションは、「社会的な地位、階級、所得、ジェンダー、*12エスニシティ、地域、職業」などの「衣服を枠づけている社会的諸力」、つまり権力体系によって変化する。フーコーが指摘したように、権力とは、社会を構成するあらゆる人による日常的な実践を通して再生産され続ける社会制度のことである。【 c 】決して強大な権力者が存在したり、一方的に支配される少数者がいたりするようなわかりやすいものではない。宗教史家の*13ミシェル・ド・セルトーに言わせれば、「所有者もなければ特権的な場があるわけでもなく、上司もなければ部下もなく、なにか抑圧的な作用をおよぼすのでもなければ、教義体系をそなえているわけでもない」ような、⑦厄介な存在なのだ。

たとえばヨーロッパにおいて、*14ロココ期に身体がくつろいだ姿勢を覚えると、椅子はそれに合わせて形や素材を変えていったが、近代化にともないその椅子が非ヨーロッパ世界に広がっていくと、今度は行く先々で人々の座り方を変えてしまった。身体は、物の形を変えるし、また変化した物に影響を受けて変わったりもする。【 d 】

私たちは、⑧さまざまな社会的あるいは物質的経験を、身体化することで蓄積していく。それは個人のレベルにおいてでもだが、社会全体においても、文化という形で蓄積していくことになる。【 e 】その時に、身体は権力や慣習との関係の中で構築されていくことになる。そして衣服には、身体がどのように経験され生きられているかや、社会と個人が身体をどのように考えているかが現れることになる。

（井上雅人『ファッションの哲学』より）

サー・マンビーという著述家が、記録として撮影させたものであった。女性が流行のスタイルとしてズボンを穿く、百年ほど前のことである。

　ズボンを穿いていたのは、鉱山労働者の女性であった。これに対しては、「炭鉱婦として丈夫なズボンをはいて働く女性たち、一九世紀末イングランドで（ソウドウ）を巻き起こした」という見方と、「ズボンを穿くということは、一九世紀の労働者階級の女性たち、とりわけ汚れた厳しい仕事をしていた人々の間ではごく普通のことであった」という見方があるので、それがどの程度ありふれたことであったのかはわからない。しかし、近代の鉱山や工場をはじめとする、合理性を徹底的に追求した空間で、労働する身体に合理性のみが追求された結果、男女の差が消失しはじめていたのは確実であろう。これに似た現象は日本でも観察されていて、山本作兵衛(やまもとさくべえ)[*6]による一連の炭坑絵に描かれている。坑道のような暗く狭い空間では、身体は極限まで効率を追求され、その身体は性差を超越した①普遍的で交換可能な、機械の部品のような身体でなければならなかったのだ。

　鉱山は、ルイス・マンフォード[*7]によれば、現在の生活を支えるさまざまな技術の出発点である。そこから蒸気機関が発明され、それを使った汽車や汽船が現れた。また、エレベーターや排水ポンプによって地下道が掘られ、それが地下街や地下鉄の元になった。

　マンフォードは、これらの発明品を「鉱夫」とセットで考えた。みずから掘った地下坑道というまったくの人工環境の中で、労働時間と生産量によって計測される存在である鉱夫こそが、鉱山の生み出した、あるいは②近代というイデオロギー[*8]の生み出した結晶だとマンフォードは位置づけている。発掘した鉱物で、労働量が可視的に数量化できる鉱山労働では、それぞれの労働が数値化され、他の労働者と比較されて、より多くの鉱物を得るように要求されるのも当然だった。数値化され効率を追求される鉱夫の身体は、ミシェル・フーコー[*9]が「《従順な》身体」と呼んだ「規律・訓練」によって「服従させられ訓練される身体」と同じものであろう。

　もちろんフーコーも指摘しているように、鉱山だけでなく、病院、（カンゴク）、学校、工場、軍隊など、【　Ｂ　】は数多(あまた)ある。目に見えない公衆衛生のような制度もまた、その一環だった。社会全体を覆う制度のもとで、「文明化のプロセスの一要素」として、下層社会の人々に至るまで清潔であることが目指され、誰もが「健全な身体」、すなわち「労働や戦争に適した身体」を持つことが求められるようになった。

　こういった施設や制度によって規律・訓練された「《従順な》身体」は、近代的な技術、発明、メディアと接続するようになり、それによって人々は身体観のみならず、身体そのものを変質させることになった。人々の身体は、教育や生産システムによって規律・訓練され、それまでとは違うものになっていき、効率的に、機械のように（トドコオり）なく動く身体が理想とされ、次第次第に、その身体を社会の成員全員が持つことが求められるようになった。均質で予測可能な労働をすることが期待され、誰もが平等に、均質で機械的な身体を所有することが求められるようになったのだ。

▲二月三日実施分▼

（六〇分）

〔Ⅰ〕次の文章をよく読んで、後の問いに答えなさい。

男性に囲まれて活動する女性の衣服にまつわるいざこざには、長い歴史がある。一四三一年にジャンヌ・ダルク[*1]に火刑が言い渡されたときには、ズボンを穿（は）いていたという理由が決め手になった。当時、異性装は、神が決めた女性と男性の違いを無視する行為だとされていた。着ることによって神の秩序を乱す者は、火刑にも値したのだ。

しかしそうは言いながら、ジャンヌが戦場でズボンを穿き、甲冑（かっちゅう）に身を包むことができたのは、周囲が許したからでもあった。ジャンヌが神がかりな存在だったこともあろうが、おそらくまだ、服装における性差に曖昧さが残されていたからであろう。それでいながら結局、火あぶりに処されたのは、慣習的な寛容さとは異なり、公的には服装の性差にたいする厳格さが確立していたからであろう。ジャンヌが活躍した一五世紀のはじめには、男女の服の差が明確になり、仕立職人のギルド[*2]が発生したとされているが、ジャンヌの火刑は、その時代を境にして、【　A　】ことの、一つの証拠であろう。

ジャンヌ・ダルクが生きていたころに描かれはじめ、一五世紀の終わりに完成した『ベリー公のいとも豪華な時禱書（じとうしょ）』[*3]を見ると、女性はチュニック[*4]を着て、男性はズボンを穿いて農作業をしている。性差が求められるわけではない農業という労働においてすら、身体に見た目の性差が持ち込まれたということだ。洋の東西を問わず、近代までには、男女の衣服は違ったものでなくてはならないというルールが成立していた。それから現在に至るまで、身体の見た目の性差は、かなり強固に固定されている。現代社会においても、一見してその人がどちらの性であるかわからないということは滅多にない。

ところが不思議なことに、一九世紀後半のヨーロッパで、男性のように長ズボンを穿いた女性の写真が撮られている。それは一八七三年にアー[*5]

問十五　次の各文のうち、本文の内容に合致するものを一つ選びなさい。 30

ア　コロナ禍によってもたらされたＢＬＭ抗議運動の広がりは、これを問題視したビジネス界がＤ＆Ｉ戦略を推進し始める契機となった。

イ　多様性／ダイバーシティが推奨される社会状況は、過去の植民地主義の克服と、平等な「国民」の構築から生み出されたものである。

ウ　社会の中心に位置するマジョリティが都合よく消費できる文化においては、Ｄ＆Ｉが社会を豊かにする取り組みとして奨励されている。

エ　Ｄ＆Ｉ戦略の推進によって、技能や資格を問わず組織に多様性をもたらすことができる移民やエスニックマイノリティの登用が加速した。

オ　多様性／ダイバーシティが奨励されたため、構造的な不平等や格差への問題意識が高まり、社会や経済の発展は二の次にされてしまった。

してしまう」とあるが、なぜこのように言えるのか。その理由として最も適切なものを、次のうちから一つ選びなさい。 27

ア 多様性／ダイバーシティの実現を標榜する企業や大学の増加により、社員や学生が格差や差別の現場に居合わせる機会が減少するから

イ 多様性／ダイバーシティの理念の心地よさによって、世の中に存在する差別や格差の構造的な問題が解決されたように感じてしまうから

ウ 多様性／ダイバーシティの経済的有用性によって人々の生活が豊かになったことで、不平等や差別への社会的関心が薄れてしまうから

エ 多様性／ダイバーシティが目指されることにより、不平等や人種差別がむしろ悪化してしまい、格差や差別の問題解決には至らないから

オ 多様性／ダイバーシティを推進する組織では、ブランドイメージの低下につながるような格差や差別の問題が隠蔽される傾向にあるから

問十三　空所【　B　】に入る最も適切なものを、次のうちから一つ選びなさい。 28

ア たちまち

イ あたかも

ウ とうてい

エ いきなり

オ やはり

問十四　（キヨ）を漢字で表記するとどうなるか。次の各文のかっこ内のカタカナを漢字で表した場合、（キヨ）の（キ）に当たる漢字を含むものを一つ選びなさい。 29

ア 入場行進の（キシュ）を務める。

イ 名誉を（キソン）されて傷つく。

ウ 交通の（キセイ）が実施される。

エ 原告の訴えを（キキャク）する。

オ 学会誌に論文を（キコウ）する。

問十　傍線⑦の「社会を豊かにするものとしての多様性の奨励は、経済的な生産性とも強く結び付けられるようにもなる」とはどういうことか。その説明として最も適切なものを、次のうちから一つ選びなさい。 25

ア　文化的な差異をもつ人々を受け入れて経済的進歩を停滞させていたことへの反発が強まり、自国の人的資源を登用することが優先されるようになったということ

イ　差別や不平等の問題を解決するために、組織や経済活動のイノベーションや創造性の向上と多様性／ダイバーシティ政策が結びつけられるようになったということ

ウ　経済の最大効率化を目指す新自由主義の浸透により、格差の是正を目的とする多様性／ダイバーシティ政策が、経済的側面からも歓迎されるようになったということ

エ　これまで経済的に有益だと評価されてこなかった移民やエスニックマイノリティの地位向上をはかるため、ビジネス界でD&I戦略が推奨されるようになったということ

オ　移民やエスニックマイノリティを社会を分断する集団としてではなく、支配的な規範と価値を共有し、経済的な利益をもたらす個人として考えるようになったということ

問十一　傍線⑧の「後景化」のここでの意味として最も適切なものを、次のうちから一つ選びなさい。 26

ア　その出来事が記録されないままで終わること

イ　その事案によって他者の気分を害してしまうこと

ウ　その事象の中心的存在として取り上げられること

エ　その話題をとりまく全体像が把握されること

オ　その部分に焦点が当たらずに関心が薄れること

問十二　傍線⑨の「肯定的な響きをもつ多様性／ダイバーシティが目指す理念として標榜されることで、組織での不平等や人種差別の取り組みが後退

ア【a】
イ【b】
ウ【c】
エ【d】
オ【e】

問八　傍線⑥の「美辞麗句」の意味として最も適切なものを、次のうちから一つ選びなさい。　23

ア　子供がよく使う語感が明るく楽しげな言葉
イ　耳ざわりがよいだけで本質が伴わない言葉
ウ　先人の知恵が含まれ人生の教訓となる言葉
エ　現在と過去ではその語の意味が異なる言葉
オ　友人など一部の人だけにしか通じない言葉

問九　（シャダン）を漢字で表記するとどうなるか。次の各文のかっこ内のカタカナを漢字で表した場合、（シャダン）の（シャ）に当たる漢字を含むものを一つ選びなさい。　24

ア　厚地の（シャコウ）カーテンを買う。
イ　新幹線の（エキシャ）が完成する。
ウ　（シャソウ）に映った景色を眺める。
エ　予防接種の（チュウシャ）を打つ。
オ　自らの非を認めて（シャザイ）する。

ウ　先験的
エ　思弁的
オ　示唆的

問五　傍線④の「包含する」の意味として最も適切なものを、次のうちから一つ選びなさい。 20

ア　周囲の状況から分析する
イ　一つにまとめて受け入れる
ウ　原因を解決しようとする
エ　豊かに過ごすことができる
オ　解決するための策を考える

問六　傍線⑤の「構造化された不平等や差別」について筆者はどのように考えているか。その説明として最も適切なものを、次のうちから一つ選びなさい。 21

ア　多様性を形作る様々な差異が、近代の国民社会への包摂やそこからの排除の手段とされてきたもの
イ　様々な差異をもつ人々を受け入れるために、社会制度の抜本的な改革を行う手段とされてきたもの
ウ　営利活動を中心とする現代の資本主義社会において、優劣を判断するための手段とされてきたもの
エ　グローバル化した現代社会で、国内外の企業が利潤の追求を推進するための手段とされてきたもの
オ　企業がD&Iに取り組み、多様な価値観の人々が声を上げやすくするための手段とされてきたもの

問七　次のカギカッコのなかの一文を本文に挿入する場合、空所【　a　】～【　e　】のどこが最も適切か。次のうちから一つ選びなさい。 22

「多様性／ダイバーシティは組織の肯定的で明るいイメージを提供するが、それは組織内部の不平等の存在を隠蔽し再生産させてしまってもいるのである。」

エ　コロナ禍のもとでの格差の拡大と人種差別問題を重ね合わせて、多くの人たちが自分に関わることとして真剣に考えるようになった事実
オ　コロナ禍のもとで従来は隠れていた格差や差別の存在が明るみに出て、弱者への同情から政府や企業に抗議する人たちが増加した事実

問二　傍線②の「このうねり」とはどういうことを指しているか。その説明として最も適切なものを、次のうちから一つ選びなさい。 17

ア　抗議運動に対する参加意識の高まり
イ　デモ活動に参加する人たちの過激化
ウ　企業の内部における多様性の尊重
エ　コロナ禍の下での感染症対策の徹底
オ　現代社会が抱える課題の洗い出し

問三　傍線③の（企業の動きが）「『より心地いい話題へとトーンダウン』している」とはどういうことか。その説明として最も適切なものを、次のうちから一つ選びなさい。 18

ア　企業が人種差別解消という当初の目標から離れて、差別と向き合いつつ共存していくという方針を語り始めているということ
イ　社会に与える影響を考えた上で人種差別への抗議運動に取り組むことに対し、人びとが関心を示さなくなってきたということ
ウ　人種差別や不平等が存在する企業や団体に対して解決を求める圧力によって、自由な経済活動が展開できていないということ
エ　ビジネス的にはタブーとされる人種差別の問題に対して企業が取り組むことで、個人の抗議の意思が弱まってきたということ
オ　多様性を認め合うことの促進をはかる一方で、それが社会に残る差別や格差の解消とは必ずしも結びついていないということ

問四　空所【Ａ】に入る最も適切なものを、次のうちから一つ選びなさい。 19

ア　排他的
イ　作為的

様性をめぐる不平等・差別の取り組みは脅威的で、分断的で、否定的なものとして切り離される。多様性／ダイバーシティ推進が三つのM（**merit, market, management** ＝メリット、市場、管理経営）の観点から社会や組織を豊かにすると肯定的に語られるなかで、制度化・構造化された不平等、格差、差別の問題を後景に追いやり、その問題の解消に継続して取り組んでいく必要が見失われてしまいがちになる。冒頭で紹介したＢＬＭがＤ＆Ｉにすり替えられてしまう状況への危惧は、まさにこの陥穽（かんせい）を言い表したものである。【　e　】

（岩渕功一『多様性との対話』より）

＊1　ＢＬＭ（Black Lives Matter）抗議運動 ―― 白人警察官によるアフリカ系アメリカ人への暴行事件をきっかけに広まった、黒人に対する暴力や人種差別の撤廃を訴える運動。
＊2　アクティビスト ―― 政治的・社会的な活動家。
＊3　ダイバーシティ＆インクルージョン ――「ダイバーシティ」は「多様性」、「インクルージョン」は「包括」と訳されるが、それらを組み合わせて、個々の違いを受け入れ、認め合い、良さを生かしていく取り組みのこと。
＊4　エスニシティ ―― 文化・言語などの文化的特性を共有する集団における所属意識や、歴史を共有する意識などのこと。
＊5　バックラッシュ ―― ここでは、政治的・思想的な激しい反発、反感という意味。
＊6　トーマス・ハイランド・エリクセン ―― ノルウェーの人類学者。
＊7　サラ・アーメッド ―― イギリスのライター兼研究者。

問一　傍線①の「ＢＬＭ抗議運動の国境を超えた広がり」の背景にはどのような事実があるか。その説明として最も適切なものを、次のうちから一つ選びなさい。 16

ア　コロナ禍により長期的なステイホームを国や行政に強いられたことで、自宅で過ごすことを余儀なくされた人たちが数多く存在した事実
イ　コロナ禍による格差拡大の影響を受ける人たちが増加する一方で、人種差別の撤廃をめざす運動に関わるアクティビストが生まれた事実
ウ　コロナ禍による企業の倒産や休業によって職を追われた人たちが、その状況に対して打つ手のない政府への不満をためこんでいた事実

たり、中心と周縁の不平等な関係性を変革したりすることから（シャダン）されている。【ｂ】

⑦社会を豊かにするものとしての多様性の奨励は、経済的な生産性とも強く結び付けられるようにもなる。二〇〇一年の九・一一アメリカ同時多発テロ事件以降、集団的な差異の過度な受け入れは社会を分断するとして多文化主義へのバックラッシュ[*5]がいっそう高まるとともに、移民やエスニックマイノリティを、社会の支配的な規範と価値を共有する個人として社会に統合させる政策が進展した。そのなかで多様性／ダイバーシティ（diversity）は差異（difference）に代わってより積極的に語られるようになる。トーマス・ハイランド・エリクセン[*6]は二十一世紀以降ヨーロッパで顕著になった多様性／ダイバーシティと差異についての語られ方を比較しながら、差異はエスニック集団と結び付けられて社会の統合や経済利益を損ねるものとして否定的に考えられるようになったのに対して、多様性／ダイバーシティが経済的に利益をもたらす個人化された価値観や能力と結び付けられて肯定的に使われるようになったと指摘する。この変化は市場の自由競争によって経済の最大効率化を目指す新自由主義の浸透が推し進めてもいて、多様性／ダイバーシティ推進は経済的な生産性を向上させる人的資源の管理として促進されるようになった。高度な技能や資格を有する人材の受け入れを促進する選別的な移民政策が採用され、ビジネス界では組織や経済活動のイノベーションや創造性向上にとって職場の多様性／ダイバーシティを奨励してそれを生かすことが有益だと強調され、ダイバーシティ＆インクルージョン戦略が推し進められる。多様性／ダイバーシティは社会に「問題」を引き起こさず、経済的にも有益だと評価される一方、経済的に有益と評価される個人の資質・能力と結び付けられるエスニシティや人種化された差異をめぐる差別・不平等の問題とその取り組みは⑧後景化されてしまいがちになる。【ｃ】

多様性／ダイバーシティ推進は、企業や大学などの組織体のブランド戦略としても積極的に取り入れられている。大学での多様性／ダイバーシティ推進について考察したサラ・アーメッド[*7]は、⑨肯定的な響きをもつ多様性／ダイバーシティが目指す理念として標榜（ひょうぼう）されることで、組織での不平等や人種差別の取り組みが後退してしまうことを指摘する。不平等是正や反人種主義など挑戦的で居心地を悪くさせる理念とは異なり、組織や社会を豊かにするという多様性／ダイバーシティの肯定的な意味合いは人々をより前向きに心地よくその課題に取り組むことを促す。しかし、それと引き換えに、多様性をめぐる問題は「すべての差異を大切にする」といった心地いい「ハッピートーク」として語られがちになり、既存の差別構造に異議を申し立てたり、差別による格差と分断を問題視したりするのではなく、【Ｂ】そうした問題はすでに解決されて、もはや存在していないような平等幻想を作り出すことに（キヨ）する。【ｄ】

このように、多様性／ダイバーシティは文化的にも経済的にも有益で、生産的で、調和的で、気分をよくする肯定的なものとして語られ、差異や多

ジョン（以下、D&Iと略記）の観点から語られるようになり、制度的な人種差別や不平等解消への取り組みが、企業のダイバーシティの配慮と活用へとすり替えられてしまっていると警鐘を鳴らす。企業にとって「人種差別の問題はビジネスにおける最後のタブー」であり続けていて、D&Iが「BLMの（あるいは人種に関するあらゆるムーブメントの）隠れ蓑」になることで、真正面から取り組むべき人種差別の問題がぼやかされ、その撤廃という課題はまたしても先送りにされてしまうというのだ。

D&Iが人種差別解消に向けた取り組みと切り離されているという指摘は、現在の多様性の問題を考えるうえで【　A　】である。多様性の時代だといわれている。いうまでもなく、ジェンダー、LGBT／SOGI（性的志向と性自認）、障害、エスニシティ[*4]／人種、宗教、社会経済的な背景、年齢などに関する多様性は常に存在しつづけてきたし、どのような社会も多様性に満ちている。個人の価値観が多様になり、国境を超える人の流動が活発になることで社会の多様性がより複雑化するなか、多様性／ダイバーシティを尊重して受け入れることは社会や企業・組織を豊かにすると肯定的に考えられるようになっている。しかし、多様性を形作る様々な差異は、植民地主義の歴史と近代の「国民」構築での包摂と排除・周縁化の力学のなかで、不平等・格差・差別と結び付けられてきたことはあらためて強調されるべきだろう。それに抗うべく、公民権運動、機会の平等の保障、人種差別撤廃、抑圧されてきた差異の可視化と権利擁護、アイデンティティをめぐる承認と再配分を要求する運動が高まってきた。現状は様々な差異を平等④に包含する社会の実現にはいまだ程遠く、あらゆる差別、不平等、周縁化、生きづらさの問題に正面から向き合い、多様性の平等な包含に向けた取り組みを続けることが不可欠である。様々な企業、国際組織、政府・自治体、教育機関、NGO／NPOが多様性／ダイバーシティを尊重して受け入れて生かすことが組織・社会にとって重要だとしてその奨励・推進をうたうなか、はたして⑤構造化された不平等や差別の解消に向けた取り組みはどのようになされているのだろうか。実際には特定の差異を有した人を社会や企業・組織の特定の目的のために活用することが目指されることで、多様性／ダイバーシティの奨励・推進はその取り組みと切り離されてしまってはいないだろうか。【　a　】

多様性／ダイバーシティの奨励・推進が文化差異の管理と封じ込めと結び付いていることは、英語圏で多く論じられてきた。表層的な多文化主義を批判する議論では、多様性／ダイバーシティを奨励し推進する言説は差別構造の変革に向けた実践を伴わない⑥美辞麗句で終わる場合が少なくないだけでなく、実際には差異をめぐる新たな包摂と排除の力学を作動させて、受け入れやすい差異を選別化して管理する手法と結び付いていることが指摘されてきた。多様性／ダイバーシティは食べ物やファッション、音楽、ダンスなどの社会の中心に位置するマジョリティにとって都合よく消費できる文化差異と結び付けて奨励される。そうした〈エスニック〉文化は社会を豊かにするものとして寛容されるが、その受け入れは既存の権力構造に挑戦し

問十五　次の各文のうち、本文の内容に合致するものを一つ選びなさい。　15

ア　農業革命によって特定の穀物が注目を集め、その生産に特化したため、農業全体は衰退した。
イ　人類の進化が進んだのは、農業革命によって穀類以外の食料を積極的に摂取したためである。
ウ　ホモ・サピエンスが「雑食」であったことが、人類が貧相な食文化をもつことにつながった。
エ　人類は食文化に科学的テクノロジーを持ち込むことによって、飢餓からの解放を目指している。
オ　多くの科学で未来の予測は行われているが、すぐに検証されるので小さな役割しか果たせない。

〔Ⅱ〕　次の文章をよく読んで、後の問いに答えなさい。

コロナ禍は世界各地で格差が拡大していることをあらためて明らかにした。自分自身も含めてコロナ感染の脅威から逃れてステイホームできる人たちがいるのに対して、コロナによって職を奪われた人たち、コロナに感染する確率が高い生活を余儀なくされている人たち、脅威と向き合いながらも働かざるをえない人たちがいる。そのさなかで起きた警察官による黒人系アメリカ人の暴行死は、アメリカのBLM[*1]（Black Lives Matter）抗議運動のさらなる高まりとその世界への波及を引き起こした。日本を含めた①BLM抗議運動の国境を超えた広がりは人種差別に抗（あらが）うアクティビスト[*2]にとどまらず、これまで以上に多くの背景をもつ人たち、コミュニティ、企業を巻き込んで展開され、アメリカだけではなく世界各地での人種差別の実態があらためて注目された。この高まりにはそれぞれの社会的文脈での複合的な要因があるだろうが、コロナ禍によって格差や差別の存在があらためて可視化され、必ずしも当事者ではない多くの人たちがその深刻さをこれまで以上に自分に関わることとして真剣に受け止めて抗議するようになったといえるだろう。

②このうねりがどれくらい持続するのか、さらに発展して社会を変える原動力になるかはわからない。実際に時間がたつにつれて、日本を含めた多くの地域では、その動きは収束したようにみえる。さらには、人種差別解消に向けて取り組もうとした企業の動きも徐々に③「より心地いい話題へとトーンダウン」していることが指摘されている。ロンドンの広告会社の黒人女性のグローバル人事ディレクターは、BLMはダイバーシティ[*3]&インクルー

ア【a】
イ【b】
ウ【c】
エ【d】
オ【e】

問十三　傍線⑦に「テクノロジーの進化でも、生物の進化と同じような傾向を見てとれます」とあるが、どのような傾向が見てとれるか。その説明として最も適切なものを、次のうちから一つ選びなさい。 13

ア　技術の利便性をより向上させようとして、かえって不便な機能が付け加えられていく傾向
イ　目的によって技術を使い分けるために、同じ材質でもその用途を増やし続けていく傾向
ウ　技術の複雑化、多様化が進む中で、自然と残ったり失われたりするものがあるという傾向
エ　別の分野で用いられていた技術を転用して、まったく新しいものを生み出していく傾向
オ　複雑化、多様化したことで増え過ぎた技術が、不必要なものから取り除かれていく傾向

問十四　傍線⑧の「体系的な視点」とはどのような視点か。その説明として最も適切なものを、次のうちから一つ選びなさい。 14

ア　ものごとにおける損得を考える視点
イ　別々のものを統一して考える視点
ウ　外部から対象を観察し分析する視点
エ　共通点のみを抽出し整理する視点
オ　ある一部分を全体に当てはめる視点

エ　長く続かない
オ　好ましい

問十　（セイフク）を漢字で表記するとどうなるか。次の各文のかっこ内のカタカナを漢字で表した場合、（セイフク）の（セイ）に当たる漢字を含むものを一つ選びなさい。　10

ア　自分の（セイメイ）をなのる。
イ　アニメの（セイチ）をめぐる。
ウ　歴史に（セイツウ）している。
エ　海外に（エンセイ）する。
オ　夏休みに（キセイ）する。

問十一　傍線⑥の「過去のいかなる戦争よりも、ジャガイモや米といった食べものの方がはるかに強い影響があった」とはどういうことか。その説明として最も適切なものを、次のうちから一つ選びなさい。　11

ア　穀物が生活に浸透していくことで、人間が食に関する不安から解放され自由になったということ
イ　穀物や農作物が世界中に広がったことで、人間の生活や社会に大変革がもたらされたということ
ウ　相手を傷つけて戦争に勝つよりも、ジャガイモや米の恵みのほうが人間を勇気づけたということ
エ　人間社会に本当の意味で影響を与えるのは、体を形作る食べものの栄養価の高さであるということ
オ　人間の歴史を作ったのは、戦争のような破壊行為ではなく、ものを生産する行為であるということ

問十二　次のカギカッコのなかの一文を本文に挿入する場合、空所【　a　】～【　e　】のどこが最も適切か。次のうちから一つ選びなさい。　12

「これが、未来予想を難しくさせている大きな要因です。」

オ　ホモ・サピエンスは何でも食べることによって、他のヒト属にはない体格の大きさや筋力の強さという特質が備わることになったから

問七　傍線④に（ホモ・サピエンスが）「『ひとつの食品を自分たちにとっての唯一の完全食品とする』のを捨てた」とあるが、これはどういうことか。その説明として最も適切なものを、次のうちから一つ選びなさい。　7

ア　一つの食べものだけを食べ続けて絶滅した他のヒト属を見て、種の存続にはさまざまな栄養が必要だと認識したということ
イ　栄養を過不足なく身体に取り入れることができる一つの食べものを、効率よく摂取し続ける道を選ばなかったということ
ウ　一つの食べものを食べ続けて身体を丈夫にするよりも、毎日違う食べものを摂取する喜びのほうを選択したということ
エ　気候が温暖な環境のもとで、その地域に定住しながら一つの食べものを栽培して増やしていく生活をあきらめたということ
オ　一つの食べものを食べ続けることで種としては存続できたが、肥満や病気などの問題を抱え込むようになったということ

問八　空所【　B　】に入る最も適切なものを、次のうちから一つ選びなさい。　8

ア　空間、人間、時間
イ　自然、社会、個人
ウ　環境、身体、心
エ　過去、現在、未来
オ　創造、進化、頭脳

問九　傍線⑤の「まれ」の意味として最も適切なものを、次のうちから一つ選びなさい。　9

ア　めったにない
イ　よく起こる
ウ　優れている

を含むものを一つ選びなさい。　4

ア　冬用のタイヤを（ソウチャク）する。
イ　本塁打に場内が（ソウゼン）となる。
ウ　（セッソウ）のない振る舞いをする。
エ　部員全員で（ガッソウ）に挑戦する。
オ　行方不明者の（ソウサク）を始める。

問五　傍線②の「食が私たちを改良し、その結果、私たちが『食の産物』として〝進化させられている〟側面があります」とはどういうことか。その説明として最も適切なものを、次のうちから一つ選びなさい。　5

ア　多くの食べものの一つに過ぎなかった穀物が、人類の主食として定着したため、穀物以外の食料の生産が滞ってしまったということ
イ　小麦や稲、ジャガイモといった穀物に消費が集中したため、そのほかの食料が摂取されなくなり、栄養に偏りが生じたということ
ウ　一部の地域でしか生産されていなかった穀物が全世界に広まったことで、原産国とその他の国の間で豊かさに差が開いたということ
エ　世界中に穀物が主食として広がっていく過程で、人類はそれを手助けするように、食生活や社会組織を変化させてきたということ
オ　人類の祖先が穀物を主食としたことで、身体や頭脳の能力が高まり、人間になれる可能性のあった他のヒト属を駆逐したということ

問六　傍線③に「私たちの祖先であるホモ・サピエンスだけが今日まで生き延び、残りはすべて絶滅してしまいました」とあるが、それはなぜか。その説明として最も適切なものを、次のうちから一つ選びなさい。　6

ア　ホモ・サピエンスは何でも食べるようになったことで脳の思考能力が飛躍的に発達した結果、他のヒト属との戦いに勝ち残ったから
イ　ホモ・サピエンスは雑食という食性を身につけて飢餓のリスクを減らし、他のヒト属よりも環境の変化に適応することができたから
ウ　あらゆる環境下で生き長らえて繁殖できるホモ・サピエンスが食べものを独占することによって、他のヒト属を滅ぼしてしまったから
エ　どんな食べものでも効率的に必要な栄養素に変換できるホモ・サピエンスが、他のヒト属よりも急速な進化を遂げることができたから

ア　不正な（コウイ）を取り締まる。
イ　込み入った（ケイイ）を説明する。
ウ　外科手術の（メイイ）と呼ばれる。
エ　（カンイ）な包装で商品を送る。
オ　出生率の（スイイ）を図示する。

問二　傍線①の「農業革命は、〝史上最大の詐欺〟であった」とはどういうことか。その説明として最も適切なものを、次のうちから一つ選びなさい。 2

ア　農業革命によって、階級間の格差が生じたため、生き残りをかけて自らの仲間と戦わなければならなくなったということ
イ　農業革命によって、効率よく食料を得られた狩猟採集生活から、重労働である農耕生活への転換を強いられたということ
ウ　農業革命によって、食料の総量は増やせたものの、農耕民たちは労働に見合った質の食物を得られなかったということ
エ　農業革命によって、穀物が人類の主食となったが、それらは人類に健康と長寿をもたらすものではなかったということ
オ　農業革命によって、食べられる食物の種類を増やすことができたが、それらを生産するための苦労も増えたということ

問三　空所【　A　】に入る最も適切なものを、次のうちから一つ選びなさい。 3

ア　便宜的
イ　継続的
ウ　画一的
エ　機械的
オ　能動的

問四　（アヤツって）を漢字で表記するとどうなるか。次の各文のかっこ内のカタカナを漢字で表した場合、（アヤツって）の（アヤツ）に当たる漢字

⑦テクノロジーの進化でも、生物の進化と同じような傾向を見てとれます。たとえば、最もシンプルな調理道具である「包丁の進化」を考えてみます。まず石器時代に、黒曜石を割ったものが包丁の原型でしょう。その後、手で握るための柄が付き、さらに刃の材質は、青銅、鉄、鉄鋼、炭素鋼、ステンレス鋼、モリブデン鋼などへと変わりました。かたちも和包丁、洋包丁、中華包丁などをはじめ、数限りない種類があります。【　c　】進化の過程では、ピーラー、スライサー、チョッパーなどの切る道具も登場してきました。比較的シンプルな調理道具の包丁ですら、生物の進化のように、複雑化、多様化してきました。刃を丈夫なものにし、かつ鋭く研ぐにも、それぞれの技術の進化があってはじめて成し遂げられるものでした。

【　d　】

テクノロジーは今後も、生物の進化のように複雑性、多様性をますます増していくでしょう。そして、それにともない、未来の食べものもより複雑化、多様化すると予想されます。その過程で、生物の進化のように残るものは残り、なくなるものはなくなります。【　e　】

未来は観察したり、実験での検証が不可能です。科学的に使える手段は、予測のみです。ほとんどの科学では予測は小さな役割しか果たしません。それは、予測がたいていすぐに検証されて確かめられるからです。未来学の質は、過去や現在のデータに基づいてさまざまな角度から予測し、いかに未来のモデルを提示できるかによって決まります。そのため、未来学は、多種多様な研究分野における洞察に基づいて、全体的あるいは⑧体系的な視点で考えることが必須となります。

（石川伸一『「食べること」の進化史』より。出題の都合上、一部変更した箇所がある。）

＊1　同位体比 ── 分析対象の物質が持つ、元素の同位体（原子番号が共通で質量が異なるもの）の含有量の比率。
＊2　ブレイクスルー ── 制限を突破して前進すること。
＊3　原核生物 ── 単細胞生物の総称。
＊4　真核生物 ── 細胞核を持つ生物の総称。

問一　（イドウ）を漢字で表記するとどうなるか。次の各文のかっこ内のカタカナを漢字で表した場合、（イドウ）の（イ）に当たる漢字を含むものを一つ選びなさい。 1

れぞれ指しています。つまり、人の【　B　】の制限を取っ払ってしまえば、人類がもっとさまざまなブレイクスルー[*2]を引き起こせるのではないかと暗示させる表題です。

食は、バナールが指摘した「宇宙・肉体・悪魔」を実際に変えてきました。すなわち、食べものが、人の健康や病気による「身体」、社会の思想やアイデンティティ、個人の心理という「心」、農業、キッチン、食卓などの「環境」を変化させた大きな要因となっています。

前述したハラリ氏は、ひとつの戦争で歴史が変わることは非常に⑤まれであり、実際に歴史の流れを変えてきたのは、偉人でも英雄でもなく、小麦、米、トウモロコシといった穀物や、大豆、ジャガイモのような農作物の普及だったと言っています。

ヨーロッパ人がアメリカ大陸を発見し、（セイフク）に至ったのは、アメリカでジャガイモを発見したからです。当時、南アメリカでしか栽培されていなかったジャガイモをヨーロッパに持ち帰ったことで、やがて世界中に広まりました。今日、ヨーロッパ、アジア、アフリカのほとんどの地域でジャガイモが食べられており、ジャガイモのない食生活は考えられません。日本でも大陸から渡って来た稲が、私たちの食生活を変えただけでなく、年貢という税金となって社会制度の基盤を作り、原生林を里山へと変え、人間の体型をも変化させてきました。

広い範囲で人々の人生を変えたという点で、⑥過去のいかなる戦争よりも、ジャガイモや米といった食べものの方がはるかに強い影響があったといえるでしょう。

「食の未来」は、食べものを作る「テクノロジーの未来」に大きく依存します。新しい調理技術、調理機器などの登場で、新しい料理が生まれることはよくあります。食の未来を考える前に、その食べものを作る「食のテクノロジーの進化」について目を向けてみましょう。

米国『WIRED』誌の創刊編集長であったケヴィン・ケリー氏は、「テクノロジーは生物学と同じような方法で理解できる」と、その著書『テクニウム』で語っています。

生物の進化の特徴として、徐々に「複雑化」していることが挙げられます。生物個体の進化をざっくり見ていくと、まず「自己複製する分子」から始まり、それがもっと複雑な構造をもち、自己維持できる「染色体」へ移行、さらに「原核生物[*3]から真核生物[*4]」へと複雑化してきました。【　a　】

生物個体の複雑化に加え、生物種の「多様化」も進みました。実際、地球上に生存している生物の種の数は、過去六億年の時間を経て劇的に増加しています。地球の歴史のある時期には、小惑星の衝突などによって多様性が後退することもありましたが、全体的に見れば、多様性は広がっています。

現在の生物の分類学上の多様性は、二億年前の恐竜時代に比べて約二倍となっています。【　b　】

農業革命によって、小麦、稲、ジャガイモといった一握りの植物が世界中に広がっていきました。たとえば、一万年前、小麦は、中東の狭い地域に生えるただの野草のひとつでした。それがほんの数千年のうちに世界中で生育されるようになりました。それらの植物からみれば、人が小麦や稲の栽培を【　A　】に行ってきたのではなく、「自らの種の保存に有利な形で人を（アヤツって）きた」と言えます。②食が私たちを改良し、その結果、私たちが「食の産物」として〝進化させられている〟側面があります。

約七〇〇万年前、私たちの祖先の人類は、チンパンジー類と分岐し、初期の人類であるアウストラロピテクス属を経て、今に続くヒト属へと進化しました。その際、人間になれる可能性のあったヒト属は二十五種類ほどいたと言われます。しかしそのうちの一種、③つまり私たちの祖先であるホモ・サピエンスだけが今日まで生き延び、残りはすべて絶滅してしまいました。

ホモ・サピエンスと同様、生き残る可能性の高かったのが、ネアンデルタール人です。ネアンデルタール人はアフリカからいち早くヨーロッパへ（イドウ）するなど、ホモ・サピエンスの最大のライバルでした。また、体のサイズや腕力もホモ・サピエンスより圧倒的に勝っていました。しかし、ネアンデルタール人は最終的には絶滅してしまいます。

なぜ、ネアンデルタール人が滅び、ホモ・サピエンスが生き残ったのでしょうか。理由のひとつとして考えられているのが、「食性」です。残された骨の酸素や炭素の同位体比*1を測ると、ホモ・サピエンスは、何でも食べていたことがわかっています。急激な気候の変化などで食べものが少ない環境下であっても、ホモ・サピエンスは「雑食」となったことで、飢餓のリスクを減らし、その結果、あらゆる地域に棲み、繁殖し、そして農業まで始めるようになりました。

しかし「雑食」を選択したということは、同時に④「ひとつの食品を自分たちにとっての唯一の完全食品とする」のを捨てたことを意味します。ホモ・サピエンスが雑食を選んだ瞬間に、私たちは「今日、何を食べようか」と考えることを宿命づけられました。

私たちは何でも食べられる雑食動物だからこそ、食べものや食べ方を間違えれば、身体は肥満や病気になります。雑食になったことで、食事の選択肢は増えましたが、食べものを選ぶ悩みも増えたといえます。

イギリスの結晶物理・生物物理学者で、二十世紀最大の科学啓蒙家の一人であったジョン・デスモンド・バナールは、一九二九年出版の著書『宇宙・肉体・悪魔』の中で壮大な人類未来論を展開しています。

タイトルの「宇宙・肉体・悪魔」とは、人間の頭脳の創造活動に基づく人類の未来の進化を妨げる「物理的」「生理的」「心理的」な制限のことをそ

国語

▲二月二日実施分▼

（六〇分）

〔Ⅰ〕 次の文章をよく読んで、後の問いに答えなさい。

人類の長い歴史の時間軸で考えれば、たくさんの食べものの中から自分の食べたいものを選べるようになったのはつい〝最近〟のことです。人類は二五〇万年にわたって、植物を採集し、動物を狩り、食物にしてきました。これらの動植物は、人間の存在とは関係なく、繁殖していました。しかし、一万年ほど前になると、私たちの祖先は、より多くの穀物や肉を手に入れるために、種を蒔いて、作物に水をやり、動物には餌を与え、草地に動物を（イドウ）させました。イスラエルの歴史学者ユヴァル・ノア・ハラリ氏は、ホモ・サピエンスが文明を築いた重要な三つの革命として、認知革命と科学革命とともに、この「農業革命」を挙げています。

しかし、人類はこの農業革命によって、「手に入る食料の総量を増やすことができたが、実際はより良い食生活をもたらしたとは限らず、人口爆発と階級格差の誕生につながった」とハラリ氏は語っています。平均的な農耕民は、平均的な狩猟採集民よりも苦労して働いたのにもかかわらず、見返りに得られる食べものは劣っており、①農業革命は、〝史上最大の詐欺〟であったと言っています。

農業革命以前の狩猟採集をしていた際の人類は、多種多様な食べものを食べ、小麦や米などの穀物はその中のほんの一部を占めていたに過ぎませんでした。それが農業革命後は、穀類が食事の主体となり、現代の私たちの食生活、身体、そして社会全体にも影響を及ぼすことになりました。

解答編

英語

◀2月2日実施分▶

I **解答** 1―イ　2―ウ　3―ア　4―エ　5―エ　6―ア　7―ウ

解説　1．冒頭でAは「新しいパソコンが欲しい」と発言しており，空所の後で「実は，私の誕生日に欲しいと思っている」と発言している。さらにその後の会話から，Aの誕生日は明日であるとわかるので，「新しいものを買うつもりですか？」と尋ねている，イが適切。

2．空所の前でAが「体型管理はどうしていますか？」と発言し，空所の後で，運動などよりくわしい管理の方法を答えているので，「基本的には，自己管理しているだけです」と答えている，ウが適切。

3．直後のAの発言に「常に最新の情報を入手したいからです」とあることから，「では，そもそもなぜあなたはニュースを聞いているのですか？」と尋ねている，アが適切。

4．直前のBの発言に「日本ではベジタリアンになるのはそんなに簡単ではないです」とあることから，「あなたの言うことはわかります。しかしそれは価値のあることだと思っています」と述べている，エが適切。

5．空所より前の会話から，トムがミーティングに来られないが彼はプレゼンをする予定なのではないかと議論されているので，「それならそれが正しいかどうかを確認すべきですね」と提案している，エが適切。

6．Bが財布を忘れたことに対し，Aが「もっと気をつけたほうがいいですよ」と発言した後の返答としては，「わかっているけれど，いつも忘れてしまいます」と反省している，アが適切。

7．新居に住み始めたBに対して，空所の直前でAが「以前住んでいたところとどう違うのですか？」と尋ねているので，「まあ，状況はほぼ同じです」と答えている，ウが適切。アの「実際，引っ越しを後悔しています」は，空所の後でBが「部屋の配置はよくなりました」と発言していることから不適。

II　解答　8－イ　9－エ　10－ア　11－ウ　12－エ　13－イ

解説　8．None of＋複数名詞で「どれも〜ない」の意。

9．every の後ろは単数形。

10. let alone *A*「ましてや *A* も〜ない」は前の否定文を強調する表現である。

11. no more than 〜「たった〜」

12. Without 〜，S＋助動詞の過去形で「〜なしでは…だろう」という仮定法過去の用法。

13. be drowning「溺れかかっている」 過去の時点での継続的な動作を表す過去進行形を用いる。

III　解答　14－エ　15－エ　16－ア　17－イ　18－オ

解説　14. (I was so glad I couldn't) keep myself <u>from</u> telling someone else(.)

keep *A* from *doing*「*A* が〜するのを妨げる」

15. (This) is the heaviest rainfall <u>we</u> have had (in years.)

This is the 最上級 (that) S have had in years.「これは長年で最も〜だ」

16. (I've heard) it said <u>she</u> will run in the next election(.)

hear it said (that) 〜「〜と噂に聞く」という意味で，it は that 以下を表し，本来であれば hear it (being) said 〜「〜と言われているのを聞く」という受身形であるが，being が省略されている形。run「立候補する」

17. (I want) a box the right size <u>to</u> hold these dictionaries(.)

want *A*＋形容詞「*A* を〜（形容詞の状態）にしたい」つまり，「箱をちょうどよい大きさの状態にしたい，それらの辞書を入れるための」という並び順になる。ここで用いられている to *do* は名詞的用法ではなく形容詞的用法。

18. (Things are no) longer what <u>they</u> used to be (in those days.)
be no longer what *A* used to be「今ではもはや以前の *A* ではない」

Ⅳ 解答　19―イ　20―エ　21―エ　22―ウ　23―ア

解説　≪スイミングプールの案内≫

19. 1つ目の表の最後の欄の Open Pool に注目する。土日の午前中には年齢制限が設けられていないことから，イが適切。

20. 1つ目の表の注意書き第1項目第2文（Children under the …）に「13 歳未満（12 歳以下）の子どもは大人の同伴が必要」とあるので，エは不適切。

21. Pool Exercise Class が週に3回と最もクラス数が少ない。

22. 2つ目の表の Required Equipment「必要な装備」にどのクラスでもスイミングキャップが記載されていることから，ウが適切。

23. 会員の 10 歳の兄弟が入会して，週2回のクラスを3カ月間通った場合いくらになるかを計算する。入会金は，一番下の Membership for One Year から Membership price for additional family members: Child: $30「追加の家族の入会金：子ども：30 ドル」とわかる。さらに受講料は，Members receive a 10% discount on all classes「入会者は全てのクラスにおいて 10%割引が受けられる」とあるので，Swimming Class Fees (Non-members) より Juniors「12 歳以下」の Monthly Fee (two classes per week)「月謝（週2回のクラス）」の 150 ドル×3 カ月＝450 ドルから 10%割引なので，405 ドルとなる。つまり，入会金 30 ドル＋受講料 405 ドル＝435 ドルとなる。

Ⅴ 解答　24―ア　25―(ウ)　26―エ　27―イ　28―イ　29―ウ　30―ア

解説　≪知性に対する態度≫

24.「学生が知性についてどのように考えているかは，学生のモチベーションに影響し，それが学業成績に影響する」という導入に対し，知性は変えられないという「固定観念」を持った人の特性と，知性は努力と教育によって改善されるという「成長思考」を持った人の特性を比較した研究結果を明示している。よってテーマは，ア.「知性に対する態度」が最も適切。

25. 挿入文「知性については，別のもっと前向きな考え方がある」の another「別の」に注目する。第3段最終文（【　2　】, errors and failures…）に「そのような人は，自分の失敗が知性の低さを表していると考え，絶望的な気持ちになる」とあり，第4段第1文（The idea is…）の「知性は，努力と教育によって伸ばすことができるものであるという考え方である」で別の考え方を示しているため，(ウ)に挿入するのが適当。

26. 空所1の後の文中に on the other とあるため，2つの事実を比較する表現 on the one hand…, on the other～「一方では…，他方では～」を表すエが適切。

27. 空所2の直前の文「固定観念があると，自分の限られた能力では達成できないかもしれないと恐れるため，挑戦することが怖くなるのだと彼女は示した」と，直後の文「間違いや失敗をすると人々は絶望的な気分になる。なぜならその失敗が自分の知性の低さを表していると考えるからである」をつなぐには，イの，追加を表す副詞 Furthermore「更には」を入れるのが適切。

28. setbacks「障害，妨げ」= difficulties「困難なことがら」

29. 下線部(b)を含む文の訳は，「我々は皆人生の中で困難な課題に直面するが，建設的で，強い意志を持った方法でそれらに向かえば，私たちが成長する助けになるだろう」となり，下線部は「困難な課題」を指すため，ウが適切。

30. 第5段第1文（Dweck's studies show…）に「ドウェックの研究によると，学生が自分の知能は向上させることができると信じると，学ぶことを楽しむようになる」とあるので，アが一致。イ．第3段最終文（【　2　】, errors and failures…）の「間違いや失敗をすると人々は絶望的な気分になる。なぜならその失敗が自分の知性の低さを表していると考えるからである」に不一致。ウ．第4段最終文（The lesson to…）の「教訓として学ぶべきことは，困難に立ち向かうこと，失敗から学ぶこと，そして深刻な困難に直面してもあきらめないことが，人をより聡明にすることにつながるということである」に不一致。エ．第3段第3文（She has shown …）に「固定観念があると，自分の限られた能力では達成できないかもしれないと恐れるため，挑戦することが怖くなる」とあるので，不一致。

◀2月3日実施分▶

I

解答　1－ウ　2－イ　3－イ　4－ア　5－エ　6－エ　7－ア

解説　1．直前のBの発言に「職員室を探しているのですが」とあり，直後のBの発言に，「エレベーターに乗ります」とあるので，「次の階にありますよ」と説明している，ウが適切。「立ち入り禁止」の看板があることからア，エは不適。

2．直前のBの発言に，「まだ仕事が見つかっていないのです」とあり，直後のBの発言に，「そうだといいのですが」とあるので，「心配する必要はないです。もうすぐ見つかるでしょう」と励ましている，イが適切。

3．空所より前で，Bが新しいアパートに引っ越したために入国管理局に行かなければならないと話しているので，「彼らに私の新しい住所を伝えなければなりません」と答えている，イが適切。

4．直前のAの発言に，「あ，すみません，山内さんじゃなくて，山口さんです」とあるので，ア．「山口さんですね。了解しました，今彼女に連絡します」が適切。

5．直前のBの発言に，「私の携帯充電器をお貸ししましょうか？」とあり，直後のBの発言に，「いいえ，大丈夫です。私は携帯電話を充電したばかりなので」とあることから，エ．「あなたの携帯電話に必要じゃないのですか？」が適切。

6．赤ちゃんの世話は大変で，寝不足だ，という会話の後，空所をはさんで，Bが「そうですね。彼女は数時間おきに食事を与えなければならないので」と発言しているので，「赤ちゃんはよく夜中に目を覚ましますよね？」と述べている，エが適切。

7．直前のBの発言に，「猫のことはよくわからない」とあり，直後では，それでも餌やりを引き受けていることから，「その必要はありません（猫のことを知っていなくても大丈夫です）。とても簡単ですから」と述べている，アが適切。

Ⅱ　解答　8－エ　9－ア　10－ア　11－イ　12－ア　13－エ

解説　8．go bad「よくない状態に変化する」

9．have *A done*「*A* を～される」

10．in＋時間表現「～（時間）後に」

11．「香水を付ける」を表す動詞は wear である。

12．every＋数詞＋複数形名詞で「～（数字）ごとに」の意。

13．put *A* back「*A* を戻す」

Ⅲ　解答　14－ウ　15－エ　16－ア　17－オ　18－オ

解説　14．(We have to give) first aid to the injured before anything else(.)

give aid to～「～を助ける」 the＋分詞「～の人々」

15．(Please allow) me to say a few words on behalf of the Mayor(.)

allow *A* to *do*「*A* が～するのを許可する」 on behalf of～「～の代わりに」

16．(Our team was) defeated due to a lack of concentration(.)

defeat「～を打ち負かす」 due to～「～が原因で」

17．(This) matter proved to be of no great importance(.)

prove to be～「～であると判明する」 of＋抽象名詞は形容詞の働きをするので，of no importance は not important という意。

18．(Frankly, your kindness) does me more harm than (good.)

do more harm than good「有害無益である」 do *A* harm「*A* に害がある，ためにならない」

Ⅳ　解答　19－ウ　20－イ　21－ウ　22－イ　23－イ

解説　≪学生寮の案内≫

19．１学期（休暇中ではない）に寮に滞在し，完全な食事付オプションを選択した場合，保証金を含めて合計でいくら請求されるかを読み取る。

１学期滞在する場合，寮費は Semester 1 の Term 1 と 2 の Fully-catered の費用 \$5,000＋\$4,500＝\$9,500 に，Additional Fees の Student Association

Membership（学生協会費）：$100, Security Deposit（安全保証金）：$1,000 を合計すると $10,600 になる。

20. イ．「他の学生と部屋を共有する」については，Facilities and Services の第1文（Rooms - All student …）に「寮の学生部屋はすべてシングルです」とあるので，不一致。

21. Facilities and Services の第2文（Each room contains …）で，各部屋に備え付けのものは，ベッド，ワードローブ，机，本棚，ピンボード，扇風機，ヒーター，電話，インターネット接続，だとわかるので，ウが適切。

22. イ．「お弁当は前日の午後6時までにご注文ください」は，Catering Options の最終文（If you can't …）に「昼食に間に合わない場合は，当日の午前6時までお弁当を予約注文することができます」とあるため，不一致。

23. イ．「寮の居住者は，寮とマッコーリー大学の駐車場に無料で車を停めることができます」は，Facilities and Services の最終文（Parking - Free parking …）に「寮の居住者は，寮およびマッコーリー大学の無料駐車場を利用することができます」に一致。

V　解答

24ーア　25ー(ウ)　26ーウ　27ーエ　28ーア　29ーイ　30ーイ

解説　≪インターネットを批判的に考える≫

24. 第1段では，インターネットにおいて誰のサイトなのかを知ることで情報の正確さを評価することができるとあり，第2段では政府・教育機関のサイトに比べて，商業的なサイトは真実である場合もあれば，そうでない場合もあると述べられている。第3・4段では，インターネットでは，テレビなどよりも事実と意見を見分けるのが難しく，他のサイトや本などを元に信じるかどうかを判断した方がよいことが述べられている。最終段では，真実なのかを見極める際には，意見を裏付ける証拠を考慮すべきであり，特にオンライン上で見たり読んだりするものについて，慎重に考える必要があると締めくくられている。全体として，インターネット上の情報を鵜呑みにするのではなく，批判的にとらえた方がよいという内容が述べられているため，ア．「インターネットを批判的に考える」が適切。イについては，第 3 段のみで触れられているため，全体的なテーマとしては不適。

25. 挿入文の訳は「事実として提供される記述は，実際には虚偽である可能性がある」である。第 4 段の(ウ)以降の文（Even honest people … is it factual?）で「結局，正直者でも間違いはあるし，誰もが正直者というわけでもない。例えば，こんな文章に出会ったとする。『離婚率は過去 20 年間で 3 倍になった』これは事実の記述のように書かれているかもしれないが，事実なのだろうか？」と，挿入文に対する具体例が書かれているため(ウ)に挿入するのが適切。

26. 空所 1 を含む文の前文（A fact is …）で「事実」について述べており，空所 1 を含む文で「意見」について対比して述べているので，ウの対比を表す接続的副詞 on the other hand が適切。

27. 空所を含む文は「これは事実の記述のように書かれているかもしれないが，事実なのだろうか？【　2　】，本当に真実なのか？」という意味になるので，エの言い換えを表す接続的副詞 In other words が適切。

28. bias「偏見，先入観，傾向」 ア．respect「尊敬，敬意」 イ．opinion「意見」 ウ．viewpoint「観点」 エ．preference「好み」

29. 下線部(b)を含む文および前文（Companies that have … services are inferior.）の訳は「商業用ウェブサイトを持つ企業は，自社の製品やサービスについてよいことを言うかもしれないが，欠点や欠陥は無視する。彼らが競合他社の製品やサービスが劣っているとほのめかしたとしても驚いてはいけない」となり下線部は，イ．「企業」を指す。

30. 第 2 段第 5 文（Don't be surprised …）に「企業が競合他社の製品やサービスが劣っているとほのめかしたとしても驚いてはいけない」とあるが，禁止している訳ではないので，アは不一致。イ．第 3 段最終文（It is often …）に「インターネットでは，テレビよりも事実と意見を見分けるのが難しい場合がある」とあるので，一致。ウ．第 3 段最終文の後半（… , because anyone can …）に「インターネット上では誰でも自分の考えを表現することができる」とあるので，不一致。エ．最終段第 2 文（Remember that your …）に「あなた自身の個人的な観察と経験も証拠として考慮されることを忘れないで」とあるので，不一致。

日本史

◀2月2日実施分▶

Ⅰ 解答 ≪遣隋使・遣唐使と政治・文化≫

1―ア　2―イ　3―エ　4―ウ　5―イ　6―ウ　7―エ　8―ア
9―ア　10―イ

Ⅱ 解答 ≪中世の仏教文化と政治・経済≫

11―オ　12―ケ　13―イ　14―コ　15―エ　16―ウ　17―エ　18―エ
19―ウ　20―ア

Ⅲ 解答 ≪江戸時代の外交と文治主義≫

21―イ　22―エ　23―ア　24―ア　25―イ　26―エ　27―イ　28―ウ
29―ア　30―ウ

Ⅳ 解答 ≪近・現代の土地制度と労働問題≫

31―ウ　32―ウ　33―ウ　34―エ　35―エ　36―ア　37―ウ　38―イ
39―ア　40―ウ

◀2月3日実施分▶

Ⅰ 解答 ≪大和王権と古墳文化≫

1―ア　2―ク　3―キ　4―エ　5―オ　6―ウ　7―イ　8―エ
9―オ　10―エ

Ⅱ 解答 ≪元寇と鎌倉幕府の滅亡≫

11―ウ　12―イ　13―イ　14―カ　15―イ　16―ア　17―エ　18―エ
19―ウ　20―イ

Ⅲ 解答 ≪安土・桃山時代の政治・文化≫

21―イ　22―ア　23―ウ　24―エ　25―ウ　26―ウ　27―ア　28―エ
29―ア　30―ウ

Ⅳ 解答 ≪近・現代の日中関係史≫

31―イ　32―ウ　33―イ　34―イ　35―ア　36―ア　37―エ　38―ウ
39―イ　40―イ

世界史

◀2月2日実施分▶

Ⅰ 解答 ≪ヘレニズム時代～古代ローマ≫

1－ウ　2－ア　3－イ　4－イ　5－ア　6－ケ　7－コ　8－オ
9－ウ　10－ウ　11－エ　12－イ　13－エ

Ⅱ 解答 ≪オスマン帝国≫

14－ウ　15－イ　16－エ　17－ア　18－ア　19－ウ　20－イ　21－ウ
22－エ　23－ア　24－エ　25－カ　26－ウ　27－エ

Ⅲ 解答 ≪中世西ヨーロッパ文化・ルネサンス・中国の新文化運動≫

28－エ　29－イ　30－ア　31－ウ　32－ア　33－エ　34－イ　35－ウ
36－ウ　37－エ　38－ウ　39－オ　40－ウ

◀ 2 月 3 日実施分 ▶

Ⅰ 解答 ≪中世西ヨーロッパの都市・商業≫

1－イ　2－ア　3－オ　4－ウ　5－イ　6－ア　7－エ　8－エ
9－ウ　10－ウ　11－エ　12－イ　13－ア　14－ア

Ⅱ 解答 ≪東アジア・東南アジア・南アジアにおける近代民族運動≫

15－ア　16－ウ　17－イ　18－エ　19－ウ　20－イ　21－ア　22－エ
23－エ　24－イ　25－ア　26－イ　27－ア

Ⅲ 解答 ≪世界史上における東西交流≫

28－ウ　29－イ　30－エ　31－ウ　32－イ　33－ウ　34－エ　35－イ
36－エ　37－エ　38－ア　39－イ　40－イ

数学

◀2月2日実施分▶

I　解答　≪小問8問≫

1―コ　2―イ　3―キ　4―オ　5―カ　6―カ　7―ウ　8―キ
9―オ　10―イ　11―オ　12―ウ　13―ケ　14―カ　15―キ　16―オ
17―エ　18―ウ　19―ア　20―ウ　21―ク

II　解答　≪2次関数≫

22―オ　23―ウ　24―エ　25―エ　26―オ　27―イ　28―エ　29―イ
30―ア　31―キ　32―イ　33―ウ

III　解答　≪図形と計量≫

34―ク　35―エ　36―エ　37―ウ　38―イ　39―ウ　40―イ　41―ウ
42―ウ　43―イ　44―キ

IV　解答　≪確　率≫

45―ウ　46―カ　47―イ　48―ウ　49―カ　50―ク　51―カ　52―カ
53―エ　54―オ　55―ク

◀2 月 3 日実施分▶

Ⅰ 解答 ≪小問 8 問≫

1ークー　2ーカ　3ーエ　4ーウ　5ーイ　6ーイ　7ーウ　8ーイ
9ーオ　10ーア　11ーウ　12ーエ　13ーア　14ーエ　15ーウ　16ーオ
17ーウ　18ーカ

Ⅱ 解答 ≪2 次関数≫

19ーウ　20ーイ　21ーカ　22ーコ　23ーオ　24ーイ　25ーウ　26ーウ
27ーエ　28ーウ　29ーウ　30ーウ

Ⅲ 解答 ≪図形の性質≫

31ーイ　32ーケ　33ーア　34ーオ　35ーカ　36ーエ　37ーイ　38ーエ
39ーウ　40ーキ　41ーキ　42ーウ

Ⅳ 解答 ≪確　率≫

43ーイ　44ーウ　45ーエ　46ーオ　47ーイ　48ーイ　49ーイ　50ーキ
51ーカ　52ーイ　53ーキ　54ーウ　55ーカ

問十二　傍線⑧の直後にあるように、「『哲学の普遍認識』を求める『言語ゲーム』が成立していた」のが、「近代哲学」であった。「言語ゲーム」とは、問八でみた「哲学のテーブル」が成立した場で、第十三段落にあるように、「『より普遍的な思考』が人々の吟味によって検証され選ばれてゆく」ことである。

問十三　空所Bの直前にあるとおり、「結局のところ『力』の論理だけがすべてを決定」する世界についての説明を含む表現を選ぶ。現実に対抗する力が言葉にもたらされないということと同じ意味のウが合致する。

問十四　第七段落にあるとおり、筆者は「『自由な市民社会』の理念」を原則としつつ、最終段落の最後の一文、「普遍認識の探求としての哲学の原理と本義を理解し、これを再生しようとする志をもつ」ことが不可欠だと述べている。アの「哲学の再生という最終的な目標に到達するためには、自由な市民社会の理念という方法論」は、目的と手段が逆転しているので誤り。

問十五　最終段落に、「現在の資本主義が克服されるべきものであることについて、大きな合意が形成されつつある」とあり、筆者はこれを「希望」としつつ、「哲学の再生は、この希望を新しい人間社会の原理へと鍛えてゆくための、不可欠の条件」といっている。したがって、エは本文に合致。ア「資本主義は、……発展させるべき」、イ「『言語ゲーム』に堕した近代哲学」、ウ「相対主義的思考の可能性」、オ「合意を目的とせず批判し合う」がそれぞれ本文に合致しない。

問十四　ウ

問十五　エ

解説

問二　傍線②の「その進展」とは、「近代市民社会」の進展を指す。傍線②の直前に、「新しい自由な生への大きな希望だった」とあり、次の段落に、「人々の希望は、……二つの大戦の後に、ようやく徐々にその歩みを始めるかに見えた」「しかしそれはいま不穏な傾向を、格差の拡大、……民主主義の崩壊といった明らかな傾向を露わにしている」とある。

問四　「ポストモダン思想」についての内容を拾う。傍線④の直後の段落に、「相対主義が批判の中心の武器となったため、あらゆる現状の制度を批判するが、しかしオルタナティヴを決して提示できない」「普遍的な原理や根拠の考え自体が否定されたから」とある。

問六　傍線⑤の直後の段落に、「なぜなら、普遍性を求めない思想は、まず理想理念の多様性の前で挫折し、……相対主義の前に屈するほかはない」とある。また、この段落の最後の一文にあるように、筆者は哲学や思想に、「現実への対抗」ができるようにするために、哲学や思想に「普遍性」を求めるのだと考えている。

問八　傍線⑥の直前に、「たえず問題の形を簡潔にし明瞭にすることで、問題を誰にとっても思考可能なものとすること」とあり、傍線⑥の直後に、「その多様な『普遍的な考え』の提案を多くの人々の吟味と検証に開くことによって、より優れた普遍的な原理として鍛えてゆくこと」とある。

問十一　欠文は、「現代哲学」の現状を受けた一文である。筆者は、第十六段落の最後の一文に「相対主義から独断的実在論への、単なる時代的なゆり戻しにすぎない」とあるように、現代哲学について批判的な立場にある。ここで、空所cの直前には、「哲学は、どんなことをも深遠な真理のように言い回す高度な弁論術に堕落する」とある。これが、現代哲学のあり方であると考えられる。そこで、筆者は第十七段落にあるように近代哲学への回帰を願うのである（問十二参照）。

問十五　第十段落や第十四段落にあるように、身体は制度や権力によって変質させられ、「ジャンヌ」や「鉱山労働」の例のように、「性差や効率性」などの意味を担う。したがって、イは本文に合致。ア「ルールは、すでに一四世紀には確立」、ウ「身体は、常に合理性を求められることで変化」、エ「人々の意志とは異って」、オ「一部の人々の意向」がそれぞれ本文に合致しない。

Ⅱ

出典　竹田青嗣『哲学とは何か』〈第七章　「社会の本質学」への展望　三　哲学の再生のために〉（NHK出版）

解答

問一　エ

問二　オ

問三　イ

問四　イ

問五　イ

問六　ウ

問七　エ

問八　オ

問九　ア

問十　オ

問十一　ウ

問十二　ア

問十三　ウ

解説

問一　空所Aを含む一文に、「ジャンヌが活躍した一五世紀のはじめには、男女の服の差が明確になり」とある。

問三　傍線①の前に「労働する身体に合理性のみが追求された」とあり、労働者の身体に求められた要素に関する記述をさらに追うと、傍線③直前の段落に「均質で予測可能な労働をする」「均質で機械的な身体」とあり、傍線①の「普遍的」「交換可能」という表現からは〈均質性〉が強く求められていることがわかる。

問四　傍線②の次の段落に、「労働量が可視的に数値化できる鉱山労働では、それぞれの労働が数値化され、……より多くの鉱物を得るように要求される」「数値化され効率を追求される鉱夫の身体」とある。

問六　傍線②を含む一文に、「鉱夫こそが、……近代というイデオロギーの生み出した結晶」とある。空所Bは、鉱山以外にも「病院、監獄、学校、工場、軍隊など」といった、身体を変質させた制度があることをいっている一文に位置づけられている。

問九　傍線④の次の一文に、「身体は互換性を持った効率のよい機械へと改造されていき、そのおかげで運動性能を高めていった」とある。

問十　傍線⑤の次の文に、「上流階級に身体のモデルが求められた」とある。

問十二　傍線⑦を含む段落に、「権力とは、社会を構成するあらゆる人による日常的な実践を通して再生産され続ける社会制度のことである。決して強大な権力者が存在したり、一方的に支配される少数者がいたりするようなわかりやすいものではない」とある。つまり、権力は様々な要因により生み出される、捉えどころのないものであるということ。

問十三　傍線⑧の前の段落に、「身体は、物の形を変えるし、また変化した物に影響を受けて変わったりもする」とあり、傍線⑧の直後に、〈社会的・物質的経験は〉「個人のレベルにおいてでもだが、社会全体においても、文化という形で蓄積していく」とある。

問十四　欠文の「それ」「その変化」が何を指すのかを考える。空所dの直前の一文に、「身体は、物の形を変えるし、また変化した物に影響を受けて変わったりもする」とあり、「それ」「その変化」がこの一文を指していることがわかる。

▲二月三日実施分▼

I

出典　井上雅人『ファッションの哲学』（ミネルヴァ書房）

解答

問一　エ
問二　ア
問三　イ
問四　ア
問五　イ
問六　ウ
問七　オ
問八　エ
問九　オ
問十　イ
問十一　オ
問十二　ア
問十三　ウ
問十四　エ
問十五　イ

問六　傍線⑤の三文前に、「多様性を形作る様々な差異は、植民地主義の歴史と近代の『国民』構築での包摂と排除・周縁化の力学のなかで、不平等・格差・差別と結び付けられてきた」とある。

問七　傍線⑨の次の文に、「多様性／ダイバーシティの肯定的な意味合いは人々をより前向きに心地よくその課題に取り組むことを促す。しかし、……多様性をめぐる問題は……すでに解決されて、もはや存在していないような平等幻想を作り出すことに寄与する」とある。欠文はこの箇所と同じ内容を言い換えたものであるため、空所ｄが最適。

問十　傍線⑦の直後に、「集団的な差異の過度な受け入れは社会を分断するとして多文化主義へのバックラッシュがいっそう高まるとともに、移民やエスニックマイノリティを、社会の支配的な規範と価値を共有する役立つ個人として社会に統合させる政策が進展した」とある。この段落では、特に「経済的な生産性」の向上という観点から考えられている。

問十二　空所ｄの直前に、「多様性をめぐる問題は『すべての差異を大切にする』といった心地いい『ハッピートーク』として語られがちになり、……すでに解決されて、もはや存在していないような平等幻想を作り出すことに寄与する」とある。

問十五　第四段落に、「多様性／ダイバーシティは食べ物やファッション、音楽、ダンスなどの社会の中心に位置するマジョリティにとって都合よく消費できる文化差異と結び付けて奨励される」とあり、ウが本文に合致。ア「ＢＬＭ抗議運動の広がりは、……ビジネス界がＤ＆Ｉ戦略を推進し始める契機」、イ「過去の植民地主義の克服と、平等な『国民』の構築」、エ「技能や資格を問わず」、オ「構造的な不平等や格差への問題意識が高まり、社会や経済の発展は二の次」がそれぞれ本文に合致しない。

問四　オ
問五　イ
問六　ア
問七　エ
問八　イ
問九　ア
問十　オ
問十一　オ
問十二　イ
問十三　イ
問十四　オ
問十五　ウ

解説

問一　第一段落の最後の一文に、「コロナ禍によって格差や差別の存在があらためて可視化され、必ずしも当事者ではない多くの人たちがその深刻さをこれまで以上に自分に関わることとして真剣に受け止めて抗議するようになった」とある。

問二　「うねり」とは、〝波が大きく上がったり下がったりする様子〟を指すが、この場合は直前にある格差や差別への抗議運動が活発になったことを指す。

問三　傍線③を含む段落の最後の一文に、「D＆Iが『BLMの……隠れ蓑』になることで、真正面から取り組むべき人種差別の問題がぼやかされ、その撤廃という課題は……先送りにされてしまう」とある。また、次の段落の最初に、「D＆Iが人種差別解消に向けた取り組みと切り離されている」とある。

問十一　傍線⑥の二段落前に、「実際に歴史の流れを変えてきたのは、……農作物の普及だった」とある。傍線⑥の直前の段落にも、「日本でも……稲が、私たちの食生活を変えただけでなく、……税金となって社会制度の基盤を作り、原生林を里山へと変え、人間の体型をも変化させてきました」とある。

問十二　欠文は、「これ」という指示語を受けており、食の未来予想が難しい要因が直前に具体的に書かれている箇所を指摘すればよい。空所eを含む段落に、「テクノロジーは今後も、……複雑性、多様性をますます増していく」、「それにともない、未来の食べものもより複雑化、多様化すると予想されます」とあり、この箇所が最適。

問十三　傍線⑦の直前の二段落では、生物の進化が「複雑化」「多様化」していることが書かれている。傍線⑦の二段落後（第二十二段落）にも、「テクノロジーは今後も、生物の進化のように複雑性、多様性をますます増していくでしょう」とある。

問十五　最終段落に、「ほとんどの科学では予測は小さな役割しか果たしません。それは、予測がたいていすぐに検証されて確かめられるから」とあり、オは本文に合致する。ア「農業全体は衰退」、イ「人類の進化が進んだのは、……穀類以外の食料を……摂取したため」、ウ「人類が貧相な食文化をもつ」、エ「科学的テクノロジーを持ち込むことによって、飢餓からの解放を目指している」がそれぞれ本文に合致しない。

Ⅱ

出典　岩渕功一「多様性との対話」〈1　BLMとD&Iの取り違え　2　「多様性／ダイバーシティ推進」が見えなくするもの〉（岩渕功一編著『多様性との対話――ダイバーシティ推進が見えなくするもの』青弓社）

解答

問一　エ

問二　ア

問三　オ

問十二　オ
問十三　ウ
問十四　イ
問十五　オ

解説　問二　傍線①の一文前に、「手に入る食料の総量を増やすことができたが、実際はより良い食生活をもたらしたとは限らず」とあり、傍線①を含む一文に、「平均的な農耕民は、平均的な狩猟採集民よりも苦労して働いたのにもかかわらず、見返りに得られる食べものは劣っており」とある。

問三　空所Aの直後に、〈小麦や稲などの植物が〉「自らの種の保存に有利な形で人を操ってきた」とある。つまり、人が主体的に小麦や稲の栽培を行ってきたのではないということであり、オが正解。

問五　第三段落に、「穀類が食事の主体となり、現代の私たちの食生活、身体、そして社会全体にも影響を及ぼすことになりました」とあり、第十二段落にも、「食べものが、……『身体』、……『心』、……『環境』を変化させた大きな要因となっています」とある。

問六　第七段落に「なぜ、……ホモ・サピエンスが生き残ったのでしょうか」とあり、第七段落の最後の一文に、「ホモ・サピエンスは『雑食』となったことで、飢餓のリスクを減らし、その結果、あらゆる地域に棲み、繁殖し、……」とある。

問七　傍線④の「ひとつの食品を自分たちにとって唯一の完全食品とする」とは、問六で見たホモ・サピエンスが「雑食」を選んだことで環境に対応してきたということと、逆のありかたを指している。そのような生き方を「捨てた」、つまり、選ばなかったということである。

問八　空所Bの直後の段落に、「身体」「心」「環境」とある。それぞれが、空所Bの直前にある「生理的」「心理的」「物理的」にそれぞれ対応する。

国語

▲二月二日実施分▼

Ⅰ

出典　石川伸一『「食べること」の進化史――培養肉・昆虫食・3Dフードプリンタ』〈序章　食から未来を考えるわけ　（2）食がいかに私たちを変えてきたか〉（光文社新書）

解答

問一　オ

問二　ウ

問三　オ

問四　ウ

問五　エ

問六　イ

問七　イ

問八　ウ

問九　ア

問十　エ

問十一　イ

//////////////////// · memo · ////////////////////

2022年度

問題と解答

■学校推薦型選抜（公募制）（前期）：11月13日実施分

問題編

▶試験科目・配点〔スタンダード方式〕

大　学	教　科	科　　目	配　点
桃山学院大学	外国語	コミュニケーション英語Ⅰ・Ⅱ・Ⅲ，英語表現Ⅰ・Ⅱ	100点
	選　択	「数学Ⅰ・A」，「国語総合（近代以降の文章）・現代文B」から1科目選択※1	100点
桃山学院教育大学	選　択	「コミュニケーション英語Ⅰ・Ⅱ・Ⅲ，英語表現Ⅰ・Ⅱ」，「数学Ⅰ・A」，「国語総合（近代以降の文章）・現代文B」から2科目選択※2	200点（各100点）

▶備　考

※1　2教科（科目）とも受験した場合，高得点教科を採用。

※2　3教科（科目）とも受験した場合，高得点の2教科を採用。

- 桃山学院大学社会学部ソーシャルデザイン学科（福祉）は別途「面接」(100点) を行い総合的に判定する。
- 〔調査書重視方式〕〔高得点重視方式〕〔ベストスコア方式〕は〔スタンダード方式〕受験のうえで併願可。
- 〔調査書重視方式〕は，上記の得点，調査書全体の評定平均値を15倍した得点（75点満点）の合計点で判定する。
- 〔高得点重視方式〕は，最高得点教科（科目）の得点を2倍し，合計点で判定する。
- 〔ベストスコア方式〕は，2日間受験した場合の各教科の最高得点で判定する。
- 外国語の外部試験利用制度（みなし得点制度）が利用できる。
  英語の外部試験の得点・資格のレベルに応じて，入試の「英語」の得点を100点，80点，70点の3段階に換算し合否判定を行う。試験科目

「英語」を受験をする必要はないが，受験した場合は試験科目「英語」の得点とみなし得点のどちらか高い方を採用する。

英語

(60 分)

〔Ｉ〕 次の（a）～（g）の空所に入れるのに最も適切なものをア～エの中から一つずつ選びなさい。

（a） A: Everyone's quite annoyed about John. 1

B: What's the problem?

A: He comes in late, every single day.

B: Yes, now you mention it, I had noticed.

A: ＿＿＿＿＿＿＿＿＿＿

B: Sure, but what shall I say to him?

A: Tell him he'll be fired if he doesn't do better.

B: OK, I'll try.

ア Could you have a word with him?

イ What kind of things have you noticed?

ウ I mentioned it to him, but I was too late.

エ He didn't mention anything to me.

（b） A: Paul, there's a new woman starting work tomorrow. 2

B: Great. What's her name?

A: Emi. Could you show her around, please?

B: No, sorry, I can't. Tomorrow's my day off.

A: Oh, I forgot. What am I going to do?

B: How about asking Chiaki?

A: ＿＿＿＿＿＿＿＿＿＿

B: Yes, she's not very busy at the moment.

ア I already asked you to do it.

イ Does she have a day off, too?

ウ Do you think she'll have time to do it?

エ Chiaki? I don't know anyone called Chiaki.

（c） A: Good morning. Are you David Jones? 3

B: Yes, are you Mr Smith?

A: Yes, I'm your driving instructor for today.

B: Shall I get in the driver's seat?

A: Yes, please.

B: Is it OK to start the car now?

A: ＿＿＿＿＿＿＿＿＿＿

B: Oh, sorry, you mean the safety check, don't you?

ア What about the safety check?

イ No, do the safety check first.

ウ Haven't you forgotten something?

エ Yes, please start the engine.

(d) A: Excuse me, do you have a moment to spare? **4**

B: Sure, what can I do for you?

A: Could you take a photo of me and my friend?

B: Of course. Where would you like me to take it?

A: We want the temple in the background.

B: ＿＿＿＿＿＿＿＿＿＿

A: That would be good. Thanks!

B: No problem. Smile!

ア In that case, I'll stand over here, shall I?

イ All right, in that case, I'll stand behind the temple.

ウ So you want me to take the photo, do you?

エ But with the sun behind you, it won't be very clear.

(e) A: That's a cool mask you're wearing. **5**

B: Thanks. I made it myself.

A: It looks great. There's just one thing, though.

B: What's that?

A: ＿＿＿＿＿＿＿＿＿＿

B: I know, but I don't like it over my nose.

A: Just pull it up anyway.

B: Oh, all right, I suppose I'd better.

ア It's much better than mine. Could you make me one, too?

イ It would have been cooler if you had used better material.

ウ You're not supposed to cover your mouth with it.

エ You're meant to cover your nose as well as your mouth.

（f） A: Anne, could you help me, please? **6**

B: Something to do with your computer?

A: Sort of. I'm trying to book a hotel online.

B: That's easy enough, isn't it?

A: Yes, but I can't seem to get the next page to load.

B: ________

A: The one that says 'accept terms and conditions'?

B: Yes, click that and then it should work.

ア Did you enter the dates you want to book?

イ You see that little box at the bottom of the window?

ウ Did you read the terms and conditions carefully?

エ Are you sure that hotel is in good condition?

（g） A: Do you want to have a shower before dinner? **7**

B: Yes, but you go first.

A: ________

B: So when will you have your shower?

A: I'll go after I've done that.

B: All right, I'll have one now, then.

ア Oh, thanks, I'll prepare the dinner afterwards.

イ No, you go first. I'm busy preparing the salad.

ウ I don't want to go first. I'll shower after you.

エ OK, but I've already had my shower.

〔Ⅱ〕 次の（a）〜（f）の空所に入れるのに最も適切なものをア〜エの中から一つずつ選びなさい。

（a） My sister comes to see me _______ days or so. 8

ア other every　イ every other　ウ three other　エ every three

（b） My bag was _______ when I was in London. 9

ア robbed　イ stolen of　ウ stolen　エ robbed of

（c） What she does is not _______ with what she says. 10

ア constant　イ continuous　ウ conscious　エ consistent

（d） John and I lived on _______ sides of the street. 11

ア opposite　イ beside　ウ opposed　エ between

（e） There are three ponds in this town, _______ which this one is the biggest. 12

ア from　イ in　ウ of　エ for

（f） Please don't _______ to ask if you have any further questions. 13

ア hesitate　イ avoid　ウ worry　エ stop

〔Ⅲ〕（1）～（5）の日本文の意味に合うように［　　　］内の語（句）を並べ替えると、与えられた5つの選択肢のうちで3番目にくる語（句）はどれか。ア～オの中から一つずつ選びなさい。（なお、文頭にくる語の頭文字も小文字になっている。）

（1）彼が駅に着くとすぐに雨が降り始めた。　**14**

No［than / arrived at the station / sooner / he / had］it started raining.

ア　than　　イ　arrived at the station　　ウ　sooner

エ　he　　オ　had

（2）私は部屋を片付けろと言われるのが嫌いだ。　**15**

I dislike［told / put my room / to / being / in order］.

ア　told　　イ　put my room　　ウ　to

エ　being　　オ　in order

（3）この新しいシステムは、お客様方に大変お役に立つでしょう。　**16**

This new system will［great / to our customers / be / benefit / of］.

ア　great　　イ　to our customers　　ウ　be

エ　benefit　　オ　of

（4）先生方には、あなたに健康上の問題があることを必ず伝えて下さい。　**17**

［know / your teachers / you / sure / make］have a health problem.

ア　know　　イ　your teachers　　ウ　you　　エ　sure　　オ　make

（5）私たちは差別のない社会を目指すべきです。　**18**

We should aim［free / society / for / of / a］discrimination.

ア　free　　イ　society　　ウ　for　　エ　of　　オ　a

〔Ⅳ〕 次の、ヨガスタジオのチラシを読んで、後の問いに答えなさい。1、2は、最も適切なものをア～エの中から一つずつ選びなさい。3～5は、空所に入れるのに最も適切なものをア～エの中から一つずつ選びなさい。

Get Healthy Yoga Studio

Membership

- Gold member: $300 per year
  (Up to 7 classes per week, and unlimited use of the practice rooms)
- Silver member: $200 per year
  (Up to 2 classes per week, and use of the practice rooms weekdays 10 a.m. - 4 p.m.)
- Bronze member: $100 per year
  (1 class per week)

Opening Hours

6 a.m. - 10 p.m., 7 days a week
Open throughout the year

Drinks and snacks available from vending machines during opening hours
Sauna (members only) 8 a.m. - 6 p.m.

Free yoga session for a friend!

Use this coupon to bring a friend to a trial yoga session
(Gold and Silver members only)
Get 30% off your next yearly fees if your friend signs up for membership

- Visitor must be accompanied by member
- Coupon cannot be used in combination with any other coupon
- Excludes peak times (6 a.m. - 8 a.m., 6 p.m. - 8 p.m.)

Present this coupon to Reception when booking, or book online using the code below.

Coupon code **RU305**.
Valid April 1 - August 31, 2022
www.yogastudio.com

1．Which of the following is most likely? 19

ア Ryo pays $100 dollars per year and uses the practice rooms once a week.

イ Alan is a Silver member, and has a class every day from 3 p.m. to 4 p.m.

ウ Jun got a discount for bringing a friend to a trial session.

エ Risa became a Gold member in order to use the practice rooms at peak times.

2．Paul is a member, and uses a practice room from 4 p.m. to 5 p.m. every day. After he brings his friend for a free trial session, she becomes a member. How much is Paul's membership fee for the next year? 20

ア $300

イ $210

ウ $100

エ $140

3．The coupon ＿＿＿＿. 21

ア can be used online or in person

イ can be used with other coupons

ウ is valid throughout the year

エ gives a 30% discount to non-members

4．Gold members can ＿＿＿＿. 22

ア bring visitors to the sauna outside peak times

イ use the sauna any time the studio is open

ウ take an unlimited number of classes

エ use the practice rooms as often as they like

5．Friends of members can ＿＿＿＿. 23

ア use the sauna after their trial yoga session

イ have a trial lesson at 6 in the morning

ウ use the vending machines when they come to the studio

エ attend a trial lesson by themselves

〔V〕次の英文を読んで、後の問いに答えなさい。

The population of the world recently reached 7 billion. Over half of these people live in cities. In the past, most people lived on farms or in small towns, but in recent decades large numbers of people have been moving to【 1 】areas. Today, nearly 30 cities in the world have populations of over 10 million people. Tokyo, the world's largest city, has a population of about 37 million people.

There are several reasons why cities are growing. One reason is that they are major business centres. Many factories, offices, and stores are located in big cities. These business centres need workers, and so people move to cities to find jobs, which pay better and are more plentiful than those in other areas. (ア) Not only that, many big cities are also major ocean ports. Port cities have grown because international trade has increased. Ships bring goods and materials to the city, and workers are needed both to【 2 】the ships, and to deliver the goods and materials to the factories and shops. Big cities are also major transportation centres. They have airports, train stations, and bus terminals. Convenient transportation enables visitors to come to the cities, and staff are needed for all the service industries that deal with these visitors: hotels, restaurants, entertainment venues, and so on. Lastly, big cities are likely to have large universities, which attract students to study there.

As cities grow, they face several problems because large numbers of people live in a limited area. For example, new buildings must be constructed, both for families to live in and for businesses to grow. (イ) For this reason, most people who live in the city cannot afford traditional one- or two-storey houses, but must live in high-rise apartments. Hong Kong, for example, has nearly 8,000 structures that are 12 or more levels in height.

Another problem that cities face is designing and installing systems to provide services, such as water and electricity, to homes and businesses. An efficient system must also be designed for collecting waste and disposing of it in a safe way. (ウ)

Finally, a growing population means more cars, trucks, and buses in the streets. Narrow streets in older cities are often【 3 】to handle so much traffic. (エ) In addition, smoke from vehicles causes serious air pollution in some cities. To reduce the traffic and the pollution it brings, some cities have passed laws that (a)restrict the use of automobiles in certain areas or at certain times.

As the world population continues to grow, cities will grow, too. They will have to solve all these problems, and new ones that may arise in the future.

Adapted from: Arline Burgmeier (2013).
Inside Reading: The Academic Word List in Context, (2nd Ed., pp. 73-74). Oxford University Press.

問1 本文のテーマとして最も適切なものをア～エの中から一つ選びなさい。 24

ア populations of the largest cities in the world
イ why people don't want to live in big cities
ウ the convenience of transportation systems in big cities
エ problems faced by growing cities

問2　次の文は本文のどこに入りますか。最も適切な箇所を本文中の（ア）～（エ）の中から一つ選びなさい。 25

There is usually very little empty space in a city, so even a small plot of land becomes very expensive.

問3　空所【　1　】～【　3　】に入る最も適切な語（句）をア～エの中から一つずつ選びなさい。

【1】	ア　country	イ　urban	ウ　quiet	エ　friendly	26
【2】	ア　pack	イ　keep	ウ　put on	エ　unload	27
【3】	ア　designed	イ　unwilling	ウ　unable	エ　ready	28

問4　下線部(a)の “restrict” と置き換えられないものはどれですか。最も適切なものをア～エの中から一つ選びなさい。 29

ア　permit　　　イ　control　　　ウ　regulate　　　エ　limit

問5　本文の内容と一致するものをア～エの中から一つ選びなさい。 30

ア　港湾都市よりも大都市のほうが、賃金の高い仕事が多くある。

イ　大都市は交通機関が整い、大きな大学があるため、人が集まりやすい。

ウ　大都市にはすでに多くのビルがあるため、新しく建てる必要がない。

エ　大都市では水道や電気などの公共設備に関する問題はない。

数学

(60分)

解答にあたっての注意事項

① 分数形で解答する場合，それ以上約分できない形で答えなさい。

② 根号を含む形で解答する場合，根号の中に現れる自然数が最小となる形で答えなさい。

〔Ⅰ〕 以下の空欄の 1 ～ 13 に入る数字を選択肢から1つずつ選びなさい。

(1) $(a+2)(a-2)(a^2-2a-4)$ を展開したとき，a^2 の係数と a の係数の和は 1 である。　　1

(2) △ABCがあり，AB=4，AC=5，$\cos\angle\mathrm{BAC}=-\frac{1}{5}$ を満たしている。このとき，BC= 2 である。　　2

(3) 連立不等式 $\begin{cases}\frac{x-4}{3}\geqq\frac{3}{2}x+1\\ 0.2(3x+1)>0.3x-1\end{cases}$ を解くと，$-$ 3 $<x\leqq-$ 4 である。　　3・4

(4) 半径が4の円Oの直径をABとし，AB上に点Cを AC=2 を満たすようにとる。また，円Oの周上に点Dをとり，CD=x，CD⊥AB とする。このとき，$x=$ 5 $\sqrt{6}$ である。　　5・6

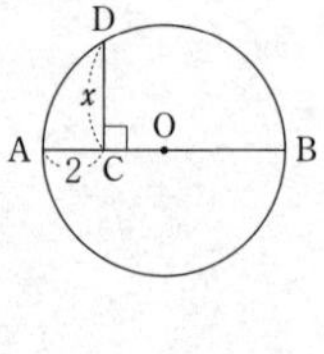

(5) 正の数 x に対して $x^2+\frac{1}{x^2}=3$ のとき，$x+\frac{1}{x}=\sqrt{7}$ である。　　7

(6) 放物線 $y=2x^2$ を平行移動し，点(0, 4)を通り，軸の方程式が $x=1$ となるようにする。このとき，移動後の放物線の方程式は $y=2x^2-$ 8 $x+$ 9 となる。　　8・9

(7) 1と書かれたカードが4枚，2と書かれたカードが3枚ある。これら7枚のカードをすべて横一列に並べて7桁の整数を作るとき，全部で 10 11 通りの整数ができる。　　10・11

(8) 10 個の数からなるデータ 3，11，8，25，6，1，12，35，5，18 がある。このデータの第 3 四分位数は [12][13] である。

[12]・[13]

選択肢

ア 0	イ 1	ウ 2	エ 3	オ 4
カ 5	キ 6	ク 7	ケ 8	コ 9

〔Ⅱ〕 以下の文章を読み，空欄の [14] ～ [27] に入る数字を選択肢から 1 つずつ選びなさい。

> $f(x)=x^2-3x+1$ とする。a を正の定数とし，$a \leqq x \leqq 2a$ における $f(x)$ の最大値を M，最小値を m とする。

(1) $y=f(x)$ のグラフの頂点の座標は $\left(\dfrac{\boxed{14}}{\boxed{15}},\ -\dfrac{\boxed{16}}{\boxed{17}}\right)$ である。

[14]・[15]・[16]・[17]

(2) $m=-\dfrac{\boxed{16}}{\boxed{17}}$ となるような a の値の範囲は $\dfrac{\boxed{18}}{\boxed{19}} \leqq a \leqq \dfrac{\boxed{20}}{\boxed{21}}$ である。

[18]・[19]・[20]・[21]

(3) $f(a)-f(2a)=-\boxed{22}\,a(a-\boxed{23})$ である。

[22]・[23]

(4) $0<a<1$ のとき，$M-m=a$ となる a の値は $\dfrac{\boxed{24}}{\boxed{25}}$ である。

[24]・[25]

(5) $a>1$ のとき，$M-m=2a$ となる a の値は $\dfrac{\boxed{26}}{\boxed{27}}$ である。

[26]・[27]

選択肢

ア 0	イ 1	ウ 2	エ 3	オ 4
カ 5	キ 6	ク 7	ケ 8	コ 9

〔Ⅲ〕 以下の文章を読み，空欄の 28 ～ 41 に入る数字を選択肢から１つずつ選びなさい。

１個のさいころを３回投げる。

(1) ３回とも３以上の目が出る確率は $\dfrac{\boxed{28}}{\boxed{29}\boxed{30}}$ である。　28・29・30

(2) さいころを１回投げるごとに，３の目が出たら得点は－２点，３の目以外の目が出たらその目の数を得点とする。

(i) 得点の合計が０となる確率は $\dfrac{\boxed{31}}{\boxed{32}\boxed{33}}$ である。　31・32・33

(ii) 得点の合計が正となる確率は $\dfrac{\boxed{34}\boxed{35}\boxed{36}}{6^3}$ である。　34・35・36

(iii) 得点の合計が正であったとき，最初の２回の得点の合計が０である条件付き確率は $\dfrac{\boxed{37}\boxed{38}}{\boxed{39}\boxed{40}\boxed{41}}$ である。　37・38・39・40・41

選択肢

ア　0	イ　1	ウ　2	エ　3	オ　4
カ　5	キ　6	ク　7	ケ　8	コ　9

〔Ⅳ〕 以下の文章を読み，空欄の 42 ～ 57 に入る数字を選択肢から１つずつ選びなさい。

AB∥DC，∠ABC＝90°，AB＝6，AD＝4，BD＝$2\sqrt{7}$ の台形 ABCD がある。△ABD の外接円の中心を O，△ABD の外接円と辺 BC の交点のうち B でない方の点を E，△ABD の外接円と辺 CD の交点のうち D でない方の点を F とする。

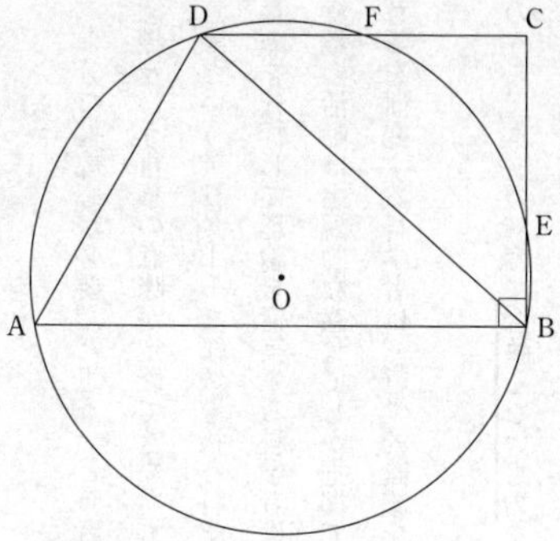

⑴ $\cos\angle DAB=\dfrac{\boxed{42}}{\boxed{43}}$ であり，BC＝$\boxed{44}\sqrt{\boxed{45}}$ である。　　42 · 43　44 · 45

⑵ △ABD の外接円の半径は $\dfrac{\boxed{46}\sqrt{\boxed{47}\boxed{48}}}{\boxed{49}}$ である。　　46 · 47 · 48 · 49

⑶ 方べきの定理を用いると，CE＝$\dfrac{\boxed{50}\sqrt{\boxed{51}}}{\boxed{52}}$ である。　　50 · 51 · 52

⑷ △OEF の面積は $\dfrac{\boxed{53}\sqrt{\boxed{54}}}{\boxed{55}}$ であり，線分 OC と線分 EF の交点を G とすると，$\dfrac{OG}{CG}=\dfrac{\boxed{56}}{\boxed{57}}$ である。　　53 · 54 · 55　56 · 57

選択肢

ア　0	イ　1	ウ　2	エ　3	オ　4
カ　5	キ　6	ク　7	ケ　8	コ　9

の説明として最も適切なものを、次のうちから一つ選びなさい。 28

ア　言葉の意味は言葉でしか説明できず、心や意識のような不可視の領域についての議論は困難だということ
イ　言葉の意味を吟味することによって、言葉が言い尽くしきれていなかった意味を発見できるということ
ウ　言葉の使用経験からだけでは言葉の意味を言い尽くせないため、意味を深く吟味する必要があるということ
エ　言葉の意味とは結局のところ、社会における言葉の使われ方から推測できる共通認識にすぎないということ
オ　言葉がどのように使われてきたかの公共的了解は、しばしば言葉の辞書的な意味の理解を妨げるということ

問十四　傍線⑨で「十分な警戒心が必要だと思う」と筆者が考えるのはなぜか。その理由として最も適切なものを、次のうちから一つ選びなさい。 29

ア　心や意識という言葉の意味が定義できないものを扱う科学者は、元来存在しない問いを立ててしまう危険性があるから
イ　心や意識というデリケートな領域を扱う科学者は、知らず知らずのうちに人の心を傷つけている可能性があるから
ウ　心や意識を分析して理論を構築する科学者は、言葉の意味を厳密に定義しないと論理が破綻する可能性が高いから
エ　心や意識の活動は主観的な感覚でしか把握できないものであり、科学者が正確なデータを収集することが困難だから
オ　心や意識を研究する科学者は、哲学的論議を一切排除し、実証可能なこと以外に価値を見出そうとしない傾向があるから

問十五　次の各文のうち、本文の内容に合致しないものを一つ選びなさい。 30

ア　多くの物理研究者が、脳の神経活動の面から心というものの正体を明らかにしようとしている。
イ　物理学者による「心の解明」は不毛であり、新たな学術的展開は全く期待できないと考えられる。
ウ　心とは何かという問題を問うとき、私たちの多くが物心二元論的な価値観を前提として考えている。
エ　「心をもつ」という判断が適切かどうかは、日常感覚と照合して考えていくしかないと思われる。
オ　デカルトによって、意識や思惟を行う実体の世界とは独立して客観世界が存在することが強調された。

イ　大げさで重々しいさま
ウ　思慮が深く的確なさま
エ　自由で軽やかなさま
オ　賛否両論があるさま

問十一　傍線⑥で「『そのような問いでもってあなたは一体何を意味しようとしているのですか』と問い返すのが一番だと思う」と筆者が考えるのはなぜか。その理由として最も適切なものを、次のうちから一つ選びなさい。 26

ア　相手が使う言葉の定義を問うことで、相手の理解の度合いを測れるから
イ　相手が特定の答えに誘導する問いを発していることが明らかになるから
ウ　相手に用語の定義を繰り返し問うことで、議論を活性化できるから
エ　相手が疑問を感じた理由を質問すれば、相手の気持ちを理解できるから
オ　相手の問いの意義を問うことで、不毛な議論をしないでもすむから

問十二　傍線⑦の「無邪気」のここでの意味として最も適切なものを、次のうちから一つ選びなさい。 27

ア　若く初々しいさま
イ　わざとらしさがないさま
ウ　思慮に欠けているさま
エ　軽薄で浮ついているさま
オ　単純でわかりやすいさま

問十三　傍線⑧に「ヴィトゲンシュタインの『言語ゲーム』はこの事情を鮮やかに示すものではないかと思う」とあるが、「この事情」とは何か。そ

ウ　人類が心をもつようになった経緯を歴史的に調査し考察を重ねることで、「心をもつ」という言葉の意味を定義づけること
エ　「心をもつ」と「心臓をもつ」という一見異なる言葉の意味の間に見出された共通点が、人類の社会に広く認知されること
オ　日常的な会話の相手が心をもっているかを、言葉で確かめ合うことによって初めて、「心をもつ」という言葉が意味をもつこと

問八　傍線③に「それによって近・現代の人々は大変な迷惑を蒙った」とあるが、「大変な迷惑」とはどういうことか。その説明として最も適切なものを、次のうちから一つ選びなさい。　23

ア　デカルトが心と体を分けて考える視点を強調したことで、本来定義できないことに関する問いに悩まされるようになったこと
イ　デカルトが元来存在しない心と体の区別を誇張したことで、世界を実体的に把握するために特別な教養が必要になったこと
ウ　デカルトの物心二元論的な考えにより、実体の世界と延長実体の世界の対立を前提とした平板な世界観が主流となったこと
エ　人には体とその外部に心が存在するというデカルトの考えは、日本人を日常的に不適切な妄想に誘い込む可能性があること
オ　デカルトが心と体を二元論的にとらえたことで、認識主体が内にもっている客観性を、誰もが表明し続ける必要が生じたこと

問九　傍線④の「それ」とはどのようなことを指しているか。その説明として最も適切なものを、次のうちから一つ選びなさい。　24

ア　人間が外部にある物を通じて獲得した言葉の意味
イ　人間が書物によってのみ得てきた多様な言葉の意味
ウ　人間が心の成長を通じて形成してきた言葉の意味
エ　人間が多くの経験の中で理解してきた言葉の意味
オ　定義された単語やその文例によって得た言葉の意味

問十　傍線⑤の「ものものしい」の意味として最も適切なものを、次のうちから一つ選びなさい。　25

ア　不確かで疑わしいさま

オ　多様な価値観を（ホウセツ）する。

問五　傍線①に「懸念材料が一つある」とあるが、筆者はどのようなことを懸念しているか。その説明として最も適切なものを、次のうちから一つ選びなさい。　20

ア　心とは何かを問うとき、人間には一人一つずつ心があるという常識が科学者により完全に否定される可能性があること

イ　心とは何かという問題に答える準備として、ロボットが心をもちうるかどうかが十分に議論されてはいないこと

ウ　心とは何かを問うときの「心をもつ」という言葉の意味が公共的に了解されておらず、不毛な議論になってしまうこと

エ　科学者たちが議論するとき、多くの場合、問題の立て方よりも「心」に関する言葉遣いに意識を向けすぎてしまうこと

オ　心とは何かを考えるとき、科学者は機能主義が万能であるという先入観をもったまま考えがちな傾向があること

問六　空所【　C　】に入る最も適切なものを、次のうちから一つ選びなさい。　21

ア　喜怒哀楽

イ　虚心坦懐（きょしんたんかい）

ウ　前代未聞

エ　花鳥風月

オ　栄枯盛衰

問七　傍線②の「心をもつということの意味」が人々に了解されるには、どのようなことが必要か。その説明として最も適切なものを、次のうちから一つ選びなさい。　22

ア　ふるまいや表情を見て相手が心をもっているかを判断する前提として、「心をもつ」という言葉の辞書的な意味を理解すること

イ　相手が心をもっていると見なす、人間どうしの日常的な経験の蓄積から、「心をもつ」という言葉に意味が付与されること

問二　（ゴウイン）を漢字で表記するとどうなるか。次の各文のかっこ内のカタカナを漢字で表した場合、（ゴウイン）の（イン）に当たる漢字を含むものを一つ選びなさい。　17

ア　書類を（インサツ）する。
イ　（インセキ）関係を結ぶ。
ウ　（インウツ）な表情が晴れる。
エ　応募者が（テイイン）を上回る。
オ　ガソリンに（インカ）する。

問三　空所【　B　】に入る最も適切なものを、次のうちから一つ選びなさい。　18

ア　ところで
イ　ゆえに
ウ　そして
エ　しかし
オ　なお

問四　（サイボウ）を漢字で表記するとどうなるか。次の各文のかっこ内のカタカナを漢字で表した場合、（サイボウ）の（ボウ）に当たる漢字を含むものを一つ選びなさい。　19

ア　（ホウシュウ）額を交渉する。
イ　（タイホウ）を用いて戦う。
ウ　キノコから（ホウシ）が飛ぶ。
エ　努力が（スイホウ）に帰する。

うな問いでもってあなたは一体何を意味しようとしているのですか」と問い返すのが一番だと思う。これによって問題が一八〇度方向転換し、あるいは問題の虚構性が明らかとなり、不毛な哲学的論議の多くが氷解する。素人考えだが、二〇世紀哲学における言語論的転回と大仰によばれることの主旨は、平たく言えばこのようなことではないかと想像する。要するに、「これまで無邪気に用いてきた言葉によって、何が意味されるかをまずじっくり反省しよう。よくよく考えてみれば、言葉の意味は言葉によって言い尽くすことはできないのではないか。最終的には、その言葉の無数の使用経験に支えられた暗黙の公共的了解しか残らないのではないか」ということである。⑧ヴィトゲンシュタインの[*2]「言語ゲーム」はこの事情を鮮やかに示すものではないかと思う。ともかく、心・意識というきわどい領域に接近しようとする科学者は、ありもしない問題にはまり込んでしまわないよう、⑨十分な警戒心が必要だと思う。

（蔵本由紀『新しい自然学　非線形科学の可能性』より。出題の都合上、一部中略・改変した箇所がある。）

＊1　大森荘蔵――日本の哲学者。ヴィトゲンシュタインの影響を受けており、物心二元論を否定した。
＊2　ヴィトゲンシュタインの「言語ゲーム」――イギリスの哲学者・ヴィトゲンシュタインが、言語活動をゲームにたとえた比喩。言葉の意味は使う状況によって変わりうる動的なもので、言葉を使う中で初めて、言葉の意味がゲームのルールのような共通認識になっていくということをたとえた。

問一　空所【Ａ】に入る最も適切なものを、次のうちから一つ選びなさい。　16

ア　プログラマーとプログラム言語
イ　ウェブサイトと暗号化技術
ウ　ハードウェアとソフトウェア
エ　ネットワークとコンピュータ
オ　インターネットとＳＮＳ

は疑いもなく心をもっていると考え、そう見なせばよい。それがまさに心をもつことの意味であり、人類のそのような無数の経験から、②心をもつということの意味が公共的に了解されるようになったはずなのだから。したがって、そのような経験の蓄積を欠く非日常的場面にその言葉を適用しようとすると、あれほどに自明だったはずのその言葉の意味がまったく不明になるのも道理である。だから、上記のロボットに関する設問にしいて答えるとすれば、イエスかノーかではなくて、「心をもつ」と答えることがわれわれの日常感覚に照らして適切か不適切かということしかないと思う。たとえば、おぼつかない足取りでよたよたと歩くようなロボットに心があるとするのは何としても不適切であるが、気を利かせてお茶を運んできてくれたり、冗談を言うと笑ってくれたりするようなロボットならば、それは心をもっているとするのが自然であろう。この問題に限らず、真偽を問うかわりに適切・不適切を問うことで多くの不毛な議論を回避できるように思う。

各人が一つずつ心というものを体の内部に所有しているという考えは、実生活の上では特に支障をきたさないだろうし、必要でもあろう。しかし、これがひとたび哲学的に誇張されると、人をあらぬ妄想に誘い込み、元来存在しない問題に悩ませることにもなる。デカルトはこのような誇張を敢行した人だと思われる。その偉業は讃（たた）えられるとしても、③それによって近・現代の人々は大変な迷惑を蒙（こうむ）ったのではないだろうか。彼は、意識ないし思惟（しい）する実体の世界と、これとは独立に存在する延長実体の世界というものを定立した。後にこれらはそれぞれ主観世界、客観世界とよばれるようになった。しかし、認識主体から独立に客観世界が存在するや否や、といういかめしい問いは、「ロボットの心」の有無の問題に似て、イエス・ノーでは答えようのない問題だと思われる。日常的な経験世界では、「私の外に物があることを疑う」といえば、病院に行くことを勧められるだろう。そのような「不適切な」考えをもったまま、まともに生きていくことはできないからである。物がわれわれの外部にあるということの意味も、一人一人が心をもっているということの意味も、ともに気の遠くなるような歳月をかけ、人類の無数の経験を通じて形成されてきたものに違いない。外国語の習得においても、ある単語の辞書的意味を知らなくても、その単語を含む多数の文例に接する経験からその意味が十二分に理解される。④それに比べれば、辞書的意味はまったく貧弱なものである。このように「心をもつ」や「物が存在する」も、それらの言語の使用経験に先立って何か超越的な意味があるわけではないだろうし、かくかくしかじかと単純に定義できるものでもないだろう。だから「Xは存在するや否や」という⑤ものものしい問いに出会うときには、イエスと答えることが私たちの習慣に照らして、あるいは私たちの生にとって、適切か不適切か、という問題に置き換えてまず間違いないのではないか。

日常の議論において、用語の定義をしつこく問う人はいやみである。しかしながら、意識とか実在とかのわけのわからない話ともなれば、⑥「そのよ

自分たちなら心と脳の関係について、あっといわせるような説得的解釈を発見できるのではないか、と意気込むわけである。【　B　】、たとえばDNAの二重らせん構造の発見で名高い、かのF・クリックが、「私の言う『驚くべき仮説』とは、あなた――つまりあなたの喜怒哀楽や記憶や希望、自己意識と自由意志など――が無数の神経（サイボウ）の集まりと、それに関連する分子の働き以上の何ものでもないという仮説である」などとまじめに主張しているのを見ると、いく分がっかりする。どう転んでも経験的に同じものになりえるはずのないAとBに対して、「AはB以上の何ものでもない」と言うのは人を惑わすものである。せいぜい「AとBのあらゆる詳細にわたって照応関係がある」としか言えないはずではないだろうか。一流の科学者ならばせめて、もう少し注意深い言葉遣いをしてほしいと思うのだが。しかし、ともかく物理学はひそかに「心」というものに切なくも強い想いを寄せているところがあるようだ。「科学は意識を説明できるか」といううたい文句で、コンシャスネス（意識）に関する国際会議も各地で開かれ、心理学、哲学、神経科学、認知科学、計算機科学、生物学、数学等々の分野からの参加者にまじって、物理学者も多数参加し、熱い議論が戦わされていると聞く。

このような動きから、「心の解明」に関して何か新しい学問的展開が期待できるだろうか。それともまったく不毛なゲテモノ趣味に終わってしまうだろうか。判断は保留するが、①懸念材料が一つある。それは、言葉の魔術にからめとられ翻弄される危険性である。あるいは、存在しない問題と取っ組みあいをする危険性である。心とは何かと問いながらも、その発想の前提として、人間の場合ならばそれを各個人が一つずつその内部に所有している何かである、という風に、私たちは暗黙のうちに考えてはいないだろうか。そのような〈物心二元論的〉先入観が科学者自身によって厳しく問われたとはあまり聞かない。その証拠に、「ロボットは果たして意識（心）を持ちうるか」といった問題が、立派な科学者たちによって時に大真面目に議論される。こうした問題の立て方自体に、心というものに対する誤解が忍び込んでいるのではないかと思われるのに、これではその先が思いやられる。大森荘蔵[*1]にしたがえば、原理的に真偽をもって答えようのない問題を、真偽問題と見誤るところから、不毛な議論が生じる。

イエス・ノーでの答えを期待するなら、質問者が用いる言葉は、その意味が公共的に了解可能なものでなければならない。どうにでも解釈できるような質問には答えようがない。ロボットに関する上の設問はこの基本的要件をみたしていない。「心をもつ」ということは「心臓をもつ」こととは違って、こちら側が積極的にその意味をあたえなければならないたぐいの言葉ではないだろうか。もちろん、人間どうしのふだんの付き合いでは、「あなたは果たして心というものをもっているだろうか」などと問えば、相手にされなくなるだけである。だからその場合には「心をもつ」ということの意味をあらためて定義する必要はない。そもそもこの言葉に辞書的な定義などない。相手の立ちいふるまいや【　C　】の表情などから、その人

エ　新機能を（ジッソウ）する。

オ　広い（ヨクソウ）につかる。

問十五　次の各文のうち、本文の内容に合致するものを一つ選びなさい。　15

ア　柳田國男は、戦いをめぐる歴史の中で生まれたさまざまな生活の智恵についての歴史を書こうとした。

イ　柳田國男は、物語の中の事項を分類し結びつける形式を編み出すことで、構造主義の正当性を証明した。

ウ　弱いものや小さいものの歴史を研究する手掛かりは、口承や口承の記録よりも史書によることが望ましい。

エ　レヴィ＝ストロースは、もつれながらも連綿と続く集団の記憶の構造を民衆の信仰の中に見出した。

オ　柳田國男には西欧の歴史的思考への批判意識があり、民俗学を物語の収集と語りの反復によって実践した。

〔Ⅱ〕　次の文章をよく読んで、後の問いに答えなさい。

近年多くの物理研究者が、脳の神経活動に強い関心を示しはじめている。物質や宇宙のルーツを究めつつある物理学の力をもってすれば、心という不可思議なものの正体も明らかにできないはずはない、という自信がそこにある。心と脳の関係如何（いかん）を問う「心脳問題」というのは、幾度となくむし返される哲学的問題でもある。脳の物理的過程と心的過程を同一視する「心脳同一説」や、両者を同一視しないかわりに、それぞれを【　A　】になぞらえる「機能主義」が、代表的な主張として知られている。しかし、いずれの説もさほど説得力があるとも思えない。同一説について言えば、心的過程と物理的過程とは、経験的には別次元のまったく異質のものだからこそ、それらの関係を問うているのだから、それらを（ゴウイン）に同一と言いくるめても、それで納得せよ、と言う方が無理であろう。一方、機能主義について言えば、両者をハードとソフトに対応させる考えは、見立てとしては面白いかもしれないが、そのことで私たちが最も不可思議に思うことに対して、一体何を明らかにしたことになっているのかが（少なくとも私には）一向にわからない。さほど成功しているとも思えないこれらの説に替わって、過去の輝かしい実績によって自信たっぷりの物理学者の出番となる。

オ　数が少なく、珍しく貴重であるさま

問十二　傍線⑧の「そのような新しい試み」とはどのような試みか。その説明として最も適切なものを、次のうちから一つ選びなさい。　12

ア　戦後に現れた日本独自の、小さいものの歴史、弱い歴史を語ろうとする試み
イ　革命によって打ち倒された過去の支配者層の歴史に光を当てる試み
ウ　歴史上の権力者を裏で操った人物たちに光を当てようとする試み
エ　特に戦後の西欧に現れた、これまで顧みられなかった人々の歴史を描く試み
オ　これまで無視されていた人間たちの微細な歴史を国家的視点で再構成する試み

問十三　空所【　C　】に入る最も適切なものを、次のうちから一つ選びなさい。　13

ア　官僚的
イ　構造的
ウ　保守的
エ　物語的
オ　秩序的

問十四　（ドクソウ）を漢字で表記するとどうなるか。次の各文のかっこ内のカタカナを漢字で表した場合、（ドクソウ）の（ソウ）に当たる漢字を含むものを一つ選びなさい。　14

ア　玄関前を（ソウジ）する。
イ　楽器を（エンソウ）する。
ウ　雑誌を（ソウカン）する。

オ　（シンチョウ）に行動する。

問九　傍線⑥の「このような意識」とはどのような意識か。その説明として最も適切なものを、次のうちから一つ選びなさい。　9

ア　文字として残っている埋もれた言葉を発掘し、新しい歴史哲学を構築しようとする意識
イ　歴史的知識を順に掘り下げて、文化に見られる構造の類似点を明らかにしようとする意識
ウ　集めた物語の中の親族組織や象徴体系を分析し、無意識的な構造も分析しようという意識
エ　口碑や口碑の記録を読み取るときに、生活史を再現することだけに終始するまいとする意識
オ　他者の世界に入りこみ、そこから欠落のない歴史を抜き出す方法を相対化しようという意識

問十　空所【Ｂ】に入る最も適切なものを、次のうちから一つ選びなさい。　10

ア　重要視されて
イ　否定されて
ウ　一線を画して
エ　身を隠して
オ　あわれまれて

問十一　傍線⑦の「凡庸」の意味として最も適切なものを、次のうちから一つ選びなさい。　11

ア　すぐれたところがなく普通であるさま
イ　前例を遵守するきちょうめんなさま
ウ　判断に偏りがなく公平であるさま
エ　おだやかで争いごとを好まないさま

問六　傍線④の「歴史にも文字にも収拾されない時間と持続を見た」とはどういうことか。その説明として最も適切なものを、次のうちから一つ選びなさい。 6

ア　歴史を外部から眺めることによって明らかになる社会の構造に着目したということ
イ　集団の記憶の中に様々な形で保存された人々の生きた時間に着目したということ
ウ　物語の世界に埋没することで見出される無時間の構造に着目したということ
エ　トーテミスムの中に見ることができる線状の時間の流れに着目したということ
オ　人々が集団を維持するために守ってきた言語化できないものに着目したということ

問七　傍線⑤の「『金鉱』と『砂金』の違いにたとえている」とあるが、このたとえの説明として適切でないものを、次のうちから一つ選びなさい。 7

ア　『金鉱』はヨーロッパにおける民族学（エスノロジー）をたとえたものである。
イ　『砂金』は柳田國男にとっての民俗学（フォークロア）をたとえたものである。
ウ　『金鉱』は掘り下げられるべき知識が層をなしている様子をたとえたものである。
エ　『砂金』の採取という表現には偉人の業績を書き逃すまいとする柳田の意志が表れている。
オ　『金鉱』と『砂金』のたとえにはヨーロッパの民族学に対する柳田國男の批判が表れている。

問八　（シンニュウ）を漢字で表記するとどうなるか。次の各文のかっこ内のカタカナを漢字で表した場合、（シンニュウ）の（シン）に当たる漢字を含むものを一つ選びなさい。 8

ア　大雨で床下（シンスイ）する。
イ　領空を（シンパン）する。
ウ　（シンサン）をなめる。
エ　政界に（ゲキシン）が走る。

ア　社会の中に無意識の内に存在する構造を見出そうとする視点
イ　構造の中の形式を排し文献と口承を結びつけようとする姿勢
ウ　普遍的な物語の構造や技術を現実世界に適用しようとする志向
エ　分析の対象に含まれる構造と含まれない構造の差異を示す立場
オ　無限に存在する対象の構造を個別に分析することを目指す方針

問四　傍線③の「因果」の意味として最も適切なものを、次のうちから一つ選びなさい。　4

ア　強固な因習とその効果のこと
イ　ものごとの原因と結果のこと
ウ　他力に因ることとその成果のこと
エ　現象の要因と果てしない能力のこと
オ　因縁から脱して自らの役割を果たすこと

問五　（ケッショウ）を漢字で表記するとどうなるか。次の各文のかっこ内のカタカナを漢字で表した場合、（ケッショウ）の（ショウ）に当たる漢字を含むものを一つ選びなさい。　5

ア　母のペンダントは（スイショウ）でできている。
イ　土曜日の野球の試合で（アッショウ）した。
ウ　私が住んでいる町は（ショウギョウ）が盛んだ。
エ　業務で発生した損害を（バイショウ）する。
オ　美術部の活動で祖父の（ショウゾウ）画をかく。

＊3　レヴィ=ストロース――フランスの社会人類学者、民族学者。アメリカ先住民の神話や親族構造などについて研究した。『親族の基本構造』『野生の思考』などの著作がある。
＊4　常民――一般の人々。庶民。民俗文化を保持している人々を指すために、柳田國男が用いた語。
＊5　トーテミスム――ある社会集団が特定の種類の動物や植物などと特別な関係をもっているとする信仰、およびそれに基づく制度。
＊6　イマージュ――心に思い浮かべた像やある物事について抱いた全体的な感じ。イメージ。

問一　傍線①の「柳田國男の民俗学」とはどのようなものを指しているか。その説明として最も適切なものを、次のうちから一つ選びなさい。　1

ア　人々の間で語りつがれた口碑に眼をむけ、厳格な歴史を確立するもの
イ　書物の歴史に異をとなえ、権力者の書記官の心の機微に着目するもの
ウ　権力者やその書記官が記録してこなかった人々の生活に着目するもの
エ　噂や風説をとり入れて、時代を動かした偉人豪傑や大事件を描くもの
オ　歴史を文字によるものとし、人々の語りや生活の細部を軽視するもの

問二　空所【Ａ】に入る最も適切なものを、次のうちから一つ選びなさい。　2

ア　その上
イ　逆に
ウ　または
エ　いわば
オ　決して

問三　傍線②の「構造主義のような図式」とはどのようなものか。その説明として最も適切なものを、次のうちから一つ選びなさい。　3

方〈民族学〉は知識が一つの層をなし、脈を辿って順々に掘り下げて行くことができたに反して、他の一方〈民俗学〉も場処だけはおおよそ定まっているとは言え、しばしば時の力によって、下流に押流され、かつ埋没して大部分は知られずにいる」（「郷土研究の将来」）。民族学が、対象に構造を見出し、構造によって対象を認識することを、レヴィ＝ストロース自身もまた、地層のイマージュ*6にたとえていた。埋もれた金鉱に、削岩機をいれるようなダイナミックな意識をもって、西欧の民族学は、他者の世界に（シンニュウ）し、調査し、資料を本国にもちかえる。非歴史的な社会のイマージュは、欠落部分のない見事な標本のように与えられる。

柳田民俗学は、決して地表を掘り進んだりはせず、ただ流れをたどりながら、流れに押し流され、散逸し埋もれた乏しい砂金を採取するようにして、語りつがれた言葉に生活史をたどり、それを再現していくだけだ。このような認識にとっては、明確な地層も構造も図式も、認識の客体と主体の明確な分離もないようにみえる。しかし金鉱と砂金という、こんな簡潔な比喩にも、柳田の先鋭な批判意識は明確にあらわれている。柳田の民族学批判は、⑥このような意識にもとづいて、あくまで物語を収集しつつ、もう一度語りなおすという反復そのものによって実践されなければならなかった。たしかに柳田にとっては、民族学もまた西欧の歴史哲学の一部をなすものにすぎなかったのだ。

西欧ではとりわけ戦後になって、征服や統治や革命や戦争の歴史ではなく、国家や法や国民経済の歴史でもなく、歴史哲学の歴史からも【　B　】、目立たない人間たちの営む、目立たない次元の歴史、庶民の生活史、あるいは刑罰や性や病気や死についての歴史が試みられるようになった（いわゆる「アナール学派」もその一例といえる）。歴史は、決して光を浴びない微細なもの、周縁にあるもの、⑦凡庸なものにむけて拡散していった。柳田の民俗学も、⑧一つの歴史の試みとしてそのような新しい試みの中に位置づけることができないわけではない。たしかにそれは日本で独自におこなわれた小さいものの歴史、弱い歴史の試みであった。その歴史は、そのようなものとして大きなものの歴史、強い歴史に対しては、ほとんど〈反歴史〉として書かれた。しかしそれ以上に、柳田の全業績は、その〈反歴史〉の先鋭な意識によって、その【　C　】実践の（ドクソウ）性によって、別の問いを投げかけてくる。

（宇野邦一『反歴史論』より）

＊1　柳田國男 ―― 日本の民俗学者。地方の伝承を集めた『遠野物語』や、方言の伝播について述べた『蝸牛考』などの著作がある。

＊2　眼に一丁字ない ―― 文字を読む能力がない。

のないという言葉なり行動なりはない」ことを確信し、その理由を知ろうとして「人の知らんと欲することは皆知れるという究竟地(きゅうきょうち)を目ざして」行(おこ)なわれる。ただし、民俗学の対象が、古今にわたる人間*4（常民）の生活史であるかぎり、その対象は無限であり、また一つの慣習の由来が決して十全に説明され、証明しつくされることはありえない。無数の史料と口碑の間をさまよいながら、決して②構造主義のような図式によって民俗を分析するのではなく、膨大な文献と口承の記憶を勘で結びつけつつ、③因果の糸を描きだしていく。それがほとんど職人芸のような柳田独自の物語の技術（文体）でしるされて、あの膨大な作品群として（ケッショウ）したのだが、柳田はこの一見方法を欠いて見える方法に、ある「普遍性」、「実証性」、そして「現代性」さえも与え、史学の一部門として位置づけようとして、そのために啓蒙的な文章も残している（「現代科学ということ」）。

レヴィ＝ストロースにとって〈構造〉とは、民族学者がトーテミズム*5社会のような対象を分析するときの手法であると同時に、その社会そのものが、無意識に親族組織や象徴体系を構造化しているという点で、〈構造〉はその対象そのものに含まれているものだった。対象がそのように構造化されているからこそ、構造を通じて、構造として、対象がとらえられる。これはとりもなおさず、言語学にとっての言語という対象が、そのような構造として発見されたことに相似している。柳田の手法には、そのように形式化されたものは何もないが、そのかわりに物語によって与えられた事項をよりわけ、結びつけ、そこにさまざまな慣習の由来をさぐりながら、もう一つの物語を生み出すという方法が一貫して確立された。

〈弱い歴史〉は、弱いもの小さいものの歴史であり、それを研究する手掛かりも、不動の形を確立した史書ではなく、口承や口承の記録のように不安定で、無秩序で、決して組織されてはいない言葉でなくてはならない。このような方法は決して無意識であったのでも、自然成長的であったのでもなく、日本近代の知識人として、柳田が、近代的な歴史に対してはもちろん、およそ歴史的なものすべて、歴史的な意識の形態、中国から日本にいたる古典的史書に対しても、そなえていた先鋭な批判の眼差(まなざ)しそのものからやってきた。

この点で、柳田はどんな意味でも、無意識や無方法の、物語の世界にかぎりなく埋没するだけの学者ではありえなかった。民俗学は歴史の批判であるが、彼は明らかに民俗学を異なる歴史学として実践したのである。歴史の外の〈民俗〉に、決して無時間の構造を見たのではなく、④歴史にも文字にも収拾されない時間と持続を見たのであって、それはレヴィ＝ストロースがトーテミズムに見たような空間的な類似の構造ではない。何かが連綿と続いて集団の記憶のなかに、さまざまによじれ、もつれた線を描いている。柳田にとっては、そのような線として生きられる時間そのものがあくまで主題であって、決して空間的構造が主題ではない。

柳田はヨーロッパの民族学（エスノロジー）と、彼にとっての民俗学（フォークロア）との違いを、⑤「金鉱」と「砂金」の違いにたとえている。「一

国語

（六〇分）

〔Ｉ〕　次の文章をよく読んで、後の問いに答えなさい。

①*1柳田國男の民俗学もまた、明らかに歴史に対する抵抗の意識に支えられていた。いたるところで柳田は、明治以降に学校教育でとりあげられるようになった歴史、あるいは「人でいうならば特殊の偉人豪傑、もしくは十年に一度も起り得ぬような大事件を透して、我々に時代の推移を会得させよう」（「郷土研究の将来」）とする歴史、王者の歴史、あるいは実証科学となった「厳格かつ決定的」な歴史に批判をむけ、歴史を「文字で書いたものによるの他、知ることのできぬ知識」とみなす習慣に異をとなえている。民俗学は決して文字に書かれた史料を無視することがないにしても、*2「眼に一丁字ない」人々の間に語りつがれた口碑（語り）を対象とし、噂や風説にも耳を傾け、あるいは権力者たちの書記官が記述しようとはしなかった生活の機微に眼をむける。

もちろん柳田は、*3レヴィ＝ストロースが西欧の歴史的思考に対する深い反発によって、民族学を無時間的構造の学、として実践したようには、彼の民俗学を、非歴史として実行したわけではない。彼は、文字によって固定された強い歴史を否定するが、文字のない社会にも「過去に関して学ぶべくまた教うべき若干の知識」があった以上、文字以前の歴史を認め、またいわゆる歴史的社会にも、文字をのがれる領域があることにいつも注目している。【　Ａ　】王者の伝記や戦記からなる強い歴史に対して、彼は、出来事には乏しく、無名なものが綿々と織りつづける弱い歴史に注目するのだ（たとえば彼は『明治大正史　世相篇』を、一つも固有名詞をあげることなく書こうとした）。英雄や戦争や占領や略奪をめぐる男性の歴史ではなく、むしろ平和の中でのさまざまな生活の智恵について、衣服や農耕や祭や葬式について、とりわけ女性がしめる領域についての歴史を書こうとするのだ。

このような歴史を、散逸した無数の史料と、口碑や口碑の記録に読み取る作業は、「お辞儀をする」というような、どんなに些細なことでも「理由

解答編

英語

I

解答　1―ア　2―ウ　3―ウ　4―ア　5―エ　6―イ　7―イ

解 説　1．直後のBの発言に「もちろん，しかし私が彼に何と言おう」とあることから，ア．「彼に一言忠告してくれませんか」が適切。have a word with ～「～（人）に忠告する」

2．直後のBの発言に「はい，彼女は今そんなに忙しくはありません」とあることから，ウ．「彼女にそれをする時間があると思いますか」が適切。

3．空所直後，Bは「すみません，安全確認をするということですね」と発言していることから，空所では安全確認をしていないことを間接的に指摘する文が入ると予想される。したがってウ．「何か忘れていませんか」が適切。you mean ～ は「～ということですね」という確認の表現。

4．2つめのBの発言と3つめのAの発言で写真をとる場所が話題になっており，3つめのAの発言に「お寺を背景にしたい」とあることから，ア．「その場合，私がここに立てばいいですか」が適切。

5．空所直後に「わかっているけど鼻の上にマスクをつけたくない」と述べていることから，エ．「口だけではなく鼻もマスクで覆わなければならない」が適切。

6．直前のAの発言で「次のページを読み込むボタンがないみたいです」と述べており，直後のAの発言で「『規約と条件に同意する』とあるボタンですか」と確認していることから，イ．「画面の下に小さなボックスが見えますか」が適切。

7．直前のBの発言に「あなたが先に（シャワーを浴びに）行きなさいよ」とあるのに対して，Aは何かを済ませてからシャワーを浴びると発言していることから，イ．「あなたが先に（シャワーを浴びに）行きなさいよ。私はサラダの準備で忙しい」が適切。

II　解答　8ーエ　9ーウ　10ーエ　11ーア　12ーウ　13ーア

解説　8．every three days「3日に一度」

9．steal「(物)を盗む」なお，rob は rob *A* of *B*「*A*（人）から *B*（物）を盗む」なので，盗まれたものを主語にした受動態にはできない。

10．be consistent with ～「～と一致する」

11．opposite「逆の」

12．this one is the biggest of three ponds の three ponds が関係代名詞で表現されている。

13．hesitate to *do*「～するのをためらう」

III　解答　14ーエ　15ーウ　16ーア　17ーイ　18ーイ

解説　14．(No) sooner had he arrived at the station than (it started raining.)

No sooner had S *done* than ～「…するとすぐに～した」否定の副詞が文頭に置かれると，その直後は疑問文の語順に倒置される。

15．(I dislike) being told to put my room in order(.)

in order「整頓された」

16．(This new system will) be of great benefit to our customers(.)

of benefit＝beneficial「役に立つ」

17．Make sure your teachers know you (have a health problem.)

make sure ～「～を確かめる」

18．(We should aim) for a society free of (discrimination.)

free of ～「～がない」

IV　解答　19ーエ　20ーイ　21ーア　22ーエ　23ーウ

解説　≪ヨガスタジオのチラシ≫

19．ア．「リョウは年に100ドル支払って週に1回練習室を利用する」については，「100ドル支払って」いることからブロンズ会員であり，練習室は利用できない。よって不一致。

イ．「アランはシルバー会員で，午後3時から4時に毎日レッスンがある」については，シルバー会員のレッスンは「週に2回まで」なので，不一致。

ウ．「ジュンは友達を連れてきて体験セッションを受けると，割引を受けることができた」は，チラシ内クーポンの4行目（Get 30%…）に「友達が会員になったら翌年の年会費30%引き」と記されているが，ウには「友達が会員になった」とは書かれていないので不一致。

エ．「リサはピーク時に練習室を利用するためにゴールド会員になった」については，ゴールド会員は練習室をいつでも利用できるとチラシに書かれており，ピーク時（6 a.m.-8 a.m.，6 p.m.-8 p.m.）も含めて利用できることから，一致する。

20. 設問文の内容によるとポールが毎日練習室を利用していることから，ゴールド会員であることがわかる。そして無料体験を紹介した友人が会員になっていることから，年会費300ドルの30%が割り引かれる。よって，イが適切。

21. Present this coupon to Reception when booking, or book online「予約時にこのクーポンを受付で提示するか，オンラインで予約してください」とあることから，ア．「オンラインあるいは直接利用できる」が適切。in person「直接自分で」イは，クーポンの箇条書き2つめ（Coupon cannot be …）に他のクーポンとの併用は不可とあり，ウは，同じくクーポンの下から2行目（Valid April 1 …）に有効期間は2022年4月1日から8月31日と示され，エはクーポンの2・3行目（Use this coupon … Silver members only）でゴールドかシルバー会員のみが使えるクーポンだとわかるので，いずれも不適切。

22. ゴールド会員はunlimited use of the practice rooms「練習室の無制限の使用」とあることから，エ．「好きなだけ練習室を利用する」が適切。アとイは，チラシ最終行（Sauna (members only) …）にサウナの利用は会員のみ，午前8時から午後6時までと記されており，ウはUp to 7 classes per week「レッスン受講は一週間に7回まで」とあるので，いずれも不適切。

23. Drinks and snacks available from vending machines during

opening hours「開館時間は自動販売機で飲み物や軽食が利用できます」とあることから，ウ.「スタジオに来たときには，自動販売機を利用する」が適切。アは，設問 22 にある通りサウナの利用は会員のみ，イはクーポンの箇条書き 3 つめ（Excludes peak times …）に 6 a.m.-8 a.m., 6 p.m.-8 p.m. のピーク時は除くとあり，エはクーポンの箇条書き 1 つめ（Visitor must be …）に会員の同伴が必要とあるので，いずれも不適切。

V　解答

24—エ　25—(イ)　26—イ　27—エ　28—ウ　29—ア　30—イ

解説　≪人口増加がもたらす問題≫

24. 最終段に「都市の人口増加とそれが引き起こす問題の解決の必要性」について述べていることから，エ.「人口増加する都市が直面する諸問題」が適切。

25. 挿入文は「都市には通常，空き地がほとんどないため，小さな土地でも非常に高価になってしまう」という意味。第 3 段第 1・2 文（As cities grow, … businesses to grow.）では，「都市が発展すると，限られた面積に多くの人が住むようになるため，いくつかの問題に直面する。例えば，家族が住むための建物や，企業が発展するための建物を新たに建設しなければならない」とあり，空所を挟んで「このため，都市に住むほとんどの人は従来の 1 階建てや 2 階建ての家を買うことができず，代わりに高層のアパートに住まなくてはならない」と続くので，挿入文が入るのは(イ)が最適。

26. 空所を含む文の前半で，lived on farms or in small towns「農場や小さな町に住んでいた」とあり，続く後半部が逆接を表す but で始まることから対照的な内容が続くと判断できる。したがって，イ. urban「都会の」が適切。

27. unload a ship「船荷を降ろす」

28. 古い都市の狭い通りの問題として，「多くの交通量に対処できない」と判断する。したがって，ウ. unable「できない」が適切。

29. restrict「制限する」= control = regulate = limit

30. アについては，「港湾都市」と「大都市」の比較についての記述は本文になし。イについては，第 2 段第 8 ～11 文（Big cities are … to study

there.）に一致。ウについては，第 3 段第 2 文（For example, …）に「新しい建物を建設しなければならない」とあることから，不一致。エについては，第 4 段に Another problem … such as water and electricity「水や電気などの他の問題」とあることから，不一致。

数学

Ⅰ 解答 ≪小問8問≫

1－ア　2－ク　3－オ　4－ウ　5－ウ　6－エ　7－カ　8－オ
9－オ　10－エ　11－カ　12－イ　13－ケ

Ⅱ 解答 ≪2次関数≫

14－エ　15－ウ　16－カ　17－オ　18－エ　19－オ　20－エ　21－ウ
22－エ　23－イ　24－ウ　25－エ　26－カ　27－エ

Ⅲ 解答 ≪確　率≫

28－ケ　29－ウ　30－ク　31－イ　32－エ　33－キ　34－ウ　35－ア
36－エ　37－イ　38－ア　39－ウ　40－ア　41－エ

Ⅳ 解答 ≪図形と計量≫

42－イ　43－ウ　44－ウ　45－エ　46－ウ　47－ウ　48－イ　49－エ
50－オ　51－エ　52－エ　53－ク　54－エ　55－エ　56－ク　57－オ

問七　傍線②の直前に「相手の立ちいふるまいや喜怒哀楽の表情などから、その人は疑いもなく心をもっていると考え、そう見なせばよい。それがまさに心をもつことの意味であり、人類のそのような無数の経験から」と説明されている。

問八　「大変な迷惑」について傍線③の後に説明されている。「認識主体から独立に客観世界が存在するや否や、といういかめしい問いは……イエス・ノーでは答えようのない問題だと思われる」とあり、これを「本来定義できないことに関する問いに悩まされる」としたアが適切。

問九　傍線④を含む部分に「それに比べれば、辞書的意味はまったく貧弱」とあることから、「それ」は直前の「その単語を含む多数の文例に接する経験からその意味が十二分に理解される」ことを指すことがわかる。

問十一　傍線⑥直後に「これによって……不毛な哲学的論議の多くが氷解する」と書かれている。

問十三　傍線⑧の「ヴィトゲンシュタインの『言語ゲーム』」は、注＊2に「言葉の意味がゲームのルールのような共通認識になっていく」とあるのを参考にして、「この事情」とは直前の「言葉の意味は言葉によって言い尽くすことはできない……最終的には、その言葉の無数の使用経験に支えられた暗黙の公共的了解しか残らない」のことだとわかる。

問十四　傍線⑨の直前に「心・意識というきわどい領域に接近しようとする科学者は、ありもしない問題にはまり込んでしまわないよう」と書かれている。

問十五　第一段落の最後に「物理学者も多数参加し、熱い議論が戦わされている」とあり、第二段落に「新しい学問的展開が期待できるだろうか。それともまったく不毛なゲテモノ趣味に終わってしまうだろうか。判断は保留する」とあることから、イが本文に矛盾する。

Ⅱ

出典 蔵本由紀『新しい自然学―非線形科学の可能性』〈Ⅲ 知の不在と現代〉（岩波書店）

解答

問一 ウ
問二 オ
問三 エ
問四 ウ
問五 ウ
問六 ア
問七 イ
問八 ア
問九 エ
問十 イ
問十一 オ
問十二 ウ
問十三 エ
問十四 ア
問十五 イ

解説 問五 傍線①を「それは」で受けて、直後に「言葉の魔術にからめとられ翻弄される危険性」と「存在しない問題と取っ組みあいをする危険性」とある。「不毛な議論が生じる」のは、次段落をみると「質問者が用いる言葉は、その意味が公共的に了解可能なものでなければならない」という「要件をみたしていない」からだとわかる。

問十五　オ

解説

問一　傍線①を含む段落に「人々の間に語りつがれた口碑（語り）を対象とし……権力者たちの書記官が記述しようとはしなかった生活の機微に眼をむける」と説明されている。

問三　傍線②は「柳田國男」とは違う分析である。次段落に「その社会そのものが、無意識に親族組織や象徴体系を構造化している……構造を通じて、構造として、対象がとらえられる」と説明されている。

問六　傍線④直後に「何かが連綿と続いて集団の記憶のなかに、さまざまによじれ、もつれた線を描いている。柳田にとっては、そのような線として生きられる時間そのものがあくまで主題」とある。

問七　第一段落に「柳田は、……特殊の偉人豪傑……王者の歴史……に批判をむけ」とあることから、エは本文に矛盾する。

問九　傍線⑥は「柳田の民族学批判」の前提となる意識を指すのであるから、直前の「柳田民俗学は……ただ流れをたどりながら、流れに押し流され、散逸し埋もれた乏しい砂金を採取するようにして、語りつがれた言葉に生活史をたどり、それを再現していくだけ」を指す。

問十二　戦後の西欧で「目立たない次元の歴史……試みられるようになった」ことが述べられている文脈のなかで、傍線⑧は直前の「歴史は、決して光を浴びない微細なもの、周縁にあるもの、凡庸なものにむけて拡散していった」を指している。

問十五　傍線⑥の前後で「柳田の民族学批判は……あくまで物語を収集しつつ、もう一度語りなおすという反復そのものによって実践されなければならなかった」とあることから、オが選べる。ア「戦いをめぐる歴史の中で」、イ「構造主義の正当性を証明」、ウ「史書によることが望ましい」、エ「連綿と続く集団の記憶の構造を……見出し」がそれぞれ本文と合致しない。

国語

I

出典　宇野邦一『反歴史論』〈第1章　反歴史との対話〉（せりか書房）

解答

問一　ウ

問二　エ

問三　ア

問四　イ

問五　ア

問六　イ

問七　エ

問八　イ

問九　オ

問十　ウ

問十一　ア

問十二　エ

問十三　エ

問十四　ウ

■一般選抜学科試験型（前期）：２月２日・２月３日実施分

問題編

▶試験科目・配点〔スタンダード方式〕

<table>
<tr><th>大学</th><th>区分</th><th>教　科</th><th colspan="2">科　　　目</th><th>配　点</th></tr>
<tr><td rowspan="6">桃山学院大学</td><td rowspan="3">2教科型</td><td>外国語</td><td colspan="2">コミュニケーション英語Ⅰ・Ⅱ・Ⅲ，英語表現Ⅰ・Ⅱ</td><td>100 点</td></tr>
<tr><td>地歴，数学</td><td>「日本史Ｂ」，「世界史Ｂ」，「数学Ⅰ・Ａ」から１科目選択</td><td rowspan="2">１科目[※1]選択</td><td rowspan="2">100 点</td></tr>
<tr><td>国　語</td><td>国語総合（近代以降の文章）・現代文Ｂ</td></tr>
<tr><td rowspan="3">3教科型</td><td>外国語</td><td colspan="2">コミュニケーション英語Ⅰ・Ⅱ・Ⅲ，英語表現Ⅰ・Ⅱ</td><td>100 点</td></tr>
<tr><td>地歴，数学</td><td colspan="2">「日本史Ｂ」，「世界史Ｂ」，「数学Ⅰ・Ａ」から１科目選択</td><td>100 点</td></tr>
<tr><td>国　語</td><td colspan="2">国語総合（近代以降の文章）・現代文Ｂ</td><td>100 点</td></tr>
<tr><td rowspan="6">桃山学院教育大学</td><td rowspan="3">2教科型</td><td>外国語</td><td>コミュニケーション英語Ⅰ・Ⅱ・Ⅲ，英語表現Ⅰ・Ⅱ</td><td rowspan="3">２科目[※2]選択</td><td rowspan="3">200 点（各 100 点）</td></tr>
<tr><td>地歴，数学</td><td>「日本史Ｂ」，「世界史Ｂ」，「数学Ⅰ・Ａ」から１科目選択</td></tr>
<tr><td>国　語</td><td>国語総合（近代以降の文章）・現代文Ｂ</td></tr>
<tr><td rowspan="3">3教科型</td><td>外国語</td><td colspan="2">コミュニケーション英語Ⅰ・Ⅱ・Ⅲ，英語表現Ⅰ・Ⅱ</td><td>100 点</td></tr>
<tr><td>地歴，数学</td><td colspan="2">「日本史Ｂ」，「世界史Ｂ」，「数学Ⅰ・Ａ」から１科目選択</td><td>100 点</td></tr>
<tr><td>国　語</td><td colspan="2">国語総合（近代以降の文章）・現代文Ｂ</td><td>100 点</td></tr>
</table>

▶備　考

※1　2教科（科目）とも受験した場合，高得点教科を採用。

※2　3教科（科目）とも受験した場合，高得点の2教科を採用。

- 桃山学院大学社会学部ソーシャルデザイン学科（福祉）は上記科目に加えて別途「面接」（100点）を行い総合的に判定する。
- 〔高得点重視方式〕〔ベストスコア方式〕は〔スタンダード方式〕受験のうえで併願可。
- 〔高得点重視方式〕は，最高得点教科（科目）の得点を2倍し，合計点で判定する。
- 〔ベストスコア方式〕は，2日間受験した場合の各教科の最高得点で判定する。
- 外国語の外部試験利用制度（みなし得点制度）が利用できる。
  英語の外部試験の得点・資格のレベルに応じて，入試の「英語」の得点を100点，80点，70点の3段階に換算し合否判定を行う。試験科目「英語」を受験をする必要はないが，受験した場合は試験科目「英語」の得点とみなし得点のどちらか高い方を採用する。

英語

◀ 2月2日実施分 ▶

(60 分)

〔Ⅰ〕 次の（a）～（g）の空所に入れるのに最も適切なものを**ア**～**エ**の中から一つずつ選びなさい。

（a） A: I'd like to make an appointment for a check-up. 1

B: Have you been here before?

A: Yes, I have. My last check-up was six months ago.

B: Could I have your name, please?

A: It's Mark Smith.

B: Thank you, Mr. Smith. The doctor is free on Friday morning.

A: ______________________

B: In that case, how about Saturday after lunch?

ア Sorry, I work nights, and so I sleep until noon.

イ I'm afraid I can't make that. I am free on weekdays, though.

ウ I try to keep my weekends free for my children.

エ I have a special diet, so I can't eat in the morning.

（b） A: What time should I pick you up before the game? 2

B: Actually, I'm not coming this week.

A: What do you mean? It's a really important game.

B: I know, but there are other things I'd rather do.

A: What happened?

B: Nothing. It's just that I want to spend more time with my family.

A: ______________________

B: No, I'll still play now and again, just not this week.

ア Will you bring your family with you?

イ I think I should spend more time at home, too.

ウ I hope you're not giving up completely.

エ I thought you really wanted to play more.

(c) A: You are able to join the meeting tomorrow, aren't you? **3**

B: Yes, I'll get back to Osaka by lunchtime, so I should be able to.

A: I'm planning on presenting a new idea.

B: And I believe Jessica's also got some new sales ideas.

A: Yes, that's why I want you there, too.

B: Is Lin also going to be there?

A: ________________

B: Oh well, maybe she can take part online.

ア No, she resigned the other day.

イ Of course. She's chairing the meeting.

ウ I doubt it. She flew to London yesterday.

エ No, she told me she was too busy.

(d) A: Hi, Jane! It's good to see you again. I've been overseas. **4**

B: Really? Where did you go?

A: I went to Paris for a conference. I saw Tom there.

B: How is Tom?

A: He's been working in Paris with some old university friends.

B: I didn't know he went to university in Paris.

A: ________________

B: So, is it just a coincidence that they're all in Paris now?

ア He's never been to Paris in his life.

イ He didn't. He studied in Rome.

ウ His friends were at the conference.

エ He made lots of friends there.

(e) A: Why do you always go to that supermarket? **5**

B: It has the best fruit around here.

A: That's true, but it's so expensive.

B: I don't mind paying a little extra for good fruit.

A: ________________

B: That's why I only go there for the fruit.

ア I think I should eat more fruit.

イ The place near my office has good fruit, too.

ウ I can't see any difference, to be honest.

エ But everything's overpriced there.

(f) A: You're home at last! I've been worried. **6**

B: Yes, I am a bit late, aren't I?

A: It's nearly two in the morning! Where have you been?

B: I'm sorry. I got talking to Mr. Hayashi.

A: Why didn't you phone and tell me you'd be late?

B: ＿＿＿＿＿＿＿＿

A: Well, you should be more considerate.

ア Mr. Hayashi said it was late.

イ I phoned you last week.

ウ Sorry, I didn't think of that.

エ You did phone me.

(g) A: Do you know anything about cameras? **7**

B: A bit. Why do you ask?

A: I'm thinking of buying a new one.

B: I didn't know you were a photographer.

A: I'm not. I only want it for taking photos when I go on holiday.

B: Why not just use the camera on your phone?

A: ＿＿＿＿＿＿＿＿

B: Actually, they're just as good as the best "real" cameras.

ア These are the photos you took, aren't they?

イ Cameras are very costly, aren't they?

ウ I don't have a phone.

エ They don't take very good pictures, do they?

〔Ⅱ〕 次の（a）～（f）の空所に入れるのに最も適切なものをア～エの中から一つずつ選びなさい。

（a） Are you by any ______ Mr. Smith? 　8

ア chance　イ time　ウ place　エ case

（b） She will ______ you on a guided tour of the castle. 　9

ア give　イ make　ウ take　エ provide

（c） There ______ no room available in the hotel, they gave up visiting the village. 　10

ア had　イ being　ウ had been　エ to be

（d） A date for the party has ______ to be determined. 　11

ア not　イ almost　ウ already　エ yet

（e） The same reply will come back, ______ is asked. 　12

ア who　イ whom　ウ whoever　エ whose

（f） She realized, ______ walking to work, that she had forgotten her umbrella. 　13

ア for　イ during　ウ while　エ at

〔III〕 (1)～(5)の日本文の意味に合うように［　　］内の語（句）を並べ替えると、与えられた5つの選択肢のうちで3番目にくる語（句）はどれか。ア～オの中から一つずつ選びなさい。(なお、文頭にくる語の頭文字も小文字になっている。)

(1) 人々は情報不足のために不安を覚えた。 14

[people / to / lack of information / led / feel uneasy].

ア people　イ to　ウ lack of information
エ led　オ feel uneasy

(2) 彼らは生徒たちに結果を知らせるのを延期した。 15

They put [of / off / students / the results / informing].

ア of　イ off　ウ students　エ the results　オ informing

(3) 自分の一番の長所はどこだと思うか話して下さい。 16

Tell us [be / you / what / consider / to] your best quality.

ア be　イ you　ウ what　エ consider　オ to

(4) 医者は彼に電話番号の書いてある1枚の紙を渡した。 17

The doctor handed him [it / a phone number / a piece of paper / on / with].

ア it　イ a phone number
ウ a piece of paper　エ on　オ with

(5) その事故の責任の一端は彼女の不注意にもあった。 18

Her carelessness was in [blame / to / part / the accident / for].

ア blame　イ to　ウ part　エ the accident　オ for

〔IV〕 次のKids' Cooking School Scheduleを読んで、後の問いに答えなさい。いずれも、最も適切なものをア～エの中から一つずつ選びなさい。

Kids' Cooking School Schedule [September - November]

Name	Class Dates	Time	Cost	Age Range
1. My Plate Courses				
Junior Chefs Course	9/27, 10/4, 10/11, 10/18, 10/25	6:00-7:00 p.m.	$80 (for full course)	4-10 years old
Young Chefs Course	9/25, 10/2, 10/9, 10/16, 10/23	6:00-7:00 p.m.	$80 (for full course)	7-12 years old
2. Teen Chefs Pie Classes				
Pumpkin Pie Class	11/19	2:00-3:30 p.m.	$25	12+ years old
Apple Pie Class	11/20	10:00 a.m. - noon	$25	12+ years old
3. Make-a-Meal Classes				
Chicken Dinner Class	10/8	4:00-6:00 p.m.	$50	10-15 years old
Beef Dinner Class	11/6	4:00-6:00 p.m.	$60	10-15 years old

*Advance payment is required for all courses and classes. Email us (classes@kidscooking.com) for a registration form. Early discount is available. Pay before September 1st to get 10% off.

1. My Plate Courses (Junior Chefs Course / Young Chefs Course)

Come join our evening classes. We learn about the food in groups! Both junior chefs and young chefs will be encouraged to taste new foods and use a variety of ingredients. After cooking, our chefs can enjoy eating the food together in our dining hall. No equipment or experience required!

Junior Chefs Course		
Class	**Date**	**Menu**
1	Sept. 27	Pumpkin Muffins
2	Oct. 4	Twice-Baked Potatoes
3	Oct. 11	Colorful Salads
4	Oct. 18	Fun with Vegetables
5	Oct. 25	Hamburgers

Young Chefs Course		
Class	**Date**	**Menu**
1	Sept. 25	Pumpkin Muffins
2	Oct. 2	Chocolate Cake
3	Oct. 9	Apple Crisp Cake
4	Oct. 16	Fun with Vegetables
5	Oct. 23	Chicken Fingers

*These classes can also be taken individually, at $20 per class.

2. Teen Chefs Pie Classes (Pumpkin Pie Class / Apple Pie Class)

Come join us as we reveal our secrets for making delicious pies. Perfect for the upcoming holidays! All chefs will take home a full 9-inch pie to bake at home!

3. Make-a-Meal Classes (Chicken Dinner Class / Beef Dinner Class)

Learn to prepare: beef with mashed potatoes, gravy, and fresh green beans; or chicken with fries and peas. All chefs will take home a meal to share with their family!

*The fee for taking both dinner classes is $100.

Adapted from: The Kitchen Table. (2018, September 16).

Kids cooking classes. https://thekitchentablewc.com/2018/09/16/fall-class-schedule-2018/

1. Which statement is true about the courses and classes? 19

ア Junior chefs and young chefs must register for all five classes to participate.

イ Students can take home a baked pie from the Teen Chefs Pie Classes.

ウ The Young Chefs Course begins before the Junior Chefs Course.

エ Junior chefs will make more sweets than young chefs.

2. Which statement is NOT true? 20

ア Children under four years old cannot participate.

イ People must pay before each course starts.

ウ No child can participate in both Young Chefs and Junior Chefs Courses.

エ Participants in Make-a-Meal Classes will take food home.

3. Which classes can a 12-year-old child take? 21

ア My Plate Course for Young Chefs, and Teen Chefs Pie Classes

イ only Teen Chefs Pie Classes but no other classes

ウ My Plate Courses for both Junior Chefs and Young Chefs

エ all the classes except Make-a-Meal Classes

4. Kenta, aged 10, wants to take as many classes as possible, but does not want to make the same dishes twice. How many classes can he take? 22

ア eight classes

イ ten classes

ウ twelve classes

エ fourteen classes

5. Misaki completed reservation and payment in August for the Chicken Dinner Make-a-Meal Class, and for both the Teen Chefs Pie Classes. How much did she pay in total? 23

ア $90

イ $100

ウ $109

エ $110

〔V〕 次の英文を読んで、後の問いに答えなさい。

Among the many factors that are related to the risk of heart disease are high blood pressure, a history of heart disease among one's relatives, cigarette smoking, and being overweight. In 【 1 】 to all of these risk factors, it is now clear that stress can also have a major impact on the development of heart disease. People who suffer from stress and who cannot control it are at greater risk of heart disease.

(ア) Certain sorts of people, regardless of their jobs, seem to make heavy psychological demands on themselves — and, 【 2 】, run a serious risk of heart disease. People with a particular personality type, called Type A, are more likely to develop heart disease. Type A people are hard-working, competitive, and aggressive. They always try to do more and more in less and less time. People who have the opposite sort of personality to this are called Type B.

(イ) One reason is that Type A people often make greater demands on themselves and expose themselves to more stressful situations than Type B people do. Type A people also tend to have a strong bodily reaction to stress. When they are faced with a challenging situation, their blood pressure tends to rise and their heart beats faster. Some researchers believe that this greater bodily reaction under stress is key to the link between the Type A pattern and heart disease.

(ウ) A lot of research on psychological factors in heart disease has focused on men rather than women. This is because even among women who face highly stressful situations, the risk of heart disease remains much lower than for men. Many biological and psychological factors may contribute to this difference. It has been found that, although women are likely to show their emotions more openly than men do, their bodily reactions to stress tend to be less (a)intense. In terms of the risk from heart disease, then, it may be better to express one's emotions clearly than to hide them.

(エ) Because of the links between the Type A behavior pattern and heart disease, various approaches have been taken to changing this pattern of behavior. For example, Type A people have been taught relaxation exercises to help them to manage stress. They have been encouraged to enjoy non-stressful hobbies, and they have been given treatment sessions to help change their view of the world. Some programs have had a degree of success in changing behavioral patterns. Up until now, however, the success has been limited. The Type A pattern seems to be learned over a period of many years, and (b)it is encouraged by the competitive, achievement-oriented aspects of modern Western society. As such, it is not a simple matter to change this pattern.

Adapted from: Bernard Seal. (2012).

Academic encounters 4: Human behavior (2nd ed., pp. 31-32). Cambridge University Press.

問1　本文のテーマとして最も適切なものをア～エの中から一つ選びなさい。　24

ア　Western society and stress

イ　problems caused by heart disease

ウ　differences of behavior between women and men

エ　Type A behavior and heart disease

問2　次の文は本文のどこに入りますか。最も適切な箇所を本文中の(ア)～(エ)の中から一つ選びなさい。　25

Many studies have found that Type A people are more easily affected by heart disease than Type B people.

問3　空所【 1 】・【 2 】に入る最も適切な語（句）をア～エの中から一つずつ選びなさい。

【1】ア principle　イ advance　ウ contrast　エ addition　26

【2】ア on the contrary　イ so far　ウ as a result　エ nevertheless　27

問4　下線部(a)の "intense" に最も意味が近いものをア～エの中から一つ選びなさい。　28

ア light　イ strong　ウ open　エ limited

問5　下線部(b)の "it" は何を指しますか。最も適切なものをア～エの中から一つ選びなさい。　29

ア　the Type A pattern　イ　a period of many years

ウ　modern Western society　エ　success

問6　本文の内容と一致するものをア～エの中から一つ選びなさい。　30

ア　ストレスをコントロールできる能力があれば心臓病は発症しない。

イ　心臓病になる危険性は仕事に起因する。

ウ　男性は女性よりもストレスが少ない。

エ　タイプA行動様式を変える様々な試みが行われている。

◀2月3日実施分▶

（60分）

〔Ⅰ〕 次の（a）～（g）の空所に入れるのに最も適切なものをア～エの中から一つずつ選びなさい。

（a） A: What are you having for lunch today? **1**

B: I'll probably get something from the convenience store.

A: It'd be healthier to make your own lunch, you know.

B: Actually, convenience stores sell some very healthy food these days.

A: ＿＿＿＿＿＿＿＿＿＿

B: It's true. They have lots of fresh foods and low-fat meals.

ア Still, it must be expensive.

イ Yes, I go there for healthy food, too.

ウ There aren't many other shops around here.

エ I find that hard to believe.

（b） A: I have all these old books and magazines. **2**

B: What are you going to do with them?

A: Throw them out, I suppose.

B: You could sell them or just give them away.

A: ＿＿＿＿＿＿＿＿＿＿

B: It still seems like a waste to throw them away.

ア I don't think anyone would want them.

イ Do you want to take a look at them?

ウ I should probably keep them.

エ Do you think I could get much for them?

（c） A: What did you do last night? **3**

B: I watched that new comedy show on TV. Did you see it?

A: No, I don't have a TV.

B: Really? I thought everyone had a TV.

A: I haven't had one for years, and I'm happy without it.

B: ＿＿＿＿＿＿＿＿＿＿

A: I get all that online.

ア There aren't many interesting shows on TV these days.
イ I really need my TV, especially for news and sports.
ウ I was thinking of getting a new TV.
エ Mine's a few years old now.

(d) A: Have you finished packing? **4**

B: No, I'll do it on Tuesday night.
A: But we leave on Wednesday morning!
B: What's the problem? It won't take me long.
A: ______________________
B: Don't worry. I'll be ready on time.

ア I haven't started packing, either.
イ You don't want to be rushed at the last minute.
ウ It's a long time to wait until Wednesday morning.
エ Have you forgotten about our trip?

(e) A: Are you watching cooking videos again? **5**

B: Yes, why do you ask?
A: You watch lots of cooking videos, but you never cook yourself.
B: The recipes are usually too complicated for me.
A: ______________________
B: You're right. I should do that.

ア Do you do a lot of cooking?
イ You should watch more complicated videos.
ウ You could at least try one or two.
エ Are you planning to cook today?

(f) A: There are a lot fewer people on the train this morning. **6**

B: I noticed that, too. I wonder why?
A: Did we leave home later than usual?
B: No, I don't think so.
A: ______________________
B: So it is. I forgot about that.

ア Ah, I know why. Today is a public holiday.

イ Now I know why it's so crowded today.

ウ Maybe we're a little later than usual.

エ I think the fares have just gone up.

(g) A: I am so bored these days. 7

B: How about trying something new?

A: Any suggestions?

B: Well, I started surfing recently.

A: That sounds fun, but it must be hard to learn.

B: ＿＿＿＿＿＿＿＿

A: Maybe a new challenge is just what I need.

ア It was too difficult, so I quit.

イ It's not easy, but that's part of the fun.

ウ You're really good at surfing.

エ Yes, it's quite easy to learn.

〔Ⅱ〕 次の(a)～(f)の空所に入れるのに最も適切なものをア～エの中から一つずつ選びなさい。

(a) I opened the newspaper ＿＿＿＿ the editorial page. 8

ア to　イ of　ウ in　エ by

(b) Exhaustion made him fall ＿＿＿＿ during the film. 9

ア sleepy　イ asleep　ウ sleeping　エ to sleep

(c) Be sure not to let the fire ＿＿＿＿. 10

ア put off　イ put out　ウ go off　エ go out

(d) The population grew in the ＿＿＿＿ half of the twentieth century. 11

ア late　イ lately　ウ latter　エ latest

(e) ＿＿＿＿ expected, the team won first prize. 12

ア As　イ If　ウ With　エ That

(f) I've been ＿＿＿＿ with Alice for more than thirty years. 13

ア a friend　イ the friend　ウ friends　エ the friends

〔Ⅲ〕（1）～（5）の日本文の意味に合うように［　　　］内の語（句）を並べ替えると、与えられた5つの選択肢のうちで3番目にくる語（句）はどれか。ア～オの中から一つずつ選びなさい。

（1） この時期はハワイへの飛行機はすべて満席です。 **14**

Flights to Hawaii [all / at this time / up / booked / are] of year.

ア all　イ at this time　ウ up　エ booked　オ are

（2） 話につられて不要な物まで買わされないように気を付けなさい。 **15**

Be careful not [to be / buy / to / persuaded / things you don't need].

ア to be　イ buy　ウ to
エ persuaded　オ things you don't need

（3） その問題は長い間誰にも気付かれなかった。 **16**

The problem [by / unnoticed / gone / had long / everyone].

ア by　イ unnoticed　ウ gone　エ had long　オ everyone

（4） 彼女に期待をかけ過ぎるべきではない。 **17**

You ought not [of / too much / her / expect / to].

ア of　イ too much　ウ her　エ expect　オ to

（5） キャンパスでは、ごくたまにしかピーターに出くわしたことがない。 **18**

Only [rarely / come / I / across / have] Peter on campus.

ア rarely　イ come　ウ I　エ across　オ have

〔Ⅳ〕 次の The Lake District National Park の案内を読んで、後の問いに答えなさい。3は、最も適切なものをア～エの中から一つ選びなさい。それ以外は、空所に入れるのに最も適切なものをア～エの中から一つずつ選びなさい。

The Lake District National Park

What to wear
- waterproof clothing (Keep extra warm clothes in your pack.)
- comfortable trousers (Avoid materials which might take time to dry out if they get wet, such as cotton and denim.)
- hat and gloves (Even in summer, keep them in your pack.)
- suitable shoes (For longer walks, we recommend walking boots.)
- comfortable socks

What to bring with you
- food, water, and a hot drink
- high-energy snacks for emergencies
- mobile phone (fully charged) or a watch to check the time
- sun protection for your skin (Sunglasses are not essential, but may be useful for some people.)
- map and compass (GPS might not work.)

Guided walk grades

	Easy	Moderate	Hard	Very hard
Distance	3-5 km	3-7 km	5-10 km	More than 10 km
Time	1-2 hours	2-4 hours	3-6 hours	More than 6 hours
Type of slope	flat	gentle	steep	very steep

Camping

Camping is allowed as long as people:
- leave no litter
- don't light fires
- stay only one night
- keep groups very small - two tents at most
- travel on foot (no cars allowed)

Walk safely
- Check the weather forecast the day before you set off, and again on the day of your walk.
- Avoid drinking from natural water sources like rivers. Take enough water with you, especially in warm weather.
- There are many wonderful places to enjoy swimming in the Lakes, although they can be very cold. The rivers, though, may be dangerous, and should be avoided.

Adapted from: What to wear and take on a walk. (n.d.)
Retrieved September 24, 2021, from www.lakedistrict.gov.uk/visiting/things-to-do/walking/top-walking-tips

1. You should NOT wear ______. 19

ア sunglasses

イ extra clothes

ウ a hat

エ denim jeans

2. You should take ______ with you. 20

ア snacks and sunglasses

イ GPS and a compass

ウ a compass and sunscreen

エ a mobile phone and a watch

3. Which grade would the following guided walk be? 21

Guided Walk to Green Gable
A climb up to Grey Knotts, then on to Brandreth and Green Gable's summit
Starts from: Honister car park, behind the youth hostel, at 10:30 a.m.
■ Length: 6.9 km
■ Highest point: 795 m
■ Duration: 5 hours

ア Easy

イ Moderate

ウ Hard

エ Very Hard

4. You will NOT be allowed to camp if ______. 22

ア you plan to stay for only one night

イ you do not have the ability to make a fire

ウ your group is only big enough for one tent

エ you arrive at the campsite by car

5. In order to walk safely and enjoyably, you should ______. 23

ア take the opportunity to swim in the rivers

イ check the weather forecast

ウ use GPS for navigation

エ drink from natural sources

〔V〕 次の英文を読んで、後の問いに答えなさい。

The question of whether men and women think differently is very controversial. Of course, culture and experience have an important influence on individual ability. Nevertheless, some researchers suggest that there are differences in how our brains work, too.

They claim that differences between females and males become clear very early in life. For example, girls seem to develop speaking ability more quickly than boys do, and often develop a wider vocabulary. Some scientists believe that the brain is responsible for these differences.

（ア） According to some scientists, there may be differences in how adult males and females process language, too. For example, when men talk, they use mainly the left hemisphere*1 of the brain. 【 1 】, when women talk, they use both left and right hemispheres. Some research also shows that the part of the brain which connects the two hemispheres is wider in the female brain. (a)These differences may allow women to understand and respond in words more quickly than men can.

（イ） Some researchers claim that men are better than women at tasks that require spatial*2 ability. 【 2 】, more men than women can see objects in their mind; they can imagine a shape without touching it. As a result, they suggest, men are more likely to be able to build a three-dimensional*3 object by looking at a two-dimensional plan. On average, women have more difficulty with such tasks. Men are often also better at finding new places and remembering routes, since their memory of the route is spatial. Women, though, often seem to remember landmarks, such as small trees or tall buildings.

（ウ） While many women have the ability to think about a wide range of information at the same time, men often focus on one thing. Brain images show that when women are solving a problem, more areas of their brains are active. This gives them greater power to process information.

（エ） This ability to focus on the whole rather than on details may explain so-called "female intuition". This refers to how women often seem to sense things that men do not — knowing that a person is worried, for example, before the person says so. Scientists seeking to explain this (b)intuition have found that women focus not on just one aspect of communication, such as words, but on the whole person. They read people's faces and voices in order to guess what those people are feeling.

*1 hemisphere: 半球　*2 spatial: 空間の　*3 three-dimensional: 3次元の

Adapted from: McEntire, J. & Williams, J. (2013). *Making Connections 2* (pp. 239-241). CUP.

問1　本文のテーマとして最も適切なものを**ア**～**エ**の中から一つ選びなさい。　24

ア　cultural influences on brain development

イ　information processing and the brain

ウ　differences of physical abilities in women and men

エ　differences between men's and women's brains

問2　次の文は本文のどこに入りますか。最も適切な箇所を本文中の(**ア**)～(**エ**)の中から一つ選びなさい。　25

Another possible difference between women and men is how they process information.

問3　空所【　1　】・【　2　】に入る最も適切な語（句）を**ア**～**エ**の中から一つずつ選びなさい。

【1】 **ア**　Therefore　**イ**　Nevertheless　**ウ**　However　**エ**　Moreover　26

【2】 **ア**　In conclusion　**イ**　In other words　**ウ**　In addition　**エ**　On the other hand　27

問4　下線部(a)の "These differences" とは何ですか。最も適切なものを**ア**～**エ**の中から一つ選びなさい。　28

ア　言語処理の方法の違い

イ　興味・関心の違い

ウ　文化・経験の違い

エ　空間把握能力の違い

問5　下線部(b)の "intuition" に最も意味が近いものを**ア**～**エ**の中から一つ選びなさい。　29

ア　culture　**イ**　preference　**ウ**　feeling　**エ**　communication

問6　本文の内容と一致するものを**ア**～**エ**の中から一つ選びなさい。　30

ア　個人の能力は文化や環境で決まり、他の要因は関係ないと主張する研究がある。

イ　男性は建物や木を目印にして空間を把握する傾向にある。

ウ　女性の方が広範な情報を同時に処理できると主張する研究がある。

エ　女性は相手の言葉を理解できなければ、相手の感情を察することができない。

日本史

◀ 2月2日実施分 ▶

(60 分)

〔Ⅰ〕 次の【文章A】·【文章B】を読んで、後の問いに答えなさい。

【文章A】

次の史料は、【　1　】が著した『往生要集』の一部である。(史料は一部省略したり、書き改めたりしたところもある。)

史料

それ往生極楽の教行は、濁世末代の目足なり。道俗貴賤、誰か帰せざる者あらむや。ただし顕密の教法(a)は、其の文、一にあらず。事理の業因、其の行惟れ多し。利智精進の人は、未だ難しと為さざるも、予の如き頑魯の者、豈に敢てせむや。

是の故に、念仏の一門に依りて、聊か経論の要文を集む。之を披き之を修すれば、覚り易く行ひ易からむ。……

【1】が活動した時代に、現世の不安から逃れようとする浄土教が流行し始めた。藤原道長(b)が法成寺を建立し、藤原頼通が平等院鳳凰堂を落成(c)するなど、阿弥陀仏を信じて極楽往生を願う浄土教は貴族社会にも浸透した。阿弥陀如来像などの仏像制作にあたった定朝は、【　2　】の彫刻技法を完成させた。この技法により、大量の仏像彫刻の生産が可能となった。また当時の貴族社会では、陰陽道などによる呪術的な信仰·風習(d)も大きな影響力をもった。

問1　空欄【　1　】·【　2　】にあてはまる語句として最も適切なものはどれか。次のア～エのうちから一つずつ選びなさい。

【1】 ア　鑑真　　イ　行基　　ウ　一遍　　エ　源信　　[1]

【2】 ア　一木造　　イ　寄木造　　ウ　権現造　　エ　寝殿造　　[2]

問2　下線部aに関連して、平安時代初期には密教が流行した。空海が嵯峨天皇から賜った寺院として正しいものを、次のア～エのうちから一つ選びなさい。　[3]

ア　延暦寺　　イ　金剛峰寺　　ウ　室生寺　　エ　教王護国寺

問3　下線部bに関連して、藤原道長についての説明として正しいものはどれか。次のア～エのうちから一つ選びなさい。　4

ア　藤原氏の氏長者の地位をめぐって、兄である藤原伊周と争った。

イ　後一条・後朱雀・後冷泉天皇の摂政・関白を、50年にわたって務めた。

ウ　4人の娘を中宮や皇太子妃とし、権勢をふるった。

エ　班田の実施や延喜の荘園整理令を出すなど、律令体制の復興をめざした。

問4　下線部cに関連して、平等院鳳凰堂の落成の前年は末法思想における末法の世が来る年とされていた。その西暦として正しいものはどれか。次のア～エのうちから一つ選びなさい。　5

ア　952年　　イ　1002年　　ウ　1052年　　エ　1102年

問5　下線部dに関連して、貴族は変わったことがあると陰陽師にその吉凶を判断してもらい、凶事と判断された場合に一定期間ひきこもって慎んだが、その行為の名称として正しいものはどれか。次のア～エのうちから一つ選びなさい。　6

ア　物忌　　イ　裳着　　ウ　方違　　エ　除目

【文章B】

浄土教の思想は聖や上人により地方に広がった。各地の豪族が作った阿弥陀堂(e)や、浄土教美術の作品も院政期の文化の特徴である。

貴族文化は、院政期に入ると新たに台頭してきた武士や庶民などの地方文化を取り入れるようになった。民間の流行歌謡に後白河上皇が10代のときから熱中し、のちに『【　3　】』を編んだことは、貴族文化と庶民文化の融合を示す好例である。また、田楽や猿楽などの芸能も貴族や庶民の間で流行し、祇園祭などの御霊会(f)といった場で演じられた。

院政期の美術は平氏が厳島神社に収めた『平家納経』のように、華美をきわめたものも見られた。また、絵画では、絵と詞書を織り交ぜながら次々に場面を展開していく絵巻物が登場した。動物を擬人化した『鳥獣戯画』や【　4　】を題材とした『伴大納言絵巻』などが同時期の絵巻物として有名である。この時代に流行した装飾経の一つである『扇面古写経』の下絵には、京都における民衆の生活が描き出されている。

問6　空欄【　3　】・【　4　】にあてはまる語句として最も適切なものはどれか。次のア～エのうちから一つずつ選びなさい。

【3】　ア　古今和歌集　　イ　梁塵秘抄　　ウ　和漢朗詠集　　エ　新古今和歌集　7

【4】　ア　応天門の変　　イ　阿衡の紛議　　ウ　安和の変　　エ　承和の変　8

問7　下線部eに関連して、院政期の阿弥陀堂について述べた次の文(ⅰ)・(ⅱ)の正誤の組み合わせとして最も適切なものはどれか。次のア～エのうちから一つ選びなさい。　9

(ⅰ)　富貴寺大堂は平泉で最古の阿弥陀堂建築である。

(ⅱ)　陸奥の白水阿弥陀堂は奥州藤原氏の一族により建立された。

ア (i)正 (ii)正 イ (i)正 (ii)誤
ウ (i)誤 (ii)正 エ (i)誤 (ii)誤

問8 下線部fに関連して、日本では古くから怨霊をまつる御霊信仰が発達していた。右大臣から大宰権帥に左遷された菅原道真の霊を鎮めるために造営された神社として正しいものはどれか。次のア～エのうちから一つ選びなさい。 **10**

ア 伊勢神宮 イ 出雲大社 ウ 北野天満宮 エ 春日神社

〔II〕 次の【文章A】・【文章B】を読んで、後の問いに答えなさい。

【文章A】

蒙古襲来後、元と日本の間には正式な外交関係はなかったが、私的な商船の往来による交流は盛んだった。(a) 1368年、中国では朱元璋（太祖【 1 】）により元の支配が排され、漢民族の王朝である明が建国された。この年は足利義満が室町幕府の3代将軍に就任した年と一致する。明は伝統的な中国中心の国際秩序の回復を目指し、近隣諸国に朝貢を求めた。明の通交を求める呼びかけを知った義満は、1401年、正使祖阿と副使肥富を明に派遣して国交を開いた。1404年から日明貿易が始まったが、この貿易には明が発行した証票である勘合が必要で、この勘合は明の寧波(b)で査証を受けた。

その後、朝貢形式に不満を持った4代将軍足利義持は貿易を一時中断したが、6代将軍足利義教(c)はそれを再開させた。このように貿易開始当初は幕府が貿易の実権を握っていたが、のちに幕府が衰退すると、しだいに貿易の実権は堺商人と結んだ【 2 】などの手に移っていった。

問1 空欄【 1 】・【 2 】にあてはまる語句として最も適切なものはどれか。次のア～エのうちから一つずつ選びなさい。

【1】ア 光武帝 イ 文帝 ウ 洪武帝 エ 宣統帝 **11**
【2】ア 大内氏 イ 山名氏 ウ 畠山氏 エ 細川氏 **12**

問2 下線部aに関連して、天龍寺の造営費調達のために元に貿易船が派遣された。これを足利尊氏に勧めた僧として正しいものはどれか。次のア～エのうちから一つ選びなさい。 **13**

ア 絶海中津 イ 隠元隆琦 ウ 夢窓疎石 エ 虎関師錬

問3 下線部bに関連して、勘合の査証を行った寧波の位置として最も適当なものを、次の地図上のア～エのうちから一つ選びなさい。 **14**

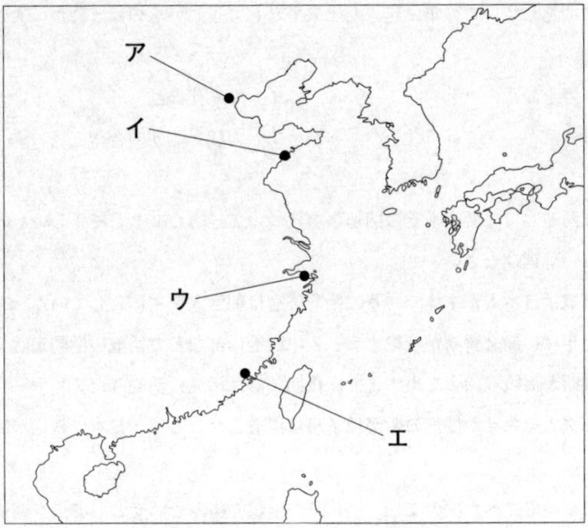

問4　下線部cに関連して、足利義教が将軍に就任していた時期の出来事について述べた次の文(ⅰ)・(ⅱ)の正誤の組み合わせとして最も適切なものはどれか。下の**ア**～**エ**のうちから一つ選びなさい。　15

(ⅰ)　関東管領上杉憲実と対立した鎌倉公方足利持氏が幕府によって討ち滅ぼされた。

(ⅱ)　徳政を求める嘉吉の土一揆の要求を入れて、幕府が初めて徳政令を発布した。

ア　(ⅰ)正　(ⅱ)正　　**イ**　(ⅰ)正　(ⅱ)誤

ウ　(ⅰ)誤　(ⅱ)正　　**エ**　(ⅰ)誤　(ⅱ)誤

【文章B】

朝鮮半島では10世紀から【　3　】という王朝が半島を支配してきたが、1392年(d)に倭寇(e)討伐で名声を高めた李成桂が【3】を滅ぼし、朝鮮を建国した。朝鮮は、日本に対して倭寇の禁圧を要求し、足利義満もこれに応じたため、日朝の国交が開かれた。しかし、日朝貿易に積極的であった対馬の宗貞茂の死後は倭寇の活動が活発になったので、朝鮮の太宗は出兵を決意し、1419年に朝鮮は倭寇の根拠地とみなした対馬を襲撃した。この件により貿易は一時中断したが、朝鮮で太宗が没して世宗が実権を握ると、日朝間の貿易(f)は引き続き行われた。しかし、貿易を制限しようとする朝鮮とそれに反対する日本人とが対立し、1510年には日本人の暴動である【　4　】が起こった。この事件を契機に日朝間の貿易は衰退することとなった。

問5　空欄【　3　】・【　4　】にあてはまる語句として最も適切なものはどれか。次の**ア**～**エ**のうちから一つずつ選びなさい。

【3】　**ア**　高麗　　**イ**　西夏　　**ウ**　百済　　**エ**　新羅　　16

【4】　**ア**　応永の外寇　　**イ**　三浦の乱　　**ウ**　刀伊の入寇　　**エ**　明徳の乱　　17

問6　下線部dに関連して、この年に起きた出来事として正しいものはどれか。次のア〜エのうちから一つ選びなさい。　**18**

ア　治承・寿永の乱　　イ　中先代の乱
ウ　三別抄の乱　　エ　南朝と北朝の合体

問7　下線部eに関連して、倭寇やその関連事項について述べた文として正しいものはどれか。次のア〜エのうちから一つ選びなさい。　**19**

ア　前期倭寇は日本人が主体であり、後期倭寇は朝鮮人を主体としていた。
イ　16世紀半ばに勘合貿易が途絶すると、中国沿岸部などで倭寇の活動が活発になった。
ウ　足利義昭が海賊取締令を出すまで、後期倭寇は活発に活動した。
エ　オランダ人を乗せた倭寇の船が種子島に漂着したことで、日本に鉄砲が伝来した。

問8　下線部fについて述べた次の文(i)・(ii)の正誤の組み合わせとして最も適切なものはどれか。下のア〜エのうちから一つ選びなさい。　**20**

(i)　幕府や大友氏・宗氏などの大名らが参加したが、商人などの貿易参入は禁じられた。
(ii)　木綿や大蔵経などが輸入され、木綿は日本人の生活様式に大きな変化をもたらした。

ア　(i)正　(ii)正　　イ　(i)正　(ii)誤
ウ　(i)誤　(ii)正　　エ　(i)誤　(ii)誤

〔Ⅲ〕次の文章を読んで、後の問いに答えなさい。

8代将軍徳川吉宗が取り組んだ享保の改革では、『政談』を著した【 21 】などの儒学者が吉宗に用いられ、大岡忠相や田中丘隅などの数多くの人材が登用された。旗本の人材登用では、役職の基準となる役高が定められ、それ以下の禄高の者の就任時に、在職中に限り不足の石高を加増するという【 22 】が導入された。また、頻発する金銭貸借の訴訟を幕府が受理せず、当事者間で解決させるという【 23 】を出したり、庶民の意見を政治に活かすために評定所に目安箱(a)を設置するなどした。

10代将軍徳川家治の時代には、田沼意次が老中として実権を握った。田沼は年貢に加えて、経済・流通政策(b)による収入も重視する方針をとった。この政策は、商人の力を利用しながら、幕府財政を改善しようとしたものであった。この結果、田沼時代には町人文化が発達した(c)が、一方で幕府役人のあいだで賄賂や縁故による人事が横行するなどしたため、田沼政治に対する批判が強まった。

11代将軍徳川家斉の時代には白河藩主松平定信が老中に抜擢され、寛政の改革を行った。この改革では飢饉(d)で荒廃した農村の復興が目指され、その一環で江戸の正業をもたない者へ資金を与えて帰村を奨励する【 24 】が出された。また、風俗の取締りも進められ、田沼時代に発達した町人文化に対して、出版統制令が出された。この取締りにより、『仕懸文庫』などの作品で知られる洒落本作家の【 25 】や、海岸防備を説いた『海国兵談』の著者である林子平らが弾圧された。林子平が処罰されたのと同年、ラクスマンが根室に来航するなど、列強が日本に訪れるようになった(e)。

問1　空欄【 21 】～【 25 】にあてはまる語句として最も適切なものはどれか。次のア～コのうちから一つずつ選びなさい。　21　22　23　24　25

ア　為永春水　　イ　旧里帰農令　　ウ　人返しの法
エ　棄捐令　　オ　荻生徂徠　　カ　上げ米の制
キ　足高の制　　ク　相対済し令　　ケ　山東京伝
コ　室鳩巣

問2　下線部aに関連して、目安箱の投書をもとに設置された施設として正しいものはどれか。次のア～エのうちから一つ選びなさい。　26

ア　石川島人足寄場　　イ　小石川養生所
ウ　蛮書和解御用　　エ　昌平坂学問所

問3　下線部bに関連して、田沼意次の時代にとられた経済・流通政策について述べた次の文（i）・（ii）の正誤の組み合わせとして最も適切なものはどれか。下のア～エのうちから一つ選びなさい。　27

（i）　商人や職人の仲間を株仲間として公認し、運上や冥加などの営業税の増収を目指した。
（ii）　貨幣制度の金への一本化を試み、秤量貨幣である南鐐二朱銀を鋳造させた。

ア　（i）正　（ii）正　　イ　（i）正　（ii）誤
ウ　（i）誤　（ii）正　　エ　（i）誤　（ii）誤

問4　下線部cに関連して、宝暦・天明期の文化について述べた文として正しいものはどれか。次のア～エのうちから一つ選びなさい。　28

ア　大槻玄沢の門人である塙保己一が蘭日辞書である『ハルマ和解』を刊行した。
イ　『古事記伝』を著した国学者本居宣長が日本古来の精神に返ることを主張した。
ウ　石田梅岩が多色刷浮世絵版画である錦絵を創始し美人画の作品を残した。
エ　幕府の御用絵師であった狩野探幽が『大徳寺方丈襖絵』などの作品を制作した。

問5　下線部dに関連して、寛政の改革の背景となった飢饉として正しいものはどれか。次のア～エのうちから一つ選びなさい。　29

ア　天明の飢饉　　イ　天保の飢饉　　ウ　寛永の飢饉　　エ　寛正の大飢饉

問6　下線部eに関連して、江戸時代後期の列強の接近や、これに対応した日本側の動きに関して述べた次の文（i）～（iii）について、古いものから年代順に正しく配列したものを、次のア～カのうちから一つ選びなさい。　30

（i）　モリソン号事件での幕府の対応を批判した渡辺崋山や高野長英らが処罰された。
（ii）　イギリス船がオランダ商館員を人質にするフェートン号事件が起きた。
（iii）　ロシアの南下に対応するため、近藤重蔵らが択捉・国後の探査に向かった。

ア (i)-(ii)-(iii)
イ (i)-(iii)-(ii)
ウ (ii)-(i)-(iii)
エ (ii)-(iii)-(i)
オ (iii)-(i)-(ii)
カ (iii)-(ii)-(i)

〔IV〕 次の【文章A】・【文章B】を読んで、後の問いに答えなさい。

【文章A】

1881年、開拓長官【　1　】が関与した開拓使官有物払下げ事件を契機に世論の政府攻撃が激しくなると、政府は国会開設の勅諭を出して、1890年に国会を開設することを公約した。同じ頃、民間でもさまざまな憲法私案(a)がつくられた。

1882年、政府の実力者である伊藤博文は自らヨーロッパに渡り、君主に権力を集めた憲法理論を学び、1883年に帰国した。伊藤は1886年から憲法草案の起草に取り掛かり、1888年に設置された【　2　】で天皇臨席のもとでの審議を経て、翌1889年に大日本帝国憲法(b)が発布された。また、憲法制定を経て、1890年には民法や商法などの諸法典(c)も制定された。

問1 空欄【　1　】・【　2　】にあてはまる語句として最も適切なものはどれか。次のア～エのうちから一つずつ選びなさい。

【1】 ア 木戸孝允　イ 黒田清隆　ウ 榎本武揚　エ 陸奥宗光　31

【2】 ア 大審院　イ 元老院　ウ 企画院　エ 枢密院　32

問2 下線部aに関連して、交詢社が発表した憲法私案として正しいものを、次のア～エのうちから一つ選びなさい。　33

ア 東洋大日本国国憲按　イ 日本憲法見込案
ウ 私擬憲法案　エ 五日市憲法草案

問3 下線部bについての説明として誤っているものはどれか。次のア～エのうちから一つ選びなさい。　34

ア 天皇は神聖不可侵の存在とされ、統治権のすべてを握る総攬者とされた。
イ 陸海軍の統帥権は天皇に直属したが、議会の承認が必要とされた。
ウ 衆議院と貴族院はほぼ対等の権限を保持したが、衆議院には予算の先議権があるとされた。
エ 国民は臣民と規定され、法律の範囲内で言論や結社の自由があるとされた。

問4 下線部cに関連して、明治期に制定された刑法や民法について述べた次の文(i)・(ii)の正誤の組み合わせとして最も適切なものはどれか。下のア～エのうちから一つ選びなさい。　35

（ⅰ）　刑法には天皇・皇族に対する犯罪である大逆罪を厳罰とする規定が設けられた。

（ⅱ）　ボアソナードにより起草された民法は穂積八束らの反対をうけ施行延期となった。

ア　（ⅰ）正　（ⅱ）正　　イ　（ⅰ）正　（ⅱ）誤

ウ　（ⅰ）誤　（ⅱ）正　　エ　（ⅰ）誤　（ⅱ）誤

【文章B】

1945年、GHQに憲法改正を指示された【　3　】内閣は、松本烝治を委員長とする憲法問題調査委員会を政府内に設置した。同委員会は憲法改正の試案を作成したが、天皇の統治権を認める内容であったため、GHQは自らの英文の改正草案を急遽作成して、日本政府に提示した。政府はこれに一部手を加えて日本語の政府原案を発表し、その後議会での審議を経て、主権在民・基本的人権の尊重・平和主義の三原則からなる<u>日本国憲法</u>(d)が公布・施行された。そして、<u>新憲法の精神にもとづいた諸対応</u>(e)がなされた。

独立回復後の1954年、【　4　】事件で<u>吉田茂内閣</u>(f)への批判が強まる中、鳩山一郎ら反吉田派は自由党を離党して鳩山を総裁とする日本民主党を結成した。同年、吉田内閣は退陣に追い込まれ、鳩山内閣が成立した。鳩山内閣は自主外交、憲法改正・再軍備を改めてとなえ、これを進める姿勢を示した。

問5　空欄【　3　】・【　4　】にあてはまる語句として最も適切なものはどれか。次のア～エのうちから一つずつ選びなさい。

【3】　ア　幣原喜重郎　イ　片山哲　ウ　東久邇宮稔彦　エ　芦田均　**36**

【4】　ア　リクルート　イ　ロッキード　ウ　昭和電工　エ　造船疑獄　**37**

問6　下線部dについて述べた次の文（ⅰ）・（ⅱ）の正誤の組み合わせとして最も適切なものはどれか。下のア～エのうちから一つ選びなさい。　**38**

（ⅰ）　閣議を通じて行政権を行使する内閣が国権の最高機関と規定された。

（ⅱ）　天皇は政治的権力を持たない日本国民統合の象徴と規定された。

ア　（ⅰ）正　（ⅱ）正　　イ　（ⅰ）正　（ⅱ）誤

ウ　（ⅰ）誤　（ⅱ）正　　エ　（ⅰ）誤　（ⅱ）誤

問7　下線部eに関連して、占領期に創設された制度や組織として正しいものはどれか。次のア～エのうちから一つ選びなさい。　**39**

ア　教育委員任命制　　イ　内務省

ウ　自治体警察　　エ　戸主制度

問8　下線部fに関連して、第1次～第5次吉田茂内閣時の政策や出来事に関する説明として正しいものはどれか。次のア～エのうちから一つ選びなさい。　**40**

ア　朝鮮戦争で生じた日本の軍事的空白を埋めるために警察予備隊が設置された。

イ　不在地主には1町歩までの貸付地を認める、第二次農地改革が実施された。

ウ　アメリカやソ連などとサンフランシスコ平和条約を締結した結果、日本の主権が回復された。

エ　鉄鋼のみを重要産業部門として資材と資金を集中する傾斜生産方式が閣議決定された。

◀2月3日実施分▶

（60 分）

〔Ⅰ〕 次の文章を読んで、後の問いに答えなさい。

710年、元明天皇は藤原京から平城京に遷都した。8世紀の初めは有力氏族間の勢力のバランスが保たれ、律令政治が運営されていたが、やがて政争aなどを通じて旧来の氏族を押さえた藤原氏が頭角を現していった。

娘の宮子を天皇に嫁がせた【　1　】の子ら4兄弟（南家・北家・式家b・京家の4家）が政界に進出し、政権を手中にしたが、疫病により4兄弟は死去した。南家出身の藤原仲麻呂は光明皇太后cの後見のもと、【　2　】の時代に活躍した。藤原仲麻呂は祖父の時代に編纂が開始された律令dの施行を実現させている。【2】退位後、続く淳仁天皇の時代にも藤原仲麻呂は天皇から重用された。このように南家が当初権勢を誇っていたが、やがて藤原仲麻呂が【　3　】との権力争いに敗れると、南家は衰えていった。

奈良時代には国際色豊かな天平文化eが花開いた。その文化の中心になった人物は鎮護国家の思想のもと、仏教を厚く信仰した聖武天皇である。九州で大規模な反乱が勃発すると、聖武天皇はその翌年に【史料A】を出し、その後には【史料B】を出すなど、政治と社会の動揺を仏教の力によって防ごうとしたのである。（史料は一部省略したり、書き改めたりしたところもある。）

【史料A】

（天平十三年三月）……「……宜しく天下諸国をして各敬みて七重塔一区を造り、幷せて金光明最勝王経・妙法蓮華経各一部を写さしむべし。……僧寺には必ず廿僧有らしめ、其の寺の名を金光明四天王護国之寺fと為し、尼寺には一十尼ありて、其の寺の名を法華滅罪之寺と為し、両寺相共に宜しく教戒を受くべし。……」と。

（続日本紀）

【史料B】

（天平十五年）……盧舎那仏の金銅像一軀を造り奉る。……夫れ天下の富を有つ者は朕なり。天下の勢を有つ者も朕なり。この富勢を以て、この尊像を造る。……

（続日本紀）

問1　空欄【　1　】～【　3　】にあてはまる語句として最も適切なものはどれか。次のア～エのうちから一つずつ選びなさい。

【1】	ア　藤原広嗣	イ　藤原房前	ウ　藤原武智麻呂	エ　藤原不比等	1
【2】	ア　元正天皇	イ　光仁天皇	ウ　孝謙天皇	エ　文武天皇	2
【3】	ア　道鏡	イ　行基	ウ　玄昉	エ　良弁	3

問2　下線部ａに関連して、奈良時代の政争について述べた次の文(ⅰ)・(ⅱ)の正誤の組み合わせとして最も適切なものはどれか。下の**ア**～**エ**のうちから一つ選びなさい。　**4**

(ⅰ)　太政大臣禅師である長屋王が藤原４兄弟の策謀により自害した。
(ⅱ)　橘諸兄が藤原仲麻呂を打倒しようと計画したが逆に滅ぼされた。

ア　(ⅰ)正　(ⅱ)正　　**イ**　(ⅰ)正　(ⅱ)誤
ウ　(ⅰ)誤　(ⅱ)正　　**エ**　(ⅰ)誤　(ⅱ)誤

問3　下線部ｂに関連して、式家の祖である藤原宇合は遣唐使として渡唐したことでも知られる。遣唐使や遣唐使に随行した人物について述べた次の文(ⅰ)～(ⅲ)について、古いものから年代順に正しく配列したものを、下の**ア**～**カ**のうちから一つ選びなさい。　**5**

(ⅰ)　阿倍仲麻呂は唐朝に仕え、玄宗皇帝に重用されて唐の高官となった。
(ⅱ)　舒明天皇の時代に、犬上御田鍬が遣唐使として派遣された。
(ⅲ)　渡唐から帰国までの苦労の記録として、円仁が『入唐求法巡礼行記』を著した。

ア　(ⅰ)－(ⅱ)－(ⅲ)
イ　(ⅰ)－(ⅲ)－(ⅱ)
ウ　(ⅱ)－(ⅰ)－(ⅲ)
エ　(ⅱ)－(ⅲ)－(ⅰ)
オ　(ⅲ)－(ⅰ)－(ⅱ)
カ　(ⅲ)－(ⅱ)－(ⅰ)

問4　下線部ｃに関連して、この人物の夫である聖武太上天皇の遺品を納めた建物として正しいものはどれか。次の**ア**～**エ**のうちから一つ選びなさい。　**6**

ア　朝堂院　　**イ**　正倉院　　**ウ**　悲田院　　**エ**　勧学院

問5　下線部ｄに関連して、奈良時代の律令制に関する説明として正しいものはどれか。次の**ア**～**エ**のうちから一つ選びなさい。　**7**

ア　尊属に対する不孝などの八虐についても有位者であれば減免された。
イ　布２丈６尺を国衙に納める庸や、地方の特産品を中央に納める調などが徴収された。
ウ　地方には国・郡・里が置かれて郡を任された郡司は中央から派遣された。
エ　太政官のもとには八省が置かれ、治部省が仏事や外交事務などを担当した。

問6　下線部ｅに関連して、天平文化に関する説明として誤っているものはどれか。次の**ア**～**エ**のうちから一つ選びなさい。　**8**

ア　漢文・紀伝体の体裁で記された『日本書紀』が舎人親王を中心に編纂された。
イ　大友皇子や大津皇子らの漢詩を収めた現存最古の漢詩集『懐風藻』が編まれた。
ウ　興福寺阿修羅像や唐招提寺鑑真像など、乾漆像が多くつくられた。
エ　絵巻物の源流といわれる釈迦の一生を描いた『過去現在絵因果経』がつくられた。

問7　下線部 f に関連して、総国分寺とも称された寺院として正しいものはどれか。次のア〜エのうちから一つ選びなさい。　9

ア　興福寺　　イ　東大寺　　ウ　唐招提寺　　エ　下野薬師寺

問8　【史料B】と同じ年に出された法令として正しいものはどれか。次のア〜エのうちから一つ選びなさい。　10

ア　墾田永年私財法　　イ　三世一身法

ウ　蓄銭叙位令　　エ　荘園整理令

〔Ⅱ〕　次の文章を読んで、後の問いに答えなさい。

源氏は壇の浦の戦い(a)で平氏を破り、源頼朝は鎌倉を拠点に幕府を開いた。幕府機構を整えた(b)頼朝であったが、1199年に死去した。幕府の2代将軍に就任したのは【　1　】であったが、訴訟の裁決は有力御家人13人の合議に移されることになった。ここで権力を伸長させたのが北条時政をはじめとする北条氏である。1203年に【1】を後見する【　2　】を時政は滅ぼし、政所の長官に就任して幕府内での権威を高めていった。

2代執権北条義時の時代には、朝廷との間に承久の乱(c)が勃発した。この戦いに勝利を収めた幕府は朝廷の皇位継承にも深く関与するなど、鎌倉時代の朝幕関係(d)を一変させた。そして、3代執権北条泰時の時代には、執権の補佐役を務める連署、重要政務を合議するための【　3　】が置かれた。また、1232年には御成敗式目(e)を制定した。こうして執権政治は隆盛し、5代執権北条時頼(f)の時代に北条氏の覇権をいっそう確実なものにした。時頼はその隠居後も幕府政治の実権を握り続け、得宗専制政治への移行の契機ともなった。時頼は禅宗の寺院である【　4　】を鎌倉に建立した人物としても知られている。

問1　空欄【　1　】〜【　4　】にあてはまる語句として最も適切なものはどれか。次のア〜エのうちから一つずつ選びなさい。

【1】ア　藤原頼経　　イ　藤原頼嗣　　ウ　源頼家　　エ　源実朝　11

【2】ア　竹崎季長　　イ　畠山重忠　　ウ　長崎高資　　エ　比企能員　12

【3】ア　引付衆　　イ　評定衆　　ウ　地頭　　エ　同朋衆　13

【4】ア　建長寺　　イ　永平寺　　ウ　清浄光寺　　エ　久遠寺　14

問2　下線部 a の壇の浦の戦いが起きた場所として最も適当なものを、次の地図上のア〜エのうちから一つ選びなさい。　15

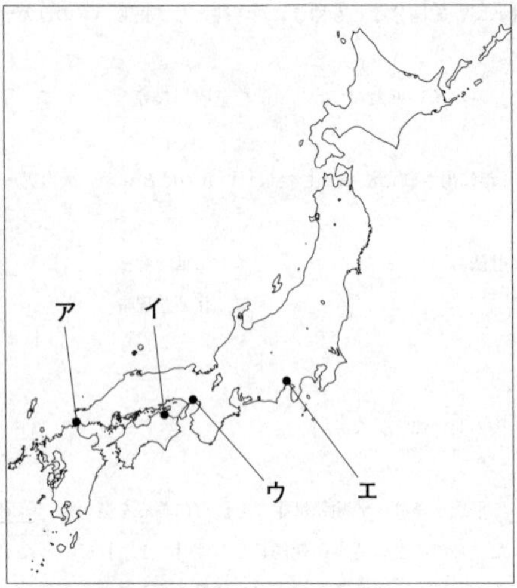

問3　下線部bに関連して、1184年に設置された鎌倉幕府の裁判事務機関として正しいものはどれか。次のア～エのうちから一つ選びなさい。 **16**

ア　雑訴決断所　　イ　鎮西探題　　ウ　問注所　　エ　記録所

問4　下線部cに関して述べた文として正しいものはどれか。次のア～エのうちから一つ選びなさい。 **17**

ア　朝廷の中心にいた後鳥羽上皇は新たに北面の武士を設置して軍事力を強化した。

イ　幕府は北条義時の子の泰時と弟の重時らの率いる軍を京都に派遣した。

ウ　乱後、後鳥羽上皇を隠岐に、順徳上皇を佐渡に流した。

エ　乱後、鎌倉に六波羅探題を設置して、朝廷を監視するようになった。

問5　下線部dに関連して、鎌倉時代の朝廷や院について述べた文として正しいものはどれか。次のア～エのうちから一つ選びなさい。 **18**

ア　後嵯峨上皇の皇子である宗尊親王が幕府の4代将軍として迎えられた。

イ　後嵯峨上皇による院政において院評定衆が置かれた。

ウ　亀山天皇の流れをくむ持明院統の後醍醐天皇により親政が開始された。

エ　蒙古襲来の際も、朝廷は全国の荘園・公領の武士を動員する権利を幕府に与えなかった。

問6　下線部eについて述べた次の文(ⅰ)・(ⅱ)の正誤の組み合わせとして最も適切なものはどれか。次のア～エのうちから一つ選びなさい。 **19**

(ⅰ)　武家社会の道理や北条時政以来の先例を基準に、51カ条でまとめられた。

(ⅱ)　律令の系統を引く公家法や、荘園領主のもとでの本所法が否定された。

ア (ⅰ)正　(ⅱ)正　　イ (ⅰ)正　(ⅱ)誤
ウ (ⅰ)誤　(ⅱ)正　　エ (ⅰ)誤　(ⅱ)誤

問7　下線部 f に関連して、北条時頼は宝治合戦で対抗勢力であった御家人の一族を滅ぼしたが、その一族の人物として正しいものはどれか。次のア～エのうちから一つ選びなさい。　**20**

ア　三浦泰村　　イ　安達泰盛　　ウ　梶原景時　　エ　新田義貞

〔Ⅲ〕　次の文章を読んで、後の問いに答えなさい。

1880年代前半に展開された松方財政(a)により不況となったが、1880年代後半には景気は回復した。鉄道や紡績(b)を中心とする企業勃興により、日本でも機械技術を本格的に用いる産業革命が始まった。企業勃興の流れは、1890年の恐慌で一時衰退したが、日清戦争(c)で勝利した日本は、下関条約で得た賠償金をもとに戦後経営に取り組んだ。1897年、貨幣法を制定して欧米諸国にならった【 21 】を採用しただけではなく、特定の分野に資金を供給する特殊銀行の設立も進めた。

政府は日清戦争後、福岡県に官営【 22 】を建設して、重工業の基盤である鉄鋼の国産化を目指した。当初は経営に苦慮していたが、日露戦争の後になると軍備拡大にともなう軍需や鉄道業での需要に支えられて軌道に乗り、民間製鋼会社などの設立も進んだ。

産業革命の進展により賃金労働者が増加すると、低賃金・重労働を強いられた労働者(d)は罷業（ストライキ）を起こすようになった。アメリカ合衆国の労働運動の影響を受けた【 23 】・片山潜らは1897年に労働組合期成会を組織して、労働組合の結成を促した。社会主義者の活動も盛んになり、1901年に安部磯雄や幸徳秋水らは最初の社会主義政党である【 24 】を結成したが、治安警察法(e)によりすぐに解散に追い込まれた。1906年には最初の合法的社会主義政党が結成されたが、翌1907年には解散した。その後、1910年に幸徳秋水などの社会主義者らが起訴され、翌年死刑などに処された【 25 】が起こると、社会主義者の活動は一時停滞した。

問1　空欄【 21 】～【 25 】にあてはまる語句として最も適切なものはどれか。次のア～コのうちから一つずつ選びなさい。　**21**　**22**　**23**　**24**　**25**

ア　八幡製鉄所　　イ　亀戸事件　　ウ　横山源之助
エ　大逆事件　　オ　高野房太郎　　カ　金本位制
キ　銀本位制　　ク　鞍山製鉄所　　ケ　社会民主党
コ　日本社会党

問2　下線部 a に関連して、松方財政やその影響について述べた文として正しいものはどれか。次のア～エのうちから一つ選びなさい。　**26**

ア　減税を実施することで、不況に陥った経済の活性化を目指した。
イ　紙幣流通量調整のため、官営の国立銀行から銀行券発行権を取り上げた。
ウ　米価や繭価が大幅に下落したため、多くの寄生地主が没落した。
エ　軍事費以外の歳出について、徹底して緊縮財政を推進した。

問3　下線部bに関連して、明治期の繊維産業について述べた次の文(ⅰ)・(ⅱ)の正誤の組み合わせとして最も適切なものはどれか。下の**ア**～**エ**のうちから一つ選びなさい。　**27**

(ⅰ)　渋沢栄一らが大阪紡績会社を設立した翌年、綿糸の輸出量が輸入量を超えた。

(ⅱ)　製糸業において、日清戦争後に座繰製糸の生産量が器械製糸の生産量を上回った。

ア　(ⅰ)正　(ⅱ)正　　**イ**　(ⅰ)正　(ⅱ)誤
ウ　(ⅰ)誤　(ⅱ)正　　**エ**　(ⅰ)誤　(ⅱ)誤

問4　下線部cに関連して、日清戦争やその関連事項に関して述べた次の文(ⅰ)～(ⅲ)について、古いものから年代順に正しく配列したものを、下の**ア**～**カ**のうちから一つ選びなさい。　**28**

(ⅰ)　清の北洋艦隊に勝利した日本軍によって、威海衛が占領された。

(ⅱ)　日本公使三浦梧楼らによって朝鮮の王宮が占拠され、王妃の閔妃が殺害された。

(ⅲ)　領事裁判権の撤廃などを内容とした、日英通商航海条約が締結された。

ア　(ⅰ)－(ⅱ)－(ⅲ)
イ　(ⅰ)－(ⅲ)－(ⅱ)
ウ　(ⅱ)－(ⅰ)－(ⅲ)
エ　(ⅱ)－(ⅲ)－(ⅰ)
オ　(ⅲ)－(ⅰ)－(ⅱ)
カ　(ⅲ)－(ⅱ)－(ⅰ)

問5　下線部dに関連して、1911年には第2次桂太郎内閣によって工場法が公布された。工場法について述べた次の文(ⅰ)・(ⅱ)の正誤の組み合わせとして最も適切なものはどれか。下の**ア**～**エ**のうちから一つ選びなさい。　**29**

(ⅰ)　資本家の反対を受けたため、施行は第2次大隈重信内閣の時までずれ込んだ。

(ⅱ)　15人未満の工場には適用されなかった。

ア　(ⅰ)正　(ⅱ)正　　**イ**　(ⅰ)正　(ⅱ)誤
ウ　(ⅰ)誤　(ⅱ)正　　**エ**　(ⅰ)誤　(ⅱ)誤

問6　下線部eについて、この法令を制定した内閣として正しいものはどれか。次の**ア**～**エ**のうちから一つ選びなさい。　**30**

ア　第2次伊藤博文内閣　　**イ**　第3次伊藤博文内閣
ウ　第1次山県有朋内閣　　**エ**　第2次山県有朋内閣

〔Ⅳ〕 次の【文章A】・【文章B】を読んで、後の問いに答えなさい。

【文章A】

北海道では、食料採取文化である【　1　】が7世紀頃まで続いたのち、擦文文化などが広がり、13世紀にはアイヌの文化が生まれた。アイヌは漁業や狩猟の生活をしながら、渡島半島南部に進出し始めた和人と交易を行った。和人らは沿岸に居住地を広げ、有力者は館(たて)[a]を築いて領主に成長した。和人がアイヌを圧迫するようになると、アイヌは蜂起[b]したが鎮圧された。

和人居住地に勢力のあった蠣崎氏は松前氏と改称し、江戸時代初期に徳川家康[c]からアイヌとの交易の独占権を認められた。松前藩は鎖国下においてもアイヌとの交易を許された。松前藩では当初交易収入を家臣に知行として与え藩制を成立させていたが、のちにアイヌとの交易を和人商人に委託する【　2　】に改まった。

問1　空欄【　1　】・【　2　】にあてはまる語句として最も適切なものはどれか。次のア～エのうちから一つずつ選びなさい。

【1】 ア　オホーツク文化　イ　続縄文文化　ウ　弥生文化　エ　貝塚文化　31

【2】 ア　場所請負制　イ　官位相当制　ウ　地方知行制　エ　商場知行制　32

問2　下線部aに関連して、道南十二館の東端に位置し、敷地内から大量の中国銭が入った大甕が出土した館として正しいものはどれか。次のア～エのうちから一つ選びなさい。　33

ア　茂別館　イ　花沢館　ウ　勝山館　エ　志苔館

問3　下線部bのアイヌの蜂起に関して述べた次の文(ⅰ)～(ⅲ)について、古いものから年代順に正しく配列したものを、下のア～カのうちから一つ選びなさい。　34

(ⅰ)　首長コシャマインを中心にアイヌが蜂起して、和人居住地の大部分を攻め落とした。

(ⅱ)　アイヌ内部の争いを経て、アイヌは首長シャクシャインを中心に蜂起した。

(ⅲ)　松平定信が老中であった時代に国後島と知床半島の目梨地方のアイヌが蜂起した。

ア　(ⅰ)－(ⅱ)－(ⅲ)

イ　(ⅰ)－(ⅲ)－(ⅱ)

ウ　(ⅱ)－(ⅰ)－(ⅲ)

エ　(ⅱ)－(ⅲ)－(ⅰ)

オ　(ⅲ)－(ⅰ)－(ⅱ)

カ　(ⅲ)－(ⅱ)－(ⅰ)

問4　下線部cについて述べた文として誤っているものはどれか。次のア～エのうちから一つ選びなさい。　35

ア　娘の和子（東福門院）を後水尾天皇に入内させ、朝廷内部に勢力を伸ばした。

イ　京都方広寺の鐘銘を口実として大坂の役により豊臣秀頼を攻め滅ぼした。

ウ　江戸幕府を開いたあと、将軍職を将軍就任から2年で子の秀忠に譲った。

エ　北条氏の滅亡後、豊臣秀吉により関東に領地を移されて約250万石の大名となった。

【文章B】

1869年、政府は蝦夷地を北海道と改称して開拓使を置き、北方の開発を進めた。1874年には士族授産の意味もあって【　3　】制度を設けて開拓とロシアに対する備えとした。また1876年にはアメリカ人教育家の【　4　】を招いて札幌農学校を開校し、アメリカ式の大農場制度や畜産技術の移植をはかった。北海道の開拓を進める一方、北方ではロシアとの紛争が続いたため、ロシアとの間で国境（d）を改めた。

開拓使は1882年に廃止され、札幌・函館・根室の3県が置かれた。1889年2月、大日本帝国憲法とともに衆議院議員選挙法（e）が制定されたが、北海道は沖縄県などとともに、この時期には適用範囲外とされた。

北海道の先住民のアイヌに対しては、1899年にアイヌの保護を名目に北海道旧土人保護法が出されたが、アイヌが貧困と差別に苦しめられる状況に変化はなかった。この法令が廃止されるのは1997年のアイヌ文化振興法（f）の施行を待たなければならなかった。

問5　空欄【　3　】・【　4　】にあてはまる語句として最も適切なものはどれか。次のア～エのうちから一つずつ選びなさい。

【3】　ア　鎮台兵　　イ　屯田兵　　ウ　近衛兵　　エ　御親兵　　36

【4】　ア　ケプロン　　イ　フェノロサ　　ウ　クラーク　　エ　モース　　37

問6　下線部dに関連して、ロシア（ソ連）との国境の変遷について述べた文として正しいものはどれか。次のア～エのうちから一つ選びなさい。　38

ア　日露和親条約により得撫島以南が日本領と定まった。

イ　樺太・千島交換条約により樺太は両国人雑居の地と規定された。

ウ　ポーツマス条約により北緯50度以南の樺太が日本領となった。

エ　日ソ共同宣言により歯舞群島・色丹島が日本領に編入された。

問7　下線部eについて述べた次の文(ｉ)・(ⅱ)の正誤の組み合わせとして最も適切なものはどれか。下のア～エのうちから一つ選びなさい。　39

(ｉ)　第2次山県有朋内閣により選挙権の資格が直接国税15円以上の納入者に改められた。

(ⅱ)　幣原喜重郎内閣により選挙権の資格が満20歳以上の男女に改められた。

ア　(ｉ)正　(ⅱ)正　　イ　(ｉ)正　(ⅱ)誤

ウ　(ｉ)誤　(ⅱ)正　　エ　(ｉ)誤　(ⅱ)誤

問8　下線部fについて、この法令を成立させた内閣として正しいものはどれか。次のア～エのうちから一つ選びなさい。　40

ア　宇野宗佑内閣　　イ　小渕恵三内閣　　ウ　竹下登内閣　　エ　橋本龍太郎内閣

世界史

◀2月2日実施分▶

(60分)

〔Ⅰ〕 次の文章A～Cを読んで、後の問いに答えなさい。

A

春秋・戦国時代には、動乱の世相を背景に政治や社会のあり方について諸子百家と総称される思想家や学派がさまざまな思想を展開した。有能な人材を求めていた各国の諸侯①は彼らを登用して、富国強兵を進めた。

儒学を開いた【 1 】は仁徳をもって統治する徳治主義を説いた。それを受け継いだ孟子・荀子は独自の思想体系を構築②し、とくに荀子の思想は法家に近いとされ、彼の弟子から法家の思想家が現れている。法家を見ると、秦の孝公に重用された【 2 】が秦の強大化に寄与した。また、道家はあるがままの原理を求めて、政治を人為的なものとして批判した。

問1 文中の空欄【 1 】・【 2 】に当てはまる最も適切な語句はどれか。次のア～エのうちから一つずつ選びなさい。

【1】 ア 老子　　イ 孫子　　1
　　 ウ 孔子　　エ 荘子

【2】 ア 商鞅　　イ 蘇秦　　2
　　 ウ 曹丕　　エ 張騫

問2 文中の下線部①・②について、以下の問いに答えなさい。

① 各国の諸侯に関連して、戦国の七雄について述べた次の文a・bの正誤の組み合わせとして、正しいものはどれか。下のア～エのうちから一つ選びなさい。　3

a 楚では蟻鼻銭とよばれる青銅貨幣が用いられた。

b 燕は長江下流域に位置する国である。

ア a－正　b－正　　イ a－正　b－誤

ウ a－誤　b－正　　エ a－誤　b－誤

② 孟子・荀子の思想について述べた次の文の空欄 [a] ・ [b] に当てはまる語句の組み合わせとして、最も適切なものはどれか。下のア～エのうちから一つ選びなさい。 **4**

孟子は性善説の立場をとり、 [a] を唱えた一方、荀子は性悪説を主張し、 [b] を説いた。

ア [a]－王道政治　[b]－「礼」による秩序の形成
イ [a]－王道政治　[b]－「兼愛」による無差別の愛
ウ [a]－華夷思想　[b]－「礼」による秩序の形成
エ [a]－華夷思想　[b]－「兼愛」による無差別の愛

B

後漢の時代にはすでに仏教が伝わっていたとされているが、その普及が進んだのは魏晋南北朝の時代であった。この時期に西域より【 3 】が中国へ来朝し、布教や仏典の漢訳を行った。また、東晋の僧法顕はインドへ渡り仏教教学を修め、往来の記録として【 4 】を著した。③各地に石窟寺院が建立されたのもこの時代である。

唐代中国は周辺諸国からの留学生や商人が来朝した国際色豊かな時代であり、さまざまな宗教が信仰された。中央アジアからは④ゾロアスター教やマニ教がもたらされた。⑤ネストリウス派キリスト教は景教とよばれ、流行の様子は大秦景教流行中国碑に記されている。またイスラーム教（回教）もこの時代に中国へ流入した。

問3 文中の空欄【 3 】・【 4 】に当てはまる最も適切な語句はどれか。次のア～エのうちから一つずつ選びなさい。

【3】 **ア** 柳宗元　**イ** 竜樹　**ウ** 鳩摩羅什　**エ** 寇謙之 **5**

【4】 **ア** 『大唐西域記』　**イ** 『西廂記』　**ウ** 『南海寄帰内法伝』　**エ** 『仏国記』 **6**

問4 文中の下線部③～⑤について、以下の問いに答えなさい。

③ 各地の石窟寺院に関連して、竜門石窟の位置として正しいものはどれか。次の地図中のア～エのうちから一つ選びなさい。 **7**

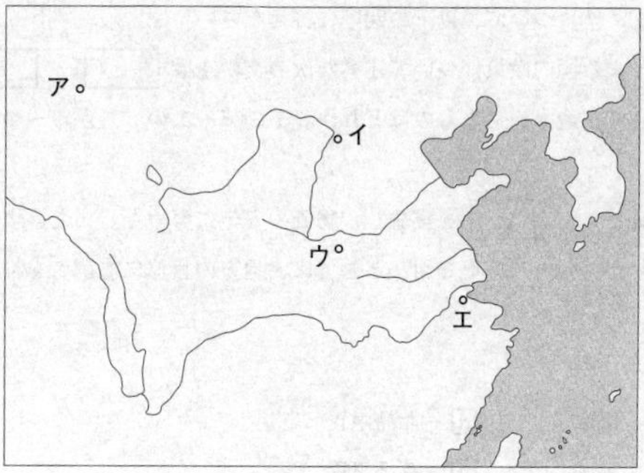

④　ゾロアスター教について述べた文として、正しいものはどれか。次の**ア**～**エ**のうちから一つ選びなさい。　**8**

ア　経典は『旧約聖書』である。

イ　最高神はシヴァ神である。

ウ　輪廻転生からの解脱を説いている。

エ　ササン朝ペルシアで国教とされた。

⑤　ネストリウス派キリスト教の思想と、これを異端とした公会議の組み合わせとして、最も適切なものはどれか。次の**ア**～**エ**のうちから一つ選びなさい。　**9**

ア　神・イエス・聖霊を同質とする三位一体説をとる　―　ニケーア公会議

イ　神・イエス・聖霊を同質とする三位一体説をとる　―　エフェソス公会議

ウ　イエスの神性と人性は分離していると考える　―　ニケーア公会議

エ　イエスの神性と人性は分離していると考える　―　エフェソス公会議

C

儒学（儒教）は後に国家の保護を受けた。前漢の武帝⑥の時期には【　5　】の献策により儒学が官学とされ、後漢では経典の字句解釈を行う【　6　】が確立した。以降、【6】は儒学の主流となり唐代に大成された。一方、宋代には君臣上下の秩序を絶対視する朱子学（宋学）が大成され、儒学は哲学的な広がりを見せた。明代⑦に入ると朱子学を批判する立場から陽明学が成立した。

問5　文中の空欄【　5　】・【　6　】に当てはまる最も適切な語句はどれか。次の**ア**～**エ**のうちから一つずつ選びなさい。

【5】　**ア**　孔穎達　　**イ**　董仲舒　　**10**

　　　ウ　王重陽　　**エ**　顧愷之

【6】　**ア**　訓詁学　　**イ**　太平道　　**11**

　　　ウ　清談　　**エ**　考証学

問6　文中の下線部⑥・⑦について、以下の問いに答えなさい。

⑥　前漢の武帝による国内政策について述べた次の文の空欄 c ・ d に当てはまる語句の組み合わせとして、最も適切なものはどれか。下の**ア**～**エ**のうちから一つ選びなさい。 **12**

経済統制政策として c を実施し、物価の安定に努めた。また、塩・鉄・酒の専売を行い、五銖銭を発行した。一方、官吏登用法としては、地方の官僚に有徳者を推薦させる d を制定した。

ア　c－均輸・平準　　d－九品中正
イ　c－均輸・平準　　d－郷挙里選
ウ　c－占田・課田法　　d－九品中正
エ　c－占田・課田法　　d－郷挙里選

⑦　明代の出来事を述べた次の文（ⅰ）～（ⅲ）について、古いものから年代順に正しく配列したものはどれか。下の**ア**～**カ**のうちから一つ選びなさい。 **13**

（ⅰ）　土木の変で正統帝が捕虜となった。
（ⅱ）　靖難の役を経て、永楽帝が即位した。
（ⅲ）　李自成の反乱軍が北京を占領した。

ア　（ⅰ）―（ⅱ）―（ⅲ）
イ　（ⅰ）―（ⅲ）―（ⅱ）
ウ　（ⅱ）―（ⅰ）―（ⅲ）
エ　（ⅱ）―（ⅲ）―（ⅰ）
オ　（ⅲ）―（ⅰ）―（ⅱ）
カ　（ⅲ）―（ⅱ）―（ⅰ）

〔Ⅱ〕 次の文章を読んで、後の問いに答えなさい。

約200年にわたる十字軍①遠征は、10世紀以降の農業生産増大②に起因する人口増加に伴う西欧の拡大運動③である側面も存在したが、この時期には西ヨーロッパとイスラームの両世界において文化的交流が進んだ。

4世紀後半に始まった【　1　】人の大移動以降、動乱の時代を経た西欧世界では古代ギリシア・ローマの文化がほとんど失われていた。これに対して、東方のビザンツ（東ローマ）帝国④やイスラーム世界では古代の文化が研究・保存されていた。とくにアッバース朝⑤では首都【　2　】に知恵の館（バイト=アルヒクマ）が建設され、【　3　】に代表される古代ギリシアの哲学⑥が研究された。

十字軍遠征の影響で【　4　】が活況を見せると、イスラーム世界で保存されていた古代ギリシア・ローマの学問や思想が西欧に導入された。とくにイベリア半島の【　5　】やシチリア島⑦でアラビア語の文献がラテン語に翻訳された。この活動は12世紀ルネサンスとよばれ、理性的な古代ギリシア哲学は、【　6　】によるスコラ学の大成に大きな影響を与えた。

問1　文中の空欄【　1　】～【　6　】に当てはまる最も適切な語句はどれか。次の**ア**～**エ**のうちから一つずつ選びなさい。

【1】 **ア**　マジャール　　**イ**　ゲルマン　**14**
　　 ウ　ブルガール　　**エ**　スラヴ

【2】 **ア**　カイロ　　**イ**　ダマスクス　**15**
　　 ウ　バグダード　　**エ**　イスファハーン

【3】 **ア**　セネカ　　**イ**　ミケランジェロ　**16**
　　 ウ　アリストテレス　　**エ**　タキトゥス

【4】 **ア**　インド航路　　**イ**　レヴァント貿易　**17**
　　 ウ　アカプルコ貿易　　**エ**　勘合貿易

【5】 **ア**　トレド　　**イ**　アヴィニョン　**18**
　　 ウ　ミラノ　　**エ**　ピサ

【6】 **ア**　ベネディクトゥス　　**イ**　アウグスティヌス　**19**
　　 ウ　アルクイン　　**エ**　トマス=アクィナス

問2　文中の下線部①～⑦について、以下の問いに答えなさい。

①　十字軍について述べた文として、正しいものはどれか。次の**ア**～**エ**のうちから一つ選びなさい。　**20**

ア　第1回十字軍ではイェルサレムにユダ王国が建国された。

イ　第3回十字軍ではイギリス王リチャード1世がサラディンと戦った。

ウ　第4回十字軍ではフランス王ルイ9世が外交によって一時聖地を回復した。

エ　ファーティマ朝が十字軍最後の拠点のカレーを陥落させ、十字軍は終結した。

②　この時期に用いられるようになった農法と農具の組み合わせとして、最も適切なものはどれか。次の**ア**～**エ**のうちから一つ選びなさい。　**21**

ア　ノーフォーク農法 ― 飛び杼

イ　ノーフォーク農法 ― 重量有輪犂

ウ　三圃制 ― 飛び杼

エ　三圃制 ― 重量有輪犂

③　西欧の拡大運動について述べた次の文a・bの正誤の組み合わせとして、正しいものはどれか。下の**ア**～**エ**のうちから一つ選びなさい。 **22**

a　ドイツ人を中心にエルベ川以東への東方植民が行われた。

b　スペイン王国がムワッヒド朝の都コルドバを陥落させて、レコンキスタを達成した。

ア　a－正　b－正　　**イ**　a－正　b－誤

ウ　a－誤　b－正　　**エ**　a－誤　b－誤

④　ビザンツ帝国に関する出来事について述べた次の文（ⅰ）～（ⅲ）について、古いものから年代順に正しく配列したものはどれか。下の**ア**～**カ**のうちから一つ選びなさい。 **23**

（ⅰ）土地制度としてプロノイア制が施行された。

（ⅱ）レオン3世により聖像禁止令が発せられた。

（ⅲ）ユスティニアヌス帝がハギア＝ソフィア聖堂を再建した。

ア　（ⅰ）―（ⅱ）―（ⅲ）

イ　（ⅰ）―（ⅲ）―（ⅱ）

ウ　（ⅱ）―（ⅰ）―（ⅲ）

エ　（ⅱ）―（ⅲ）―（ⅰ）

オ　（ⅲ）―（ⅰ）―（ⅱ）

カ　（ⅲ）―（ⅱ）―（ⅰ）

⑤　アッバース朝について述べた次の文の空欄 a ・ b に当てはまる語句の組み合わせとして、最も適切なものはどれか。下の**ア**～**エ**のうちから一つ選びなさい。 **24**

750年に建てられたアッバース朝は a の時期に最盛期を迎えたが、彼の死後、各地の勢力が自立して帝国は分裂状態となった。そして、モンゴル軍を率いる b の侵攻で、1258年に滅亡した。

ア　a－ムアーウィヤ　　b－バトゥ

イ　a－ムアーウィヤ　　b－フラグ

ウ　a－ハールーン＝アッラシード　　b－バトゥ

エ　a－ハールーン＝アッラシード　　b－フラグ

⑥ 古代ギリシアの哲学について述べた文として、正しいものはどれか。次のア～エのうちから一つ選びなさい。 **25**

ア タレスは万物の根源を「水」と考えた。

イ ヒッポクラテスは万物の根源を「原子」と考えた。

ウ プロタゴラスは「無知の知」を主張し、絶対的真理を追究した。

エ ゼノンは精神の快楽を求めるエピクロス派を創始した。

⑦ シチリア島の歴史について述べた次の文の空欄 c ・ d に当てはまる語句の組み合わせとして、最も適切なものはどれか。下のア～エのうちから一つ選びなさい。 **26**

古代には西地中海の覇権をめぐって共和政ローマと c によるポエニ戦争が勃発し、シチリア島はローマの属州となった。その後、ローマ帝国が分裂すると、ビザンツ帝国やイスラーム勢力が進出したが、12世紀前半にはノルマン人のルッジェーロ２世によって d が建てられた。

ア c－カルタゴ　　d－サルデーニャ王国

イ c－カルタゴ　　d－両シチリア王国

ウ c－パルティア　　d－サルデーニャ王国

エ c－パルティア　　d－両シチリア王国

〔Ⅲ〕 次の文章Ａ～Ｃを読んで、後の問いに答えなさい。

Ａ

世界の一体化が進んだ17世紀以降、各国をリードする覇権（ヘゲモニー）国家が現れた。17世紀前半に覇権国家となったのはオランダであった。北海・バルト海①の中継貿易で繁栄したオランダは、17世紀初頭には【 1 】から事実上の独立を達成した。また、その頃にオランダ東インド会社を設立し、東南アジア海域に進出した。1623年に【 2 】を起こしてこの海域からイギリスを排除することに成功すると、香辛料交易で利益を得た。港湾都市の【 3 】は国際商業・金融の中心として繁栄し、商人層の成熟は市民文化の発達を促した②。

問１ 文中の空欄【 1 】～【 3 】に当てはまる最も適切な語句はどれか。次のア～エのうちから一つずつ選びなさい。

【1】 ア ポルトガル　イ スペイン　**27**
ウ ベルギー　エ スイス

【2】 ア ８月10日事件　イ サンバルテルミの虐殺　**28**
ウ モロッコ事件　エ アンボイナ事件

【3】 ア アントウェルペン　イ リスボン　**29**
ウ アムステルダム　エ マドリード

問2　文中の下線部①・②について、以下の問いに答えなさい。

①　北海・バルト海域の歴史について述べた次の文（i）～（iii）について、古いものから年代順に正しく配列したものはどれか。下のア～カのうちから一つ選びなさい。 **30**

（i）　デーン人のクヌートがイングランドの王になった。

（ii）　第1回ポーランド分割が行われた。

（iii）　デンマークを盟主とするカルマル同盟が結成された。

ア　（i）―（ii）―（iii）
イ　（i）―（iii）―（ii）
ウ　（ii）―（i）―（iii）
エ　（ii）―（iii）―（i）
オ　（iii）―（i）―（ii）
カ　（iii）―（ii）―（i）

②　オランダの市民文化について述べた次の文の空欄 a ・ b に当てはまる語句の組み合わせとして、最も適切なものはどれか。下のア～エのうちから一つ選びなさい。 **31**

オランダ絵画の代表的な画家レンブラントは光と影の描写に特徴があり、 a などの作品を遺した。また、 b は日常生活を色彩豊かに描いた。

ア　a－「農民の踊り」　b－フェルメール
イ　a－「農民の踊り」　b－エラスムス
ウ　a－「夜警」　b－フェルメール
エ　a－「夜警」　b－エラスムス

B

17世紀のイギリスは<u>二度の市民革命</u>③を経て議会政治が確立し、経済力と海軍力を背景に覇権国家へと名乗りを上げた。18世紀半ばには北米やインドで植民地獲得をめぐって【 32 】と争ってこれに勝利したほか、黒人奴隷を扱う<u>大西洋三角貿易で莫大な利益を得た</u>④。18世紀後半から【 33 】の分野で産業革命が始まると、機械工業をはじめ飛躍的に発展し、19世紀にはイギリスは「世界の工場」の地位を獲得した。この時代、【 34 】の治世で、パクス=ブリタニカとよばれる繁栄期を迎えた。

問3　文中の空欄【 32 】～【 34 】に当てはまる最も適切な語句はどれか。次のア～コのうちから一つずつ選びなさい。 **32** **33** **34**

ア　フランス　　**イ**　毛織物工業　　**ウ**　綿織物工業
エ　イタリア　　**オ**　エリザベス1世　　**カ**　スペイン
キ　ヴィクトリア女王　　**ク**　絹織物工業　　**ケ**　アン女王
コ　メアリ1世

問4　文中の下線部③・④について、以下の問いに答えなさい。

③　イギリスの市民革命について述べた文として、正しいものはどれか。次のア～エのうちから一つ選びなさい。　35

ア　ジェームズ1世の専制政治に対し、王党派が蜂起してピューリタン革命が始まった。

イ　クロムウェルは公職就任をイギリス国教会の教徒に限るとする審査法を制定した。

ウ　チャールズ2世は人権宣言を発して、王政復古を行った。

エ　名誉革命により、メアリ2世とウィリアム3世の共同統治となった。

④　大西洋三角貿易について述べた次の文の空欄［c］・［d］に当てはまる語句の組み合わせとして、最も適切なものはどれか。下のア～エのうちから一つ選びなさい。　36

大西洋三角貿易では西欧から西アフリカに火器や日用品を運び、西アフリカのダホメ王国などから黒人奴隷が購入され、西インド諸島やアメリカ南部に送られた。アメリカ大陸や西インド諸島からは、［c］やタバコなどが西欧に持ち込まれた。三角貿易の膨大な利益によって、イギリスの［d］が貿易港として繁栄した。

ア　［c］－砂糖　［d］－リヴァプール

イ　［c］－砂糖　［d］－ブリュージュ

ウ　［c］－香辛料　［d］－リヴァプール

エ　［c］－香辛料　［d］－ブリュージュ

C

アメリカ合衆国は19世紀末に工業生産においてイギリスを抜いて世界一となった。この頃にフロンティアが消滅したため、積極的な海外進出策に転換した。この時期から太平洋に進出したほか、20世紀初頭には【　4　】への介入を強めた。第一次世界大戦後のパリ講和会議を主導し、アジア・太平洋地域の安定をはかるための【　5　】を主催するなど国際的な発言力が増した。⑤1920年代には大量生産・大量消費社会が形成され、大衆文化が花開いた。第二次世界大戦以降の冷戦では西側諸国の盟主として強大な経済力・軍事力を維持し続けた一方で、⑥経済発展の著しい新興工業国も次第に台頭してきている。

問5　文中の空欄【　4　】・【　5　】に当てはまる最も適切な語句はどれか。次のア～エのうちから一つずつ選びなさい。

【4】　ア　バルト海　　イ　エーゲ海　　37
　　　ウ　カリブ海　　エ　マラッカ海峡

【5】　ア　サンフランシスコ会議　　イ　ワシントン会議　　38
　　　ウ　アルヘシラス国際会議　　エ　ダンバートン＝オークス会議

問6　文中の下線部⑤・⑥について、以下の問いに答えなさい。

⑤　1920年代のアメリカは社会の保守化が進んだ時期であった。この時期の様相をよく表す法律と出来事の組み合わせとして、最も適切なものはどれか。次の**ア**～**エ**のうちから一つ選びなさい。

39

ア　禁酒法 ― 移民の流入制限・禁止

イ　禁酒法 ― ファショダ事件

ウ　ワグナー法 ― 移民の流入制限・禁止

エ　ワグナー法 ― ファショダ事件

⑥　新興工業国について述べた文として、正しいものはどれか。次の**ア**～**エ**のうちから一つ選びなさい。

40

ア　インドネシアでは「ドイモイ」（刷新）政策のもとでゆるやかな市場開放を行った。

イ　社会主義市場経済を掲げる中国は、21世紀に入ってGDPが世界第2位となるまでに成長した。

ウ　ブラジル・ロシア・インド・中国・韓国の5か国は頭文字をあわせてBRICSとよばれる。

エ　南アフリカでは白豪主義を見直し、マンデラを大統領とする政権が誕生した。

◀2月3日実施分▶

(60 分)

〔Ⅰ〕 次の文章を読んで、後の問いに答えなさい。

贖宥状の販売を続けるカトリック教会①に対してルターは1517年に【　1　】を発表し、宗教改革②が始まった。ドイツでは神聖ローマ皇帝と領邦諸侯が対立する政治問題に発展し、1555年の【　2　】で一応の決着を見たが、プロテスタントの勢力はヨーロッパ各地に拡大していった。

スイスの【　3　】ではカルヴァンが独自の宗教改革を行った。彼の説は商工業者に受け入れられて普及し③、とくにフランスのカルヴァン派はユグノーとよばれ、16世紀に起こった内乱の大きな要因となった④。

イギリスでは【　4　】が1534年に首長法を発してイギリス国教会を成立させ、カトリックから離脱した。メアリ1世はカトリック復活を画策し王朝は一時混乱したが、エリザベス1世⑤は【　5　】を制定して、イギリス国教会の体制が最終的に確立した。

一方、カトリック教会は拡大するプロテスタントに対して対抗宗教改革で勢力の立て直しをはかった。【　6　】らが結成したイエズス会の活動⑥を公認したほか、1545年には【　7　】を開催し、教皇至上権の確認や宗教裁判の強化を進めた。

問1　文中の空欄【　1　】～【　7　】に当てはまる最も適切な語句はどれか。次のア～エのうちから一つずつ選びなさい。

【1】 ア 『法の精神』　イ 九十五カ条の論題　ウ 『パンセ』　エ 「ドイツ国民に告ぐ」　**1**

【2】 ア コンコルダート　イ アーヘン条約　ウ アウクスブルクの和議　エ ラテラノ条約　**2**

【3】 ア チューリヒ　イ ミュンヘン　ウ ベルリン　エ ジュネーヴ　**3**

【4】 ア ヘンリ8世　イ エドワード1世　ウ ジョン王　エ ジョージ1世　**4**

【5】 ア 審査法　イ 統一法　ウ 団結禁止法　エ 議会法　**5**

【6】 ア プラノ=カルピニ　イ ルブルック　ウ マカートニー　エ イグナティウス=ロヨラ　**6**

【7】 ア トリエント公会議　イ クレルモン宗教会議　ウ カルケドン公会議　エ コンスタンツ公会議　**7**

問2　文中の下線部①～⑥について、以下の問いに答えなさい。

①　カトリック教会に関する出来事について述べた次の文（ｉ）～（iii）について、古いものから年代順に正しく配列したものはどれか。下のア～カのうちから一つ選びなさい。　8

（ｉ）　教皇グレゴリウス７世が「カノッサの屈辱」でドイツ王を屈服させた。

（ii）　アウグスティヌスが『神の国』（『神国論』）を著した。

（iii）　教皇レオ３世がカールに西ローマ帝冠を授与した。

ア　（ｉ）―（ii）―（iii）

イ　（ｉ）―（iii）―（ii）

ウ　（ii）―（ｉ）―（iii）

エ　（ii）―（iii）―（ｉ）

オ　（iii）―（ｉ）―（ii）

カ　（iii）―（ii）―（ｉ）

②　ドイツの宗教改革が始まって以降に起こった出来事として誤っているものはどれか。次のア～エのうちから一つ選びなさい。　9

ア　ミュンツァーが指導するドイツ農民戦争が起こった。

イ　ベーメンでフス派の反乱が起こった。

ウ　ルターが『新約聖書』のドイツ語訳を完成させた。

エ　オスマン帝国の軍隊がウィーンを包囲した。

③　カルヴァン信仰の広がりについて、カルヴァン派が「プレスビテリアン」とよばれた地域として正しいものはどれか。次の地図中のア～エのうちから一つ選びなさい。　10

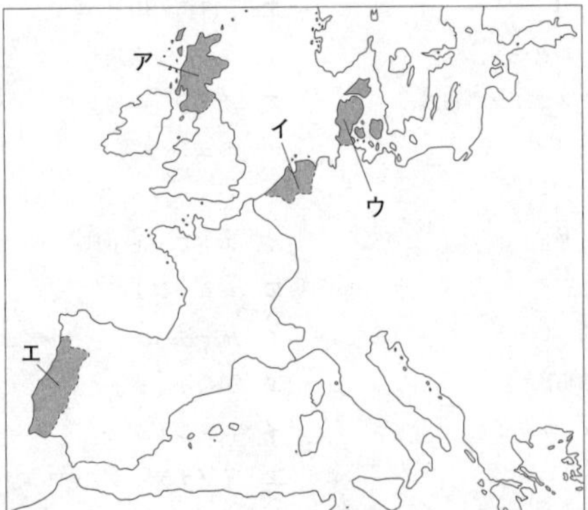

④　フランスの宗教戦争について述べた次の文の空欄 a ・ b に当てはまる語句の組み合わせとして、最も適切なものはどれか。下のア～エのうちから一つ選びなさい。　11

ヴァロワ朝では増加する新教徒のユグノーとカトリック教徒の対立が激化し、ユグノー戦争が勃発した。王の摂政であった［ a ］はサンバルテルミの虐殺で新教派を弾圧した。1589年にアンリ4世が即位してブルボン朝が成立すると、国王は1598年の［ b ］でユグノーの信仰の自由を保障した。

ア ［a］－シモン＝ド＝モンフォール　［b］－ナントの王令
イ ［a］－シモン＝ド＝モンフォール　［b］－金印勅書
ウ ［a］－カトリーヌ＝ド＝メディシス　［b］－ナントの王令
エ ［a］－カトリーヌ＝ド＝メディシス　［b］－金印勅書

⑤ エリザベス1世の治世期について述べた次の文a・bの正誤の組み合わせとして、正しいものはどれか。下の**ア**～**エ**のうちから一つ選びなさい。 **12**

a　ドレークらの私拿捕船がスペイン船を襲撃した。
b　シェークスピアらの文化人が活躍した。

ア　a－正　b－正　　**イ**　a－正　b－誤
ウ　a－誤　b－正　　**エ**　a－誤　b－誤

⑥ イエズス会の中国での活動について述べた次の文の空欄［ c ］・［ d ］に当てはまる語句の組み合わせとして、最も適切なものはどれか。下の**ア**～**エ**のうちから一つ選びなさい。 **13**

イエズス会の宣教師は中国への布教を行いながら西洋の知識をもたらした。［ c ］は世界地図の「坤輿万国全図」を作製したほか、アダム＝シャールは『崇禎暦書』の編纂を指導した。イエズス会は布教にあたって中国の伝統様式を認めたため他会派との［ d ］に発展し、雍正帝の時期にキリスト教の布教が禁止された。

ア ［c］－マテオ＝リッチ　［d］－仇教運動
イ ［c］－マテオ＝リッチ　［d］－典礼問題
ウ ［c］－モンテ＝コルヴィノ　［d］－仇教運動
エ ［c］－モンテ＝コルヴィノ　［d］－典礼問題

〔Ⅱ〕 次の文章を読んで、後の問いに答えなさい。

①アフガニスタンで勢力を拡大したバーブルは、デリー＝スルタン朝最後の【　1　】を破ってデリーを占拠し、1526年にムガル帝国を建てた。第3代の【　2　】は官僚制と中央集権体制を確立し、ムガル帝国支配の基礎を形作った。彼はアグラに遷都すると、異教徒への【　3　】(人頭税)を廃止し、ラージプート(諸侯)勢力と婚姻関係を結ぶなど、②ヒンドゥー教徒との融和政策を推し進めた。ムガル帝国の時代には③イスラーム教がインド全域に広がり、インド＝イスラーム文化が花開いた。言語ではペルシア語が公用語とされたが、現地のヒンディー語とアラビア語・ペルシア語が融合した【　4　】が成立した。ミニアチュール(細密画)がイランから導入されると、インドの美術様式と融合するムガル絵画に発展した。第5代シャー＝ジャハーンが建立した【　5　】は、代表的なインド＝イスラーム建築である。

第6代アウラングゼーブの時期にはデカン高原を版図に加え、帝国は最大領域を実現した。しかし、長期間の戦争によってラージプート勢力らの支配者層は疲弊し、帝国への不満を募らせることとなった。また、彼は厳格な④スンナ派ムスリムであったため、【3】を復活させるなどヒンドゥー教徒への弾圧を強めた。その結果、デカン高原のマラーター王国やパンジャーブ地方で勢力を広げた【　6　】などによる反乱が各地で勃発して、アウラングゼーブの死後、帝国は衰退した。

18世紀には⑤イギリスとフランスがインドを舞台に植民地戦争を展開し、⑥勝利したイギリスがインド支配を進めていった。19世紀になると、ムガル帝国の支配範囲はデリーだけとなっていた。1857年、イギリスに対する【　7　】の大反乱が勃発したが、イギリスはこれを鎮圧して最後のムガル皇帝を廃位し、ムガル帝国は滅亡した。

問1　文中の空欄【　1　】〜【　7　】に当てはまる最も適切な語句はどれか。次のア〜エのうちから一つずつ選びなさい。

【1】 ア　奴隷王朝　　イ　ティムール朝　　**14**
　　 ウ　ロディー朝　　エ　トゥグルク朝

【2】 ア　アイバク　　イ　アクバル　　**15**
　　 ウ　フラグ　　エ　ウルグ＝ベク

【3】 ア　ワクフ　　イ　ティマール　　**16**
　　 ウ　ハラージュ　　エ　ジズヤ

【4】 ア　ウルドゥー語　　イ　スワヒリ語　　**17**
　　 ウ　タミル語　　エ　バントゥー諸語

【5】 ア　アルハンブラ宮殿　　イ　スレイマン＝モスク　　**18**
　　 ウ　クトゥブ＝ミナール　　エ　タージ＝マハル

【6】 ア　バーブ教徒　　イ　マニ教徒　　**19**
　　 ウ　シク教徒　　エ　ミトラ教徒

【7】 ア　シパーヒー　　イ　マフディー　　**20**
　　 ウ　ウラービー　　エ　太平天国

問2　文中の下線部①～⑥について、以下の問いに答えなさい。

①　アフガニスタンのイスラーム王朝について述べた次の文の空欄 [a] ・ [b] に当てはまる語句の組み合わせとして、最も適切なものはどれか。下の**ア**～**エ**のうちから一つ選びなさい。 **21**

アフガニスタンに興った [a] やゴール朝は、カイバル峠を越えてインドに侵入を繰り返したため、 [b] のイスラーム化が進んだ。

ア　[a]－カラハン朝　[b]－北インド
イ　[a]－カラハン朝　[b]－南インド
ウ　[a]－ガズナ朝　[b]－北インド
エ　[a]－ガズナ朝　[b]－南インド

②　ヒンドゥー教におけるサンスクリット語で書かれた叙事詩などの説明として、最も適切なものはどれか。次の**ア**～**エ**のうちから一つ選びなさい。 **22**

ア　『ラーマーヤナ』はイラン人の王「シャー」の英雄伝である。
イ　『シャクンタラー』は王女メデイアの悲劇的な死を描いた戯曲である。
ウ　『ルバイヤート』はウマル=ハイヤームによる四行詩集である。
エ　『マハーバーラタ』は北インドの一族の興亡をめぐる叙事詩である。

③　イスラーム世界の拡大について述べた次の文a・bの正誤の組み合わせとして、正しいものはどれか。下の**ア**～**エ**のうちから一つ選びなさい。 **23**

a　正統カリフのウマルはジハード（聖戦）を進め、ビザンツ帝国を滅ぼした。
b　ウマイヤ朝の勢力は西ゴート王国を滅ぼし、イベリア半島を支配した。

ア　a－正　b－正　　**イ**　a－正　b－誤
ウ　a－誤　b－正　　**エ**　a－誤　b－誤

④　イスラーム教スンナ派について述べた文として、正しいものはどれか。次の**ア**～**エ**のうちから一つ選びなさい。 **24**

ア　正統カリフのアリーの血統のみを正統だと考える。
イ　八正道の実践によって輪廻転生からの解脱を目指す。
ウ　ファーティマ朝はスンナ派学問の研究を行うアズハル学院を創設した。
エ　ムハンマドの言行にしたがうイスラーム教の多数派である。

⑤　イギリスとフランスのインド植民地争奪戦について述べた次の文の空欄 [c] ・ [d] に当てはまる語句の組み合わせとして、最も適切なものはどれか。下の**ア**～**エ**のうちから一つ選びなさい。 **25**

イギリスは［ c ］など、フランスはポンディシェリなどを植民地経営の拠点として互いに激しく抗争した。1757年の［ d ］で勝利したイギリスがフランスを排除し、以降インド支配を進めていった。

ア ［c］－シャンデルナゴル　［d］－プラッシーの戦い
イ ［c］－シャンデルナゴル　［d］－フレンチ＝インディアン戦争
ウ ［c］－マドラス　［d］－プラッシーの戦い
エ ［c］－マドラス　［d］－フレンチ＝インディアン戦争

⑥ イギリスのインド支配とその抵抗について述べた次の文（i）～（iii）について、古いものから年代順に正しく配列したものはどれか。下の**ア～カ**のうちから一つ選びなさい。 **26**

（i） インド国民会議カルカッタ大会で４綱領が採択された。
（ii） 英印円卓会議が開催された。
（iii） ローラット法が制定された。

ア （i）―（ii）―（iii）
イ （i）―（iii）―（ii）
ウ （ii）―（i）―（iii）
エ （ii）―（iii）―（i）
オ （iii）―（i）―（ii）
カ （iii）―（ii）―（i）

〔Ⅲ〕 次の文章A～Cを読んで、後の問いに答えなさい。

A

古代よりユーラシアの東西交易でもっぱら用いられたのはシルク=ロード（オアシスの道）である。中国から西域のオアシス都市を抜けて中央アジアに至り、イラン高原からメソポタミア①、果てはヨーロッパまで達する交易路である。紀元前から貿易の主要路として利用され、中央アジアの【　1　】を拠点にソグド人が中継貿易で活躍した。ローマや後漢が全盛の2世紀にはイランの【　2　】や北インドのクシャーナ朝②が東西交易の利益を得た。ロシアが19世紀に中央アジアを支配した③大きな理由の一つは、シルク=ロードを抱くこの地の商業メリットを考えてのことであった。

問1　文中の空欄【　1　】·【　2　】に当てはまる最も適切な語句はどれか。次のア～エのうちから一つずつ選びなさい。

【1】 ア　クテシフォン　　イ　スサ　　**27**

ウ　ダマスクス　　エ　サマルカンド

【2】 ア　パルティア　　イ　ガリア　　**28**

ウ　リディア　　エ　パンノニア

問2　文中の下線部①～③について、以下の問いに答えなさい。

① 古代メソポタミア・イランの歴史について述べた次の文（ⅰ）～（ⅲ）について、古いものから年代順に正しく配列したものはどれか。下のア～カのうちから一つ選びなさい。　**29**

（ⅰ） アッシリアがオリエントの統一を達成した。

（ⅱ） バビロン第1王朝でハンムラビ法典が制定された。

（ⅲ） メディアを滅ぼして、アケメネス朝ペルシアが自立した。

ア　（ⅰ）—（ⅱ）—（ⅲ）

イ　（ⅰ）—（ⅲ）—（ⅱ）

ウ　（ⅱ）—（ⅰ）—（ⅲ）

エ　（ⅱ）—（ⅲ）—（ⅰ）

オ　（ⅲ）—（ⅰ）—（ⅱ）

カ　（ⅲ）—（ⅱ）—（ⅰ）

② クシャーナ朝について述べた次の文a・bの正誤の組み合わせとして、正しいものはどれか。下のア～エのうちから一つ選びなさい。　**30**

a　カニシカ王の時代に最盛期を迎えた。

b　ヴァルダマーナによってジャイナ教が成立した。

ア　a－正　b－正　　イ　a－正　b－誤

ウ　a－誤　b－正　　エ　a－誤　b－誤

③ 中央アジアにおけるロシアの南下政策について述べた次の文の空欄 a ・ b に当てはまる語句の組み合わせとして、最も適切なものはどれか。下のア～エのうちから一つ選びなさい。 31

ロシアはアラル海周辺地域において、 a 人の国々を支配していった。さらに南下を企てると、ロシアを警戒した b が1878年に第２次アフガン戦争を起こし、アフガニスタンは b の保護国となった。

ア a－ブルガリア b－フランス
イ a－ブルガリア b－イギリス
ウ a－ウズベク b－フランス
エ a－ウズベク b－イギリス

B

「海の道」もまた、古くからの交易路であった。アラビア海からインド洋を経て南シナ海に至る海域は季節風（モンスーン）を利用した交易が可能であり、④南インドを中心としたユーラシア交易圏を形成した。紀元前後からギリシア人がインド洋に来航し、後１～２世紀ごろのエジプトに住むギリシア人航海者によって当地の風土史である【 32 】が記された。また、アラブ人などのムスリム商人が【 33 】を用い、香辛料を求めて東南アジアまで達した。13世紀には、ムスリム商人との結びつきからイスラーム教に改宗する現地の支配者も現れるようになった。15世紀にマレー半島の【 34 】の王家がイスラーム教を受け入れると、それ以降イスラーム教は各地に広まっていった。

問３ 文中の空欄【 32 】～【 34 】に当てはまる最も適切な語句はどれか。次のア～コのうちから一つずつ選びなさい。 32 33 34

ア 三段櫂船　イ ダウ船　ウ ジャンク船
エ アチェ王国　オ マラッカ王国　カ ガレオン船
キ マジャパヒト王国　ク『世界史序説』　ケ『世界の記述』(『東方見聞録』)
コ『エリュトゥラー海案内記』

問４ 文中の下線部④について、以下の問いに答えなさい。

④ 南インドの王朝とその民族の組み合わせとして、最も適切なものはどれか。次のア～エのうちから一つ選びなさい。 35

ア サータヴァーハナ朝 ー クメール人
イ サータヴァーハナ朝 ー ドラヴィダ系
ウ シャイレンドラ朝 ー クメール人
エ シャイレンドラ朝 ー ドラヴィダ系

C

農業技術の進展によって、11世紀頃から農業生産を増やした西欧では余剰生産物の売買が拡大し商業が活性化した。商業の発達は都市の形成を促し⑤、北海・バルト海域と地中海域の二つの商業圏が発展した。とくに地中海を介する東方貿易で利益を得たイタリア諸都市が繁栄した。中でもヴェネツィア⑥は第4回十字軍においてローマ教皇【　3　】を支援するなど勢力を伸ばした。また、フィレンツェの【　4　】は金融業で繁栄し、ルネサンスの文芸活動⑦のパトロンとなった。

問5　文中の空欄【　3　】・【　4　】に当てはまる最も適切な語句はどれか。次の**ア**～**エ**のうちから一つずつ選びなさい。

【3】 **ア**　ウルバヌス２世　　**イ**　レオ10世　　**36**

ウ　ボニファティウス８世　　**エ**　インノケンティウス３世

【4】 **ア**　ハプスブルク家　　**イ**　メディチ家　　**37**

ウ　シュタウフェン家　　**エ**　フッガー家

問6　文中の下線部⑤～⑦について、以下の問いに答えなさい。

⑤　西欧の中世都市について述べた文として、正しいものはどれか。次の**ア**～**エ**のうちから一つ選びなさい。　**38**

ア　ヴェネツィアやフィレンツェの都市共和国はミッレトとよばれている。

イ　都市では商人ギルドが商業的規制を撤廃し、自由競争を促した。

ウ　同職ギルドが商人ギルドに対して市政への参画を要求するツンフト闘争が勃発した。

エ　イタリアの諸都市はすべてが教皇派であり、神聖ローマ皇帝に抵抗した。

⑥　近代のヴェネツィアについて述べた次の文の空欄 c ・ d に当てはまる語句の組み合わせとして、最も適切なものはどれか。下の**ア**～**エ**のうちから一つ選びなさい。　**39**

ナポレオン戦争終結後、ヴェネツィアは c にもとづきオーストリアの領有となった。その後、プロイセン=オーストリア戦争に乗じて d が併合した。

ア　c－ウィーン議定書　　d－イタリア王国

イ　c－ウィーン議定書　　d－ナポリ王国

ウ　c－ウェストファリア条約　　d－イタリア王国

エ　c－ウェストファリア条約　　d－ナポリ王国

⑦　ルネサンスの文化について述べた文として、正しいものはどれか。次の**ア**～**エ**のうちから一つ選びなさい。　**40**

ア　ペトラルカは『君主論』において必要悪を説いた。

イ　ダンテはラテン語で『神曲』を著した。

ウ　ミケランジェロはミラノで「最後の晩餐」を描いた。

エ　エラスムスは『愚神礼賛』で教会の腐敗を糾弾した。

数学

◀2月2日実施分▶

（60 分）

解答にあたっての注意事項

① 分数形で解答する場合，それ以上約分できない形で答えなさい。

② 根号を含む形で解答する場合，根号の中に現れる自然数が最小となる形で答えなさい。

〔Ⅰ〕 以下の空欄の 1 ～ 11 に入る数字を選択肢から１つずつ選びなさい。

(1) 半径が２と５の２つの円が内接しているとき，２つの円の中心間の距離は 1 である。　1

(2) △ABC において，$AB=3\sqrt{2}$，$BC=2\sqrt{6}$，$\angle B=120^\circ$ のとき，△ABC の面積は 2 である。　2

(3) $(x-3y+z)(x+3y-z)$ を展開して整理すると x^2- 3 y^2+ 4 $yz-z^2$ である。　3 · 4

(4) 右の図のように，四角形 ABCD は円 O に内接し，円 O は点 C で直線 EF に接している。$\angle BAD=120^\circ$，$\angle BCE=55^\circ$ であるとき，$\angle CBD=$ 5 6 ° である。

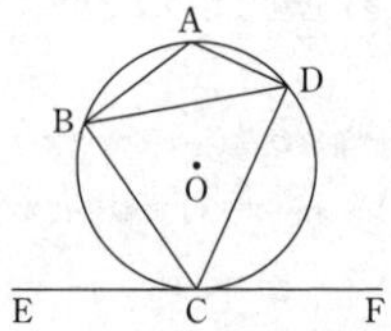

5 · 6

(5) $a=\sqrt{3}+\sqrt{2}$，$2b=\sqrt{3}-\sqrt{2}$ のとき，$a^2-2ab+4b^2=$ 7 である。　7

(6) a を正の定数とする。放物線 $y=2x^2$ を x 軸方向に $a-1$，y 軸方向に $-6a-14$ だけ平行移動した放物線が原点を通るとき，a の値は 8 である。　8

(7) ９人の生徒から４人の委員を選ぶとき，特定の１人の生徒が委員に選ばれるような選び方は全部で 9 10 通りある。　9 · 10

(8) a と 24 の最小公倍数が 504 であるような自然数 a は全部で 11 個ある。　11

選択肢

ア　0	イ　1	ウ　2	エ　3	オ　4
カ　5	キ　6	ク　7	ケ　8	コ　9

〔II〕 以下の文章を読み，空欄の 12 ～ 26 に入る数字を選択肢から１つずつ選びなさい。

△ABC において，AC＝3，BC＝6，∠C＝90° である。
辺 AB を 1：2 に内分する点を D，点 C を通り点 D で辺 AB に接する円と辺 BC の交点のうち，C と異なる点を E とする。

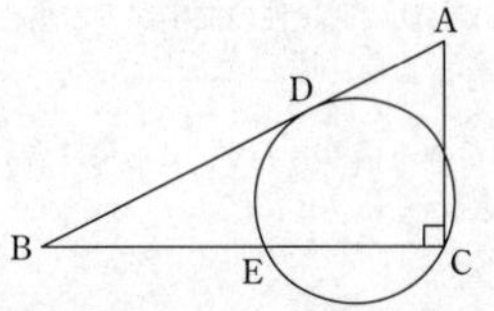

(1) BD＝ 12 $\sqrt{13}$ であり，方べきの定理により，BE＝$\dfrac{14\ 15}{16}$ である。

また，DE＝$\dfrac{17\sqrt{18\ 19}}{20}$ であり，sin∠BDE＝$\dfrac{\sqrt{21}}{22}$ である。

12・13
14・15・16
17・18・19・20
21・22

(2) 辺 AC の A の側の延長線と直線 DE の交点を F とするとき，AF＝ 23 である。

さらに，△ADF の外接円の半径は $\dfrac{24\sqrt{25}}{26}$ である。

23
24・25・26

選択肢

ア　0	イ　1	ウ　2	エ　3	オ　4
カ　5	キ　6	ク　7	ケ　8	コ　9

〔Ⅲ〕 以下の文章を読み，空欄の 27 ～ 38 に入る数字を選択肢から1つずつ選びなさい。

A，A，A，B，B，C，Dの7文字を横一列に並べる。

(1) 並べ方は全部で 27 28 29 通りある。　27 · 28 · 29

(2) Aが隣り合わない並べ方は全部で 30 31 32 通りある。このうち，BABという並べ方を含むものは全部で 33 34 通りある。　30 · 31 · 32　33 · 34

(3) B，B，C，Dの4文字がこの順に並んでいるような並べ方は全部で 35 36 通りある。ただし，B，B，C，Dの間に他の文字が入る場合も含む。　35 · 36

(4) Aも隣り合わず，Bも隣り合わない並べ方は全部で 37 38 通りある。　37 · 38

選択肢

ア 0	イ 1	ウ 2	エ 3	オ 4
カ 5	キ 6	ク 7	ケ 8	コ 9

〔Ⅳ〕 以下の文章を読み，空欄の 39 ～ 50 に入る数字を選択肢から1つずつ選びなさい。

> 仕入れ量に応じて重量あたりの仕入れ値が変わる商品がある。この商品を x kg 仕入れたとき，1 kg あたりの仕入れ値は $\left(80-\frac{x}{2}\right)$ 円である。この商品を x kg 仕入れて，すべて売りきれるとする。そのときの売上量は x kg になる。ただし，$0<x\leqq 60$ である。
>
> この商品の売値と売上量の関係については，1 kg あたりの売値が 70 円のとき，売上量 x はちょうど 50 kg となる。
>
> 1 kg あたりの売値を（$70+a$）円にすると，売上量 x は（$50-a$）kg になる。ただし，$0\leqq a<50$ である。
>
> 1 kg あたりの売値を（$70-b$）円にすると，売上量 x は $\left(50+\frac{b}{2}\right)$ kg になる。ただし，$0\leqq b\leqq 20$ である。

(1) 仕入れ総額を x で表すと，$-\frac{x^2}{\boxed{39}}+\boxed{40}\boxed{41}x$（円）である。　　39 · 40 · 41

(2) 売上総額を y 円とするとき，a，b を用いずに y を x で表すと

$0<x\leqq 50$ のとき　$y=-x^2+\boxed{42}\boxed{43}\boxed{44}x$

$50\leqq x\leqq 60$ のとき　$y=-\boxed{45}x^2+\boxed{46}\boxed{47}\boxed{48}x$

である。　　42 · 43 · 44
45 · 46 · 47 · 48

(3) 売上総額と仕入れ総額の差を最大にする売上量は $\boxed{49}\boxed{50}$ kg である。　　49 · 50

選択肢

ア 0	イ 1	ウ 2	エ 3	オ 4
カ 5	キ 6	ク 7	ケ 8	コ 9

◀2月3日実施分▶

(60分)

解答にあたっての注意事項

① 分数形で解答する場合，それ以上約分できない形で答えなさい。

② 根号を含む形で解答する場合，根号の中に現れる自然数が最小となる形で答えなさい。

〔I〕 以下の空欄の [1] ～ [17] に入る数字を選択肢から1つずつ選びなさい。

(1) $(\sqrt{6}+\sqrt{2}-1)(\sqrt{6}-\sqrt{2}+1)$ を計算すると [1] + [2] $\sqrt{[3]}$ である。　[1]・[2]・[3]

(2) AB＝3，BC＝8，CA＝7 である△ABCの面積は [4] $\sqrt{[5]}$ である。　[4]・[5]

(3) 半径が2と7の2つの円が異なる2つの共有点をもつような2つの円の中心間の距離 d の値の範囲は [6] $< d <$ [7] である。　[6]・[7]

(4) $0° < \theta < 180°$ とする。$\tan\theta = -\sqrt{15}$ のとき，$\cos\theta = -\dfrac{[8]}{[9]}$ である。　[8]・[9]

(5) 6個の数字1，1，1，2，2，3の全部を並べて作ることのできる6けたの自然数は全部で [10][11] 個である。　[10]・[11]

(6) a，b は定数とする。2次不等式 $ax^2+bx+6<0$ の解が $x<-1$，$3<x$ であるとき，$a=-$ [12]，$b=$ [13] である。　[12]・[13]

(7) a は正の定数とする。実数 x に関する2つの条件 p，q を次のように定める。

$p : x^2-ax-2a^2 \neq 0$

$q : x \neq 3$

命題「$p \Rightarrow q$」が真となるような a の値は $\dfrac{[14]}{[15]}$ である。　[14]・[15]

(8) 20の倍数で，正の約数の個数が10個である自然数は [16][17] である。　[16]・[17]

選択肢

ア　0	イ　1	ウ　2	エ　3	オ　4
カ　5	キ　6	ク　7	ケ　8	コ　9

〔Ⅱ〕 以下の文章を読み，空欄の 18 ～ 27 に入る数字を選択肢から1つずつ選びなさい。

> a は定数とする。2次関数 $f(x)=-x^2+2ax+a-6$ がある。

(1) $y=f(x)$ のグラフが x 軸上の異なる2点で交わるような a の値の範囲は，$a<-$ 18 ，19 $<a$ である。

さらに，$y=f(x)$ のグラフと x 軸の正の部分が異なる2点A，Bで交わるような a の値の範囲は 20 $<a<$ 21 である。

また，このとき，$\mathrm{AB}=\sqrt{39}$ となるような a の値は $\dfrac{22}{23}$ である。

18 · 19
20 · 21
22 · 23

(2) 20 $<a<$ 21 とする。関数 $f(x)$ の最大値が $\dfrac{11}{4}$ となるような a の値は $\dfrac{24}{25}$ である。　24 · 25

(3) 20 $<a<$ 21 とする。$1\leqq x\leqq 5$ における関数 $f(x)$ の最大値を M，最小値を m とするとき，

$M-m=\dfrac{49}{4}$ となるような a の値は $\dfrac{26}{27}$ である。　26 · 27

選択肢

ア　0	イ　1	ウ　2	エ　3	オ　4
カ　5	キ　6	ク　7	ケ　8	コ　9

〔Ⅲ〕 以下の文章を読み，空欄の 28 ～ 39 に入る数字を選択肢から１つずつ選びなさい。

AB＝5，BC＝3 の△ABC は円 O に内接し，辺 AB は円 O の中心 O を通っている。また，∠ABC の二等分線と辺 AC の交点を D とし，∠ABC の二等分線と円 O との交点のうち，点 B と異なる点を E とする。

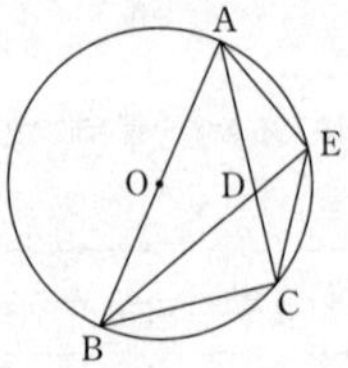

(1)　$AD=\dfrac{\boxed{28}}{\boxed{29}}$，$BD=\dfrac{\boxed{30}\sqrt{\boxed{31}}}{\boxed{32}}$ であり，$DE=\dfrac{\sqrt{\boxed{33}}}{\boxed{34}}$ である。

28 · 29
30 · 31 · 32
33 · 34

(2)　△ABC の面積と△ACE の面積の比に着目すると，△ACE の面積は 35 である。
また，$AE=\sqrt{\boxed{36}}$ であり，△OAE の外接円の半径を R_1，△OBC の外接円の半径を R_2 とすると
$\dfrac{R_1}{R_2}=\dfrac{\boxed{37}\sqrt{\boxed{38}}}{\boxed{39}}$ である。

35
36
37 · 38 · 39

選択肢

ア　0	イ　1	ウ　2	エ　3	オ　4
カ　5	キ　6	ク　7	ケ　8	コ　9

〔Ⅳ〕 以下の文章を読み，空欄の 40 ～ 50 に入る数字を選択肢から１つずつ選びなさい。

男子４人，女子３人の計７人の生徒がいる。

(1)　７人の生徒を２つのグループA，Bに分ける。

(i)　グループAに３人，グループBに４人となるような分け方は全部で 40 41 通りある。

(ii)　グループAの生徒の人数が２以上の偶数となるような分け方は全部で 42 43 通りある。

40 · 41
42 · 43

(2)　男子４人をA，B，Cの３つのグループに分ける。

(i)　１人もいないグループがあってもよいとき，分け方は全部で 44 45 通りある。

(ii)　１人もいないグループが１つもないような分け方は全部で 46 47 通りある。

44 · 45
46 · 47

(3)　男子４人，女子３人の計７人の生徒をA，B，Cの３つのグループに分ける。どのグループも男子が１人以上になる分け方は全部で 48 49 50 通りある。

48 · 49 · 50

選択肢

ア　0	**イ**　1	**ウ**　2	**エ**　3	**オ**　4
カ　5	**キ**　6	**ク**　7	**ケ**　8	**コ**　9

びなさい。

ア モダニゼーションの加速・拡張・深化を進めようとする動きと、阻害しようとする動き
イ 現代に至る近代化を糾弾する動きと、伝統的な「国民国家」の枠組みに反発する動き
ウ 近代化した世界を歴史的に区分しようとする動きと、地理的に区分しようとする動き
エ 近代化を徹底しようとする動きと、近代化を支えてきた枠組みを揺るがそうとする動き
オ 国際社会における競争の激化を後押しする動きと、国家の権限を拡張しようとする動き

29

問十五 次の各文のうち、本文の内容に合致するものを一つ選びなさい。

ア 人類の歴史はすべて東西交流のための航海が作った歴史と言える。
イ 国民国家に代わって、自治体の役割が注目されるようになった。
ウ 一七世紀以前には、欧米諸国や日本での国民統合は進んでいなかった。
エ 資本家階級が労働者階級を啓蒙するなかでミュージアムは淘汰された。
オ 越境や異種混淆によって、アイデンティティが均質化している。

30

イ　曖昧
ウ　顕著
エ　新鮮
オ　粗雑

問十二　傍線⑥の「法政治学者ドナルド・ホロヴィッツ」が述べたこととして、最も適切なものを、次のうちから一つ選びなさい。 27

ア　ニューヨークでもオワリ・イボとオニチャ・イボは区別される。
イ　ロンドンではオワリ・イボもオニチャ・イボもイボ族と言われる。
ウ　ナイジェリアの東部では、イボ族はナイジェリア人と言われる。
エ　ロンドンではオワリ・イボとオニチャ・イボは区別をされない。
オ　ラゴスではオニチャ・イボのことをイボ族とは言わない。

問十三　傍線⑦に「その場合の『中華料理』とは何を意味するのか」とあるが、この問いを通じて筆者が述べたいことは何か。その説明として最も適切なものを、次のうちから一つ選びなさい。 28

ア　移民の流入で人種が多様化している国では、複数の文化が混ざり合い変質することへの反発が起きている。
イ　アイデンティティの混淆性を積極的に評価するため、異なる文化の境界を明確化することが必要になっている。
ウ　外国人の居住が増えている国では、外国の文化とその国古来の文化との間の溝が深くなってきている。
エ　文化の越境や異種混淆が進むことで、国家の境界線によって文化を区分することが難しくなってきている。
オ　グローバリゼーションが進展し、文化が誤った形で伝わることにより、異文化間の対立が深まっている。

問十四　傍線⑧の「スーパーモダンとポストモダンの二つのベクトル」とはどういうものか。その説明として最も適切なものを、次のうちから一つ選

エ グローバリゼーションにより、伝統に回帰しアイデンティティを確立する思想が広まるという側面
オ グローバリゼーションにより、文化装置が広く設置され労働者階級の啓蒙が進むという側面

問九 傍線⑤に（「文化」という概念が）「近代化の進展とともに世界各地に広まった」とあるが、それはなぜか。その理由として最も適切なものを、次のうちから一つ選びなさい。 24

ア 急速な近代化により資本家階級と労働者階級の間に生まれた教育格差が社会問題となり、「文化」の共有が最優先事項とされたから
イ 近代化を効率的に進めるためには、できるだけ多様な「文化」を庶民の間から広く発見し、知識として共有する必要があったから
ウ 近代国家の「国民」としての意識を人びとが共有するためには、国語や歴史などの「文化」の習得が意味のあることとされたから
エ 近代化による社会制度の変化により伝統が断ち切られるなかで、人びとが庶民の間に受け継がれてきた「文化」の保護を求めたから
オ 伝統的な「文化」を利用して近代化を促進していこうとする国家の側と、政治的な自由を獲得したい市民の側の利害が一致したから

問十 （ショウレイ）を漢字で表記するとどうなるか。次の各文のかっこ内のカタカナを漢字で表した場合、（ショウレイ）の（レイ）に当たる漢字を含むものを一つ選びなさい。 25

ア （カレイ）な踊りを見る。
イ 自治体の（ジョウレイ）に違反する。
ウ 目上の人に（ブレイ）を働く。
エ 大声で（ゴウレイ）をかける。
オ 選手団を（ゲキレイ）する。

問十一 空所【 C 】に入る最も適切なものを、次のうちから一つ選びなさい。 26

ア 深刻

オ　かつては大差なかった情報量に、格差が生じている。

問六　傍線③の「枚挙にいとまがない」の意味として最も適切なものを、次のうちから一つ選びなさい。 21

ア　必要な分量として不足がないこと
イ　休みなく発言し続けられること
ウ　豊富な経験を活用できること
エ　数えきれないほどたくさんあること
オ　相互に関係がないものを挙げること

問七　空所【　B　】に入る最も適切なものを、次のうちから一つ選びなさい。 22

ア　だから
イ　では
ウ　それとも
エ　つまり
オ　しかし

問八　傍線④に「グローバリゼーションには『ポストモダン』としての側面がある」とあるが、どのような側面か。その説明として最も適切なものを、次のうちから一つ選びなさい。 23

ア　グローバリゼーションにより、国民国家の近代化が加速、拡張、進化されるという側面
イ　グローバリゼーションにより、「領民」ではなく「国民」としての意識が共有されるという側面
ウ　グローバリゼーションにより、国民国家の機能や権限の限界が明らかになるという側面

問三 傍線②の「『スーパーモダン』としてのグローバリゼーション」とはどういうことか。ここでの説明として最も適切なものを、次のうちから一つ選びなさい。 18

ア 近代社会を乗り越えるための高度な情報通信技術が、市場経済を通じて世界中に広がっていること
イ 市場経済の波及と情報通信技術の遍在化がより高次のレベルに進み、地球規模に広がっていること
ウ 世界的な市場経済のなかで情報通信技術の活用が進行し、社会の多様性が取り戻されつつあること
エ 情報通信技術によって国際的な金融・貿易体制が確立し、市場経済が世界全体に波及していること
オ 情報通信技術によって情報伝達が加速化し、国家の管理が及ばない国際的市場が広がっていること

問四 （キハク）を漢字で表記するとどうなるか。次の各文のかっこ内のカタカナを漢字で表した場合、（キハク）の（ハク）に当たる漢字を含むものを一つ選びなさい。 19

ア （ハクシキ）な教授に話を聞く。
イ （ハクリョク）のある映画を見る。
ウ （シュクハク）施設を利用する。
エ 緊張で（ミャクハク）が乱れる。
オ 意志が（ハクジャク）である。

問五 空所【 A 】に入る最も適切なものを、次のうちから一つ選びなさい。 20

ア 東京発であるがゆえのわずかなコストの差が実は大きい。
イ 日本に居るがゆえの甘えや怠けは許されなくなった。
ウ ロサンゼルスに居るほうが日本に居るよりも有利だった。
エ その評価が米国留学時より高くなるのは当然だった。

＊3　「想像の共同体」――国民という政治共同体は、人びとの帰属意識に基づく想像上の概念であることを述べるため、アメリカ合衆国の政治学者ベネディクト・アンダーソン（一九三六～二〇一五）が用いた語。

＊4　「新しい中世」――グローバリゼーションによって国家の主権が弱まり、中世ヨーロッパに近い世界システムが生まれているという考えを表すため、オーストラリア出身の国際政治学者ヘドリー・ブル（一九三二～一九八五）が用いた語。

＊5　ベクトル――ここでは、物事の向かう勢いと方向。方向性。

問一　傍線①の「発端」の意味として最も適切なものを、次のうちから一つ選びなさい。　16

ア　完了した時点
イ　見つける手段
ウ　物事の起こり
エ　隠された部分
オ　正しいあり方

問二　（ブンキ）を漢字で表記するとどうなるか。次の各文のかっこ内のカタカナを漢字で表した場合、（ブンキ）の（キ）に当たる漢字を含むものを一つ選びなさい。　17

ア　若者が人生の（キロ）に立つ。
イ　試合を途中で（キケン）する。
ウ　伝統的な（ガッキ）を演奏する。
エ　春の（キゴ）を使い俳句をよむ。
オ　新しい仕事が（キドウ）に乗る。

扱うには小さすぎ、小さな問題を扱うには大きすぎる」と評したのは一九八七年だが、グローバリゼーションの進展とともに、国民国家の機能や権限の限界が指摘され、代わって、巨大企業や市民社会組織（ＣＳＯ）の役割が注目されるようになった。そうした状況をウェストファリア体制以前の「新しい中世」[＊4]に準える見方も生まれた。

文化に関しても越境や異種混淆がより【　Ｃ　】となった。例えば、⑥法政治学者ドナルド・ホロヴィッツは「イボ族は……ナイジェリアの東部だった地域ではオワリ・イボとかオニチャ・イボと区別されるかもしれない。だが首都ラゴスに行けば、彼はイボ族にすぎない。ロンドンではナイジェリア人と言われる。ニューヨークではアフリカ人と言われる」と述べ、アイデンティティの複合化を指摘している。

厚生労働省の二〇一二年の調査では日本の新生児の四九人に一人が外国籍の親を持つが、四半世紀前の一九八七年には一四三人に一人だった。日本の大学でも、私が学部生だった頃と比べると、「ハーフ」の学生をごく日常的に見かけるようになった。アイデンティティの混淆性をより積極的に評価すべく「ダブル」という表現を好む風潮も広まっているが、いずれは「ダブル」も差別的と見なされる時代が来るかもしれない。

米国留学中はよく中華料理店のお世話になったが、「左公鶏（General Tso's chicken 鶏の唐揚げの甘辛ソース炒め）」も「芝麻鶏（sesame chicken 鶏の唐揚げの胡麻ソース炒め）」も「答語餅（fortune cookie おみくじが入ったクッキー）」もすべて米国人の好みに合わせて創作されたもので、本来の中華料理には存在しない。しかし、中国に居住する外国人が増えるにつれ、様々な異国風の中華料理が中国に逆輸入されるようになっている。⑦その場合の「中華料理」とは何を意味するのか。例えば「米国人」そのものも中南米やアジアからの移民の流入などによって多様化するなか、明確な境界線を引くことはますます困難になっている。

このようにグローバリゼーションは⑧スーパーモダンとポストモダンの二つのベクトル[＊5]を有している。近代の論理と力学がより強化される一方、それを支えてきた文化的・制度的枠組みは揺さぶられ、ときに内破されてゆく。国民国家という擬制についても、グローバルな競争と対峙しつつ、その機能や権限の限界に直面してゆくことになる。

（渡辺靖『〈文化〉を捉え直す―カルチュラル・セキュリティの発想』より。出題の都合上、一部中略した箇所がある。）

＊1　メルクマール ―― 指標。目印。

＊2　ウェストファリア条約 ―― 一六四八年に締結された三〇年戦争の講和条約。

化人類学の分野でも、サイバースペース（バーチャル・コミュニティ）を対象にしたフィールドワークが増えている。

こうした事例は③枚挙にいとまがないが、総じて「より速く、より遠くへ」というモダンを支える運動律の延長線上にある現象と言える。そして、その度合いが深みを増すにつれ、さらに高次のモダン、すなわちスーパーモダンをめぐる競争もまた熾烈（しれつ）さを増している。

【　B　】、グローバリゼーションをスーパーモダンとしてのみ捉えるのは一面的だ。④グローバリゼーションには「ポストモダン」としての側面があるからである。

ウェストファリア条約[*2]（一六四八年）によって近代的な主権国家体制がヨーロッパで確立した後、一八世紀から一九世紀にかけて、欧米諸国や日本では国民統合が進んだ。とりわけ第二次世界大戦以降は「国民国家（nation-state）」が国際関係の基本単位となり、他地域においても国民国家の建設が盛んになった。その背景には、「より速く、より遠くへ」と国家の近代化を推し進めるうえでは、文化的な同質性が高く、単なる「領民」ではなく「国民」としての意識を共有しているほうが効率的かつ安定的という判断があった。それ故に、国語（国民言語、標準語）教育や歴史教育、モニュメントの建設、新聞や放送などを通した「想像の共同体」[*3]の構築が企図された。そして、その過程においては、特定の文化的資質が「伝統」として「創造」される一方、逆に「忘却」される歴史もあった。

周知の通り、"culture"や"Kultur"などヨーロッパの概念の日本語訳として「文化」が充てられたのは明治時代である。そのヨーロッパにおける起源は一八世紀後半とされ、以後、⑤近代化の進展とともに世界各地に広まった。ラテン語の語源は「栽培・耕作」を意味するが、要するに、ものごとに人の手が加わり、より良きもの、より完全なものに成長すること、つまり人間の心の涵養（かんよう）・洗練を指した。まさに「より速く、より遠くへ」というモダンの理念に合致した概念だった。

例えば、イギリスの場合、一八世紀以降の産業革命を契機に階級の分化が進んだが、「無知」で「怠惰」で「危険」な労働者階級を「まともな市民」に啓蒙（けいもう）する目的でミュージアムという文化装置が一九世紀に広がり、特定の曜日の夜間には無料開放されるようになった。日本では、例えば江戸時代には、村落共同体の生活に根ざした芸能として「農村舞台」が約二〇〇〇か所に存在していた。しかし、明治以降はこうした庶民による伝統を断ち切る形で、「文明開化」という大義のもと、西洋の美術や音楽を（ショウレイ）する文化政策が推し進められた（もっとも近年、農村舞台は再発見・再評価されつつある）。

しかし、市場経済や情報通信技術の進展はこうした「国民国家」の枠組みを揺さぶっている。社会学者ダニエル・ベルが「国民国家は大きな問題を

〔Ⅱ〕 次の文章をよく読んで、後の問いに答えなさい。

　現代は「グローバリゼーションの時代」と称される。だが、「歴史区分」や「地理区分」とは、本来、恣意的なもので、誰が、どの側面に着目して、いかなる文脈で、何のために境界線を引くのかによる。考え方によっては、人類の歴史はすべてグローバリゼーションの歴史と言える。古代の東西交流に着目することも、一五世紀半ば以降のヨーロッパを中心とする大航海時代を①発端とすることも、あるいは第二次世界大戦以降の米国を中心とする国際金融・貿易体制の確立を（ブンキ）点とすることも可能であろう。日本経済に関心を持つ者であれば、一九八五年のプラザ合意（円の大幅切り上げ）を重要なメルクマール[*1]と位置づけるかも知れない。

　つまり厳密な区分ではないのだが、ここでは「グローバリゼーション（地球規模化、全球化）」という言葉が「インターナショナリゼーション（国際化）」に取って代わるようになった一九九〇年代以降の現象、とりわけ東西冷戦構造の瓦解による市場経済の世界的波及と「第三次産業革命」とも称されるインターネットを中心とする情報通信技術（ICT）のユビキタス（遍在）化を指す概念としてひとまず捉えておく。

　もっとも、市場経済や情報通信技術の進展そのものはモダニゼーション（近代化）の特徴であり、現代はその「モダン」が加速ないし拡張、深化した状態に過ぎないとも言える。つまりは②「スーパーモダン」としてのグローバリゼーションである。時間と空間が「圧縮」された結果、時間の影響をほとんど受けることなく、その土地のことを知らなくとも利用できる場所――例えば、空港、高速道路、ホテル、コンビニ、ファーストフード、現金自動預払機（あずけばらい）（ATM）、サイバースペースなど――を通して日常生活の殆（ほとん）どを賄うことが一層容易になりつつある。ローカル・アイデンティティの（キハク）な「どこでもない場所」――文化人類学者マルク・オジェのいう「非-場所（non-place）」――が「至るところ」に広がっているというわけだ。

　このことは私のような地域研究者にとっても大きな意味を持つ。米国をフィールドとする私が米国留学後、日本への帰国を決断した理由の一つは、インターネットの普及により、日米間の情報ラグが大幅に「圧縮」された点にある。例えば、ボストンについて得られる情報は、ロサンゼルスにいようが、東京にいようが大差はない。もちろん、実際にボストンを訪れるのが最善だが、東京発とロサンゼルス発とでは、移動の時間とコストがやや異なる程度に過ぎない。その一方、まさにインターネットの時代ゆえ、私がボストンについて述べる内容は、より高い確率で現地の関係者の目に触れ、精査を受けることになる。【　A　】同じことは米国の日本研究者、さらには世界各地の地域研究者全般についても当てはまる。また、最近では、文

問十四　傍線⑨の「ヒトという生物において、協力行動、利他行動は、どのように現れるだろうか」という問いに対して、筆者はどのようなことを述べているか。最も適切なものを、次のうちから一つ選びなさい。　14

ア　ヒトの高次元な他者理解の能力を解明するには、個々の遺伝子ではなく、人間が構成する社会そのものを研究する必要がある。

イ　ヒトの協力行動について理解を深め、さらに発達させていくためには、利他行動のあらゆる局面を分析することが最も有効である。

ウ　ヒトの協力行動は遺伝子によるもの、利他行動は社会的な産物と予想されるので、科学と社会の問題に分けて解明されるべきである。

エ　ヒトの他者理解や利他行動のような人間性の理解には、これらの行動の基盤となる向社会性の進化の理由を探ることが大事だ。

オ　ヒトの他者理解は非常に複雑であるため、専門家が遺伝子の研究を進めていくことで、人間そのものの理解を深めることが必要だ。

問十五　次の各文のうち、本文の内容に合致しないものを一つ選びなさい。　15

ア　心の理論の要素である視線への注意は生後二ヶ月には確認でき、視線の先に人の関心があることは三、四歳で理解できる。

イ　ヒト以外の動物も、ある特定の状況において「AならばBである」という事象が生起する順序の認識をすることは可能である。

ウ　ヒトの社会性が特に高く進化したのは、同種の個体が集まって暮らす具体的な方法を、他の種よりも早く発見したためである。

エ　物理的世界の理解はヒトの幼児、チンパンジー、オランウータンで差がないが、他者の心を察する能力はヒトの幼児が優れている。

オ　心の理論には、他者のある表情から、その他者の心の特定の状態が表れていることを認識し、その心を推測することも含まれる。

問十一 傍線⑦の「随伴性」の意味として最も適切なものを、次のうちから一つ選びなさい。 11

ア あるものの指示に他のものが無条件に従うという性質
イ 複数のものが常に同じ目的を共有しているという性質
ウ あるものが自在に動き続けることができるという性質
エ 複数のものがともによく似た意味を帯びるという性質
オ あることにつづいて他のことが必ず起きるという性質

問十二 傍線⑧の「発揮」の意味として最も適切なものを、次のうちから一つ選びなさい。 12

ア 外に現れていない能力を探り出すこと
イ 力を十分に出して効果をあらわすこと
ウ 意見や主張などをはっきり伝えること
エ 確かな道筋を示し先に立って導くこと
オ すばやく直感的に物事を理解すること

問十三 （ボウダイ）を漢字で表記するとどうなるか。次の各文のかっこ内のカタカナを漢字で表した場合、（ボウダイ）の（ボウ）に当たる漢字を含むものを一つ選びなさい。 13

ア 敵の（ボウリャク）にかかる。
イ 王座を（ボウエイ）する。
ウ 空気が（ボウチョウ）する。
エ （ボウケン）小説を熱心に読む。
オ 仕事に（ボウサツ）される。

問八　傍線④の「そうとは期待していなかった」とはどういうことか。その説明として最も適切なものを、次のうちから一つ選びなさい。 8

ア　手を伸ばしてきたので何かを取ってくれるだろうと思ってはいたが、クマを取ることは期待していなかったということ
イ　手を伸ばす人はまずクマを取ると教えられていたため、ボールを取ってからクマを取るとは想定していなかったということ
ウ　手を伸ばす人の視線がクマのほうにあったのでクマを取ると思ったため、ボールを取るとは予想していなかったということ
エ　手が伸びるのはクマを取ろうという意図に基づいていると思っていたので、ボールを取るとは思っていなかったということ
オ　クマを取ってほしいという意図を自分でもあらかじめ示していたので、ボールを取ることは期待していなかったということ

問九　傍線⑤の「他者の感情に共感する」ことについて、本文中で挙げられている例として最も適切なものを、次のうちから一つ選びなさい。 9

ア　ヒトは、相手が幼児かおとなかに関わらず、手を貸してほしいと頼まれればそのとおりにする。
イ　ヒトの幼児は、自分の感情を他者が直面している状況と重ね合わせ、その人に手を貸す。
ウ　ヒトは、幼児が扉を開けられなくて困っているとき、幼児同士で助け合うように促している。
エ　ヒトの幼児は、他者の感情をおとなより素早く察知し、頼まれなくても自然に手助けをする。
オ　ヒトの幼児は、チンパンジーやオラウータンと比べ、他者理解、物理的理解ともに優れている。

問十　傍線⑥の「因果関係の推論」とあるが、その結果ヒトにはどのようなことが可能になるか。その説明として最も適切なものを、次のうちから一つ選びなさい。 10

ア　ある事象が別の事象の原因であるという認識から、反対に別の事象がある事象の原因にもなるという真理を理解できること
イ　ある事象と別の事象を原因と結果として認識する能力が身につき、自らの行動の結果についても責任があると理解できること
ウ　ある事象と別の事象の結びつきが原因と結果の関係であるばかりでなく、単なる連合へ変化することを認識できること
エ　ある事象を別の事象の原因と認識し他の状況に当てはめることで、他者に対しても共感することができるということ
オ　ある事象が別の事象の原因となり得ることを他の状況でも想定し、それに応じて世界に対し働きかけることができること

問五 空所【 B 】に入る最も適切なものを、次のうちから一つ選びなさい。 5

ア 自分の知識と心の状態と、他者のそれとは共通している
イ 自分の知識と心の状態と、他者のそれとは異なることがある
ウ 自分の知識と心の状態は、他者からはけっして認知できない
エ 自分の知識と心の状態は、他者にも無意識のうちに伝わる
オ 自分の知識と心の状態を、他者と常に共有すべきである

問六 空所【 C 】に入る最も適切なものを、次のうちから一つ選びなさい。 6

ア ところで
イ しかし
ウ なぜなら
エ だから
オ もしくは

問七 傍線③の「漠然」の意味として最も適切なものを、次のうちから一つ選びなさい。 7

ア 視野が広く知識が豊富である様子
イ とりとめなくはっきりしない様子
ウ ひっそりとしてもの寂しい様子
エ ゆったりとして落ち着いている様子
オ 明確で誰にでもわかりやすい様子

ア　コストを負荷として意識する場合
イ　利益がコストを上回っている場合
ウ　コストを望むような関係性の場合
エ　利益とコストを計算できない場合
オ　コストが利益を食いつぶした場合

問三　傍線①に「ヒトも社会性の動物である」とあるが、他の動物の社会性と比べたときのヒトの社会性の特徴として最も適切なものを、次のうちから一つ選びなさい。 3

ア　他者を助けるという協力行動や利他行動は、特定の行動をコーディングする遺伝子によるものであると考えられる。
イ　社会の中で他者を助けるための多くの利他行動、協力行動を行うことで、向社会性そのものが強くなっている。
ウ　特定の他者を助けることを目的に協力行動、利他行動を行うという特質が、遺伝的に備わっていると考えられる。
エ　多様な状況で協力行動、利他行動を行うが、その裏にあるのはヒト特有の競争を好む遺伝子であると考えられる。
オ　あらゆる文脈で多様な協力行動、利他行動をとるので、何らかの向社会性そのものが生まれつきあると考えられる。

問四　傍線②に「心の理論」とあるが、この機能には、どのような認識が含まれると考えられているか。その説明として合致しないものを一つ選びなさい。 4

ア　ある人の持つ表情が、その人の心の特定の状態をあらわしているという認識
イ　生物には欲求や意図があり、そのありかたに応じて行動しているという認識
ウ　物体の動きを推測するのと同様、他者の「心」を理解するのは困難であるという認識
エ　ある人の視線の方向は、その人の知識や興味の所在を知る手がかりになるという認識
オ　自ら動くのが生物で、他からの力がなければ動かないのが無生物であるという認識

「原因」は何なのかを理解できるようになる。そして、今現実に目の前で起きていなくても、どんなことがあれば他者が喜ぶか、悲しむか、などを想像することができる。そのような認知能力を身につけ、さらに、記憶容量も（ボウダイ）にあり、もちろん個体識別能力も抜群である⑨ヒトという生物において、協力行動、利他行動は、どのように現れるだろうか？

それは、単に遺伝子レベルで規定された協力行動の進化の範疇（はんちゅう）をはるかに超えると予測される。ヒトにおいては、狭い意味での利他行動の進化を考えるのではなく、ここに述べたようなさまざまな向社会性がなぜ進化したのか、それを解明していくほうが、人間性の理解を深めるうえでは、より有効であると私は考えている。

（長谷川眞理子『世界は美しくて不思議に満ちている──「共感」から考えるヒトの進化』より）

＊1　チスイコウモリの餌の吐き戻し行動──チスイコウモリは、動物の血液を餌にしているが、飢餓状態にある別の個体に吐き戻した血を分け与えることがある。

＊2　コーディング──符号化。情報を記録すること。

問一　（ソンシツ）を漢字で表記するとどうなるか。次の各文のかっこ内のカタカナを漢字で表した場合、（ソンシツ）の（ソン）に当たる漢字を含むものを一つ選びなさい。 1

ア　今後（フソン）な態度を改める。
イ　道具が（ケッソン）する。
ウ　人としての（ソンゲン）を守る。
エ　（シソン）に財産を残す。
オ　山あいの（カンソン）を訪ねる。

問二　空所【　A　】に入る最も適切なものを、次のうちから一つ選びなさい。 2

ヒトは、他者の心に関する理解を深めていく。

それでは、ヒトでは特別に他者理解の能力が優れているのだろうか？　逆に言えば、チンパンジーは「心の理論」がわかるのだろうか？　この問題に関しては、これまで大量に研究がなされてきた。チンパンジーにどれほど心の理論がわかるのかについて、まだ決定的な結論は出ていないが、少なくともヒトの乳幼児より劣ることは確かである。認知心理学者のマイケル・トマセロらは大勢のヒトの幼児とチンパンジーとオランウータンを対象に、他者の理解と物理的な限界の理解とに関して同じテストを行った。その結果、物理的な世界の理解については、ヒト、チンパンジー、オランウータンの三種でそれほどの違いはなかったが、ヒトの幼児は、他者理解に関しては他の類人猿よりも各段に優れていた。ヒトは、他者の心を察することにことさらに長けているのである。

さらに、ヒトは他者の心を「知る」、「察する」だけでなく、⑤他者の感情に共感する。他者の幸せを知ると自らも嬉しくなり、他者の悲しみを知ると自らも悲しく感じる。他者の感情がどのような状況によって引き起こされるのかの理解と、自分の感情がどのような状況によって引き起こされるかの理解とが重ね合わせられるので、他者に対して共感できるのである。ヒトの幼児は、おとなが手がふさがっていて扉を開けられないなど困っていると、頼まれなくても自ら扉を開けてあげることができる。こんな動物はほかにない。

もう一つ、ヒトにおいて重要な能力がある。それは、⑥因果関係の推論である。ヒトは、ある事象と他の事象との関係を、単なる連合として認識するばかりではなく、一つの事象が他の事象の「原因」であるという理解をすることができる。

他の動物も、「ベルが鳴れば餌がもらえる」という事態において、ベルと餌との⑦随伴性を理解する。ベルが鳴れば餌を期待するが、餌がもらえてもベルが鳴るとは期待しないのであるから、動物も、単なる連合ではなく、時間的に事象が生起する順序を理解していると言える。これは、因果関係の理解なのだろうか？

そう考えていくと、この因果関係の理解がヒトで強みを⑧発揮するのは、単に「AならばBである」という認識だけでなく、他の状況においてもその因果関係を適用し、仮想の事態を想像することができることにあるのかもしれない。「AをすればBになるだろう」、「AをしなければBは起きないだろう」という想像である。このことが理解できれば、世界に対して自ら働きかけることができるようになるだろう。そして、ヒトは実際にそうしているのである。

因果関係の理解と心の理論とが一緒になると、他者の心がなぜそのように動いているのか、他者を喜ばせたり、悲しませたり、怒らせたりしている

いくつあるのかなどについても、ある種の理論を持たねばならないが、その内容は「心の理論」とは異なる。物体は他から力を加えられたときに動くのだが、他者を動かすのは、他者の「心」であり、その心が持つ「欲求」や「意図」であるということを理解せねばならない。

心の理論と呼ばれる機能には、さまざまな要素が含まれている。まず生物と無生物を分け、異なるものとして認識せねばならない。基本的には、自ら自在に動くものは生物、他からの力が働かなければ動かないものは無生物と認識される。次に、生物には「心」があり、その心の状態（欲求や意図のあり方）に応じて行動すると認識する。そして、人間の顔の認識が必要である。顔の認識の中では、目に対して注目し、視線の方向を検出することが大事である。その人が何を見ているかは、その人の知識の有無や興味の所在を知る手がかりである。さらに、その人の表情が、その人の心の特定の状態を表していることを認識する。

最終的には、【　B　】ということを知る。これは、「誤信念の理解」と呼ばれている。有名なのは「サリーとアンの課題」と呼ばれるものだ。(1)サリーとアンがいて、サリーが箱の中におもちゃを入れて出ていく。(2)サリーがいない間に、アンがそのおもちゃを箱から出してかごの中に入れ替えてしまう。(3)戻ってきたサリーは、おもちゃがどこにあると思っているだろう？　箱の中か、かごの中か？

このすべてを見ていたあなたは、おもちゃはすでに箱からかごの中へと動かされていることを知っている。しかし、その場に居合わせなかったサリーは、そのことを見ていないので、知らない。【　C　】彼女は、おもちゃはまだ箱の中にあると思っている。つまり、あなたの知識とサリーの知識との間にはずれがあり、彼女が思っていることは、あなたが思っていることとは異なるのである。

それでは、心の理論の諸要素は何歳ごろからどのようにして発達するのだろうか？　顔、とくに目に対して特別の注意を払うということは、生後二ヶ月ですでに顕著である。

人の意図に関する③漠然とした理解は、生後七ヶ月ですでにあるらしい。クマのぬいぐるみとボールがあって、人の手が伸びてきてクマを取る。次に、クマとボールの位置を入れ替え、また手が伸びてきたとき、その手はどちらを取るだろうか？　生後七ヶ月の赤ん坊は、クマを取るだろうと期待しているらしい。実際にその手がボールを取ったときのほうが、クマを取ったときよりも赤ん坊の注視時間が長くなるのである。つまり、赤ん坊は、④そうとは期待していなかったからより長く見つめるのだ。人の手ではなくて、ただの棒が伸びてきた場合には、このような注視時間の差異は見られない。

人の行動は意図に基づくという理解は、生後七ヶ月の赤ん坊でもわかっているようだ。

視線の方向にその人の関心があるということは、三、四歳では理解できている。誤信念の理解までいくのは四歳から六歳ぐらいである。こうして、

▲二月三日実施分▼

（六〇分）

〔Ⅰ〕　次の文章をよく読んで、後の問いに答えなさい。

社会性とは、同種の個体が集まって一緒に暮らし、相互に社会行動をやりとりする性質を指す。社会性の高い種は、他個体と一緒にいることを、単独でいるよりも好む。同種の個体が集まって暮らすことには、それに伴う利益も（ソンシツ）も存在する。たとえば、集まっていれば捕食される確率が減るという利益があるかもしれない。しかし、一方で、一緒にいれば同種個体間の競争が出てくるので、採食においても配偶行動においても、競争のコストがかかるだろう。【　Ａ　】において、社会性が進化することになる。

昼行性の霊長類のほとんどは社会性であり、①ヒトも社会性の動物である。しかし、ヒトは中でも社会性が非常に高いので、これを「超社会性」と呼ぶ研究者もいる。確かに、ヒトほどに多種多様な協力行動を行い、公共財を蓄積してみなで使い、他者を助ける動物はいない。つまり、ヒトにおける協力行動、利他行動は、チスイコウモリ*1の餌の吐き戻し行動のような、ある特定の文脈における特定の行動だけではなく、さまざまな種類、機能、文脈において起きているのである。そこで、ヒトの協力行動の基盤は、何か特定の行動をコーディング*2する遺伝子によるものではないと考えられるだろう。むしろ、ありとあらゆる文脈において協力行動を引き起こすことのできる基盤となるような、何らかの向社会性そのものが、遺伝的に備わっていると考えられる。

ヒト固有と思われる認知能力の研究において、非常に注目されてきた能力の一つは、②「心の理論」である。これは、他者の心の状態を推測する認知機能である。他者の心は、つかみとって実際に目で見ることはできないので、推測するしかない。そのとき、「心というものは○○のように働くだろう」という理論をもって推測するので、「心の理論」機能と呼ばれている。

これは、他者以外のもの、とくに物体の動きなどに関する理解とは非常に異なるものだ。物体がどのように存在するのか、どんな動きをするのか、

問十三　傍線⑧の「もっと人間に近づけようとする」とは、ここではどのようなことを指しているか。その説明として最も適切なものを、次のうちから一つ選びなさい。 28

ア　真理に手が届かないことを恨んだり悔やんだりせずに、未来に向かって進んでいくことを人々にすすめているということ
イ　私の存在を絶対的に超える普遍的な真理に、人間は少しずつでも近づくことができているのだと説いているということ
ウ　誰のものでもない、遠い存在でしかなかった真理を、人間にとって意味あるものとしてとらえ直しているということ
エ　すべての歴史は不可逆的に進歩していると考え、そう遠くない未来に人間は真理に到達できると予測しているということ
オ　真理に近づいてはいるが、けっして到達することはできないという、人間の限界を感じさせようとしているということ

問十四　（キンチョウ）を漢字で表記するとどうなるか。次の各文のかっこ内のカタカナを漢字で表した場合、（キンチョウ）の（キン）に当たる漢字を含むものを一つ選びなさい。 29

ア　政治勢力が（キンコウ）している。
イ　目下の（キッキン）の課題に取り組む。
ウ　絵の美しさが心の（キンセン）に触れる。
エ　首脳同士が（キョウキン）を開いて話し合う。
オ　ここでは火器の使用を（キンシ）とする。

問十五　次の各文のうち、本文の内容に合致するものを一つ選びなさい。 30

ア　対話における私の発言は、相手への応答として過去と結びついていて、相手に向けた発言として未来とも結びついている。
イ　なにかを選ぶことはなにかを捨てることであり、その両者の価値を比較することで人は人生の真理に接近することができる。
ウ　対話は自他の人称の根源といえるもので、あなた（相手）に対しては開かれているが、過去や未来に対しては開かれていない。
エ　人は他者から呼びかけられ、さまざまなものを贈られるが、それにどう対応していくかによってその人の個性が生まれる。
オ　少なくとも対話の場面においては、私はあくまでも君の〈君〉として存在しており、私は自由や主体性を意識できない。

問十　空所【　C　】に入る最も適切なものを、次のうちから一つ選びなさい。　25

ア　起源
イ　責任
ウ　目的
エ　主体
オ　資格

問十一　傍線⑥に「真理が〈あなた〉からの『贈り物』だ」とあるが、真理が「贈り物」であることはここではどのようなことを意味しているか。その説明として最も適切なものを、次のうちから一つ選びなさい。　26

ア　自力で二人称の真理を所有する困難や孤独を〈あなた〉に認めてもらえるということになり、自己の人生を悔やまなくてよくなる。
イ　私が私の人生を選びとったことの孤独や苦労を〈あなた〉にねぎらってもらえるということになり、人生に満足できるようになる。
ウ　だれのものでもない真理が他者の手を経て、私のもとに回ってくるということになり、他者との関係を実感できるようになる。
エ　自分の行い次第で普遍的な真理を自分でつかみとることができるということになり、無力感を克服することができるようになる。
オ　真理が私以外の人に所有され、その人に保証されて私のものになるということになり、私は私の人生に安心できるようになる。

問十二　傍線⑦に「こうした真理観」とあるが、筆者はそれをどう評価しているか。その説明として最も適切なものを、次のうちから一つ選びなさい。　27

ア　有限な人間存在を絶対的に超えるものを目指したが、哲学的思考をいくら重ねても神の領域に到達することはできなかった。
イ　人生の選択が正しかったかどうかを知る基準として追求されたが、別の人生を生きなおすことはできないので無意味だった。
ウ　理不尽に中断される人生を支える普遍的なものとして求められたが、人それぞれの人生を肯定する役に立つことはなかった。
エ　有限な人間存在を超えた普遍的なものであり、哲学的深さには欠けていたが、万人に等しく妥当する力を持ったものだった。
オ　死によって人生を中断される人間が永遠不変のものを求め、神に迫ろうとして生み出したものであり、大きな成果をあげた。

ものを一つ選びなさい。 22

ア　その行為は法に（テイショク）する。
イ　災害に備え（テイボウ）を工事する。
ウ　景気が長らく（テイメイ）している。
エ　会議の場で問題を（テイキ）する。
オ　二国間で条約を（テイケツ）する。

問八　空所【　B　】に入る最も適切なものを、次のうちから一つ選びなさい。 23

ア　そうとはいえ
イ　それどころか
ウ　そのとおり
エ　そうなると
オ　それにもまして

問九　傍線⑤に「対話はそれがどれほど長くつづけられようと、原理的には〈いま〉〈ここ〉で始まる」とあるが、対話が「〈いま〉〈ここ〉で始まる」とはどういうことか。その説明として最も適切なものを、次のうちから一つ選びなさい。 24

ア　対話は、これまでの経過や今後の展開から独立した〈いま〉の私にいつでも主導権があるということ
イ　対話は、相手への反応として成立するので、相手の受けとめ方を予測しながら進めるべきだということ
ウ　対話は、そのつどの判断でなされるものであり、前後の関係や首尾一貫性は考慮しなくてよいということ
エ　対話は、話が交わされるごとに、何らかの決断がなされ、新しい展開が生まれるものであるということ
オ　対話は、相手の反応によってそのつど対応を変え、主体性を押し殺して進めるものであるということ

イ　対話では自分の意志を伝えるために、まず相手の言い分をよく聞くことが大切であり、自分を抑えなければならないということ

ウ　対話は相手の呼びかけや問いかけに誠実に対応して進めるもので、その応答の仕方に個人の主体性や個性を出すべきだということ

エ　対話においては話が途切れるのを嫌い、とにかくスムーズに話を進めようとして、自分の話を控えて相手に合わせるということ

オ　対話は自分の意図や想定にかかわらず、相手の問いかけや呼びかけに対して応答する語りが繰り返されて進行していくということ

問五　傍線④の「脈絡」の意味として最も適切なものを、次のうちから一つ選びなさい。　20

ア　事前の準備や打ち合わせ

イ　相手に向けての目印や合図

ウ　物事のつながりや筋道

エ　常識的な応答やふるまい

オ　行動の指針や基準

問六　（トウトツ）を漢字で表記するとどうなるか。次の各文のかっこ内のカタカナを漢字で表した場合、（トウトツ）の（トウ）に当たる漢字を含むものを一つ選びなさい。　21

ア　明日の手術は院長が（シットウ）する。

イ　霊の存在を（コウトウ）無稽と一笑に付す。

ウ　学者として次第に（トウカク）をあらわす。

エ　（トウテツ）した論理を構築する。

オ　従来のやり方を（トウシュウ）する。

問七　（ゼンテイ）を漢字で表記するとどうなるか。次の各文のかっこ内のカタカナを漢字で表した場合、（ゼンテイ）の（テイ）に当たる漢字を含む

ウ　私は一人では私でありえず、二人称としてのあなたによる呼びかけに応答することで、初めて〈私〉という主体を意識するということ
エ　私は他者によるかかわりや支えがなければ自分を維持できない弱い存在で、主体性を欠き、他者に支配されるほかないということ
オ　私は一人では自分の本当の姿がわからず、他者が私を客観的に見て指摘・助言してくれることで自分を知ることができるということ

問二　傍線②の「呪縛」の意味として最も適切なものを、次のうちから一つ選びなさい。　17

ア　人が精神的・心理的に何かにとらわれること
イ　まちがった特定の価値が押しつけられること
ウ　他者に対して悪意に基づいて関与すること
エ　不正な手段によって他者の自由を奪うこと
オ　本人の意志とは裏腹の行動をとらせること

問三　空所【　A　】に入る最も適切なものを、次のうちから一つ選びなさい。　18

ア　総合
イ　合理
ウ　恣意
エ　巨視
オ　一般

問四　傍線③の「ひとたび対話が始まると、私は『語る主体』ではなくなる」とはどういうことか。その説明として最も適切なものを、次のうちから一つ選びなさい。　19

ア　対話では何を話すか決めないで話し出すし、相手に話を合わせる必要もあるので、相手に主導権を握られがちであるということ

「〔だれのものでもない「真理」のように〕私がただ見いだすだけのものは、持ち主のいない品物や、せいぜい遺失物としかみなされ」ず（ローゼンツヴァイク『救済の星』）、そんなものは結局のところだれからもありがたがられない。真理が人間にとって意味をもつためには、所有者がいなければならない。実存主義はその所有者は〈私〉だと主張する。私が自分の人生をよかったと思えるのは、ほかでもないこの私がそれを選びとったからだ。だが、私が真理らしきものを求めたのは、私の人生をこのように孤独で（キンチョウ）に満ちたものにするためではなく、もっと安心できるものにしたかったからである。「あなたの人生はそれでよかったのだ」と、だれかに言ってもらいたいからだ。こうして、真理は私以外の人の、つまり「あなた」の所有物であり、それが同時に私のものになるのでなければならない。真理とは原理的に「贈り物」でなければならない。

（村岡晋一『名前の哲学』より　出題の都合上、一部改変した箇所がある。）

＊1　実存主義——人間の個別的・具体的なあり方を探求する哲学上の立場。
＊2　ローゼンツヴァイク——ドイツ生まれのユダヤ人哲学者（一八八六～一九二九年）。
＊3　モノローグ——一人語り。独白。
＊4　モナド……このモナドには窓があり——「モナド」とは、ドイツの哲学者・ライプニッツ（一六四六～一七一六年）による、世界を構成する最小単位を表す概念。モナドが他と関連を持たないことを、ライプニッツは「モナドには窓がない」と表現した。
＊5　ニーチェ——ドイツの哲学者（一八四四～一九〇〇年）。
＊6　虚焦点——光が発散するレンズや鏡に光を当てたとき、その発散する光があたかもそこから出ているかのように見える点。

問一　傍線①の「私は〈あなた〉によってはじめて〈私〉になれる」とはどういうことか。その説明として最も適切なものを、次のうちから一つ選びなさい。 16

ア　私を〈私〉として成立させるのは名前だが、それは多くの他者が呼んでくれることによってしか私の名前とはなり得ないということ

イ　私は時によって自分を見失う存在であり、その時本当の私に立ち返らせてくれるのは、傍らにいる二人称的な存在であるということ

真理が贈り物だというのはどういうことだろう。それを理解するために、そもそもわれわれはどうして「真理」なるものを必要とするかを考えてみよう。それは、われわれ人間が「有限な」存在だからだろう。生きているあいだにはさまざまな難問が私にふりかかるが、それらについて白黒がはっきりすることはまずない。生きていこうとすればそのつど選択を迫られるが、この選択が正しかったかどうかをけっしてはっきりと知ることはできない。選択することはなにかを捨てることだが、別の人生を生きなおすことができない以上、私は自分が選んだものと捨てたものの価値を比べることができないからである。そして、なによりも私の人生を白黒のはっきりしない灰色のものにしているのは、私の死である。死はどう見ても人生の完成ではなく、人生の理不尽な「中断」でしかない。しかしだからこそ、私は最後に「私の人生はこれでよかったのだ」と自分に言いたいと思い、それを保証するものを求める。ここに「真理」らしきものの起源があるのではなかろうか。

ところが、ここにふたたび哲学的思考が登場して、常識が求める漠然たる真理の「本質」をあきらかにしてやろうと申しでる。真理ははかなく有限な人間存在を絶対的に超えていなければならないのだから、普遍的であり、永遠不変であり、万人に等しく妥当するのでなければならない。しかし、真理がそうしたものであれば、私はそれにすがって「私の人生はこれでよかった」などとはけっして思えないだろう。なぜなら、そうした真理は「だれの」真理でもないからである。この真理は、私が生まれるまえから存在し、私が死んだあともそのまま存在しつづけるだろうし、私がそのあいだにどのように生きようとなんの影響も受けない。そうした真理にかかわりうるのは神ぐらいのものだろうが、そうだとすれば、ニーチェ*5が言うように、私は自分が神でないことにどうして耐えられるだろうか。

近代の進歩思想は、⑦こうした真理観を保存したままで、それを⑧もっと人間に近づけようとする。進歩思想はすべてが完全に完成した理想状態を歴史の終局点に設定して、すべての歴史現象がそれに向かって不可逆的・連続的に進んでいると考える。もしそうなら、たしかにこの歴史の終局は虚焦点*6のようなものであり、じっさいにはけっして到達できないが、私が歴史のある時点に生きているかぎり、それに向かって不断に近づいていることになる。だが、真理がそうしたものであれば、私はまたもや自分の人生を肯定するどころかそれを悔やまずにいられない。というのも、私はいまここに生まれたばかりに、未来に生まれる人に比べれば真理から永遠に遠いままだからである。とはいえ不思議なことに、だれも未来をうらやんだりはしない。

> 人間の気質のもっとも注目すべき特性のひとつに、個々人においては非常に深い我欲をもちながら、どの現在も未来に対してはおしなべて羨望を覚えない、という特性がある。（ヘルマン・ロッツェ『ミクロコスモス――自然史のための諸理念と人類の歴史』）

いない。対話の場面においては一人称を主語とする文は、たとえば「あなたはきのうなにをしていたの」といった二人称による問いかけや呼びかけを〈ゼンテイ〉とする。私はまず「語る」のではなく「聞く」のである。

私はだれか。私は〈私〉だろうか。いやちがう。〔…〕私は君の〈君〉〈*Dein Du*〉であり、君が〈君〉と語りかける人である。〔…〕「私は私である」はいかなる言表でもない。〈私はある〉に直接ひそんでいるもっとも身近な言表は、私は君が〈君〉と呼ぶ人だということである。〔…〕つまり、私は私のものではなく、君のものなのである。（ローゼンツヴァイク『新しい思考』から「人間についての学」）

したがって、あなたが「きのうどこへ行った」と聞いてくるだろうと予想して、「ドライブに行った」という答えを準備しても、その予想はいつでも裏切られる可能性がある。相手は「きのうの天気はどうだった」と聞いてくるかもしれない。【　B　】、私は自分が予想もしなかったことを語らされるはめになる。このばあい私はまったく受動的であるように見える。だが、対話がスムーズに進むためには、私は相手に臨機応変に応答し、みずからが語るべきことをそのつど新たに決めなければならない。⑤対話はそれがどれほど長くつづけられようと、原理的には〈いま〉〈ここ〉で始まる。私は同時にこのときはじめてみずからの「主体性」と「自由」を意識する。というのも、そのつどみずから語りはじめなければならないからである。私は「語る主体」ではなく、あなたに語りかけられることによってはじめて「主体」になるのだ。

そうだとすれば、私が〈いま〉〈ここ〉でそのつど語りはじめるやいなや、私にはコントロールできない無限な地平がそのつど開かれる。私の言語行為はまったくの自由にもとづいて〈いま〉生起するが、この行為は応答であるがゆえにその【　C　】は他者の「過去」の発言にある。さらに私の〈いま〉の発言もまたモノローグ*3ではなく、だれかに向けた発言だから、「未来」における他者の応答を期待している。しかも、他者も対話者である以上同じ状況にいる。こうして、私が〈いま〉〈ここ〉で語りはじめると、それを核として過去と未来の無限な地平がそのつど開かれる。つまり、対話の〈いま〉もまた「とどまれるいま」であり、対話そのものがそのつど一種の「モナド」*4なのだ。ただし、このモナドには窓があり、〈あなた〉へと徹底的に開かれている。

こうして、命名にとっての「真理」はいつでも〈あなた（二人称）〉という人称性を帯びている。だが、ローゼンツヴァイクによれば、二人称としての真理とは、⑥真理が〈あなた〉からの「贈り物」だということにほかならない（ローゼンツヴァイク『救済の星』）。

イ 「虫媒花」が美しいのは、昆虫を引き寄せるための装置として進化してきたからである。

ウ 人は食べ物にも衣料の材料にもならない、いわば無用な花であっても好み愛でるものである。

エ 花はその場の人と人との間の上下関係を取り除き、一時的にでも対等にして和ませてくれる。

オ 人が「花を愛でる」のは、他者との「仲介者」として花を頼りに思っているからである。

〔Ⅱ〕 次の文章をよく読んで、後の問いに答えなさい。

実存主義[*1]によれば、すべての真理は「主体的真理」であり、その唯一の真理基準は「私」がそのつど〈ここ〉で〈いま〉それを主体的に選びとったということだけである。実存主義の真理にはいつでも「私」という人称が刻印されていなければならない。

しかし、人名を手がかりにするかぎり、〈いま〉と〈ここ〉を決めるのはけっして〈私〉ではなく、むしろ〈あなた〉である。そもそも、命名の〈いま〉と〈ここ〉を決めるのは私ではない。私は自分自身に「命名」することができないからだ。私は自分の名前を〈あなた〉からもらわなければならない。

さらに、①私は〈あなた〉によってはじめて〈私〉になれる。私が友人と連れだって街路を歩いていたとき、突然気を失って倒れたとしよう。友人はどうするだろうか。彼は私に向かって、私の名前を連呼するだろう。そして、私が名前の呼びかけに応答できたとき、彼はほっと胸をなでおろす。そのとき彼は、私が「〈我〉にかえった」と思うからである。では、私は〈私〉にかえる以前にはどこにいたのだろうか。「彼は過去の力に服し、外部の②呪縛下にあったのであり、(…)世界の一部であった」(ローゼンツヴァイク[*2]『健康な悟性と病的な悟性』)。私は自分の名前を呼ばれることによって「現在へ、みずからの現在へ、みずからの内面に、おのれ自身のうちに呼びもどされるのである」(同)。

もっと【 A 】的な例を考えてみよう。日常的な場面で「名前」が呼ばれるとき、それとともに「対話」が始まる。「やあ、村岡君!」と言えば、「こんにちは、どうしてた?」という返事が返ってくる。ところが、③ひとたび対話が始まると、私は「語る主体」ではなくなる。まず私はたいていのばあい自分がなにを語るかを知らない。私がなんの④脈絡もなく(トウトツ)に「私はきのうドライブに行った」と言えば、異様な感じを与えるにちが

エ　人びとを対等に繋（つな）ぐ媒介者のような役割

オ　子供らの結婚を見守る親たちのような役割

問十三　（ジャッカン）を漢字で表記するとどうなるか。次の各文のかっこ内のカタカナを漢字で表した場合、（ジャッカン）の（カン）に当たる漢字を含むものを一つ選びなさい。　13

ア　芸術作品を（カンショウ）する。

イ　勝利の（カンキ）に酔いしれる。

ウ　（カンセイ）な住宅街で暮らす。

エ　橋の（ランカン）によりかかる。

オ　無事母国に（セイカン）する。

問十四　傍線⑦の「木は神様になったりもしたが、花が神様になったことはなかった」とはどういうことか。その説明として最も適切なものを、次のうちから一つ選びなさい。　14

ア　木は宗教的な行事によく用いられたが、花は町や家の装飾に使われるだけだったということ

イ　木は人を圧倒する優越者として扱われたが、花は人々をつなぐ媒介者として愛されたということ

ウ　花や木はある時は嗜好（しこう）の対象となり、ある時は偉大なものとして畏敬の対象にされたということ

エ　神は木には好んで住まうことがあったが、散りゆく花には降りてくることはなかったということ

オ　木は祈りの対象として神社で大切に育てられたが、寺には花しか供えられなかったということ

問十五　次の各文のうち、本文の内容に合致しないものを一つ選びなさい。　15

ア　欧米人は本能的美意識に率直に従うが、日本人は自らの美意識を表明するのが苦手である。

エ　雪道を歩くのに（ナンギ）する。
オ　容疑者の説明が（キョギ）とわかる。

問十　傍線④の「花の『シンボリック』な役割」とはどのような役割か。その説明として最も適切なものを、次のうちから一つ選びなさい。　10

ア　花の美しさに託して、異常なほどすぐれた人間の能力を顕示する役割
イ　花の実用性のなさと結びつけて、純真無垢な心のありようを表す役割
ウ　難解な論理を排して、人間の本能に訴える花の美しさを強調する役割
エ　花の美しさによって、人間生活の種々の場面を彩る絵画のような役割
オ　人のさまざまな心情を、異なる種類の花々と関連づけて表現する役割

問十一　傍線⑤の「それ故」とはどういうことか。その説明として最も適切なものを、次のうちから一つ選びなさい。　11

ア　花には人を守ってくれる超越的な力が宿っているからということ
イ　人は花を愛して人を育てるように大切に栽培してきたからということ
ウ　花は他の自然物のように力を振るうことがなかったからということ
エ　花は自らの思いを代弁してくれるような気がしていたからということ
オ　花はドイツでも門松と同じくらい大切にされているからということ

問十二　傍線⑥の「白樺の木」はどのような役割を果たしているか。その説明として最も適切なものを、次のうちから一つ選びなさい。　12

ア　地域の婚礼の厳粛な守り神のような役割
イ　教会堂を鮮やかに彩る装飾のような役割
ウ　新郎新婦を祝福する観衆のような役割

オ　世間を離れて（インキョ）する。

問七　空所【　B　】に入る最も適切なものを、次のうちから一つ選びなさい。　7

ア　機械的
イ　能動的
ウ　客観的
エ　必然的
オ　結果的

問八　空所【　C　】に入る最も適切なものを、次のうちから一つ選びなさい。　8

ア　情熱
イ　倫理
ウ　視力
エ　言語
オ　感覚

問九　（ソウギ）を漢字で表記するとどうなるか。次の各文のかっこ内のカタカナを漢字で表した場合、（ソウギ）の（ギ）に当たる漢字を含むものを一つ選びなさい。　9

ア　（ギコウ）を凝らした文章を書く。
イ　休憩を（テキギ）取りながら働く。
ウ　文化祭で（モギ）店を出す。

問四　（ハンエイ）を漢字で表記するとどうなるか。次の各文のかっこ内のカタカナを漢字で表した場合、（ハンエイ）の（エイ）に当たる漢字を含むものを一つ選びなさい。　4

ア　証拠は（エイゾウ）に残されている。
イ　権力を握って（エイガ）を極める。
ウ　素晴らしい景色に（エイタン）する。
エ　彼はこの町の（エイユウ）だ。
オ　月は地球をめぐる（エイセイ）だ。

問五　空所【　A　】に入る最も適切なものを、次のうちから一つ選びなさい。　5

ア　「虫媒花」ではない
イ　裸子植物より優秀だ
ウ　抵抗感を覚えない
エ　植物はどれも美しい
オ　人間の関心を引く

問六　（ドウイン）を漢字で表記するとどうなるか。次の各文のかっこ内のカタカナを漢字で表した場合、（ドウイン）の（イン）に当たる漢字を含むものを一つ選びなさい。　6

ア　（マンイン）電車で通勤する。
イ　（コウイン）矢のごとし。
ウ　歌の（ヨイン）を楽しむ。
エ　（インシュウ）にとらわれる。

佐助氏はこのことについてどのように考えているか。その説明として最も適切なものを、次のうちから一つ選びなさい。 1

ア　どの花を美しいと感じるかは本能に支配される部分が大きく、後天的にその本能を乗り越えるのは極めて難しい。
イ　誰からも忌避される花が仮にあったとしても、誰が見ても美しい花というものは原理的に存在することはあり得ない。
ウ　花の美しさや好ましさを左右するいくつかの要素のうち、最も影響力があるのは本能的（生得的）な意識である。
エ　ヒガンバナに対する日本人の評価が変わりつつあるように、美しいと感じられる花は時代によって移ろうものである。
オ　身についた文化の影響の下で庭に植える花を選ぶこともあれば、先入観にとらわれず花を美しいと感じることもある。

問二　傍線②の「おおむね」を他の表現で言い換えるとどうなるか。最も適切なものを、次のうちから一つ選びなさい。 2

ア　まずまず
イ　なるほど
ウ　あらかた
エ　せいぜい
オ　おおいに

問三　傍線③に「『風媒花』は地味で目立たなくてよいのである」とあるが、それはなぜか。その理由として最も適切なものを、次のうちから一つ選びなさい。 3

ア　美しい花が咲いたとしても、「風媒花」には文化的美意識のブレーキが働き、美しいと感じられないから
イ　進化した「虫媒花」の登場で、昆虫を頼れなくなった反面、花粉を風に乗せるという方法を身につけたから
ウ　「風媒花」は、昆虫を引き寄せて花粉を運んでもらわなくても、花粉を風に乗せることで受粉できるから
エ　受粉のために仕方ないとはいえ、大量の花粉をまき散らす「風媒花」は、多くの人に忌み嫌われているから
オ　美しい「虫媒花」が既にたくさんある以上、「風媒花」に美しい花が咲いたとしても愛でる余裕がないから

取り付けているのを見て、日本の正月そっくり、と驚いたことを思い出した。

三十数年前の六月、聖霊降臨祭の日だった。その日、この地域で出会うほとんどの自家用車がボンネットの先に、日本のしめ縄と同じく白樺の小枝を取り付けているのを見て、日本の正月そっくり、と驚いたことを思い出した。

しばらくしてわかったが、このとき出会った「門松」は、祭礼ではなくこの日この教会堂でおこなわれる結婚式のためだった。式場である教会堂を花で飾るのではなく木で荘厳している。二本の白樺の若木は厳粛な守り神の雰囲気である。若緑の葉をつけた枝に、真っ白な紙垂れが無数にリボンのように結びつけられている。日本の神社にあるご神木のように、人と対等な関係ではなく圧倒的に力を持つ優越者の立場が感じられた。

私は教会堂に入り、関係者から離れた隅の席に座り、（ジャッカン）の観光客と共に若い二人の門出を祝いかつ見物させてもらうことにした。

式を終えて、広場に現れた若い新郎新婦が胸に挿すのは花、手に持つのは花束である。式の参列者が床にまき散らす花びら、あるいは会場に飾られて華やかさを演出している花飾りなど、とにかく花は関係者全体の仲を取り持つ平等の媒介者の雰囲気があった。弥次馬も含め、教会前の広場に集まった人びとの気持ちを対等・平等につなぎ、なごませる役割を果たしているように見えた。教会前の広場に面して並び建つ木骨建築の古い民家はホテル、土産物店、レストランなどになっているが、その窓辺を飾っているのも赤やピンクの花を一杯咲かせているゼラニウムの花鉢である。

教会前の白樺の若木に敬意を払いひざまずいても違和感はないが、花のブーケや民家の窓辺の花鉢にひざまずく人はいない。日高氏が「花を愛でる」ことを問題にしたかったのは、ずっと植物（大木、老木）などを「あがめる」ことと違う人間の植物愛好が気にかかっていたからだ。⑦木は神様になったりもしたが、花が神様になったことはなかった。そんなことも含まれていたのだ。

花は上下関係を取り除き、一時的にもせよ人を対等にし、人と人の間を和ませる働きを持つ。人が「花を愛でる」のは花が他者との間をつなぐ、優れた「仲介者」だから、そしてその役割を大いに頼りにしているから、であろう。

（白幡洋三郎『「人はなぜ花を愛でるのか」をめぐって』より　出題の都合上、一部改変した箇所がある。）

＊1　日高敏隆 —— 日本の動物行動学者（一九三〇〜二〇〇九年）。
＊2　シンボリック —— 象徴的。

問一　傍線①に「色鮮やかで華麗な花が咲いているのを見ると、誰もが美しいと感じ、好ましいと思う。……いや、それは本当か？」とあるが、中尾

は日高敏隆氏*1が考えていたのはこのことだったのでは、と思い至った。

日高氏は、「人が花を好きであることに誰も異論はないだろう」、と述べたのち、次のような問いを発していた。

「人は部屋には花を飾り、何かの機会には花を贈る。衣装には花。庭には四季の花を植え、景色や道ばたの花に思わず心が和む。主たる食べ物になることも少ないし、衣服の材料になることもない。道具や家を作るのにも使えない。そのようないわば無用な花を、人はなぜこんなに好み、愛でるのだろう?」(日高敏隆・白幡洋三郎編『人はなぜ花を愛でるのか』から　日高「はじめに」)

その上で

「異常なほどすぐれた【　C　】と概念と論理の能力を遺伝的(自然的)にもつことになってしまった動物である人間は、花にシンボリック*2なものを見出し、そこからさまざまな論理を展開して、花を愛でるようになったのかもしれない。」(日高、同前)と述べた。日高氏が言おうとしたのは「花にシンボリックなものを見出し」それを活用することが「花を愛でる」の内容である、ということだったのではないか。悲しいできごとと喜ばしいできごとではそれぞれ飾る花、贈る花に違いをもたせ、違う意味を込めたりする。それは人間社会のなかで見出され育ってきた使い分けであろう。花の愛好といえば、花を栽培し、育てることから病気見舞いや誕生祝い、(ソウギ)や結婚の際に花を飾り、捧げ、贈ることなどさまざまであるが、日高氏のいう「花を愛でる」とは、④花の「シンボリック」な役割に注目したものだったのだ。

花のシンボリックな役割について日高氏はこうも言っている。

「昔から人は、山や岩や大木には何らかの超越的な力があると信じてきた。だから世界のどこにおいても、人はこれらの存在をあがめ、その力によって守ってもらおうと思ってきた。その力をやたらに振るってくれないよう祈ってもきた。

けれど人は、花がそのような力を持っているとは思っていない。花に救ってもらうとか、守ってもらおうとか思ったこともなかっただろう。

けれど、なぜだかわからないが、花は自分の気持ちを伝えてくれるような気がしていたのではないか。

つまり、山や岩や大木には感じないものを、人間は花に対して感じてきたのである。人が花を愛でるのは⑤それ故ではないか。……」(日高、同前)

人は木や石を敬い畏れるのに、なぜ花は愛でるのか、という問いだったのだ。

二〇一三年の夏、南ドイツの中世都市ディンケルスビュールで三十数年ぶりに「門松」に出会った。日曜の朝、教会堂の前を通りかかると、⑥白樺の木が立っている。入り口の左右に立てられた二本の若木は日本の門松を思わせる。記憶を振り返るとドイツ北部のある農村の古民家で見て以来である。

中尾佐助氏の見方では、欧米人は素直な本能的美意識から抵抗感なく植えているのである。日本では不吉な感じが払拭しきれないため庭に植えたりしない。これは文化的美意識がブレーキとして働いているのである（なお、近年では日本にも素直にヒガンバナを美しいと感じる人が出てきて、庭に植えるのを忌避する気持ちに変化が見られる）。

こうした点で、美意識には本能的（生得的）なものと文化的（後天的）なものがある、と見るのが中尾佐助氏の考えであった。

人が好む美しい花は、②おおむね「虫媒花」である。「虫媒花」は、昆虫（や小鳥・小動物など）に花粉を媒介してもらって、それで子孫を増やしている。その花が多様な形と色を備えて美しいのは、もっぱら昆虫を引き寄せるための装置として進化した結果だとされている。ならば人は昆虫（小鳥・小動物など）と似た本能（好み・感性）を持っていることになるのだろうか。

花を咲かせる「顕花植物」のうち、マツやスギなどの裸子植物の花は地味で、美しいものではない。大量の花粉を風に乗せて（人に忌み嫌われているスギ花粉など）まき散らすことで受粉は達成できるから、昆虫を引き寄せるための美しい花は作ら（れ）ない。③「風媒花」は地味で目立たなくてよいのである。

裸子植物について、進化した植物、被子植物が登場する。現在の地球上で最も（ハンエイ）しているのが顕花植物のうちの被子植物で、人が一般に「花」と呼んでいるものの大部分が被子植物の花である。その花は、たいていおしべやめしべ、花びら、がくなどからできていて、文字通り「美しい花」である。目立たない花（イネ科植物の花など）もなくはないが、それらを除けば、被子植物の器官である花は「美しい」。すなわち【　A　】と言って間違いない。

被子植物が咲かせる「美しい花」あるいは「花らしい花」にはさまざまな形状、大きさ、色彩が備わっていて、その効果（＝昆虫の目につきやすい色や形）に頼って視覚的に昆虫を誘引していると思われる。この視覚効果による点で、人にはやはり昆虫と同じく「花に惹（ひ）かれる本能（心情）」があると考えてよいかもしれない。ただし、花は別の誘惑手段も用意していて、それが「香り」と「蜜」である。植物は花全体を（ドウイン）して動物を引き寄せ、自らに必要な受粉を成功させる。

さて、人は花とどんな関係を結んでいるか。人は花（の色や形）に引き寄せられはするが、受粉の手助けはしない。結果的に受粉の助けになっている場合があっても、花にとって大事なのは昆虫で、人をあてにしてはいない。人は花を美しいと感じ、好ましいと思うが、それは自分のために花を利用できるからではないか。人は花に引き寄せられるのではなく、主体的・【　B　】に「愛（め）でる」（利用する）のである。このように考えてきて、じつ

国語

◀二月二日実施分▶

（六〇分）

〔Ｉ〕　次の文章をよく読んで、後の問いに答えなさい。

①色鮮やかで華麗な花が咲いているのを見ると、誰もが美しいと感じ、好ましいと思う。……いや、それは本当か？　と植物学者の中尾佐助氏は疑った。

このことについて中尾氏は次のような例を持ち出して、答えは必ずしもそうだとは言えないと述べている。

「日本のヒガンバナは人家付近に多く、華麗な花が咲くが、今まで日本人はそれをむしろ嫌い、庭に植えたりしていない。」（『花と木の文化史』）

日本ではヒガンバナを庭に好んで植える人はまずいない。なぜならヒガンバナは、彼岸の頃に墓参りにゆくと咲いていたりして死者につながるイメージがあるからである。そのせいか、少なからぬ日本人にとって不吉な感じを抱かせる。そこで、田んぼの畦（あぜ）などに咲いていることはあっても、わざわざ庭に植えようとはこれまでしなかったのである。

ところが、欧米諸国は日本から球根を輸入し、好んで庭園で栽培したりする。形や色からすればヒガンバナは美しい花だから、先入観がなければ素朴にきれいだと思って躊躇（ちゅうちょ）せずに植えることができる。

解答編

■英語■

◀2月2日実施分▶

I **解答**　1－ア　2－ウ　3－ウ　4－イ　5－エ　6－ウ　7－エ

〔解説〕　1．直前のBの発言で金曜日の午前中を提案しているのに対して，直後のBの発言で土曜日の午後を提案していることから，ア．「すみませんが，夜は仕事で，昼まで寝ています」が適切。

2．空所後にBは「今週は無理だけど，これからもときどきプレーするよ」と言っていることから，空所では，Bがこれからも続けるのかについてAが言及していると推察されるので，ウ．「完全にあきらめないでほしい」が適切。空所直後のBのNoは，Aの発言を受けて，No, I'm not giving upの意である。

3．空所直後に「まあ，オンラインで参加できるかも」と示されていることから，会議の会場にはいないがオンライン参加は可能な状況であることがわかる。したがって，ウ．「どうでしょうね。彼女は昨日ロンドンに行きました」だと文意が通る。

4．直後のBの発言で「彼らがみんなパリにいたのは単なる偶然ですね」と確認していることから，イ．「彼はパリの大学には行っていません。ローマで勉強していました」が適切。He didn't (go to university in Paris). と省略を補って考えるとよい。

5．直前のBの発言に「よいフルーツなら少し高くても気にしない」とあり，直後のBの発言に「そういうわけで私はフルーツのためだけにそこに行く」とあることから，エ．「しかしそこはすべて値段が高い」が適切。

6．直前のAの発言に「なぜ電話して遅れることを伝えなかったのですか」とあり，直後の発言に「もっと配慮すべきだ」とあることから，ウ.「すみません，そのことについては考えていませんでした」が適切。that の指し示す内容が phone and tell me you'd be late であることに注目する。

7．直前のBの「電話についているカメラを使ったら」という提案に続けて，直後のBの発言で「それは最高級の『本物の』カメラとほとんど同じくらい性能がよい」と述べていることから，エ.「それらはあまりいい写真がとれませんよね」が適切。as good as「ほとんど」= almost

II 解答　8－ア　9－ウ　10－イ　11－エ　12－ウ　13－ウ

解説　8．by any chance「ひょっとして」

9．take *A* on a tour of *B*「*A*（人）に *B* を案内する」

10．There being no～「～がないので」 主語が異なる独立分詞構文。

11．have yet to be *done*「まだ～されていない」

12．whoever「たとえ誰が～しようと」

13．while（S be）*doing*「～している間」

III 解答　14－ア　15－ウ　16－エ　17－イ　18－ア

解説　14．Lack of information led people to feel uneasy(.)

lead *A* to *do*「*A* に～させる」 feel uneasy「不安を感じる」

15．(They put) off informing students of the results(.)

put off *doing*「～するのを延期する」 inform *A* of *B*「*A* に *B* を知らせる」

16．(Tell us) what you consider to be (your best quality.)

consider *A* to be ～「*A* が～であると考える」 what「～すること」は名詞節を導く関係代名詞。

17．(The doctor handed him) a piece of paper with a phone number on it(.)

with *A* on *B*「*A* が *B* の上にある状態で」 付帯条件の with。

18. (Her carelessness was in) part to blame for the accident(.)
in part「ある程度」 be to blame for ～「～に対して責任がある」

Ⅳ **解答** 19―ウ　20―ウ　21―ア　22―イ　23―ア

解説 ≪Kids' Cooking School Schedule の案内≫

19. ア.「5つのすべてのクラスに登録しなければならない」については，1の表下★印に These classes can also be taken individually「これらのクラスは個別にとることもできる」とあることから，不一致。

イ.「焼き上がったパイを自宅に持って帰ることができる」については，下から5行目 All chefs will take home a full 9-inch pie to bake at home!「料理をした人は9インチのパイをまるごと家で焼くために持って帰ることができる」とあることから，不一致。

ウ.「Young Chefs Course は Junior Chefs Course よりも早く始まる」については，Young Chefs Course が9月25日，Junior Chefs Course が9月27日とあることから，一致。

エ.「junior chefs は young chefs より多くの甘い菓子を作るだろう」については，Junior Chefs Course は Pumpkin Muffins を，Young Chefs Course は Pumpkin Muffins，Chocolate Cake と Apple Crisp Cake を作ることができることから，不一致。

20. ア.「4歳未満の子どもが参加できない」については，最も参加年齢資格の低い Junior Chefs Course が4歳以上であることから，一致。

イ.「各コースが始まる前に支払わなければならない」については，一つめの表下★印で Advance payment is required for all courses and classes.「すべてのコースとクラスは予め支払う必要がある」とあることから，一致。

ウ.「Young Chefs Course と Junior Chefs Course の両方に参加することはできない」については，1の表下★印に These classes can also be taken individually「これらのクラスは個別にとることもできる」とあることから，不一致。also に注目すること。

エ.「Make-a-Meal Classes の参加者は食べ物を家に持って帰ることができる」については，3の3行目に All chefs will take home a meal to share with their family!「料理をしたすべての人は家族と一緒に食べるために，食事を家に持って帰る」とあることから，一致。

21. 12歳の子どもが受講できるのは，7～12歳の My Plate Courses for Young Chefs，12歳以上の Teen Chefs Pie Classes と 10～15歳の Make-a-Meal Classes である。イは，「Teen Chefs Pie Classes のみ」，ウは「My Plate Courses の Junior Chefs と Young Chefs の両方」，エは「Make-a-Meal Classes 以外すべてのクラス」とあるので，不一致。したがって，アが適切。

22. 10歳児が参加できるのは Junior Chefs Course，Young Chefs Course, Chicken Dinner Class, Beef Dinner Class の合計12のクラス。重複しているのは My Plate Courses の Pumpkin Muffins と Fun with Vegetables なのでこの2つを除くと10になることからイが適切。

23. Chicken Dinner Make-a-Meal Class と Teen Chefs Pie Classes はそれぞれ50ドルで，8月に申し込むと10%割り引かれることから，ア. $90が適切。

V　解答

24－エ　25－(イ)　26－エ　27－ウ　28－イ　29－ア　30－エ

解説　≪行動型と心臓病の関連性≫

24. 最終段で「A型行動のパターンと心臓病との関連」について述べられていることから，エ.「A型行動のパターンと心臓病」が適切。

25. 挿入文は「多くの研究で，A型の人はB型の人よりも心臓病にかかりやすいことがわかっている」という内容。第2段でA型，B型について述べられており，(イ)の直前である第2段最終文（People who have …）でA型とB型が性格的に反対のタイプであることが示されている。(イ)の直後に「その理由の1つは，A型の人はB型の人よりも自分に対して大きな要求をし，よりストレスの多い状況に自分をさらすことが多いからである」と続いており，「A型の人がB型の人より心臓病にかかりやすい」と示している挿入文の内容を受けて理由を説明していることから，(イ)が適切。

26. 第1段第1文（Among the many …）で「高血圧，血縁，喫煙，肥満」が危険要因として挙げられており，空所直後で「ストレス」が危険要因として挙げられていることから，エ．addition が適切。in addition to 〜「〜に加えて」

27. 空所直前に「自身に対する過度の要求」について述べられており，空所直後で「心臓病の深刻なリスクを引き起こす」とあることから因果関係を表すウ．as a result が適切。as a result「その結果」

28. intense「激しい」= strong

29. 下線部(b)it の直前に The Type A pattern seems to be learned over a period of many years「A 型の行動パターンは長年にわたって習得される」とあり，その後，and it is encouraged by the competitive, achievement-oriented aspects of modern Western society「そしてそれは，現代西欧社会の競争的で，業績志向的な側面によって後押しされている」と続く。この it は直前文中の語句を指すものと思われるので，ア．the Type A pattern を指すと考えると文意が通る。

30. アについては，第 1 段第 2・3 文（In【 1 】to … of heart disease.）に「ストレスも心臓病の発症に大きな影響を与えることが明らかになっており，ストレスをコントロールできない人は心臓病のリスクが高い」とあるが，本文中に「ストレスをコントロールできる能力があれば心臓病は発症しない」という記載はないので，不一致。イについては，第 2 段(ア)の直後の文に，regardless of their jobs「仕事に関係なく」とあることから，不一致。ウについては，第 4 段 2・3 行目（This is because … for men.）「ストレスの多い状況に直面する女性でも，心臓病のリスクは男性よりずっと低いままだからだ」に不一致。エについては最終段(エ)の直後の文（Because of the …）「A 型の行動パターンと心臓病の関連性から，この行動パターンを変えるために様々なアプローチがとられている」に一致。

◀2月3日実施分▶

I **解答**　1―エ　2―ア　3―イ　4―イ　5―ウ　6―ア
7―イ

解説　1．空所前でBは，最近のコンビニでは健康的な食品を売っていると発言し，また空所直後でBは It's true. They have lots of fresh foods and low-fat meals.「本当だよ。新鮮な食材や低脂肪の食品がたくさんあるんだ」と，It's true. で自分の言っていることは本当であり，空所の発言を打ち消していることから，空所にはBの主張と反対の発言が入ると推察される。したがって，エ.「それは信じがたい」が適切。

2．直前でBが書籍を売るかあるいは譲るように提案しており，直後のBの発言で「それでもやはり捨てるのは無駄だと思う」と述べていることから，ア.「誰もそれらを欲しいと思わない」が適切。

3．テレビが不要でオンラインを活用しているというAに対して，反対の立場であることがBの2つめの発言からわかることから，イ.「特にニュースやスポーツのために，テレビが本当に必要です」が適切。

4．直後のBの発言に「心配しないで。時間通りに準備できるから」とあることから，イ.「間際になって慌てたくないでしょう」が適切。

5．直前のBの発言で「レシピが自分にとって多くの場合複雑すぎる」とためらっており，直後のBの発言でそれに対してAの提案に挑戦するとあることから，ウ.「少なくとも1つか2つには挑戦できるでしょう」が適切。

6．前半では，AとBが電車の乗客が少ないことについて不安に思っており，AとBの3つめの発言でその理由に気づいていることから，ア.「ああ，理由がわかった。今日は祝日だ」が適切。

7．サーフィンを始めたBに対して，Aも「楽しいに違いない」と同意しつつも「できるようになるのは難しいに違いない」と消極的な発言をしているのを受けて，Bが「簡単ではないが，楽しい」と言う，イが適切。

Ⅱ 解答　8－ア　9－イ　10－エ　11－ウ　12－ア　13－ウ

解説　8．to「～まで」 到達点を表す前置詞。

9．fall asleep「眠ってしまう」

10. go out「(火・灯などが) 消える」

11. in the latter half of～「～の後半に」 latter は順序を表す late の比較級。

12. As (S be) *done*「～されているように」 副詞節中の主語と be 動詞は省略可。

13. be friends with～「～(人) と友達である」

Ⅲ 解答　14－エ　15－ウ　16－イ　17－イ　18－ウ

解説　14. (Flights to Hawaii) are all <u>booked</u> up at this time (of year.)

book「予約する」

15. (Be careful not) to be persuaded <u>to</u> buy things you don't need(.)

persuade *A* to *do*「*A* に～するように説得する」

16. (The problem) had long gone <u>unnoticed</u> by everyone(.)

go *done*「～される」

17. (You ought not) to expect <u>too much</u> of her(.)

expect *A* of *B*「*A* (人) に *B* (事) を期待する」

18. (Only) rarely have <u>I</u> come across (Peter on campus.)

否定の副詞の直後は疑問文の語順に倒置される。come across～「～に偶然出くわす」

Ⅳ 解答　19－エ　20－ウ　21－ウ　22－エ　23－イ

解説　≪The Lake District National Park の案内≫

19. Avoid materials … such as cotton and denim.「綿やデニムのような素材は避けてください」とあることから，エが適切。

20. • sun protection for your skin, • map and compass とあることか

ら，ウが適切。sun protection for your skin と sunscreen が言い換えられている点に注意。

21. Length「(歩行する) 長さ」が6.9km，Duration「要する時間」が5 hours とあることから，ウが適切。

22. travel on foot (no cars allowed)「徒歩で移動する (車は禁止)」とあることから，エが適切。

23. Check the weather forecast the day before you set off「出発前日に天気予報を確認してください」とあることから，イが適切。

V 解答　24―エ　25―(ウ)　26―ウ　27―イ　28―ア　29―ウ　30―ウ

解説　≪男女の思考法の違い≫

24. 第1段第1文 (The question of…) に「男性と女性の思考の違いに関わる問いは非常に議論を呼んでいる」とあり，第2段以降でその違いについて具体的に述べられていることから，エ.「男性と女性の脳の違い」が適切。

25. 挿入文は「女性と男性の違いとしてもうひとつ考えられるのは，情報の処理方法である」という意味である。本文を通して男性と女性の脳の働きの違いが述べられており，第3段では言語を処理する方法，第4段では空間的な認識能力が挙げられている。そして，続く第5段の(ウ)の後の文 (While many women…) では「多くの女性は幅広い情報を同時に考える能力を持っているが，男性は1つのことに集中することが多い」とあり情報の処理について述べられていることから，第5段冒頭(ウ)に挿入文が入るのが最適。

26. 第3段第2文 (For example, when…) に「男性は左脳を使う」とあり，続く空所を含む部分では「女性は左脳と右脳を両方使う」とあることから，対比を表すウ. However「しかしながら」が適切。

27. 第4段第1文 (Some researchers claim…) では「空間能力を必要とする課題」に対する能力が女性より男性の方が優れていると述べられており，空所を含む第2文では「女性より男性の方が頭の中で物体を見ることができる」と同じ内容が述べられていることから，イ. In other words「言い換えれば」が適切。

28. 第3段第1～4文（According to some … the female brain.）で成人男性と成人女性では言語処理に違いがあるかもしれないと示され，その例として，1．話す時，男性はおもに左脳を使うが女性は左脳・右脳両方使う，2．左脳と右脳をつなぐ部分が女性の方が広いことが挙げられている。These differences はこれらの違いを受けていることから，アが適切。

29. intuition「直感」＝feeling　また，第6段第1文（This ability to …）の "female intuition" が to sense things で言い換えられていることにも注目する。

30. ア．第1段で「文化や経験」による影響だけでなく「脳の機能」の影響についても述べられていることから，不一致。イ．第4段最終文（Women, though, …）に「女性は小さな木や建物のような目印を覚えている」とあることから，不一致。ウ．第5段の(ウ)の後の文（While many women …）に一致。エ．第6段第3・4文（Scientists seeking to … people are feeling.）に「女性はコミュニケーションにおいて言葉などの一面だけでなく，人の顔や声からその人が何を感じているかを推し量る」との記述があるので不一致。

日本史

◀ 2月2日実施分 ▶

Ⅰ 解答 ≪国風・院政期の文化≫

1ーエ　2ーイ　3ーエ　4ーウ　5ーウ　6ーア　7ーイ　8ーア
9ーウ　10ーウ

Ⅱ 解答 ≪中世の大陸との交流≫

11ーウ　12ーエ　13ーウ　14ーウ　15ーイ　16ーア　17ーイ　18ーエ
19ーイ　20ーウ

Ⅲ 解答 ≪幕政の改革と文化≫

21ーオ　22ーキ　23ーク　24ーイ　25ーケ　26ーイ　27ーイ　28ーイ
29ーア　30ーカ

Ⅳ 解答 ≪憲法の制定過程≫

31ーイ　32ーエ　33ーウ　34ーイ　35ーア　36ーア　37ーエ　38ーウ
39ーウ　40ーア

◀ 2 月 3 日実施分 ▶

I 解答 ≪奈良時代の政権≫

1 ―エ　2 ―ウ　3 ―ア　4 ―エ　5 ―ウ　6 ―イ　7 ―エ　8 ―ア
9 ―イ　10―ア

II 解答 ≪執権政治の最盛期≫

11―ウ　12―エ　13―イ　14―ア　15―ア　16―ウ　17―ウ　18―イ
19―エ　20―ア

III 解答 ≪日本の産業革命と社会運動≫

21―カ　22―ア　23―オ　24―ケ　25―エ　26―エ　27―エ　28―オ
29―ア　30―エ

IV 解答 ≪北海道の歴史≫

31―イ　32―ア　33―エ　34―ア　35―ア　36―イ　37―ウ　38―ウ
39―ウ　40―エ

世界史

◀ 2 月 2 日実施分 ▶

I　解答　≪春秋・戦国時代～明代の思想≫

1 ―ウ　2 ―ア　3 ―イ　4 ―ア　5 ―ウ　6 ―エ　7 ―ウ　8 ―エ
9 ―エ　10―イ　11―ア　12―イ　13―ウ

II　解答　≪十字軍の影響≫

14―イ　15―ウ　16―ウ　17―イ　18―ア　19―エ　20―イ　21―エ
22―イ　23―カ　24―エ　25―ア　26―イ

III　解答　≪17 世紀以降の覇権国家≫

27―イ　28―エ　29―ウ　30―イ　31―ウ　32―ア　33―ウ　34―キ
35―エ　36―ア　37―ウ　38―イ　39―ア　40―イ

◀2月3日実施分▶

Ⅰ　解答　≪宗教改革≫

1－イ　2－ウ　3－エ　4－ア　5－イ　6－エ　7－ア　8－エ
9－イ　10－ア　11－ウ　12－ア　13－イ

Ⅱ　解答　≪ムガル帝国≫

14－ウ　15－イ　16－エ　17－ア　18－エ　19－ウ　20－ア　21－ウ
22－エ　23－ウ　24－エ　25－ウ　26－イ

Ⅲ　解答　≪世界史上における交易路・商業≫

27－エ　28－ア　29－ウ　30－イ　31－エ　32－コ　33－イ　34－オ
35－イ　36－エ　37－イ　38－ウ　39－ア　40－エ

数学

◀2月2日実施分▶

I 解答 ≪小問8問≫

1－エ　2－コ　3－コ　4－キ　5－キ　6－カ　7－コ　8－キ
9－カ　10－キ　11－オ

II 解答 ≪図形と計量≫

12－ウ　13－カ　14－イ　15－ア　16－エ　17－ウ　18－イ　19－ア
20－エ　21－ウ　22－ウ　23－カ　24－カ　25－ウ　26－ウ

III 解答 ≪場合の数≫

27－オ　28－ウ　29－ア　30－イ　31－ウ　32－ア　33－エ　34－キ
35－エ　36－カ　37－コ　38－キ

IV 解答 ≪2次関数≫

39－ウ　40－ケ　41－ア　42－イ　43－ウ　44－ア　45－ウ　46－イ
47－ク　48－ア　49－オ　50－ア

◀2月3日実施分▶

I　解答　≪小問8問≫

1－エ　2－ウ　3－ウ　4－キ　5－エ　6－カ　7－コ　8－イ
9－オ　10－キ　11－ア　12－ウ　13－オ　14－エ　15－ウ　16－ケ
17－ア

II　解答　≪2次関数≫

18－エ　19－ウ　20－ウ　21－キ　22－ク　23－ウ　24－カ　25－ウ
26－コ　27－ウ

III　解答　≪図形と計量≫

28－カ　29－ウ　30－エ　31－カ　32－ウ　33－カ　34－ウ　35－ウ
36－カ　37－ウ　38－カ　39－カ

IV　解答　≪場合の数≫

40－エ　41－カ　42－キ　43－エ　44－ケ　45－イ　46－エ　47－キ
48－コ　49－ク　50－ウ

問八　傍線④の後で「モダン」としての「国民国家」の説明があり、傍線⑥の前の段落で「『国民国家』の枠組みを揺さぶっている」ものとして「グローバリゼーションの進展とともに、国民国家の機能や権限の限界が指摘され、代わって、巨大企業や市民社会組織（CSO）の役割が注目されるようになった」とある。

問九　傍線⑤の前の段落に「国家の近代化を推し進めるうえでは、文化的な同質性が高く、単なる『領民』ではなく『国民』としての意識を共有しているほうが効率的かつ安定的という判断があった」とある。

問十二　傍線⑥を含む段落において「オワリ・イボ」と「オニチャ・イボ」が区別されるのは「ナイジェリアの東部だった地域」のみに限られることが説明されている。

問十三　傍線⑦は、本来の中華料理ではない異国風の「中華料理」が中国に逆輸入されることについて述べた文である。直後に「明確な境界線を引くことはますます困難になっている」と、説明されている。

問十四　傍線⑧の直後に「近代の論理と力学がより強化される一方、それを支えてきた文化的・制度的枠組みは揺さぶられ、ときに内破されてゆく」とある。

問十五　傍線④の次段落に「近代的な主権国家体制がヨーロッパで確立した後、一八世紀から一九世紀にかけて、欧米諸国や日本では国民統合が進んだ」とあることから、ウが本文に合致する。ア「すべて東西交流のための航海が作った」、イ「自治体の役割が注目される」、エ「ミュージアムは淘汰された」、オ「アイデンティティが均質化」がそれぞれ本文と合致しない。

Ⅱ

出典 渡辺靖『〈文化〉を捉え直す―カルチュラル・セキュリティの発想』〈第一章 グローバリゼーションは「文化」を殺す?〉(岩波新書)

解答

問一 ウ
問二 ア
問三 イ
問四 オ
問五 イ
問六 エ
問七 オ
問八 ウ
問九 ウ
問十 オ
問十一 ウ
問十二 エ
問十三 エ
問十四 エ
問十五 ウ

解説 問三 第二段落において「グローバリゼーション」の説明として、「市場経済の世界的波及」と「情報通信技術(ICT)のユビキタス(遍在)化」があげられており、第三段落では「市場経済や情報通信技術の進展そのものはモダニゼーション(近代化)の特徴」と書かれている。

解説

問三　傍線①を含む段落に「ヒトにおける協力行動、利他行動は……さまざまな種類、機能、文脈において起きている」「何らかの向社会性そのものが、遺伝的に備わっている」と書かれている。

問四　傍線⑤の一つ前の段落に「ヒトは、他者の心を察することに、ことさらに長けている」と書かれていることから、ウの「他者の『心』を理解するのは困難である」という箇所は本文の説明に合致しない。

問八　傍線④の直後の「からより長く見つめる」と、直前の文の「注視時間が長くなる」が対応しており、「クマを取るだろうと期待している」にもかかわらず「ボールを取ったとき」のことを言っていることがわかる。

問九　傍線⑤の後に「ヒトの幼児は、おとなが手がふさがっていて扉を開けられないなど困っていると、頼まれなくても自ら扉を開けてあげることができる」例が示されている。

問十　傍線⑥の後に「一つの事象が他の事象の『原因』であるという理解をすることができる」とあり、二つ後の段落に「他の状況においてもその因果関係を適用し、仮想の事態を想像することができる」とある。その理解のうえで「世界に対して自ら働きかけることができる」と述べられている。

問十四　傍線⑨を受けて最終段落に「ヒトにおいては、狭い意味での利他行動の進化を考えるのではなく……さまざまな向社会性がなぜ進化したのか、それを解明していくほうが、人間性の理解を深めるうえでは、より有効であると私は考えている」と書かれている。

問十五　第二段落において「ヒトの社会性」の高さは「何らかの向社会性そのものが、遺伝的に備わっている」からであると説明されていることから、ウ「他の種よりも早く発見したため」という説明は、本文とは合致しない。

▲二月三日実施分▼

I

出典　長谷川眞理子『世界は美しくて不思議に満ちている―「共感」から考えるヒトの進化』〈II　ヒトを知る　利他の心の進化〉（青土社）

解答

問一　イ
問二　イ
問三　オ
問四　ウ
問五　イ
問六　エ
問七　イ
問八　エ
問九　イ
問十　オ
問十一　オ
問十二　イ
問十三　ウ
問十四　エ
問十五　ウ

問四　傍線③の後に「対話の場面においては一人称を主語とする文は……二人称による問いかけや呼びかけを前提とする。私はまず『語る』のではなく『聞く』のである」とある。

問九　傍線⑤の次段落に「私が〈いま〉〈ここ〉で語りはじめると、それを核として過去と未来の無限な地平がそのつど開かれる」とある。

問十一　本文の最後に「真理とは原理的に『贈り物』でなければならない」とあることを手がかりに、最終段落をみると「私が真理らしきものを求めたのは、私の人生を……もっと安心できるものにしたかったから」「『あなたの人生はそれでよかったのだ』と、だれかに言ってもらいたいから」とある。

問十二　最終段落に「〔だれのものでもない『真理』のように〕私がただ見いだすだけのものは……結局のところだれからもありがたがられない」と書かれている。

問十三　傍線⑧の直後に「進歩思想はすべてが完全に完成した理想状態を歴史の終局点に設定して、すべての歴史現象がそれに向かって不可逆的・連続的に進んでいると考える。もしそうなら……歴史の終局は……けっして到達できないが……それに向かって不断に近づいている」とある。

問十五　空所Cを含む段落に「私の言語行為は……〈いま〉生起するが、この行為は応答であるがゆえにその起源は他者の『過去』の発言にある。さらに私の〈いま〉の発言も……だれかに向けた発言だから、『未来』における他者の応答を期待している」と書かれていることから、アが本文の内容に合致する。イ「なにかを選ぶことはなにかを捨てる」、ウ「過去や未来に対しては開かれていない」、エ「その人の個性が生まれる」、オ「私は自由や主体性を意識できない」がそれぞれ本文と合致しない。

Ⅱ

出典　村岡晋一『名前の哲学』〈第3章　対話―ローゼンツヴァイク〉（講談社選書メチエ）

解答

問一　ウ
問二　ア
問三　オ
問四　オ
問五　ウ
問六　イ
問七　エ
問八　エ
問九　エ
問十　ア
問十一　オ
問十二　ウ
問十三　イ
問十四　イ
問十五　ア

解説

問一　傍線①の後に具体例として、私が「気を失って倒れた」とした場合に、友人が「私の名前を連呼」して私が「応答できた」ときに、私は〈我〉にかえるということが述べられている。そして、傍線⑤を含む段落に「私は『語る主体』ではなく、あなたに語りかけられることによってはじめて『主体』になる」とある。

問十二　ア
問十三　エ
問十四　イ
問十五　ア

解説

問一　傍線②の前に「美意識には本能的（生得的）なものと文化的（後天的）なものがある、と見るのが中尾佐助氏の考えであった」と書かれている。

問三　傍線③の直前に「大量の花粉を風に乗せて……まき散らすことで受粉は達成できるから、昆虫を引き寄せるための美しい花は作ら（れ）ない」とある。

問十　傍線④の前に「悲しいできごとと喜ばしいできごとではそれぞれ飾る花、贈る花に違いをもたせ、違う意味を込めたりする」と説明されている。

問十一　傍線④の次行から「花のシンボリックな役割」についての補足の説明がされており、傍線⑤の直前に「花は自分の気持ちを伝えてくれるような気がしていたのではないか」とある。

問十二　傍線⑥を含む段落の次段落に「このとき出会った『門松』は、……結婚式のためだった……二本の白樺の若木は厳粛な守り神の雰囲気である」と説明されている。

問十四　傍線⑥の次段落に「白樺の木」の説明として「人と対等な関係ではなく圧倒的に力を持つ優越者の立場が感じられた」とあり、傍線⑦の前の段落に「花は関係者全体の仲を取り持つ平等の媒介者の雰囲気があった」と書かれている。

問十五　本文はじめの部分で「ヒガンバナ」について「欧米人は素直な本能的美意識から抵抗感なく植えている……日本では不吉な感じが払拭しきれないため庭に植えたりしない」と説明されてはいるが、「日本人は自らの美意識を表明するのが苦手」だとは言えないため、アは本文と矛盾する。

■国語■

◀二月二日実施分▶

Ⅰ

出典　白幡洋三郎「『人はなぜ花を愛でるのか』をめぐって」（阿部健一監修『五感／五環－文化が生まれるとき』昭和堂）

解答

問一　オ
問二　ウ
問三　ウ
問四　イ
問五　オ
問六　ア
問七　イ
問八　エ
問九　エ
問十　オ
問十一　エ

//////////////////// · memo · ////////////////////

////////////////////// · memo · //////////////////////

////////////////////// · memo · //////////////////////

//////////////////// · memo · ////////////////////

////////////////////// · memo · //////////////////////

//////////////////// · memo · ////////////////////

教学社 刊行一覧

2025年版 大学赤本シリーズ

374大学556点 全都道府県を網羅

国公立大学（都道府県順）

全国の書店で取り扱っています。店頭にない場合は，お取り寄せができます。

1 北海道大学（文系－前期日程）
2 北海道大学（理系－前期日程） [医]
3 北海道大学（後期日程）
4 旭川医科大学（医学部〈医学科〉） [医]
5 小樽商科大学
6 帯広畜産大学
7 北海道教育大学
8 室蘭工業大学／北見工業大学
9 釧路公立大学
10 公立千歳科学技術大学
11 公立はこだて未来大学 [総推]
12 札幌医科大学（医学部） [医]
13 弘前大学 [医]
14 岩手大学
15 岩手県立大学・盛岡短期大学部・宮古短期大学部
16 東北大学（文系－前期日程）
17 東北大学（理系－前期日程） [医]
18 東北大学（後期日程）
19 宮城教育大学
20 宮城大学
21 秋田大学 [医]
22 秋田県立大学
23 国際教養大学 [総推]
24 山形大学 [医]
25 福島大学
26 会津大学
27 福島県立医科大学（医・保健科学部） [医]
28 茨城大学（文系）
29 茨城大学（理系）
30 筑波大学（推薦入試） [医] [総推]
31 筑波大学（文系－前期日程）
32 筑波大学（理系－前期日程） [医]
33 筑波大学（後期日程）
34 宇都宮大学
35 群馬大学 [医]
36 群馬県立女子大学
37 高崎経済大学
38 前橋工科大学
39 埼玉大学（文系）
40 埼玉大学（理系）
41 千葉大学（文系－前期日程）
42 千葉大学（理系－前期日程） [医]
43 千葉大学（後期日程） [医]
44 東京大学（文科） [DL]
45 東京大学（理科） [DL] [医]
46 お茶の水女子大学
47 電気通信大学
48 東京外国語大学 [DL]
49 東京海洋大学
50 東京科学大学（旧 東京工業大学）
51 東京科学大学（旧 東京医科歯科大学） [医]
52 東京学芸大学
53 東京藝術大学
54 東京農工大学
55 一橋大学（前期日程）
56 一橋大学（後期日程）
57 東京都立大学（文系）
58 東京都立大学（理系）
59 横浜国立大学（文系）
60 横浜国立大学（理系）
61 横浜市立大学（国際教養・国際商・理・データサイエンス・医〈看護〉学部）
62 横浜市立大学（医学部〈医学科〉） [医]
63 新潟大学（人文・教育〈文系〉・法・経済科・医〈看護〉・創生学部）
64 新潟大学（教育〈理系〉・理・医〈看護を除く〉・歯・工・農学部） [医]
65 新潟県立大学
66 富山大学（文系）
67 富山大学（理系） [医]
68 富山県立大学
69 金沢大学（文系）
70 金沢大学（理系） [医]
71 福井大学（教育・医〈看護〉・工・国際地域学部）
72 福井大学（医学部〈医学科〉） [医]
73 福井県立大学
74 山梨大学（教育・医〈看護〉・工・生命環境学部）
75 山梨大学（医学部〈医学科〉） [医]
76 都留文科大学
77 信州大学（文系－前期日程）
78 信州大学（理系－前期日程） [医]
79 信州大学（後期日程）
80 公立諏訪東京理科大学 [総推]
81 岐阜大学（前期日程） [医]
82 岐阜大学（後期日程）
83 岐阜薬科大学
84 静岡大学（前期日程）
85 静岡大学（後期日程）
86 浜松医科大学（医学部〈医学科〉） [医]
87 静岡県立大学
88 静岡文化芸術大学
89 名古屋大学（文系）
90 名古屋大学（理系） [医]
91 愛知教育大学
92 名古屋工業大学
93 愛知県立大学
94 名古屋市立大学（経済・人文社会・芸術工・看護・総合生命理・データサイエンス学部）
95 名古屋市立大学（医学部〈医学科〉） [医]
96 名古屋市立大学（薬学部）
97 三重大学（人文・教育・医〈看護〉学部）
98 三重大学（医〈医〉・工・生物資源学部） [医]
99 滋賀大学
100 滋賀医科大学（医学部〈医学科〉） [医]
101 滋賀県立大学
102 京都大学（文系）
103 京都大学（理系） [医]
104 京都教育大学
105 京都工芸繊維大学
106 京都府立大学
107 京都府立医科大学（医学部〈医学科〉） [医]
108 大阪大学（文系） [DL]
109 大阪大学（理系） [医]
110 大阪教育大学
111 大阪公立大学（現代システム科学域〈文系〉・文・法・経済・商・看護・生活科〈居住環境・人間福祉〉学部－前期日程）
112 大阪公立大学（現代システム科学域〈理系〉・理・工・農・獣医・医・生活科〈食栄養〉学部－前期日程） [医]
113 大阪公立大学（中期日程）
114 大阪公立大学（後期日程）
115 神戸大学（文系－前期日程）
116 神戸大学（理系－前期日程） [医]
117 神戸大学（後期日程）
118 神戸市外国語大学 [DL]
119 兵庫県立大学（国際商経・社会情報科・看護学部）
120 兵庫県立大学（工・理・環境人間学部）
121 奈良教育大学／奈良県立大学
122 奈良女子大学
123 奈良県立医科大学（医学部〈医学科〉） [医]
124 和歌山大学
125 和歌山県立医科大学（医・薬学部） [医]
126 鳥取大学 [医]
127 公立鳥取環境大学
128 島根大学 [医]
129 岡山大学（文系）
130 岡山大学（理系） [医]
131 岡山県立大学
132 広島大学（文系－前期日程）
133 広島大学（理系－前期日程） [医]
134 広島大学（後期日程）
135 尾道市立大学 [総推]
136 県立広島大学
137 広島市立大学
138 福山市立大学 [総推]
139 山口大学（人文・教育〈文系〉・経済・医〈看護〉・国際総合科学部）
140 山口大学（教育〈理系〉・理・医〈看護を除く〉・工・農・共同獣医学部） [医]
141 山陽小野田市立山口東京理科大学 [総推]
142 下関市立大学／山口県立大学
143 周南公立大学 [新] [総推]
144 徳島大学 [医]
145 香川大学 [医]
146 愛媛大学 [医]
147 高知大学 [医]
148 高知工科大学
149 九州大学（文系－前期日程）
150 九州大学（理系－前期日程） [医]
151 九州大学（後期日程）
152 九州工業大学
153 福岡教育大学
154 北九州市立大学
155 九州歯科大学
156 福岡県立大学／福岡女子大学
157 佐賀大学 [医]
158 長崎大学（多文化社会・教育〈文系〉・経済・医〈保健〉・環境科〈文系〉学部）
159 長崎大学（教育〈理系〉・医〈医〉・歯・薬・情報データ科・工・環境科〈理系〉・水産学部） [医]
160 長崎県立大学 [総推]
161 熊本大学（文・教育・法・医〈看護〉学部・情報融合学環〈文系型〉）
162 熊本大学（理・医〈看護を除く〉・薬・工学部・情報融合学環〈理系型〉） [医]
163 熊本県立大学
164 大分大学（教育・経済・医〈看護〉・理工・福祉健康科学部）
165 大分大学（医学部〈医・先進医療科学科〉） [医]
166 宮崎大学（教育・医〈看護〉・工・農・地域資源創成学部）
167 宮崎大学（医学部〈医学科〉） [医]
168 鹿児島大学（文系）
169 鹿児島大学（理系） [医]
170 琉球大学 [医]

2025年版　大学赤本シリーズ

国公立大学 その他

171 〔国公立大〕医学部医学科 総合型選抜・学校推薦型選抜※ 医 総推
172 看護・医療系大学〈国公立 東日本〉※
173 看護・医療系大学〈国公立 中日本〉※
174 看護・医療系大学〈国公立 西日本〉※
175 海上保安大学校／気象大学校
176 航空保安大学校
177 国立看護大学校
178 防衛大学校 総推
179 防衛医科大学校(医学科) 医
180 防衛医科大学校(看護学科)

※No.171～174の収載大学は赤本ウェブサイト(http://akahon.net/)でご確認ください。

私立大学①

北海道の大学(50音順)

201 札幌大学
202 札幌学院大学
203 北星学園大学
204 北海学園大学
205 北海道医療大学
206 北海道科学大学
207 北海道武蔵女子大学・短期大学
208 酪農学園大学(獣医学群〈獣医学類〉)

東北の大学(50音順)

209 岩手医科大学(医・歯・薬学部) 医
210 仙台大学 総推
211 東北医科薬科大学(医・薬学部) 医
212 東北学院大学
213 東北工業大学
214 東北福祉大学
215 宮城学院女子大学 総推

関東の大学(50音順)

あ行(関東の大学)

216 青山学院大学(法・国際政治経済学部－個別学部日程)
217 青山学院大学(経済学部－個別学部日程)
218 青山学院大学(経営学部－個別学部日程)
219 青山学院大学(文・教育人間科学部－個別学部日程)
220 青山学院大学(総合文化政策・社会情報・地球社会共生・コミュニティ人間科学部－個別学部日程)
221 青山学院大学(理工学部－個別学部日程)
222 青山学院大学(全学部日程)
223 麻布大学(獣医、生命・環境科学部)
224 亜細亜大学
226 桜美林大学
227 大妻女子大学・短期大学部

か行(関東の大学)

228 学習院大学(法学部－コア試験)
229 学習院大学(経済学部－コア試験)
230 学習院大学(文学部－コア試験)
231 学習院大学(国際社会科学部－コア試験)
232 学習院大学(理学部－コア試験)
233 学習院女子大学
234 神奈川大学(給費生試験)
235 神奈川大学(一般入試)
236 神奈川工科大学
237 鎌倉女子大学・短期大学部
238 川村学園女子大学
239 神田外語大学
240 関東学院大学
241 北里大学(理学部)
242 北里大学(医学部) 医
243 北里大学(薬学部)
244 北里大学(看護・医療衛生学部)
245 北里大学(未来工・獣医・海洋生命科学部)
246 共立女子大学・短期大学
247 杏林大学(医学部) 医
248 杏林大学(保健学部)
249 群馬医療福祉大学・短期大学部
250 群馬パース大学 総推
251 慶應義塾大学(法学部)
252 慶應義塾大学(経済学部)
253 慶應義塾大学(商学部)
254 慶應義塾大学(文学部) 総推
255 慶應義塾大学(総合政策学部)
256 慶應義塾大学(環境情報学部)
257 慶應義塾大学(理工学部)
258 慶應義塾大学(医学部) 医
259 慶應義塾大学(薬学部)
260 慶應義塾大学(看護医療学部)
261 工学院大学
262 國學院大學
263 国際医療福祉大学 医
264 国際基督教大学
265 国士舘大学
266 駒澤大学(一般選抜T方式・S方式)
267 駒澤大学(全学部統一日程選抜)

さ行(関東の大学)

268 埼玉医科大学(医学部) 医
269 相模女子大学・短期大学部
270 産業能率大学
271 自治医科大学(医学部) 医
272 自治医科大学(看護学部)／東京慈恵会医科大学(医学部〈看護学科〉)
273 実践女子大学 総推
274 芝浦工業大学(前期日程)
275 芝浦工業大学(全学統一日程・後期日程)
276 十文字学園女子大学
277 淑徳大学
278 順天堂大学(医学部) 医
279 順天堂大学(スポーツ健康科・医療看護・保健看護・国際教養・保健医療・医療科・健康データサイエンス・薬学部) 総推
280 上智大学(神・文・総合人間科学部)
281 上智大学(法・経済学部)
282 上智大学(外国語・総合グローバル学部)
283 上智大学(理工学部)
284 上智大学(TEAPスコア利用方式)
285 湘南工科大学
286 昭和大学(医学部) 医
287 昭和大学(歯・薬・保健医療学部)
288 昭和女子大学
289 昭和薬科大学
290 女子栄養大学・短期大学部 総推
291 白百合女子大学
292 成蹊大学(法学部－A方式)
293 成蹊大学(経済・経営学部－A方式)
294 成蹊大学(文学部－A方式)
295 成蹊大学(理工学部－A方式)
296 成蹊大学(E方式・G方式・P方式)
297 成城大学(経済・社会イノベーション学部－A方式)
298 成城大学(文芸・法学部－A方式)
299 成城大学(S方式〈全学部統一選抜〉)
300 聖心女子大学
301 清泉女子大学
303 聖マリアンナ医科大学 医
304 聖路加国際大学(看護学部)
305 専修大学(スカラシップ・全国入試)
306 専修大学(前期入試〈学部個別入試〉)
307 専修大学(前期入試〈全学部入試・スカラシップ入試〉)

た行(関東の大学)

308 大正大学
309 大東文化大学
310 高崎健康福祉大学
311 拓殖大学
312 玉川大学
313 多摩美術大学
314 千葉工業大学
315 中央大学(法学部－学部別選抜)
316 中央大学(経済学部－学部別選抜)
317 中央大学(商学部－学部別選抜)
318 中央大学(文学部－学部別選抜)
319 中央大学(総合政策学部－学部別選抜)
320 中央大学(国際経営・国際情報学部－学部別選抜)
321 中央大学(理工学部－学部別選抜)
322 中央大学(5学部共通選抜)
323 中央学院大学
324 津田塾大学
325 帝京大学(薬・経済・法・文・外国語・教育・理工・医療技術・福岡医療技術学部)
326 帝京大学(医学部) 医
327 帝京科学大学 総推
328 帝京平成大学 総推
329 東海大学(医〈医〉学部を除く－一般選抜)
330 東海大学(文系・理系学部統一選抜)
331 東海大学(医学部〈医学科〉) 医
332 東京医科大学(医学部〈医学科〉) 医
333 東京家政大学・短期大学部 総推
334 東京経済大学
335 東京工科大学
336 東京工芸大学
337 東京国際大学
338 東京歯科大学
339 東京慈恵会医科大学(医学部〈医学科〉) 医
340 東京情報大学
341 東京女子大学
342 東京女子医科大学(医学部) 医
343 東京電機大学
344 東京都市大学
345 東京農業大学
346 東京薬科大学(薬学部) 総推
347 東京薬科大学(生命科学部) 総推
348 東京理科大学(理学部〈第一部〉－B方式)
349 東京理科大学(創域理工学部－B方式・S方式)
350 東京理科大学(工学部－B方式)
351 東京理科大学(先進工学部－B方式)
352 東京理科大学(薬学部－B方式)
353 東京理科大学(経営学部－B方式)
354 東京理科大学(C方式、グローバル方式、理学部〈第二部〉－B方式)
355 東邦大学(医学部) 医
356 東邦大学(薬学部)

2025年版　大学赤本シリーズ

私立大学②

357 東邦大学（理・看護・健康科学部）
358 東洋大学（文・経済・経営・法・社会・国際・国際観光学部）
359 東洋大学（情報連携・福祉社会デザイン・健康スポーツ科・理工・総合情報・生命科・食環境科学部）
360 東洋大学（英語〈3日程×3カ年〉）
361 東洋大学（国語〈3日程×3カ年〉）
362 東洋大学（日本史・世界史〈2日程×3カ年〉）
363 東洋英和女学院大学
364 常磐大学・短期大学 総推
365 獨協大学
366 獨協医科大学（医学部） 医

な行（関東の大学）

367 二松学舎大学
368 日本大学（法学部）
369 日本大学（経済学部）
370 日本大学（商学部）
371 日本大学（文理学部〈文系〉）
372 日本大学（文理学部〈理系〉）
373 日本大学（芸術学部〈専門試験併用型〉）
374 日本大学（国際関係学部）
375 日本大学（危機管理・スポーツ科学部）
376 日本大学（理工学部）
377 日本大学（生産工・工学部）
378 日本大学（生物資源科学部）
379 日本大学（医学部） 医
380 日本大学（歯・松戸歯学部）
381 日本大学（薬学部）
382 日本大学（N全学統一方式−医・芸術〈専門試験併用型〉学部を除く）
383 日本医科大学 医
384 日本工業大学
385 日本歯科大学
386 日本社会事業大学 総推
387 日本獣医生命科学大学
388 日本女子大学
389 日本体育大学

は行（関東の大学）

390 白鷗大学（学業特待選抜・一般選抜）
391 フェリス女学院大学
392 文教大学
393 法政大学（法〈Ⅰ日程〉・文〈Ⅱ日程〉・経営〈Ⅱ日程〉学部−A方式）
394 法政大学（法〈Ⅱ日程〉・国際文化・キャリアデザイン学部−A方式）
395 法政大学（文〈Ⅰ日程〉・経営〈Ⅰ日程〉・人間環境・グローバル教養学部−A方式）
396 法政大学（経済〈Ⅰ日程〉・社会〈Ⅰ日程〉・現代福祉学部−A方式）
397 法政大学（経済〈Ⅱ日程〉・社会〈Ⅱ日程〉・スポーツ健康学部−A方式）
398 法政大学（情報科・デザイン工・理工・生命科学部−A方式）
399 法政大学（T日程〈統一日程〉・英語外部試験利用入試）
400 星薬科大学 総推

ま行（関東の大学）

401 武蔵大学
402 武蔵野大学
403 武蔵野美術大学
404 明海大学
405 明治大学（法学部−学部別入試）
406 明治大学（政治経済学部−学部別入試）
407 明治大学（商学部−学部別入試）
408 明治大学（経営学部−学部別入試）
409 明治大学（文学部−学部別入試）
410 明治大学（国際日本学部−学部別入試）
411 明治大学（情報コミュニケーション学部−学部別入試）
412 明治大学（理工学部−学部別入試）
413 明治大学（総合数理学部−学部別入試）
414 明治大学（農学部−学部別入試）
415 明治大学（全学部統一入試）
416 明治学院大学（A日程）
417 明治学院大学（全学部日程）
418 明治薬科大学 総推
419 明星大学
420 目白大学・短期大学部

ら・わ行（関東の大学）

421 立教大学（文系学部−一般入試〈大学独自の英語を課さない日程〉）
422 立教大学（国語〈3日程×3カ年〉）
423 立教大学（日本史・世界史〈2日程×3カ年〉）
424 立教大学（文学部−一般入試〈大学独自の英語を課す日程〉）
425 立教大学（理学部−一般入試）
426 立正大学
427 早稲田大学（法学部）
428 早稲田大学（政治経済学部）
429 早稲田大学（商学部）
430 早稲田大学（社会科学部）
431 早稲田大学（文学部）
432 早稲田大学（文化構想学部）
433 早稲田大学（教育学部〈文科系〉）
434 早稲田大学（教育学部〈理科系〉）
435 早稲田大学（人間科・スポーツ科学部）
436 早稲田大学（国際教養学部）
437 早稲田大学（基幹理工・創造理工・先進理工学部）
438 和洋女子大学 総推

中部の大学（50音順）

439 愛知大学
440 愛知医科大学（医学部） 医
441 愛知学院大学・短期大学部
442 愛知工業大学 総推
443 愛知淑徳大学
444 朝日大学 総推
445 金沢医科大学（医学部） 医
446 金沢工業大学
447 岐阜聖徳学園大学 総推
448 金城学院大学
449 至学館大学 総推
450 静岡理工科大学
451 椙山女学園大学
452 大同大学
453 中京大学
454 中部大学
455 名古屋外国語大学 総推
456 名古屋学院大学 総推
457 名古屋学芸大学 総推
458 名古屋女子大学 総推
459 南山大学（外国語〈英米〉・法・総合政策・国際教養学部）
460 南山大学（人文・外国語〈英米を除く〉・経済・経営・理工学部）
461 新潟国際情報大学
462 日本福祉大学
463 福井工業大学
464 藤田医科大学（医学部） 医
465 藤田医科大学（医療科・保健衛生学部）
466 名城大学（法・経営・経済・外国語・人間・都市情報学部）
467 名城大学（情報工・理工・農・薬学部）
468 山梨学院大学

近畿の大学（50音順）

469 追手門学院大学 総推
470 大阪医科薬科大学（医学部） 医
471 大阪医科薬科大学（薬学部） 総推
472 大阪学院大学 総推
473 大阪経済大学 総推
474 大阪経済法科大学 総推
475 大阪工業大学 総推
476 大阪国際大学・短期大学部 総推
477 大阪産業大学 総推
478 大阪歯科大学（歯学部）
479 大阪商業大学 総推
480 大阪成蹊大学・短期大学 総推
481 大谷大学 総推
482 大手前大学・短期大学 総推
483 関西大学（文系）
484 関西大学（理系）
485 関西大学（英語〈3日程×3カ年〉）
486 関西大学（国語〈3日程×3カ年〉）
487 関西大学（日本史・世界史・文系数学〈3日程×3カ年〉）
488 関西医科大学（医学部） 医
489 関西医療大学 総推
490 関西外国語大学・短期大学部 総推
491 関西学院大学（文・法・商・人間福祉・総合政策学部−学部個別日程）
492 関西学院大学（神・社会・経済・国際・教育学部−学部個別日程）
493 関西学院大学（全学部日程〈文系型〉）
494 関西学院大学（全学部日程〈理系型〉）
495 関西学院大学（共通テスト併用日程〈数学〉・英数日程）
496 関西学院大学（英語〈3日程×3カ年〉） 新
497 関西学院大学（国語〈3日程×3カ年〉） 新
498 関西学院大学（日本史・世界史・文系数学〈3日程×3カ年〉） 新
499 畿央大学 総推
500 京都外国語大学・短期大学 総推
502 京都産業大学（公募推薦入試） 総推
503 京都産業大学（一般選抜入試〈前期日程〉）
504 京都女子大学 総推
505 京都先端科学大学 総推
506 京都橘大学 総推
507 京都ノートルダム女子大学 総推
508 京都薬科大学 総推
509 近畿大学・短期大学部（医学部を除く−推薦入試） 総推
510 近畿大学・短期大学部（医学部を除く−一般入試前期）
511 近畿大学（英語〈医学部を除く3日程×3カ年〉）
512 近畿大学（理系数学〈医学部を除く3日程×3カ年〉）
513 近畿大学（国語〈医学部を除く3日程×3カ年〉）
514 近畿大学（医学部−推薦入試・一般入試前期） 医 総推
515 近畿大学・短期大学部（一般入試後期） 医
516 皇學館大学 総推
517 甲南大学 総推
518 甲南女子大学（学校推薦型選抜） 新 総推
519 神戸学院大学 総推
520 神戸国際大学 総推
521 神戸女学院大学 総推
522 神戸女子大学・短期大学 総推
523 神戸薬科大学 総推
524 四天王寺大学・短期大学部 総推
525 摂南大学（公募制推薦入試） 総推
526 摂南大学（一般選抜前期日程）
527 帝塚山学院大学 総推
528 同志社大学（法、グローバル・コミュニケーション学部−学部個別日程）

2025年版　大学赤本シリーズ　No. 544

桃山学院大学

編　集　教学社編集部
発行者　上原 寿明
発行所　教学社
〒606-0031
京都市左京区岩倉南桑原町56
電話　075-721-6500
振替　01020-1-15695
印　刷　共同印刷工業

2024年7月20日　第1刷発行
ISBN978-4-325-26602-0
定価は裏表紙に表示しています